"十三五"规划教材·电子商务系列丛书

电子商务概论

邢苗条　刘红梅　主　编
冯庆华　王庆林　何　娟　副主编

电子工业出版社
Publishing House of Electronics Industry
北京·BEIJING

内 容 简 介

本书是依据电子商务专业教学指导委员会指导意见精神、电子商务类专业教学质量国家标准、电子商务专业规范，从基本知识、基本能力、基本素养、职业素养四个纬度对电子商务的基本理论知识和应用知识进行了较为全面的阐述。本书内容涵盖了电子商务流程中涉及的各个部分，力求介绍最新电子商务的发展状况，反映当今电子商务发展的新趋势。

全书共9章，包括电子商务概述、电子商务技术基础、电子商务模式、网络营销、电子支付、电子商务安全、电子商务与现代物流、电子商务系统开发、跨境电子商务基础，并且根据每章的具体内容安排有本章导读、引导案例、知识提示、相关案例等内容。

本书案例典型新颖、体系完整、图文并茂、资料丰富、实用性强，可作为高等院校相关专业的电子商务入门教材或教学参考书，也可供需要了解电子商务基础知识以及准备从事电子商务工作的人员使用。

未经许可，不得以任何方式复制或抄袭本书之部分或全部内容。
版权所有，侵权必究。

图书在版编目（CIP）数据

电子商务概论 / 邢苗条，刘红梅主编 . —北京：电子工业出版社，2019.4
ISBN 978-7-121-35703-9

Ⅰ . ①电… Ⅱ . ①邢… ②刘… Ⅲ . ①电子商务—高等学校—教材 Ⅳ . ① F713.36

中国版本图书馆 CIP 数据核字（2018）第 271145 号

策划编辑：贺志洪
责任编辑：贺志洪
印　　刷：北京七彩京通数码快印有限公司
装　　订：北京七彩京通数码快印有限公司
出版发行：电子工业出版社
　　　　　北京市海淀区万寿路 173 信箱　邮编 100036
开　　本：787×1092　1/16　印张：18.5　字数：473.6 千字
版　　次：2019 年 4 月第 1 版
印　　次：2022 年 1 月第 4 次印刷
定　　价：45.00 元

凡所购买电子工业出版社图书有缺损问题，请向购买书店调换。若书店售缺，请与本社发行部联系，联系及邮购电话：（010）88254888，85258888。
质量投诉请发邮件至 zlts@phei.com.cn，盗版侵权举报请发邮件至 dbqq@phei.com.cn。
本书咨询联系方式：（010）88254609 或 hzh@phei.com.cn。

前言

随着世界经济一体化进程的加快，从国家到地方政府，电子商务均被视为现代服务业的重要支柱，在推动产业转型升级、提高国家或者地区综合竞争力方面发挥着越来越重要的作用，成为稳增长、调结构、扩消费、促就业、惠民生、电商扶贫的重要抓手。近年来，电子商务的发展迅猛，正倒逼着实体经济的发展，各行业企业唯有紧抓电子商务发展机遇，运用互联网思维，结合"互联网＋"，并注重消费者的需求个性化、场景多元化，以电子商务为抓手积极进行相应的变革，才能谋求行业或者企业更快的发展。

"电子商务概论"课程是电子商务人才培养中最为基础的一门课程，是学生全面了解电子商务行业发展、电子商务知识体系构建的重要基础课程。

本书的主要特色在于：涵盖电子商务领域的基本概念和分析框架，知识体系完整，结构合理，概念清晰。

（1）注重"知识点"的全面介绍与养成。通过案例导入，在全面介绍电子商务概论相关知识的同时，设计了知识提示、相关案例等环节以提升和强化对电子商务的认知度。

（2）注重"知识"的前瞻介绍。在全面介绍电子商务概念，掌握电子商务相关基本知识的基础上，通过知识拓展保持知识的前瞻性。

（3）注重"知识"的综合介绍。通过知识加油站、章节导读、章节专业术语诠释对知识的综合应用和理解。

（4）注重"知识"的应用。书中案例关注的是电子商务行业发展的最新资讯，保持前瞻性视角，课后思考题强化对知识的运用，使得学、练、扩展一体化。

本书由邢苗条、刘红梅主编并对全书进行了通稿、修改、定稿，冯庆华、王庆林、何娟担任副主编。其中第1章、第3章、第5章由刘红梅撰写，第2章、第8章由王庆林撰写，第4章、第7章由冯庆华撰写，第6章由邢苗条撰写，第9章由何娟撰写。

本书以省级精品课程成果为基础进行编写，提供完整的"电子商务概论"课程教学资源，包括课程教学课件PPT、课程拓展资源、习题资源，以及精品课程和幕课课程资源、实验实训资料、补充教学案例（文字案例）、教学视频案例和行业动态等资料，便于学生学习。

由于作者水平有限，本书难免有不妥之处，恳请各位专家、读者批评指正，以便今后的修订与完善。

基于电子商务越来越深入人们的生活，电子商务的术语也逐渐被人们所认可，如电子商务、电商平台、电商卖家、跨境电商、跨境电子商务等，本书对此没有做统一处理。

本书为西安财经大学教材建设资助项目，是西安财经大学2017年立项教材。在此感谢西安财经大学的大力支持和帮助，感谢西安财经大学教务处王浩鸣处长、杜延庆副处长、赵益维院长的支持，感谢刘敏教授给予的帮助，感谢电子工业出版社编辑的辛苦付出。

编者

2018年9月

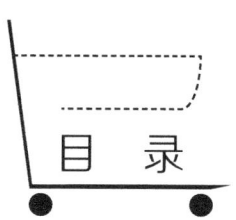

目 录

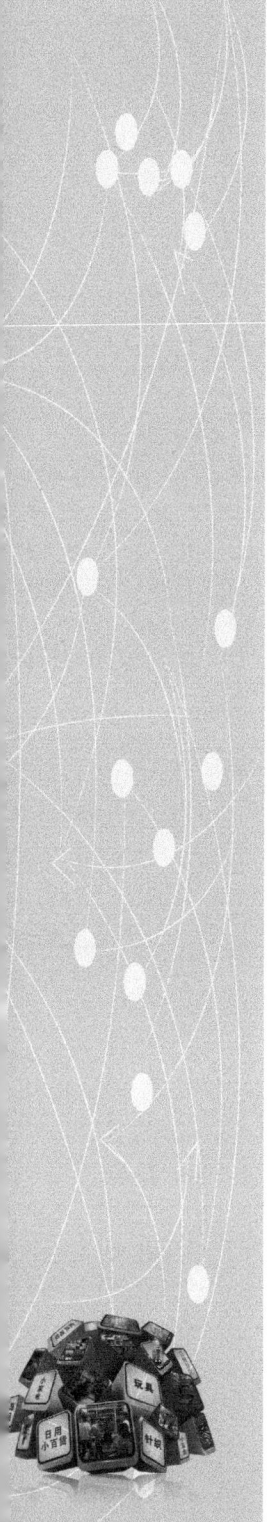

第1章 电子商务概述 / 001

1.1 电子商务的产生和发展 / 003
- 1.1.1 电子商务的产生 / 004
- 1.1.2 中国电子商务的发展历程 / 004
- 1.1.3 全球电子商务的发展现状 / 008
- 1.1.4 中国电子商务的发展现状 / 010

1.2 电子商务的概念 / 013
- 1.2.1 电子商务的定义 / 013
- 1.2.2 电子商务的主要功能 / 015

1.3 电子商务的基本特征与优势 / 016
- 1.3.1 电子商务的基本特征 / 016
- 1.3.2 电子商务的优势 / 017

1.4 电子商务的基本要素和框架 / 018
- 1.4.1 电子商务的基本要素 / 018
- 1.4.2 电子商务的系统框架 / 019

1.5 电子商务对社会经济生活的影响 / 021
- 1.5.1 电子商务对社会经济的影响 / 021
- 1.5.2 电子商务对政府的影响 / 022
- 1.5.3 电子商务对企业的影响 / 022
- 1.5.4 电子商务对个人生活的影响 / 023

专业术语 / 025

思考题 / 025

第2章 电子商务技术基础 / 026

2.1 电子商务的基础设施 / 028
2.1.1 因特网、内联网和外联网 / 028
2.1.2 因特网接入的各种方案 / 030
2.1.3 客户机和服务器 / 031

2.2 EDI 数据传输与 XML 数据表示 / 034
2.2.1 EDI 的定义 / 034
2.2.2 EDI 系统的组成 / 034
2.2.3 EDI 的工作原理 / 036
2.2.4 XML 数据表示 / 037

2.3 物联网技术 / 038
2.3.1 物联网的定义 / 038
2.3.2 物联网的体系结构 / 038
2.3.3 物联网主要应用领域 / 040

2.4 区块链技术原理 / 041
2.4.1 区块链技术的定义与原理 / 041
2.4.2 区块链技术的演化与分类 / 043

2.5 个性化推荐技术 / 044
2.5.1 个性化推荐技术概述 / 044
2.5.2 电子商务个性化推荐系统的组成 / 045
2.5.3 基于Web挖掘的电子商务个性化推荐流程 / 045

专业术语 / 047

思考题 / 047

第3章 电子商务模式 / 048

3.1 电子商务模式的相关概念 / 049
3.1.1 商务模式的概念 / 049
3.1.2 电子商务模式的分类 / 051
3.1.3 电子商务的盈利模式 / 059

3.2 B2B 电子商务模式 / 059
3.2.1 B2B 电子商务概述 / 059
3.2.2 B2B 电子商务的分类 / 061
3.2.3 B2B 电子商务的盈利模式 / 063

3.3 B2C 电子商务模式 / 066
3.3.1 B2C 电子商务概述 / 066
3.3.2 B2C 电子商务的分类 / 066
3.3.3 B2C 电子商务的盈利模式 / 067

3.4 C2C 电子商务模式 / 069
    3.4.1 C2C电子商务概述 / 069
    3.4.2 C2C电子商务的分类 / 070
    3.4.3 C2C电子商务的盈利模式 / 071

3.5 新零售 / 072

3.6 其他演化的电子商务模式 / 075
    3.6.1 B2B2C模式 / 075
    3.6.2 O2O模式 / 075
    3.6.3 B2Q模式 / 076
    3.6.4 F2C模式 / 076
    3.6.5 BOB模式 / 076
    3.6.6 ABC模式 / 077
    3.6.7 B2T模式 / 077

专业术语 / 077

思考题 / 078

第4章 网络营销 / 078

4.1 网络营销的产生与发展 / 079
    4.1.1 网络营销的产生 / 079
    4.1.2 网络营销的发展 / 080

4.2 网络营销理论基础 / 082
    4.2.1 网上消费者行为分析 / 082
    4.2.2 网络营销的理论基础 / 087

4.3 网络营销与传统营销 / 090
    4.3.1 网络营销的定义 / 090
    4.3.2 网络营销的特点 / 090
    4.3.3 网络营销与传统营销的比较 / 092

4.4 网络营销的方法 / 094
    4.4.1 搜索引擎营销 / 094
    4.4.2 许可E-mail营销 / 097
    4.4.3 网络广告 / 099
    4.4.4 病毒营销 / 102
    4.4.5 微信营销 / 106
    4.4.6 微博营销 / 109
    4.4.7 大数据营销 / 113
    4.4.8 可视化营销 / 116
    4.4.9 内容营销 / 118
    4.4.10 电子商务客服营销 / 120

4.5 网络营销效果评估 / 122
    4.5.1 网络营销效果评估的功能 / 122
    4.5.2 网络营销效果评估的常见指标 / 122
    4.5.3 网络营销效果评估工具 / 123

专业术语 / 123

思考题 / 123

第5章 电子支付 / 124

5.1 电子支付与电子支付系统 / 126
    5.1.1 电子支付概述 / 126
    5.1.2 支付体系 / 128
    5.1.3 电子支付系统 / 128
    5.1.4 支付体系运行总体情况 / 129

5.2 常见的电子支付工具 / 130
    5.2.1 银行卡 / 130
    5.2.2 储值卡 / 133
    5.2.3 虚拟卡 / 133
    5.2.4 电子支票 / 134
    5.2.5 电子现金 / 136
    5.2.6 微支付 / 140
    5.2.7 比特币 / 141

5.3 网上银行 / 144
    5.3.1 网上银行的基本概念 / 144
    5.3.2 网上银行的功能和优势 / 145
    5.3.3 网上银行的发展现状与趋势 / 146

5.4 移动支付 / 147
    5.4.1 移动支付的概念与特点 / 147
    5.4.2 移动支付的分类 / 148
    5.4.3 移动支付的支付方式 / 149
    5.4.4 中国目前应用的主要移动支付平台 / 149
    5.4.5 移动支付的发展现状 / 150

5.5 第三方支付 / 151
    5.5.1 第三方支付概述 / 151
    5.5.2 第三方支付平台的工作流程与支付价值链 / 152
    5.5.3 第三方支付的发展现状及趋势 / 154

专业术语 / 159

思考题 / 159

第6章 电子商务安全 / 160

6.1 电子商务安全概况 / 161
6.1.1 电子商务安全的概念与特点 / 164
6.1.2 电子商务面临的安全威胁 / 165
6.1.3 电子商务安全需求 / 167

6.2 电子商务安全体系 / 169
6.2.1 电子商务安全框架 / 169
6.2.2 电子商务安全体系结构 / 170
6.2.3 电子商务安全基础环境 / 171

6.3 电子商务安全技术 / 173
6.3.1 数据加密技术 / 173
6.3.2 防火墙技术 / 175
6.3.3 数字签名技术 / 176
6.3.4 数字证书技术与认证中心 / 178
6.3.5 安全协议 / 181

6.4 电子商务安全应用 / 183
6.4.1 网络层安全服务 / 183
6.4.2 传输层安全服务 / 183
6.4.3 应用层安全服务 / 183
6.4.4 提供计算机信息安全服务的组织 / 183

专业术语 / 184

思考题 / 184

第7章 电子商务与现代物流 / 185

7.1 现代物流概述 / 186
7.1.1 现代物流的产生与发展 / 186
7.1.2 现代物流的定义、基本功能和分类 / 187
7.1.3 电子商务对物流的影响 / 189
7.1.4 物流在电子商务中的地位与作用 / 191
7.1.5 电子商务物流的特点 / 194

7.2 电子商务下的物流模式 / 195
7.2.1 自营物流 / 195
7.2.2 物流联盟 / 196
7.2.3 第三方物流 / 197
7.2.4 第四方物流 / 198
7.2.5 绿色物流 / 199
7.2.6 逆向物流 / 201
7.2.7 物流一体化 / 202

7.3 物流信息技术 / 203
    7.3.1 条码技术 / 203
    7.3.2 RFID射频识别技术 / 206
    7.3.3 GIS技术 / 209
    7.3.4 GPS技术 / 210
    7.3.5 无人仓技术 / 212

专业术语 / 214

思考题 / 214

第8章 电子商务系统开发 / 215

8.1 电子商务系统开发概述 / 217
    8.1.1 电子商务系统的开发流程 / 218
    8.1.2 电子商务网站的功能类型 / 218

8.2 电子商务网站系统规划 / 219
    8.2.1 电子商务网站规划的概念 / 219
    8.2.2 电子商务网站系统规划遵循的基本原则 / 219
    8.2.3 电子商务网站系统规划的主要内容 / 219
    8.3.4 服务器硬件选择原则 / 224
    8.3.5 系统软件的选择 / 224

8.4 电子商务网站的开发 / 228
    8.4.1 软件开发过程 / 228
    8.4.2 软件开发方法 / 231
    8.4.3 电子商务网站的设计与开发 / 232

8.5 网站发布流程 / 234
    8.5.1 申请域名 / 234
    8.5.2 服务器运行方式 / 236
    8.5.3 网站备案 / 236
    8.5.4 网站发布 / 237
    8.5.5 网站测试 / 237
    8.5.6 构思网站栏目，充实网站内容 / 238
    8.5.7 网站推广 / 239

8.6 网站评估 / 239
    8.6.1 网站评估指标 / 239
    8.6.2 网站评估工具 / 241

专业术语 / 242

思考题 / 242

第9章 跨境电子商务基础 / 243

9.1 跨境电子商务的概念与特点 / 244
9.1.1 跨境电子商务的概念 / 244
9.1.2 跨境电子商务企业类型 / 245
9.1.3 跨境电商的优势 / 246
9.1.4 跨境电子商务的特征 / 246

9.2 跨境电子商务的分类 / 247
9.2.1 按商品流向分类 / 247
9.2.2 按交易主体属性分类 / 248
9.2.3 按服务类型分类 / 249
9.2.4 按运营方式分类 / 249
9.2.5 按盈利模式分类 / 249

9.3 跨境电子商务的模式 / 251
9.3.1 自营型跨境电商 / 251
9.3.2 平台型跨境电商 / 254

9.4 跨境电子商务生态系统 / 260
9.4.1 跨境电商生态系统的定义 / 260
9.4.2 跨境电商生态系统的构成与结构 / 260
9.4.3 跨境物流 / 261
9.4.4 跨境支付 / 267

9.5 中国跨境电子商务的发展 / 270
9.5.1 中国跨境电商相关政策 / 270
9.5.2 中国跨境电商的发展阶段 / 271
9.5.3 中国跨境电商的发展现状 / 273
9.5.4 中国跨境电商发展趋势 / 275

专业术语 / 280

思考题 / 280

参考文献 / 281

第1章

电子商务概述

本章导读

电子商务是一个发展潜力巨大的市场，极具发展前景。电子商务双向信息沟通、灵活的交易手段和快速的交货方式的特点，给社会带来了巨大的经济效益，促进整个社会生产力的提高。电子商务的广泛推广，打破了时空限制，改变了贸易形态，大大加速了整个社会的商品流通，有助于降低企业成本，提高企业竞争力，尤其能够使中小型企业直接进入国际市场，参与国际市场竞争。电子商务给消费者提供了更多的选择，提供了更好的便利性。它是商务领域的一场信息革命，它对我们的思维方式、对人类的经济活动、对人类的工作方式和生活方式都产生了根本性的影响。

本章主要介绍电子商务的产生和发展、电子商务的概念和主要功能、电子商务的特征和优势、电子商务基本要素和框架以及电子商务对当今社会各个方面的影响等。

引导案例

阿里巴巴

阿里巴巴集团由以马云为首的18人，于1999年在中国杭州创立。从一开始，所有创始人就深信互联网能够创造公平的竞争环境，让小企业通过创新与科技扩展业务，并在参与国内或全球市场竞争时处于更有利的位置。自推出让中国的小型出口商、制造商及创业者接触全球买家的首个网站以来，阿里巴巴集团不断成长，成为了网上及移动商务的全球领导者。2018年7月19日，全球同步《财富》世界500强排行榜发布，阿里巴巴集团排名300位。

阿里巴巴集团及其关联公司目前经营领先业界的批发平台和零售平台，以及云计算、数字媒体、娱乐、创新项目和其他业务，现在的主要业务有以下几个。

1. 淘宝网——中国最大的移动商务平台

淘宝网（www.taobao.com）创立于2003年，是以商务为导向的社交平台，通过大数据分析为消费者提供既有参与感又具个性化的购物体验。在淘宝网上，消费者能够从商家处获取高度相关且具吸引力的内容及实时更新，从而掌握产品与潮流资讯并与其他消费者或喜爱的商家和品牌互动。平台上的商家主要是个体户和小企业。根据易观基于2017年商品交易额（GMV）的统计，淘宝网是中国最大的移动商业平台。

2. 天猫——中国最大的第三方品牌及零售平台

天猫（www.tmall.com）创立于2008年，致力为消费者提供选购品牌产品的优质购物体验。至今，多个国际和中国本地品牌及零售商已在天猫上开设店铺。根据易观基于2017年商品交易额（GMV）的统计，天猫是中国最大的面向品牌与零售商的第三方平台。

3. 全球速卖通——为全球消费者而设的零售平台

全球速卖通（www.aliexpress.com）创立于2010年，是为全球消费者而设的零售平台，其主要买家市场包括俄罗斯、美国、巴西、西班牙、法国和英国。世界各地的消费者可以通过全球速卖通，直接从中国制造商和分销商购买产品。

4. 阿里巴巴国际交易市场——领先的全球批发贸易平台

阿里巴巴国际交易市场（www.alibaba.com）是阿里巴巴集团最先创立的业务，目前是领先的全球批发贸易平台。阿里巴巴国际交易市场上的买家来自全球200多个国家和地区（截至2017年3月31日），一般是从事进出口业务的贸易代理商、批发商、零售商、制造商及中小企业。阿里巴巴国际交易市场同时向其会员及其他中小企业，提供通关、退税、贸易融资和物流等进出口供应链服务。

5. 1688——中国领先的网上批发平台

1688（www.1688.com，前称"阿里巴巴中国交易市场"）创立于1999年，是中国领先的网上批发平台，覆盖普通商品、服装、电子产品、原材料、工业部件、农产品和化工产品等多个行业的买家和卖家。1688为在阿里巴巴集团旗下零售平台经营业务的商家，提供了从本地批发商采购产品的渠道。

6. 阿里妈妈——网上营销技术平台

阿里妈妈（www.alimama.com）创立于2007年，是让商家和品牌在阿里巴巴集团旗下电商平台及第三方平台投放各类广告信息的网上营销技术平台。阿里妈妈通过其联盟营销计划，让商家于第三方网站和手机客户端投放广告，从而令营销和推广效果触达阿里巴巴集团电商平台以外的平台和用户。

7. 阿里云——全球三大基础设施即服务（IaaS）供应商之一

阿里云（www.alibabacloud.com）创立于2009年，为阿里巴巴集团旗下的云计算业务。Gartner及IDC的资料分别显示，阿里云是全球三大基础设施即服务（IaaS）供应商之一以及中国最大的公共云服务供应商。阿里云向阿里巴巴集团电商平台上的商家以及初创公司、企业与政府机构等全球用户，提供一整套云计算服务。

8. 菜鸟网络——物流数据平台运营商

菜鸟网络致力于满足现在及未来中国网上和移动商务业在物流方面的需求。菜鸟网络经营的物流数据平台运用物流合作伙伴的产能和能力，大规模实现商家和消费者之间的交易。此外，菜鸟网络使用数据洞察和科技，来提高整个物流价值链的效率。

9. 蚂蚁金服——专注于服务小微企业与普通消费者的金融服务提供商

蚂蚁金融服务集团专注于服务小微企业与普通消费者。蚂蚁金融服务集团正打造一个开放的生态系统，与金融机构一起，共同为未来社会的金融提供支撑。蚂蚁金服旗下有支付宝、余额宝、招财宝、蚂蚁聚宝、网商银行、蚂蚁花呗、芝麻信用等子业务板块。

阿里巴巴已经形成了一个通过自有电商平台沉积以及 UC、高德地图、企业微博等端口导流，围绕电商核心业务及支撑电商体系的金融业务，以及配套的本地生活服务（阿里巴巴通过子公司菜鸟网络及所投资的关联公司口碑，参与物流和本地服务行业）、健康医疗等，囊括游戏、视频、音乐等泛娱乐业务和智能终端业务的完整商业生态圈。这一商业生态圈的核心是数据及流量共享，基础是营销服务及云服务，有效数据的整合抓手是中国领先的第三方网上支付平台支付宝。

资料来源：https：//www.alibabagroup.com 阿里巴巴

知识加油站

近年来，政府围绕"互联网+"、供给侧改革、"一带一路"推出相关政策，积极推动电商市场的发展。随着"互联网+"行动的持续深入，电商市场向细分领域发力，农业和跨境电商成为重点领域。此外，"互联网+流通"和金融服务领域政策法规的出台，提升了电商市场的配套设施。由传统行业向电商行业转型的单纯线上模式，到发展至现今线上与线下相结合的"新零售"模式，不断为市场提供新的产品服务，创造新的消费者需求，为国内电商行业的发展不断注入新活力。

1.1 电子商务的产生和发展

2017 年中国电子商务交易规模为 28.66 万亿元，同比增长 24.77%。其中，B2B 交易额 20.5 万亿元，网络零售交易额 7.17 万亿元，生活服务电商交易额 9986 亿元。2017 年 12 月，中国电子商务服务企业直接从业人员超过 330 万人，由电子商务间接带动的就业人数，已超过 2500 万人。

电子商务是伴随着因特网的发展、成熟而不断成长的。从 1969 年，美国国防部先进研究项目管理局（ARPA）建立了用于国防研究项目的 ARPANET，以连接有关高校、研究机构和国防工程承包商的计算机系统；到 1986 年，由美国国家科学基金会（NSF）接手投资扩建成 NSFNET，成为推动科学技术研究和教育发展的重要工具；再到 1992 年，美国政府提出"信息高速公路"计划，进一步加强对因特网的资金支持，并取消商业性应用的禁令，这些都为电子商务的发展铺平了道路。自1995年起，因特网主干网转由企业支持，实现商业化运营，电子商务进入快速成长阶段。

1.1.1 电子商务的产生

纵观电子商务的产生及发展的历史，电子商务的产生基本可以分为5个阶段。

1．电子邮件阶段

这个阶段可以认为是从20世纪70年代开始，平均的通信量以每年几倍的速度增长。

2．信息发布阶段

从1995年起，以Web技术为代表的信息发布系统得到了空前的发展，成为目前因特网的主要应用。

3．电子商务阶段

本阶段电子商务在美国才刚刚开始，之所以把它列为一个划时代的产物，是因为因特网的最终主要商业用途就是电子商务。反过来也可以很肯定地说，若干年后的商业信息主要是通过因特网传递的。因特网即将成为商业信息社会的神经系统。1997年年底，在加拿大温哥华举行的第五次亚太经合组织非正式首脑会议（APEC）上，时任美国总统的克林顿提出敦促各国共同促进电子商务发展的议案，引起了全球首脑的关注，IBM、HP和Sun等国际著名的信息技术厂商宣布1998年为电子商务年。

4．全程电子商务阶段

随着SaaS（Software as a Service）软件服务模式的出现，软件纷纷登录互联网，延长了电子商务链条，形成了当下最新的"全程电子商务"概念模式。

5．智慧电子商务阶段

2011年，互联网信息碎片化以及云计算技术越发成熟，主动互联网营销模式出现，i-Commerce（individual Commerce）顺势而出。电子商务摆脱互联网的传统销售模式，以主动、互动、用户关怀等多角度与用户进行深层次沟通。其中以IZP科技集团提出的ICE最具代表性。

电子商务应用是一个由初级到高级、由简单到复杂的过程，对社会经济的影响也由浅入深、从点到面。从网上相互交流需求信息、发布产品广告，到网上采购或接受订单、结算支付账款，企业应用电子商务是从小部分到大部分，直至覆盖全部业务环节。从具体业务领域来看也是由少到多逐步发展完善循序渐进的过程。

1.1.2 中国电子商务的发展历程

据电子商务研究中心分析，自1995年萌芽至今，在20多年的时间，中国电子商务经历了从"工具"（点）、"渠道"（线）到"基础设施"（面）这三个不断扩展和深化的发展过程。2013年，电子商务在"基础设施"上进一步催生出新的商业生态和新的商业景观,进一步影响和加速传统产业的"电子商务化",进一步扩展其经济和社会影响,"电子商务经济体"开始兴起。电子商务从工具、渠道、基础设施到经济体的演进,不是简单的新旧替代的过程,而是不断进化、扩展和丰富的生态演进过程。发展历程如图1.1所示。

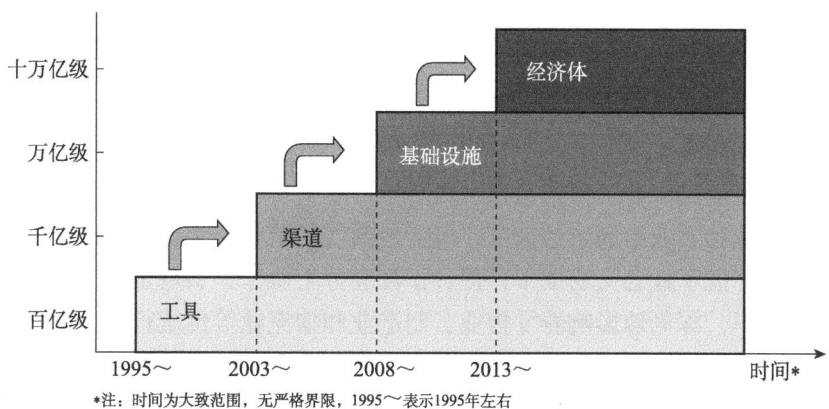

图1.1 中国电子商务演进示意:从工具、渠道、基础设施到经济体(来源:阿里研究院,2013年4月)

1. 工具阶段(1995—2003年)

这个阶段,是互联网进入中国的探索期、启蒙期。中国电子商务以企业间电子商务模式探索和发展为主。早期,应用电子商务的企业和个人主要把电子商务作为优化业务活动或商业流程的工具,如信息发布、信息搜寻和邮件沟通等,其应用仅局限于某个业务"点"。

从1995年5月9日,马云创办中国黄页,成为最早为企业提供网页创建服务的互联网公司开始,到1997年垂直网站中国化工网的成立,再到1999年8848、携程网、易趣网、阿里巴巴、当当网等一批电子商务网站先后创立。1999年年底,正是互联网高潮来临的时候,国内诞生了370多家从事B2C(企业对个人)的网络公司,到2000年,变成了700家,但随着2000年互联网泡沫的破灭,8848等一批电子商务企业倒闭,2001年,人们还有印象的只剩下三四家。随后电子商务经历了一个比较漫长的"冰河时期"。

2. 渠道阶段(2003—2008年)

这个阶段,电子商务应用由企业向个人延伸。2003年,"非典"的肆虐令许多行业在春天里感受到寒冬的冷意,但却让电子商务时来运转。电子商务界经历了一系列的重大事件,如2003年5月,阿里巴巴集团成立淘宝网,进军C2C市场。2003年12月,慧聪网香港创业板上市,成为国内B2B电子商务首家上市公司。2004年1月京东涉足电子商务领域。2007年11月,阿里巴巴网络有限公司成功在香港主板上市。

国家也出台了一系列重大文件为电子商务发展带来深远影响。2004年3月,国务院常务会议审议通过《中华人民共和国电子签名法(草案)》;2005年1月,国务院办公厅下发《关于加快电子商务发展的若干意见》(国办发〔2005〕2)(多称"二号文件")。2007年6月,国家发改委、国务院信息化工作办公室联合发布中国首部电子商务发展规划——《电子商务发展"十一五"规划》,我国首次提出发展电子商务服务业的战略任务。2007年,商务部先后发布了《关于网上交易的指导意见（暂行）》《商务部关于促进电子商务规范发展的意见》，构筑了电子商务发展的政策生态。

同时，随着网民和电子商务交易的迅速增长，电子商务成为众多企业和个人的新的交易渠道，如传统商店的网上商店、传统企业的电子商务部门以及传统银行的网络银行等，越来越多的企业在线下渠道之外开辟了线上渠道。2007年，中国网络零售交易规模561亿元。网商随之崛起，并逐步将电子商务延伸至供应链环节，促进了物流快递和网上支付等电子商务支撑服务的兴起。

3. 基础设施阶段（2008—2013年）

电子商务引发的经济变革使信息这一核心生产要素日益广泛运用于经济活动，加快了信息在商业、工业和农业中的渗透速度，极大地改变了消费行为、企业形态和社会创造价值的方式，有效降低了社会交易成本，促进了社会分工协作，引爆了社会创新，提高了社会资源的配置效率，深刻地影响着零售业、制造业和物流业等传统行业，成为信息经济重要的基础设施或新的商业基础设施。越来越多的企业和个人基于和通过以电子商务平台为核心的新商业基础设施降低交易成本、共享商业资源、创新商业服务，也极大地促进了电子商务的迅猛发展。

2008年7月，中国成为全球互联网人口第一大国。中国互联网络信息中心统计，截至2008年6月底，我国网民数量达到了2.53亿，互联网用户首次超过美国，跃居世界第一位。2010年"两会"期间，时任国务院总理的温家宝在2010年《政府工作报告》中，明确提出要加强商贸流通体系等基础设施建设，积极发展电子商务，这也是首次在全国"两会"的政府工作报告中明确提出大力扶持电子商务。

2010年10月，麦考林登陆纳斯达克，成为中国内地首家B2C电子商务概念股，同年12月，当当网在美国纽约证券交易所挂牌上市。2011年，团购网站迅猛发展，上演千团大战局面，中国团购用户数超4220万。2012年，淘宝商城更名"天猫"独立运营，品牌折扣网站唯品会在纽交所挂牌交易，2012年淘宝和天猫的交易额突破10000亿元，"双十一"当天交易规模362亿元。2013年，阿里巴巴和银泰集团、复星集团、富春集团、顺丰速运等物流企业组建了"菜鸟"，计划在8～10年内建立一张能支撑日均300亿网络零售额的智能物流骨干网络，让全中国任何一个地区做到24小时内送货必达。

4. 经济体阶段（2013年以后）

2013年中国超越美国，成为全球第一大网络零售市场。2013年，中国电子商务交易规模突破10万亿元大关，网络零售交易规模1.85万亿元，相当于社会消费品零售总额的7.8%。2014年2月，中国就业促进会发布《网络创业就业统计和社保研究项目报告》显示，全国网店直接就业总计962万人，间接就业超120万人，成为创业就业新的增长点。2014年6月，我国网络购物用户规模达到3.32亿，我国网民使用网络购物的比例为52.5%。2014年4月，聚美优品在纽交所挂牌上市，5月京东集团在美国纳斯达克正式挂牌上市，9月，阿里巴巴正式在纽交所挂牌交易，发行价每股68美元，成为美国历史上融资额最大规模的IPO。2014年，我国快递业务量接近140亿件，跃居世界第一。我国快递业务量已经连续 44 个月同比、累计增长平均增幅均超过 50%。2015 年 5 月，国务院印发了《关于大力发展电子商务加快培育经济新动力的意见》（国发〔2015〕24 号），将会进一步促进电子商务在中国的创新发展。

网络零售的蓬勃发展促进了宽带、云计算、IT 外包、网络第三方支付、网络营销、网店运营、物流快递、咨询服务等生产性服务业的发展，形成庞大的电子商务生态系统。电子商务基础设施日益完善，电子商务对经济和社会影响日益强劲，电子商务在"基础设施"之上进一步催生出新的商业生态和新的商业景观，进一步影响和加速传统产业的"电子商务化"，促进和带动经济整体转型升级，电子商务经济体开始兴起。

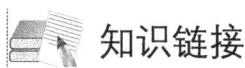知识链接

电子商务生态系统

电子商务生态系统是商务生态系统的一种，是由电子商务核心交易企业、金融服务企业、物流服务企业、政府等组织机构以联盟，或虚拟合作等方式通过互联网平台分享资源，形成的一种生态系统，其成员间信息共享、协同进化，实现自组织和他组织。

系统主要由领导种群、关键种群、寄生种群等构成。从生态链的角度来看，电子商务生态主体由生产者、传递者、消费者、分解者等构成，如图 1.2 所示。卖家和企业，在交易活动中占主导角色，是生态系统中其他主体的服务对象。传递者主要是指电子商务生态系统中传递信息的媒介和通道，主要包括门户网站、交易平台等，是生态系统中其他主体依赖的信息通道。分解者主要是指为电子商务生态系统中主体提供有价值信息的政府机构、科研机构、进入机构等。通过对信息的分解、分析和加工，为主体提供有价值的信息，包括物流公司、金融机构以及相关政府等。消费者主要是接收并使用信息的组织，主要包括终端消费者和其他。有时电子商务生态系统中的 4 个主体会出现一些重合，如卖家和企业也同样是一些信息的消费者。生态系统中信息的传递和分解最终目的都是为了末端的消费。

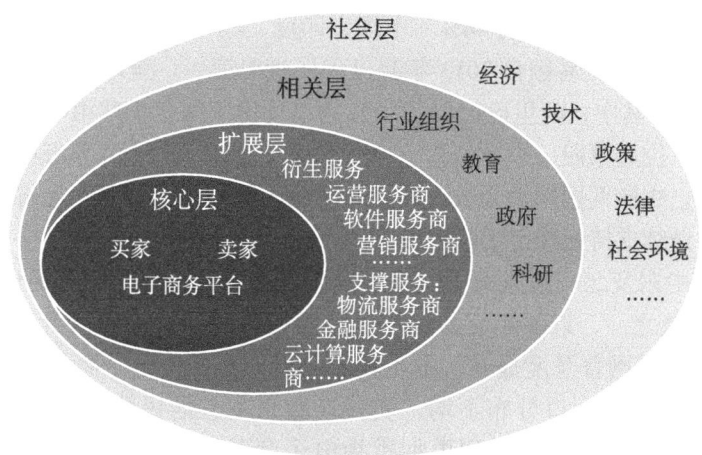

图 1.2 电子商务生态系统结构

除了主体，电子商务生态系统还包括直接或间接影响主体生存的各种环境，如社会环境、法律环境、信用环境、信息技术、信息资源等。系统内外部环境各因子之间都存在相互作用和相互影响。每个主体的发展变化都会影响电子商务生态环境，只有当系统中的每个子系统都处在良好的相互适应和协调状态时，整个生态系统才处于平衡状态，在平衡状态的发展和演化才能使系统中的每个成员实现良性健康成长。

1.1.3 全球电子商务的发展现状

1995 年，亚马逊和易贝在美国成立。此后，这种以互联网为依托进行商品和服务交易的新兴经济活动，迅速普及全球。新一轮科技革命和产业变革交汇孕育的电子商务，极大提高了经济运行的质量和效率，改变了人类的生产生活方式。2016 年，全球电子商务市场规模超过 25 万亿美元，成为世界经济的亮点和新增长点。当前，全球电子商务呈现以下几个特点：

一是市场规模不断扩大。根据国际知名调查公司 E-marketer 的数据，2011 年到 2016 年，全球网络零售交易额从 0.86 万亿美元增长至 1.92 万亿美元，年平均增长率达 17.4%。未来 5 年，随着全球智能手机保有量不断提升、互联网使用率持续提高、新兴市场快速崛起，全球网络零售仍将保持两位数增长。预计 2020 年，全球网络零售交易额将超过 4 万亿美元，占全球零售总额的比例从 2016 年的 7.4% 增长至 14.6%。

跨境电子商务尤其是跨境 B2C 日益活跃。根据埃森哲的研究报告，2015～2020 年全球跨境 B2C 年均增速约 27%，2020 年市场规模将达到 9940 亿美元。

二是地区差距逐渐缩小。欧美地区电子商务起步早、应用广。2016 年美国网络零售交易额达到 3710 亿美元，比 2015 年增长 8.5%，占美国零售总额的比例约 8%。目前，80% 的美国制造商拥有自己的网站，60% 的小企业、80% 的中型企业和 90% 的大型企业已经开展电子商务应用。2015 年欧盟 28 国电子商务 B2C 交易额为 4074 亿欧元，增幅为 13.4%。英国、法国、德国、西班牙、意大利 5 国的所占市场份额最大，占欧盟电子商务市场总量的 77.5%；英国、丹麦、卢森堡、德国和荷兰 5 国的网购用户渗透率最高，均超过了 70%。

亚洲地区电子商务体量大、发展快。电子商务起源于欧美，但兴盛于亚洲。亚洲地区网络零售交易额已占全球市场的 46%。中国、印度、马来西亚的网络零售年均增速都超过 20%。中国网络零售交易额自 2013 年起已稳居世界第一。全球十大电商企业，中国占 4 席、日本占 1 席。其中，阿里巴巴以 26.6% 的市场份额排名全球第一，京东商城名列亚马逊、易贝之后，位居第四，小米和苏宁也入围前十。印度电子商务市场过去几年保持约 35% 的高速增长。中印两国网民人数占到全球网民人数的 28%，每年还将新增 1 亿人，巨大的网民红利将继续支持亚洲市场的发展。

拉丁美洲、中东及北非地区电子商务规模小、潜力大。拉丁美洲是全球 B2C 电子商务发展最快的区域之一，近 5 年交易额均保持两位数的增长，2015 年达到 590 亿美元。网民增长红利、互联网普及度提升、本土技术创新等是拉美电子商务市场被看好的主要原因。非洲地域广阔，人口分布不均，实体店数量少，居民购物不便，电子商务发展存在刚性需求。近年来，非洲各国更加重视电子商务的发展，加大了电子商务基础设施建设的力度。研究机构预算，2025 年非洲主要国家的电子商务交易额将占其零售总额的 10%。

三是企业并购趋于频繁。互联网经济具有天然的规模效应，随着竞争加剧以及投资人的撮合，竞争对手有动力、有条件进行合并，市场集中度不断提高。《福布斯》杂志近日评选最有投资价值的 10 大公司，9 家是互联网企业，其中阿里巴巴位居榜首，脸书和优步分列第二和第三。2012～2016 年，全球私营电子商务企业共获得 467 亿美元投资，其中，美团、大众点评获得 33 亿美元投资，位列首位。获得 1 亿美元以上投资的企业主要分布在中国、美国和印度，分别有 25 家、20 家和 10 家。2016 年，中国电子商务领域重大并购达 15 起，涉及资金超过 1000 亿元人民币。其中包括腾讯以 86 亿美元收购芬兰移动游戏开发商 84.3% 股权，京东以 98 亿元人民币并购沃尔玛控股的一号店，阿里巴巴以 10 亿美元收购东南亚知名电商企业来赞达（Lazada）等，每一项市场并购都对行业发展产生重要影响。

目前，全球领军互联网企业都已构建以平台为核心的生态体系。亚马逊、阿里巴巴等以电商交易平台为核心，向上下游产业延伸，构建云服务体系。谷歌、百度等以搜索平台为核心，做强互联网广告业务，发展人工智能。脸书、腾讯等以社交平台为核心，推广数字产品，发展在线生活服务。苹果、小米等以智能手机为核心，开拓手机应用软件市场，开展近场支付业务。以平台为核心的生态体系不断完善，将吸引更多用户，积累更多数据，为平台企业跨界融合、不断扩张创造条件。互联网领域"强者恒强"的趋势更加明显。

四是共享经济异军突起。共享经济伴随着移动互联网的发展而迅速崛起，共享领域不断拓展。从最初的汽车、房屋共享发展到金融、餐饮、空间、物流、教育、医疗、基础设施等多个领域，并向农业、能源、生产甚至城市建设扩张。共享经济让全球数十亿人既是消费者，也是经营者，最大限度地提升了资源利用效率，带来了就业方式的变革，但同时也带来一些新问题，对监管提出挑战。全球咨询公司罗兰贝格测算，2018 年全球共享经济市场规模有望达到 5200 亿美元。其中，中国共享经济有望达到 2300 亿美元，全球占比由 33% 提升至 44%，成为领军力量。

目前，全球估值超过 100 亿美元的共享经济企业有 4 家，分别是优步（Uber）、爱彼迎（AirBnb）、滴滴和联合办公（WeWork）。其中，优步估值高达 680 亿美元。中国是全球规模最大的共享汽车和共享单车市场，2016 年共享出行次数超过百亿次，占全球市场的 67%。共享单车的月活跃用户数超过 2000 万人。

2017 年全球经济继续呈现温和复苏态势，国际贸易持续低迷。互联网和电子商务使全球市场效率得到提升，商品信息更加对称，贸易门槛逐步降低。跨境电子商务给全球贸易格局带来新的变化，世界各国、各地区的经济联系越发紧密。数字经济、人工智能对人类社会和经济产生深刻影响。

当前，全球网民人数已达 41.57 亿人，互联网普及率达 54.4%，亚洲网民数占全球网民数的比重最高，达 48.7%；全球已有 7 个国家网购用户数量过亿，中国是全球最大的互联网用户市场，网民规模达 7.72 亿人，普及率达到 55.8%；从网购人数增长区域来看，未来几年增长最快的地区将是中东和非洲。2018 年，预计有 16 亿人至少在网上购物一次，占所有互联网用户的 50% 以上。其中，亚太地区网购人数将占全球一半；2017 年，全球网络零售交易额达 2.304 万亿美元，同比增长 24.8%，占全球零售总额的比重由 2016 年的 8.6% 上升至 10.2%。全球网上购物人数如图 1.3 所示。

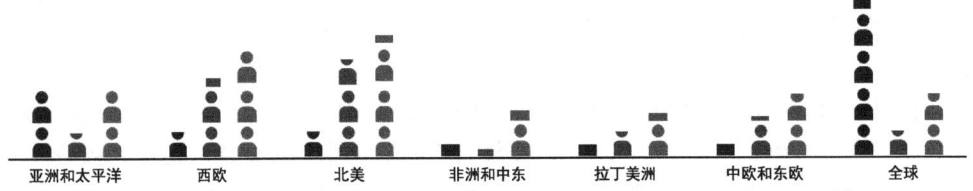

图1.3 全球网上购物人数

从区域上看,欧洲是全球最大的跨境电子商务市场,北美的跨境电子商务市场处在高速发展阶段。预计2020年,全球跨境B2C电子商务突破1万亿美元。2016年俄罗斯跨境电子商务交易额达到43亿美元。相比本土电商网站俄罗斯网民更倾向于海淘,俄罗斯跨境网购的商品90%来自中国。韩国的自由贸易协定使其与全球75%的经济产生关联,2016年第三季度,韩国海外直接线上销售为5512亿韩元(约合人民币32.5亿元),同比猛增105.4%,创单季历史新高。跨境电子商务成外贸发展重要驱动力;2016年全球B2C电子商务支付规模为2.37万亿美元,其中电子钱包支付占30.4%,是全球第一大支付方式,多样化支付方式推动全球电子商务的发展。

各国政策加大力度支持电子商务发展。目前,超过70%的国家已经通过了电子交易法,而通过了网上消费者保护法的国家比重最低,不到50%。

在这样一个变化当中,全球电子商务主要朝着从粗放式扩张到精细化发展、从泾渭分明到边界模糊、从发达地区到新兴市场、从资源驱动到技术驱动的四个方向发展。

(1)全球电子商务市场的增长速度自2016年后呈逐年下滑趋势。增长放缓的情况同时出现在欧美等发达国家和中国等新兴市场中。增速趋缓的主要原因是电子商务发展的环境出现了新的变化,互联网用户增长乏力、产业增长空间和潜力受到限制,电子商务领域的发展将从粗放式的扩张进入到精细化和集约式发展阶段。

(2)电子商务无界化态势明显,传统的企业边界、产业边界、地域界限甚至线上和线下的界限正在被逐渐颠覆。

(3)以亚太、中东欧、拉丁美洲、中东和非洲地区为主的新兴电子商务市场开始跃进。2016年新兴地区占全球B2C市场中的比重超过北美和西欧等发达地区,全球电子商务的重心正在转向新兴市场。

(4)云计算、虚拟技术、人工智能等新兴技术在电子商务各环节广泛应用,大数据驱动电子商务领域进一步创新,智能无人商店、社交电子商务等电商新业态和新模式的不断涌现,技术应用、数据革命赋能电商发展新动力。

1.1.4 中国电子商务的发展现状

1998年,阿里巴巴、中国制造网等B2B电子商务企业成立;2003年,淘宝网、京东商城等 B2C 电子商务平台崛起，中国电子商务开启了快速发展的 20 年。2016 年，我国电子商务交易额已相当于国民生产总值的 35%，对推动供给侧结构性改革的作用日益突出。当前，中国电子商务呈现以下几个特点：

一是市场规模持续增长。从 2012 年到 2016 年，网络购物用户人数从 2.42 亿人增长至 4.67 亿人，增长近一倍；电子商务交易额从 8.1 万亿元增长至 26.1 万亿元，年均增长 34%；网络零售交易额从 1.31 万亿元增长至 5.16 万亿元，年均增长 40%，对社会消费品零售总额增加值的贡献率从 17% 增长至 30%；直接和间接带动的就业人数从 1500 万人增长至 3700 万人。2016 年电子商务产生消费增量带动生产制造、批发、物流增量创造税收超过 2000 亿元。

二是产业支撑不断改进。网络基础条件逐步改善，企业入网率不断提升。2016 年，企业在线销售、在线采购的开展比例增长超过 10 个百分点，分别达到 45.3% 和 45.6%。电子商务服务业快速发展，市场规模达到 2.45 万亿元，同比增长 23.7%，其中电子商务平台服务业营收规模达到 4000 亿元；电子支付、物流快递、电子认证等支撑服务业市场规模达 9500 亿元，全国快递业务量的 70% 来自电子商务；网店建设、代运营、信息处理、数据分析、人员培养等各类衍生服务业快速发展，市场规模达 1.1 万亿元。

三是服务业电商快速发展。从消费群体看，2016 年，我国在线教育用户规模达 1.38 亿人，增长率为 25%。互联网医疗用户规模达 1.95 亿人，年增长率为 28%；网上外卖用户规模达到 2.09 亿人，年均增长 83.7%。网络约车用户规模达 2.25 亿人，增长率为 41.7%。在线旅游预订网民规模 2.99 亿人，年增长率 15.3%。从市场规模看，2016 年，我国本地生活服务 O2O 交易额达到 7291 亿元，同比增长 64.2%。

四是线上线下融合步伐加快。《国务院办公厅关于深入实施"互联网＋流通"行动计划的意见》进一步提振了流通企业线上线下融合发展的信心。一方面，线上企业加速布局线下。阿里巴巴收购银泰、三江购物，和苏宁交叉持股，与上海百联开展战略合作。京东、当当、聚美优品等纷纷开设实体店。另一方面，线下企业主动拥抱互联网。永辉超市、徐工集团、宝钢等通过与线上企业合作或自身发展电子商务，探索商业模式转型升级。线上线下正从渠道、供应链、数据、场景等多方面逐步打通，为消费者提供全方位、不间断、跨时空的服务，打造零售新生态。

五是新业态新模式层出不穷。租车、租房、租设备等分享经济新业态，众创、众包、第四方物流等协同经济新业态，团购点评、体验购物、主题酒店等体验经济新业态百花齐放、争奇斗艳。分享经济使得消费者之间通过互联网直接建立联系，提升闲置资源的利用效率。滴滴快车分享了闲置的汽车运力，人人快递分享了闲置的人力资源，小猪短租分享了闲置的住房空间。体验经济促使线下企业通过互联网与消费者开展互动，打破信息壁垒，畅通消费渠道。广东省开业了 66 家跨境电子商务 O2O 体验店，展示进口商品，感受消费场景，匹配消费需求。

六是农村电商蒸蒸日上。2016 年，我国农村网络零售市场交易规模达到 8945.4 亿元，占全国网络零售总额的 17.4%。在农产品上行方面，从 2012 年到 2016 年，农产品网络零售交易额从 200 亿元增长至 1589 亿元，增长近 8 倍。2014 年以来，商务部会同财政部、国务院扶贫办，安排中央财政资金 84 亿元，以中西部地区为主，在 27 个省区市的 496 个县开展电子商务进农村综合示范工作，重点加强农村物流体系建设、乡村网点信息化改造、农村产品网络销售和人才培养等，建设完善农村电子商务运营网络。目前，电子商务进农村综合示范工作引导带动邮政、供销等传统渠道，以及京东、苏宁等电商企业加快布局农村电商市场，在1000多个县建设了40万个电商村级服务点。农村电商已经成为推进城乡协同发展，加快城乡市场一体化步伐，促进农业特别是县域经济转型升级，助力精准扶贫、精准脱贫的重要途径。

七是跨境电子商务如火如荼。2015年3月和2016年1月，国务院先后批准设立杭州、天津等13个跨境电子商务综合试验区。2016年，13个综试区跨境电子商务进出口超1600亿元人民币，增长1倍以上，其中，跨境电子商务出口拉动杭州出口增长10%以上，占全市出口的13%。目前，跨境电子商务综合试验区B2B出口占综合试验区进出口总额的比重约7成，依托互联网，助推产业转型升级。郑州市带动周边地区服装产业集群发展，大连推动东北老工业基地2000多家中小微企业触网。跨境电子商务已成为加快外贸转型升级，推进内外贸协同发展，实现国际国内市场一体化的重要举措，为促进外贸回稳向好做出了重要贡献。

八是B2B电子商务迎来新机遇。国家推动供给侧结构性改革给B2B电子商务发展提供了重要发展契机。近年来国内钢铁、石油化工、煤炭、有色金属等B2B电子商务发展迅速，相关平台总数超过1100家。"一呼百应"等综合B2B电子商务，将原材料的供应商与采购商通过平台直接对接，提高了交易效率，降低了下游采购商的成本。"找钢网"将传统的钢铁交易环节缩短，大幅提升了供应链效率。B2B电子商务正发挥互联网高效连接的功能，实现上下游供需的高效对接，帮助企业化解产能过剩、流通成本高、有效供给不足等问题。发展B2B电子商务已成为传统工业企业转型的重要途径之一。

随着"互联网+"和数字经济的深入推进，中国电子商务还将迎来新机遇。新一轮科技革命为电子商务创造了新场景，新一轮全球化为电子商务发展创造了新需求，经济与社会结构变革为电子商务拓展了新空间，中国电子商务将步入规模持续增长、结构不断优化、活力持续增强的新发展阶段。总体来看，中国电子商务将呈现服务化、多元化、国际化、规范化的发展趋势。

一是线上线下深度融合，电子商务转变为新型服务资源。未来围绕消费升级和民生服务，电子商务的服务属性将更加明显。电商数据、电商信用、电商物流、电商金融、电商人才等电子商务领域的资源将在服务传统产业发展中发挥越来越重要的作用，成为新经济的生产要素和基础设施。以信息技术为支撑、以数据资源为驱动、以精准化服务为特征的新农业、新工业、新服务业将加快形成。

二是网络零售提质升级，电子商务发展呈现多元化趋势。随着人民生活水平的提升和新一代消费群体成长为社会主要消费人群，消费者将从追求价格低廉向追求产品安全、品质保障、个性需求及购物体验转变。社交电商、内容电商、品质电商、C2B电商将成为市场热点，新技术应用更快，电子商务模式、业态、产品、服务将更加丰富多元。

三是"丝路电商"蓄势待发，电子商务加快国际化步伐。"一带一路"国际合作高峰论坛的成功召开进一步促进了沿线国家的政策沟通、设施联通、贸易畅通、资金融通、民心相通，为电子商务企业拓展海外业务创造了更好的环境和发展空间。商务部会同发改委、外交部等围绕"一带一路"倡议，加强与沿线国家合作，深入推进多层次合作和规则制定，推动"丝路电商"发展，服务跨境电子商务企业开拓新市场。

四是治理环境不断优化，电子商务加快规范化发展。电子商务相关政策法律陆续出台，"通过创新监管方式规范发展，加快建立开放公平诚信的电子商务市场秩序"形成共识和政策合力。发改委、中央网信办、商务部等32个部门建立了电子商务发展部际综合协调工作组，为加强电子商务治理提供了组织保障。电子商务企业成立"反炒信联盟"等自律组织，不断强化内部管理，促进电商生态规范可持续发展。

1.2 电子商务的概念

1.2.1 电子商务的定义

1. 对电子商务的一般看法

电子商务的产生和发展不仅改变了传统的交易模式，而且也改变了商业伙伴之间建立的合作关系模式以及计算机应用平台的模式。电子商务是在20世纪90年代兴起于美国、欧洲等发达国家的一个新概念。1997年IBM公司第一次使用了电子商务，后来电子商务一词的使用慢慢普遍起来。电子商务包含两个方面的内容：一是电子方式，二是商贸活动。电子商务指的是利用简单、快捷、低成本的电子通信方式，买卖双方不见面地进行各种商贸活动。事实上，目前还没有一个较为全面、确切的定义，国际组织、各国政府及企业都是依据自己的理解和需要来给电子商务下定义的。

2. 电子商务的概念

1）广义的电子商务（Electronic Business，EB）

广义的电子商务就是通过电子手段进行的商业事务活动。通过使用互联网等电子工具，使公司内部、供应商、客户和合作伙伴之间，利用电子业务共享信息，实现企业间业务流程的电子化，配合企业内部的电子化生产管理系统，提高企业的生产、库存、流通和资金等各个环节的效率。

对上述广义电子商务的定义，可以从以下几个方面进行理解。

首先，电子商务是一种采用最先进的信息技术的商务方式。交易各方将自己的各类供求意愿按照一定的格式提供给互联网，互联网便会根据用户的要求寻找相关的信息，并提供给用户多种交易选择。一旦用户确定了交易对象，网络就会协助用户完成合同的签订、分类、传递和款项收付结转等全套业务，为交易双方提供一种"双赢"的最佳选择。随着现代信息技术的发展，网络使用将会更广泛、更便捷、更具人性化。

其次，电子商务的本质是商务。电子商务的目标是通过互联网这一最先进的信息技术来进行商务活动，所以它要服务于商务，满足商务活动的要求，商务活动是电子商务永恒的主题。从另一个角度来看，商务也是在不断发展的，电子商务的广泛应用将给商务本身带来巨大的影响，从根本上改变人类社会原有的商务活动方式，给商务活动注入全新的理念。

最后，广义的电子商务包括的范围很广，既包括电子数据交换，也包括互联网电子商务；既包括网上信息查询、网络营销、网上广告等明显的电子商务活动，也包括企业资源计划、供应链管理、客户关系管理等企业信息化领域的诸多方面。

2）狭义的电子商务（Electronic Commerce，EC）

狭义的电子商务是指通过使用互联网等电子工具（这些工具包括电报、电话、广播、电视、传真、计算机、计算机网络、移动通信等）在全球范围内进行的商务贸易活动，是以计算机网络为基础所进行的各种商务活动，包括商品和服务的提供者、广告商、消费者、中介商等有关各方行为的总和。

电子商务包含两个方面：一是商务活动，二是电子化手段。它们之间的关系是：商务活动是核心，电子化手段是工具。这里的商务活动包括企业通过内联网的方式处理与交换商贸信息，企业与企业之间通过外联网或专用网方式进行的业务协作和商务活动，企业与消费者之间通过互联网进行的商务活动，消费者与消费者之间通过互联网进行的商务活动以及政府管理部门与企业之间通过互联网或专用网方式进行的管理以及商务活动。这里的电子化手段包括自动捕获数据、电子数据交换、电子邮件、电子资金转账、网络通信和无线移动技术等各种电子通信技术手段。

3）不同电子商务定义的比较

广义电子商务与狭义电子商务的区别主要表现在两个方面：一是电子技术所包含内容的差别；二是商务活动所包含内容的差别。E-Commerce只是指运用互联网开展的交易或与交易直接相关的活动，而E-Business则是指利用所有信息技术和网络技术对整个商务活动过程实现电子化。二者的区别与联系如图1.4所示。

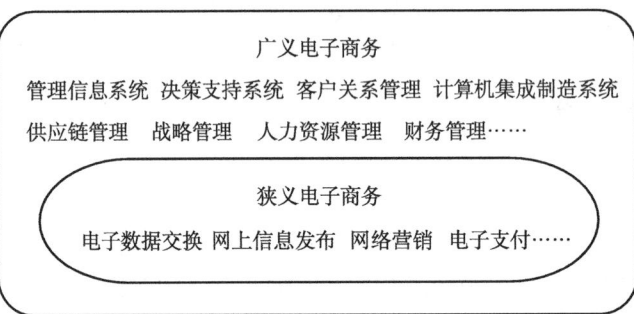

图1.4　E-Business与E-Commerce的区别和联系

目前，虽然人们对电子商务的理解和表达上还没有完全取得统一，但已经有越来越多的人接受E-Business，即广义电子商务的概念。这是因为商务活动是一个连续的过程，交易和销售只是商务过程末端的一个环节。没有前端的开发研制、生产加工、物流配送、支付结算及客户服务等环节的电子化、网络化的支持，交易环节的电子化、网络化就难以实现，其相对于传统商务的优越性也就无法得到充分的体现。基于以上认识，电子商务可以定义为：电子商务是指利用各种信息技术、网络技术所进行的商品服务贸易，以及与此相关的各种经营管理活动的总和。

1.2.2 电子商务的主要功能

电子商务可提供网上交易和管理等商务活动全过程的服务。因此，它具有企业业务组织、信息发布与广告宣传、咨询洽谈、网上订购、网上支付、网上金融与电子账户、信息服务传递、意见征询和调查统计、交易管理等各项功能。

1．企业业务组织

电子商务是一种基于信息的商业进程，在这一进程中，企业内外的大量业务被重组，使整个企业更有效地运作。企业对外通过因特网加强了与合作伙伴之间的联系，打开了面向客户的窗口；对内则通过 Intranet 提高业务管理的集成化和自动化水平，以实现高效、快速和方便的业务活动流程。

2．信息发布与广告宣传

电子商务可凭借企业的 Web 服务器来发布 Web 站点，在因特网上发布各类商业信息和企业信息，以供客户浏览。客户可借助网上的搜索引擎工具迅速地找到所需商品信息，而商家则可利用网上主页和电子邮件在全球范围内作广告宣传。与以往的各类广告相比，网上的广告成本最为低廉，宣传范围覆盖全球，同时能给顾客提供最为丰富的信息。

3．咨询洽谈

在电子商务活动中，顾客可以借助多种渠道来了解市场和商品信息，洽谈交易事务，如有进一步的需求，还可用网上的交互平台来交流即时的图文信息。网上的咨询和洽谈能超越人们面对面洽谈的限制，提供多种方便的异地交谈形式，甚至可以在网络中传输实时的图片和视频片段，产生如同面对面交谈的感觉。

4．网上订购

网上订购通常都是在产品介绍的页面上提供十分友好的订购提示信息和订购单。当客户填完订购单后，系统会通过发送电子邮件或其他方式通知客户确认订购信息。通常，订购信息会采用加密的方式来传递和保存，以保证客户和商家的商业信息不会泄露。

5．网上支付

对于一个完整的电子商务过程，网上支付是不可缺少的一个重要环节。客户和商家之间可采用电子货币、电子支票、信用卡等系统来实现支付，网上支付比起传统的支付手段更为高效和方便，可节省交易过程中许多人员的开销。不过，由于网上支付涉及机密的商业信息，所以，需要更为可靠的信息传输安全性控制以防止欺骗、窃听、冒用等非法行为出现。

6．网上金融与电子账户

网上的支付需要电子金融来支持，即银行或信用卡公司以及保险公司等金融机构为客户提供可在网上操作的金融服务，而电子账户管理是其基本的组成部分，信用卡号或银行账号都是电子账户的一种标志，而其可信度需配合必要的技术措施来保证，如数字凭证、数字签名、加密等手段的应用，为电子账户操作提供了可靠的安全保障。

7. 信息服务传递

交易过程中的信息服务传递，如订货信息、支付信息、物流配送信息等均可通过各种网络服务来实现。另外，信息是交易商品的一种形式，如软件、电子读物、信息服务等，可直接通过网络传递到客户手中。

8. 意见征询和调查统计

在网页上采用"选择""填空"等问卷调查方式收集用户对产品及服务的反馈意见，使企业的市场运营形成一个回路。通过对反馈意见的分析，对交易数据的统计，可以了解用户的需求和爱好，有效地把握市场的发展趋势，使企业获得改进产品、扩大市场的商业机会。

9. 交易管理

在商务活动中，对整个交易过程的管理将涉及人、财、物多个方面以及企业与企业、企业与客户、企业内部等各方面的协调和管理，因此，交易管理涉及商务活动的全过程。电子商务的发展，将会提供一个良好的交易管理的网络环境及多种多样的应用服务系统以促进电子商务获得更广泛的应用。

电子商务的上述功能，对网上交易提供了一个良好的交易服务和实施管理的环境，使电子商务的交易过程得以顺利和安全地完成，并可以使电子商务获得更广泛的应用。

1.3 电子商务的基本特征与优势

1.3.1 电子商务的基本特征

电子商务在全球各地通过计算机网络进行并完成各种商务活动、交易活动、金融活动和相关的综合服务活动。它与传统的商务活动有着较大的区别，有六大基本特征。

1. 商务性

电子商务最基本的特性是商务性，即提供买、卖交易的服务、手段和机会。

2. 普遍性

电子商务是一种新型的交易方式，无论是跨国公司还是中小企业，都可以通过电子商务方式找到新的市场和盈利机会，消费者也可以在电子商务中获得价格上的实惠，更可以通过自由的网络拍卖网站使自己成为一个商家而获得利益。

3. 方便性

在电子商务环境中，人们不再受地域的限制，客户能以非常简捷的方式完成过去较为繁杂的商业活动。

4. 整体性

电子商务能够规范事务处理的工作流程，将人工操作和电子信息处理集成为一个不可分割的整体，这样不仅能提高人力和物力的利用率，也可以提高系统运行的严密性。

5. 安全性

电子商务是一个开放的平台，安全是非常重要的因素。欺骗、窃听、病毒和非法入侵都在威胁着电子商务，因此要求网络能提供一种端到端的安全解决方案，包括加密机制、签名机制、分布式安全管理、存取控制、防火墙、安全万维网服务器、防病毒保护等。

6. 协调性

商务活动是一种协调过程，它需要雇员和客户、生产方、供货方以及商务伙伴间的协调。为了提高效率，许多组织都提供了交互式的协议，电子商务活动可以在这些协议的基础上进行。

1.3.2 电子商务的优势

电子商务具有对市场变化反应迅速、成本低、高效等传统商务方式所无法比拟的优势，它加速了企业内部和外部的信息交流，突破了交易和交货形式的时空界限，大幅度提高了企业管理素质和运作效率，降低了运营成本，有效提高了市场竞争力和影响力，同时为消费者提供了更多、更灵活的选择和实感。同时，电子商务在企业的商业运作、企业管理、行业结构的重组方面都具有重要的作用。

1. 时空优势

因特网上的销售通过以信息库为特征的网上商店进行，所以它的销售空间随网络体系的延伸而延伸。没有任何地理障碍，它的零售时间是由消费者即网上用户自己决定的。

2. 速度优势

电子商务拥有极大的速度、效率优势。以信息技术为基础的电子商务则可以改变企业决策中信息不确切和不及时问题。因特网可以将市场需求信息传递给企业决策生产，同时企业的生产信息可以马上传递给供应商以适时补充供给。企业反应迅速，效率高。

3. 成本优势

与传统的商务相比，利用因特网渠道可避开传统商务渠道中的许多中间环节，降低流通费用、交易费用和管理成本，并加快信息流动的速度。

4. 个性化优势

由于因特网的实时互动式沟通，以及没有任何外界因素干扰，使消费者更易表达出自己对产品及服务的评价，这种评价一方面使网上的零售商们可以更深入了解用户的内在需求，更好地提供产品和服务；另一方面使得为用户提供个性化服务成为可能。顾客可以定制商品，系统可以自动根据老顾客以前购买的情况为其推荐商品，自动按其累计购买量打折，还可以为顾客提供个人信息服务，如提供网上秘书服务、家庭医生等。

5. 信息优势

利用电子商务技术，可以全方位展示产品及服务功能的内部结构，从而有助于消费者完全地认识商品及服务。另外，信息优势还体现在通过对企业内部信息的整合和优化，改善了企业信息的组织结构，加快了信息流动，为企业的生产和决策提供了更快、更好的数据。

1.4 电子商务的基本要素和框架

1.4.1 电子商务的基本要素

电子商务的概念模型是对现实世界中电子商务活动的一般抽象描述，它由交易主体、电子交易市场、交易事务以及物流、资金流、信息流、商流等基本要素组成，如图1.5所示。

在电子商务概念模型中，交易主体是指能够从事电子商务活动的客观对象，它可以是消费者、企业、银行、政府机关、科研教育机构、认证中心、物流中心和中介机构等；电子交易市场（Electronic Market，EM）是指交易主体从事商品和服务交易的场所，它由各种各样的商务活动参与者利用各种通信装置，通过网络连接成一个统一的整体；交易事务是指电子商务交易主体之间所从事的具体的商务活动的内容，如询价、报价、转账支付、广告宣传、商品运输等。

电子商务的任何一笔交易都包含四种基本的"流"，即物流、资金流、商流和信息

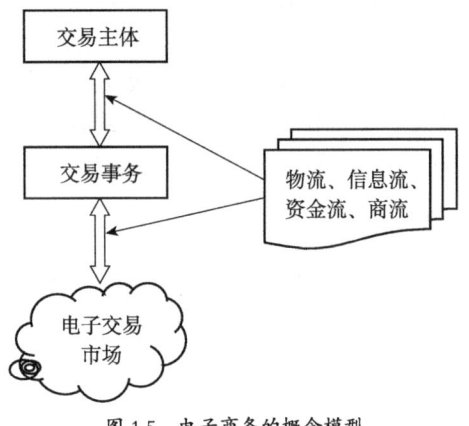

图1.5 电子商务的概念模型

流。其中物流是物质基础，信息流是桥梁，商流是载体，资金流是目的。物流主要是指商品和服务的配送和传输渠道。对于大多数商品和服务来说，物流可能仍然由传统的经销渠道完成，然而对有些商品和服务来说，可以直接以网络传输的方式进行配送，如各种电子出版物、信息咨询服务商流是指物品在流通中发生形态变化的过程，即由货币形态转化为商品形态，商品形态转化为货币形态的过程。

随着买卖关系的发生，商品所有权发生转移，因此商流解决的是商品价值与使用价值的实现。经过商流，商品变更了所有权。信息流既包括商品信息的提供、促销营销、技术支持、售后服务等内容，也包括诸如询价单、报价单、付款通知单、转账通知单等商业贸易单证，还包括交易方的支付能力、支付信誉、中介信誉等。资金流主要是指资金的转移过程，包括付款、转账、兑换等过程。在"四流"中信息流、资金流和商流都可以通过计算机和网络通信来完成，物流则需要在物流配送体系下完成。在电子商务概念模型的建立

过程中,强调信息流、商流、资金流和物流的整合。其中,信息流最为重要,它在一个更高的位置上实现对流通过程的监控。

从电子商务概念模型中可以看到,电子商务实质上是对于每个交易主体通过所面对的电子市场完成的交易事务。电子商务区别于传统商务的一个重要方面就在"电子市场",因此,电子商务的概念模型可以抽象地描述为每个电子商务交易的主体和电子市场之间的交易事务的关系。

从构成电子商务活动的要素来看,电子商务的基本组成要素有网络(因特网、Intranet、Extranet)、用户、物流配送中心、认证中心、网上银行、商家等,如图 1.6 所示。

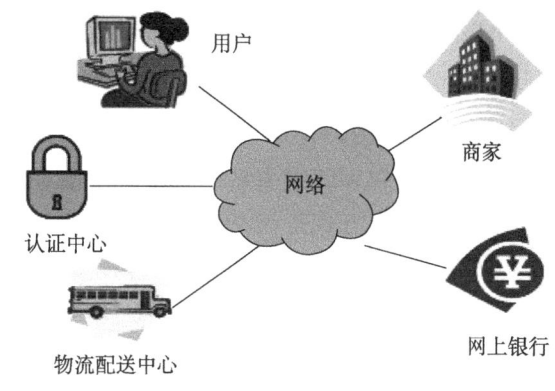

图 1.6 电子商务的基本组成要素

1.4.2 电子商务的系统框架

为了说明电子商务的各类应用环境,拉维和安德鲁两位著名学者提出了一般的电子商务框架结构,如图 1.7 所示。该系统从宏观角度系统地描述了实现电子商务体系的各应用层面和众多支持条件,可以帮助我们更好地理解电子商务。

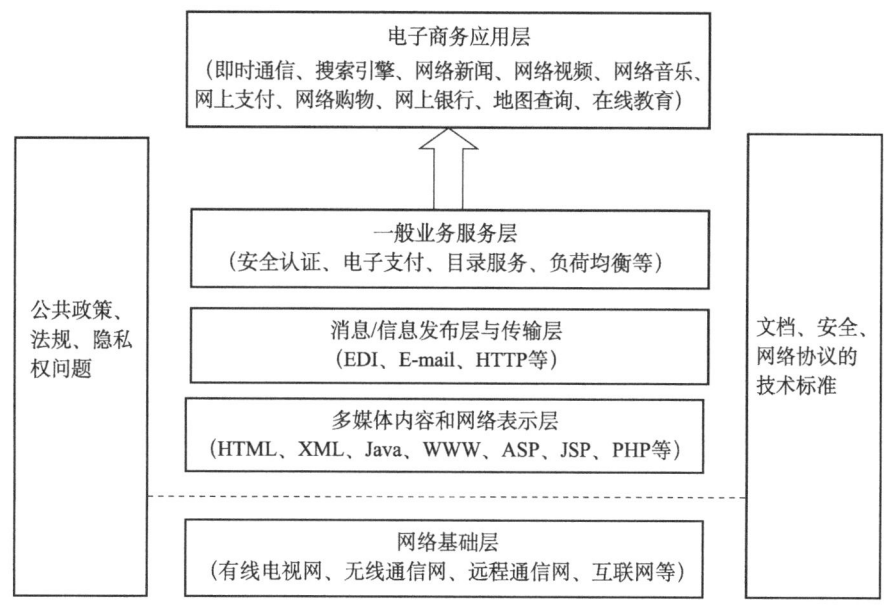

图 1.7 电子商务框架

电子商务系统框架可以分为五个层次和两个支柱。五个层次自下而上分别为网络基础层、多媒体内容和网络表示层、消息/信息发布层与传输层、一般业务服务层以及电子商务应用层,五个层次依次代表电子商务设施的各级技术及应用层次。两个支柱分别是文档、安全、网络协议的技术标准和公共政策、法规、隐私权问题,这是电子商务顺利应用的坚实基础。电子商务的各类应用是建立在两大支柱和五个相互支持的层次基础设施之上的。

1. 网络基础层

网络基础层是电子商务的硬件基础设施,是信息传输系统,也是实现电子商务的基本保证。它包括远程通信网、有线电视网、无线通信网和互联网。

2. 多媒体内容和网络表示层

多媒体内容和网络表示层解决电子商务系统内部信息的发布问题。目前因特网上最常用的信息发布方式是在 WWW 上用 HTML(超文本标记语言)的形式发布网页,并将 Web 服务器中发布传输的文本、数据、声音、图像和视频等多媒体信息发送到接收者手中。通常动态网页的发布用到的技术有 ASP、JSP、PHP 等。

3. 消息/信息发布与传输层

消息/信息发布与传输层解决电子商务系统外部信息的传输问题。信息的发布和传输形式并不是唯一的,不同的场合、不同的要求需要采用不同的方式。互联网上的信息传播工具提供了两种主要的交流方式:一种是非格式化的数据交流,如电子邮件(E-mail);另一种是格式化的数据交流,如电子数据交换(EDI)。目前,大量的互联网使用者在各种终端和操作系统下通过 HTTP 使用统一资源定位器(URL)查找所需要的信息。

4. 一般业务服务层

一般业务服务层用于实现标准的网上商务活动,为方便交易可提供通用的业务服务,这些业务服务是所有企业、个人在网上进行贸易时都会用到的服务。主要包括:保证商业信息安全传输的方法、买卖双方合法性的认证、电子支付工具与商品目录服务、电子支付工具的开发、保证商业信息安全传送的方法、认证买卖双方的合法性方法等。

以上 4 个层次构成了电子商务的基础设施环境。

5. 公共政策、法规、隐私权问题

公共政策与法律法规是电子商务健康发展的基本保障。公共政策是指政府制定的促进电子商务发展的宏观政策,包括互联网络的市场准入管理、电信及互联网络的收费标准、电子商务的税收政策等。法律维系着商务活动的正常运作,网络活动必须受到法律制约。

6. 文档、安全、网络协议的技术标准

安全问题可以说是电子商务的中心问题。如何保障电子商务活动的安全,一直是电子商务能否正常开展的核心问题。目前,电子签名和认证是网上比较成熟的安全手段。同时,人们还制定了一些安全标准,如安全套接层协议(Secure Sockets Layer, SSL)、安全 HTTP 协议(Secure-HTTP)、安全电子交易(Secure Electronic Transaction, SET)等。

技术标准定义了用户接口、通信协议、信息发布标准、安全协议等技术细节,它是信息发布、传递的基础,是网络信息一致性的保证。中国电子商务技术应用标准包含了4个方面:EDI标准、商品编码标准、通信网络标准和其他相关的标准。

以上两个支柱构成了电子商务必备的外部支撑条件。

7. 电子商务应用层

上面所介绍的4个基础设施和两个支柱构成了电子商务运行的环境平台,在此基础上可以进行即时通信、搜索引擎、网络新闻、网络视频、网络音乐、网上支付、网络购物、网上银行、地图查询、在线教育等活动。

1.5 电子商务对社会经济生活的影响

电子商务不仅是一种技术变革,它还通过技术的辅助、引导和支持,对社会经济、政府、企业及个人的生活产生了巨大的影响。

1.5.1 电子商务对社会经济的影响

电子商务对社会经济的影响表现在以下几个方面。

1. 促进世界贸易和经济发展

世界贸易日益成为知识经济重要的组成部分。世界经济正处于一次长期转变的边缘:由局限性封闭的国内经济,转变为全球所有竞争对手都参与的全球一体化经济。电子商务可以使企业构筑覆盖全球的商业营销体系实施全球性经营战略,加强全球范围内的经贸合作,推动贸易量的大幅度增加,促进世界经济的发展。

2. 促进知识经济发展

电子商务是现代科学技术(知识)在商务等领域的应用,属于知识经济的范畴。知识经济的特征在于知识成为经济增长的关键。电子商务不仅能大量减少人员的流动,节省时间,提高效益,降低了商务劳动成本,而且电子信息有不受时空限制的特点,可以方便地将商品信息及时传播全世界,从而大大减少因信息不灵造成的商品积压,提高商品的产销率,促进经济的发展。此外,电子商务本身还具有与经济增长相联系的通货紧缩的作用。

3. 促进新兴行业产生

电子商务使得经济贸易大规模地增长,这意味着更为激烈的竞争,而竞争使得创新成为成功的关键因素。因此,经济全球化加速了行业和职业的重组,导致一些行业和工作的消失,以及另一些行业的崛起。比如电子商务将带来一个全新的金融业。由于在线电子支付是电子商务的关键环节,也是电子商务得以顺利发展的基础条件,随着电子商务在电子交易环节上的突破,网上银行、银行卡支付网络、银行电子支付系统以及网上技术服务、电子支票、电子现金等服务,将传统的金融业带入一个全新的领域。

据中国互联网信息中心的调查报告,现阶段在中国由于电子商务的发展带来的新的行业应用有互联网理财、网上订外卖、在线教育、网约出租车、网络直播、共享单车等。

1.5.2 电子商务对政府的影响

政府承担着大量的社会、经济、文化的管理和服务的功能,尤其是在调节市场经济运行和防止市场失灵带来的不足方面有很大的作用。在电子商务时代,企业应用电子商务进行生产经营,消费者进行网上消费,这些都将对政府管理行为提出新的要求。电子政府或称网上政府,将随着电子商务的发展而成为一个重要的社会角色。

1.5.3 电子商务对企业的影响

电子商务对企业的影响主要表现在以下几个方面。

1. 改变企业组织的结构

在以往的企业组织结构中,上情下达、下情上呈由中层管理者起作用,而实施电子商务的企业由网络承担,这就为企业组织结构多元化发展创造了条件。电子商务减少了经济活动的中间层,缩短了相互作用和影响的时间滞差,加快了经济主体对市场的反应能力,使信息传递效率明显提高,市场竞争力显著增强。另外,由于网络办公、网络会议的普及,公司的组织结构将成为一种象征性的虚拟组织结构,类似网络中的一个网站。而这种具有流动性特点的虚拟组织结构将更能适应信息时代的瞬息万变。

2. 改变企业的运作方式

电子商务突破了传统企业中以单向物流为主的运作格局,实现了以物流为依据、信息流为核心、商流为主体的全新运作方式。在这种新型运作方式下,企业的信息化水平将直接影响到企业供销链的有效建立,进而影响企业的竞争力。这就需要企业对现有业务流程进行重组,加强信息化建设和管理水平,从而适应电子商务的发展需要。

3. 改变企业的营销管理

以往的批零方式将被网络代替,人们直接从网络上采购,传统的人员推销失去大部分市场,广告宣传也为适应新的传播媒体而改变。管理人员对目标市场的选择和定位,将更加依赖于上网者的资料以及对网络的充分利用。企业的市场调研、产品组合和分销等一系列营销管理活动将会因电子商务而发生改变。当前,网络营销正成为营销学的一个分支,它使顾客有了更多、更广泛的选择,同时帮助企业扫清向国际市场拓展业务的障碍。目前越来越多的企业开始运用网络与传统营销的组合方式进行管理,效果显著,营销费用明显降低,营销预算更加方便、准确。

4. 影响企业的结算方式

企业可以通过网上银行系统实现电子付款,进行资金结算、转账、信贷等活动。纸货币流被无纸电子流所代替而引发的结算革命是不可阻挡的发展趋势。企业应该顺应这种趋势,做好改变传统结算方式的准备。

5. 改变企业竞争方式

电子商务改变上下游企业之间的成本结构,使上游企业或下游企业改变供销合同的机会成本提高,从而进一步加强了上下游企业之间的战略联盟。电子商务不仅给消费者和企业提供了更多的选择消费与开拓销售市场的机会,而且也提高了更加密切的信息交流场所,从而提高了企业把握市场和消费者了解市场的能力。电子商务促进了企业开发新产品和提供新型服务的能力,使企业可以迅速了解到消费者的偏好和购买习惯,同时可以将消费者的需求及时反映到决策层,从而促进了企业针对消费者需求而进行的研究与开发活动。

1.5.4 电子商务对个人生活的影响

电子商务对消费者生活方式的影响可以说是多方面的,主要表现在以下方面。

1. 信息获取方式的改变

在电子商务方式下,人们除了从电视、广播、书籍和报纸杂志等传统媒体中获取信息,还可以从网络中获取所需的信息。网络传播信息有双向性的特点,客户根据自己的需要获取信息,且没有时间、地域的限制。

2. 购物方式的改变

进入网上商店,查看成千上万的商品目录,从中挑选自己想要的商品,查看商品的规格和性能,随着多媒体技术的应用,还可以在计算机屏幕上看到商品的照片甚至三维的图形。订单确认后发出,商家几乎立即可以收到订单,随即就会送出或寄出顾客购买的商品。

支付方式也将得到很大的转变。上网消费者只需要拥有一个网络账号,就可以在任何地点、任何时间每天 24 小时不间断地得到银行业务服务,包括储蓄、转账、查账、证券、交易、保险和财务管理等业务。

3. 教育方式的改变

随着因特网的广泛应用、电子商务的推广,网络学校应运而生了,其属于现代远程教育的一种方式。它以计算机通信技术和网络技术为依托,采用远程实时多点、双向交互式的多媒体现代化教学手段,可以实时传送声音、图像、电子课件和教师板书,身处两地的师生能像现场教学一样进行双向视听问答,是一种实现跨越时间和空间的教育传送过程。

这种教育方式使人们又有了新的接受教育的方法。这种新的教育方式在现代社会有着重大意义。因为,社会的进步和发展要求全社会各个领域和层次的人们需要不断学习、不断更新知识。这就给教育提出了新的任务。教育的对象已不仅仅是学校的学生,还包括了各种年龄层次、知识结构、需求层次和行业的从业者。这种终身继续教育和培训的任务，从时间和空间上都不是现在的学校形式和结构能够胜任的，特别需要利用电子商务这种商业化手段及其相应的应用技术加以支持。

相关案例

构建智慧教育生态圈，打造开放的教育生态智能平台

在消费需求升级、政策利好的推动下，我国教育市场迎来前所未有的发展机遇。尤其是2018年上半年以来，在互联网、人工智能等科技的推动下，教育成为一个发展迅速、规模巨大的行业。

同时，在教育消费升级背景下，百度充分发挥自身优势，率先领跑智慧教育。2018年上半年以"人工智能+教育"的智慧教育模式作为切入点，充分发挥强大的资源和技术实力，全面推动智慧教育发展。

不同于单方面强调内容或技术的教育平台，百度通过世界领先的人工智能技术打通内容和教育场景，以"人工智能+教育"构建教育生态圈，为用户提供个性化的学习服务和智能化的交互体验，为学校、机构提供"AI+教育"解决方案，成为智慧教育的领跑者。

全面支持新课标，百度智慧课堂深化AI教学建设

百度智慧课堂作为百度教育旗下的智慧教育平台，率先同步教育部《普通高中课程方案和语文等学科课程标准（2017年版）》内容，全面按照新课标学科要求进行内容挂载和升级，并响应国家"让人工智能在教育落地""加强人工智能+教师队伍建设"的号召，深化AI教学建设。

扶贫扶智，百度教育助力更多孩子共享教育公平

百度教育身处智慧教育行业领军地位，一直持续践行社会责任。在长期的教育扶贫扶智过程中，百度教育通过串联海量优质教育资源，形成强力补充及优化，支持区域化教育资源共享，为实现"公平而有质量的教育"提供坚实基础。

构建"全期服务"，用人工智能护航高考

作为中国最大的互联网在线教育资源平台，在平时的备考中，百度教育不仅通过自身平台提供了海量专业文档、图书资源、课程资源，还提供了考前高频考点智能整理、知识点个性化推荐、AR考点解析等，解决备考难题。

"高考智能估分"系统则依托智能技术，完成对高考考点的精准抓取与智能定位，使估分更准确。

志愿填报环节则通过智能专业评测、报考志愿、推荐院校等，为考生专业选择提供参考。

专注"人工智能+教育"，百度教育领跑智慧教育行业

百度是国内人工智能领域投入最早、技术最领先、布局最完整的企业，百度教育定位于智慧教育，重点布局"AI+教育"，给传统教育模式带来新的体验和服务。国内知名数据分析公司易观智库发布的《中国互联网教育平台专题分析2018》等，指出百度教育拥有百度体系下的海量学习内容的积累、体系产品流量导流、品牌知名度以及百度云计算、AI 技术支持等优势，充分肯定了百度教育在资源的整合、分发，以及技术实力上的行业领先地位。

可以说，2018 年上半年，百度教育以先进的人工智能技术为引擎，开放"AI+ 教育"，不仅为加速传统教育智能化转型提供了动力，满足师生的个性化与多元化发展需要，也为我国智慧教育建设提供了创新示范。可以预见，未来，百度教育将持续领跑教育信息化 2.0 时代下的智慧教育。

来源 http：//www.100ec.cn/detail-6457639.html 电子商务研究中心

4. 娱乐、休闲方式的改变

人们可以足不出户在网络上购买观看各个国家制作的新、旧电影和电视节目，可以购买欣赏你喜欢的音乐家、歌唱家演奏和演唱的新旧曲目，可以在网络上得到令人爱不释手、种类繁多的游戏。还可以在网络上交友、征婚，做现实生活中无法做的事情。比如可以喂养你喜欢的宠物，可以种花植树，可以成为一介农夫辛勤地播种、耕耘以获得丰收的喜悦，当然这一切是虚拟的，是网络给人们提供的新的休闲方式。可以预见，因特网网上娱乐、休闲对人们会有越来越大的吸引力，因而提供这种新的娱乐、休闲方式是电子商务新兴的行业。

电子商务带给人类生活的改变，使人类有了全新的生活体验和更高的生活质量。

专业术语

全程电子商务	智慧电子商务	狭义电子商务
广义电子商务	物流	资金流
信息流	商流	电子商务系统框架
商务性	普遍性	方便性
整体性	安全性	协调性

思考题

1. 结合案例论述与传统商务相比电子商务的优势。
2. 按照你的体会，谈论电子商务对社会经济的主要影响。
3. 举例说明电子商务改变了我们工作、学习的哪些方面。
4. 如何理解狭义电子商务和广义电子商务？
5. 调查国内外电子商务的发展状况，分析发展特征、问题及趋势。

第2章

电子商务技术基础

本章导读

　　信息技术是电子商务的基础，信息技术的发展是电子商务发展的基础，也是电子商务的动力。可以说，没有信息技术，就没有今天的电子商务。信息技术的发展是一个加速发展的过程，了解和认识各种电子商务技术，对于我们了解和掌握电子商务理论、了解信息技术和电子商务的未来发展大有裨益。

　　本章主要内容包括支撑电子商务的因特网技术、EDI技术与XML数据表示技术、物联网技术、区块链技术与电子商务个性化推荐技术等。

 引导案例

医院电子商务的网络方案设计

　　大多数医院信息化建设发展经历了从早期的单机单用户应用阶段，到部门级和全院级管理信息系统应用；从以财务、药品和管理为中心，开始向以病人信息为中心的临床业务支持和电子病历应用；从局限在医院内部应用，发展到区域医疗信息化应用尝试。

　　近几年，随着以"以病人为中心，以提高医疗服务质量为主题"的医院管理年活动的展开，各地医院纷纷加强信息化建设步伐。根据权威机构对医院信息化现状的调查显示，以费用和管理为中心的全院网络化系统应用已经超过了80%。住院医生工作站系统，电子病历、全院PACS、无线查房、腕带技术、RFID、万兆网络、服务器集群、数据虚拟容灾等先进的系统和网络技术已经开始应用。

　　医院通过信息化系统建设，优化就诊流程，减少患者排队挂号等候时间，实行挂号、检验、交费、取药等一站式、无胶片、无纸化服务，简化看病流程，杜绝"三长一短"现象，有效解决了群众"看病难"问题。

　　现阶段医疗行业信息化正在走向如何利用信息化技术减少医疗差错，如何利用信息化技术进行医疗服务的创新，如何将分散的医疗资源整合，为患者提供更完善的服务方向。

本次院方新建了一栋门诊大楼，要求新建大楼的内网部署达到如今医疗系统对网络的普遍要求，网络整体高速稳定的运行，易于管理且安全可靠，实现无线网络的覆盖以及海量数据的高速传输以及可扩展性等。此外还要求建立医院与社保、医保、银行机构、干保系统的 VPN 连接。具体需求包括：

（1）网络系统稳定性需求。能够保证整个网络的稳定、可靠，保证在单点故障的情况下不会对整个网络造成冲击，保证核心、骨干设备在出问题的时候能够无缝恢复或切换。

（2）网络传输性能需求。能够通过有效的网络带宽控制技术和服务质量保证技术，来满足医院对于不同数据传输的需要。

（3）网络系统安全性需求。能够保证整个系统的保密性、完整性、可用性、可审核性。关键设备必须有备份系统且能够通过有效的手段控制和防御网络病毒的攻击。

（4）网络系统管理维护需求。能够及时有效地发现网络中的异常流量，有效地控制网络设备，及时地对异常网络设备进行远程控制且操作简单、方便管理与维护。

（5）无线网络需求。能够实现无线网络的无缝覆盖，充分发挥移动信息系统的功能，使医护人员可以借助它大力协助自己在病人身边做治疗护理的工作。

（6）远程接入需求。能够为医院外部特殊用户提供安全保密的信息，实现高速安全的广域网数据传输。

为了满足以上需求，网络设计依照"万兆核心、千兆支干、千兆交换桌面"的要求，采用三层结构，重要部分双链路冗余、双设备冗余，除接入层到终端使用千兆以太网链路，其他全部使用万兆光纤链路。除接入层到终端不进行冗余，其他部分均有冗余。汇聚层、核心层互联均使用双万兆光纤聚合，数据中心到核心层链路也使用双万兆光纤聚合。网络拓扑示意图见图 2.1。

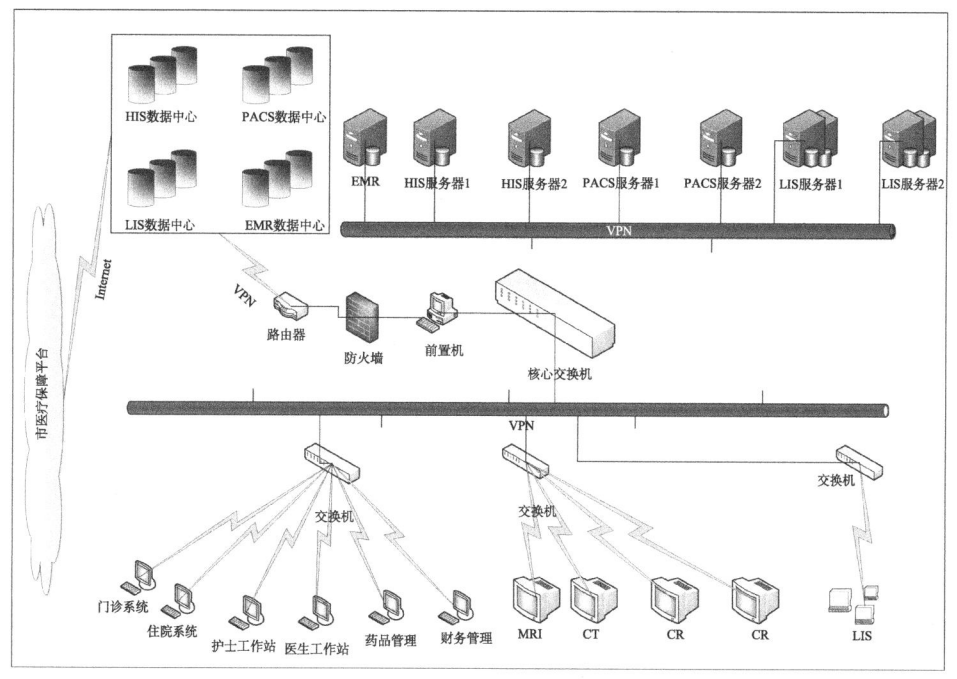

图 2.1　医院网络拓扑图

资料来源：锐捷网络 http：//www.Ruijie.com.cn。

知识加油站

电子商务技术是利用计算机技术、网络技术等，实现整个商务（买卖）过程中的电子化、数字化和网络化。电子商务是在现代信息技术的不断发展和应用过程中产生和发展起来的。电子商务运作的各个环节都需要有足够强健的信息技术和系统的支撑，同时随着电子商务需求的发展和新的商务模式的产生，又需要电子商务实现技术的不断突破和发展。

2.1 电子商务的基础设施

电子商务存在的前提是几项关键技术，最重要的技术当然是因特网。因特网技术的特征是网络互联、资源高度共享、时空观念的转变以及物理距离的消失等。这些技术给企业管理信息系统和各类商务活动带来极大的影响，导致了 IT 应用领域革命性的变化。

2.1.1 因特网、内联网和外联网

1. 因特网

因特网是"因特网"的中文译名，即国际计算机互联网，又叫国际计算机信息资源网，它是位于世界各地并且彼此相互通信的一个大型计算机网络。它起源于美国的五角大楼，它的前身是美国国防部高级研究计划局（ARPA）主持研制的 ARPAnet。1974 年，出现了连接分组网络的著名的网际互联协议 IP 和传输控制协议 TCP，简称 TCP/IP。这两个协议相互配合，其中，IP 是基本的通信协议，TCP 是帮助 IP 实现可靠传输的协议。

2. 内联网

内联网（Intranet）指采用因特网技术建立的企业内部专用网络。它以 TCP/IP 协议为基础，以 Web 为核心应用，构成统一和便利的信息交换平台。内联网可提供 Web 出版、交互、目录、电子邮件、广域互联、文件管理、打印和网络管理等多种服务。

内联网是传播企业信息的一种流行方法，而且成本低。内联网使用基于因特网的协议，包括 TCP/IP、FTP、Telnet、HTML 和 WWW 浏览器。因为企业的内联网和因特网是兼容的，企业外部的消费者可以很容易共享内联网的信息。使用内联网的一个好处是，企业内部有不同计算机硬件的部门可以在内联网上互相沟通。这是因为内部网络软件和协议

是独立于硬件的，在 Mac 机、PC 机或 UNIX 机上都能很好地运行。

内联网服务器可以对信息进行收集和分类，这样信息就可发到因特网上实现信息发布。假设顾客想了解某种产品或某些产品的价格和现货情况，内联网可从内部数据库中寻找信息，这些信息包括库存和半成品信息，然后把这些信息转成正确的格式，接着把信息从内联网发到因特网上再送到顾客手中。

3. 外联网

外联网（Extranet）是一个使用因特网/Intranet 技术使企业与其客户和其他企业相连来完成其共同目标的合作网络，可以被看做是一个能被企业成员访问或与其他企业合作的企业 Intranet 的一部分。

外联网把企业及其供应商或其他贸易伙伴联系在一起。外联网可以是下列几种网络类型的任何一种：公共网络、专用网络或虚拟专用网络（VPN）。这几种网络都能实现企业间的信息共享。外联网的信息是安全的，可以防止信息泄露给未经授权的用户。授权用户可以公开地通过外联网连入其他企业的网络。外联网为企业提供了专用的设施，帮助企业协调采购，通过 EDI 交换业务单证，实现彼此之间的交流和沟通。实际上外联网可通过因特网建立起来，但外联网一般是联系业务的独立网络。利用传统的因特网协议（包括 TCP/IP），外联网可用因特网实现网间通信。即使是独立于因特网的专用网络也可使用因特网的协议和技术来进行通信。

4. 专用网络

专用网络是两个企业间的专线连接，这种连接是两个企业的内联网之间的物理连接。专线是两点之间永久的专用电话线连接。和一般的拨号连接不同，专线是一直连通的。这种连接的最大优点就是安全。除了这两个合法连入专用网络的企业，其他任何人和企业都不能进入该网络。所以，专用网络保证了信息流的安全性和完整性。

专用网络的最大缺陷是成本太高，因为专线是非常昂贵的。每对想要专用网络的企业都需要一条独立的专用线把它们连到一起。例如，如果一个企业想通过专用网络与 7 个企业建立外联网连接，企业必须支付 7 条专线的费用。

5. 虚拟专用网络（VPN）

虚拟专用网络（VPN）是一种特殊的网络，它采用一种叫做"隧道"或"数据封装"的系统，用公共网络及其协议向贸易伙伴、顾客、供应商和雇员发送敏感的数据。这种通道是因特网上的一种专用通路，可保证数据在外联网上的企业之间安全地传输。

如果一个企业想和其供应商或贸易伙伴建立更为密切的联系，可以用 VPN 把它们连接在一起。建立 VPN 不需要专线。除了每个公司的内联网外，所需的唯一设施就是因特网。

虽然 VPN 是一种外联网，但并不是每个外联网都是 VPN。设计虚拟专用网络可以节省成本，尽管其主要目的是利用合作企业间的联盟创造一种竞争优势。VPN 中"虚拟"一词的意思是：这种连接看上去像是永久的内联网连接，但实际上是临时的。一旦两个内联网之间发生交易，VPN 就建立起来，交易通过因特网完成，交易结束后，连接就终止了。图 2.2 给出了安全的 VPN 模型。

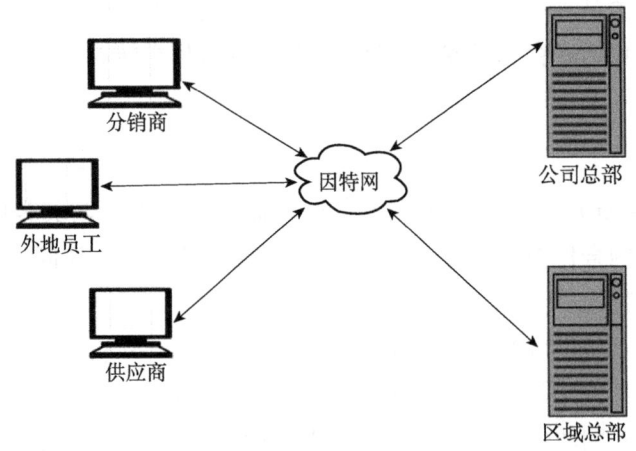

图 2.2　安全的 VPN 模型

2.1.2　因特网接入的各种方案

目前，中国的接入网建设主要涉及以下几个技术领域。

1. 光纤接入技术

光纤是适合宽带业务发展的理想接入传输介质。在一定的距离与规模条件下，光纤接入网络的综合成本已经与铜缆相近。随着用户环路新技术的开发与应用，光纤用户环路技术已经日趋成熟，而且价格在稳步下降。为了进一步降低成本，各种光纤混合网将应运而生。

2. 无线接入技术

无线本地环路是用无线通信技术连接交换机与用户终端设备的通信系统。它以微波、卫星、小天线地球站（VEST）以及无线移动通信技术作为无线传输手段，为用户提供一种本地接入的通信方法。

随着无线接入成本的不断下降，无线接入方式将会与光纤接入方式相辅相成。

3. 铜缆接入技术

铜缆接入是目前电话业务的主要接入手段，电信企业已经为之投入了大量的资金，因此在建设接入网时要充分考虑铜缆的使用价值。随着数字传输技术的不断发展，铜缆不仅将在电话接入中继续发挥主要作用，而且在光纤接入网尚未形成或用户急需时，也可以通过数字传输技术满足用户接入的需要。

接入网所涉及的技术领域宽，业务面广，并且多数技术还处于不断发展与完善的过程中。随着数据与多媒体业务的发展，用户对接入网提出了更高的要求。传统的以模拟铜缆为传输手段的用户接入方式已经无法满足社会需求，接入网正在向数字化与宽带化方向发展。

2.1.3 客户机和服务器

客户机又称为用户工作站，是用户与网络打交道的设备，一般由用户 PC 担任，每一个客户机都运行在它自己的并为服务器所认可的操作系统环境中。客户机主要通过服务器享受网络上提供的各种资源。

服务器，也称伺服器，是提供计算服务的设备。由于服务器需要响应服务请求，并进行处理，因此一般来说服务器应具备承担服务并且保障服务的能力。

服务器和通用的计算机架构类似，但是由于需要提供高可靠的服务，因此在处理能力、稳定性、可靠性、安全性、可扩展性、可管理性等方面要求较高。在网络环境下，根据服务器提供的服务类型不同，分为文件服务器、数据库服务器、应用程序服务器、Web 服务器等。

工作负荷在 WWW 客户机和服务器之间的分配截然不同。WWW 客户机向远程计算机上的一个特定 WWW 服务器请求信息。通过因特网这个传输媒体，这个请求被转换成一个 HTML 请求并送到远程计算机——服务器上。当目标服务器收到这个请求后，它检索客户机所请求的页面或其他信息，把它转换成一个 HTML 格式的页面，并通过因特网送回发出请求的客户机。所请求的信息（在这个例子中是 HTML 页面）到达客户计算机后，WWW 浏览器软件确定这条信息是 HTML 页面后，根据该页面的 HTML 代码在客户计算机上显示出该页面，如图 2.3 所示。

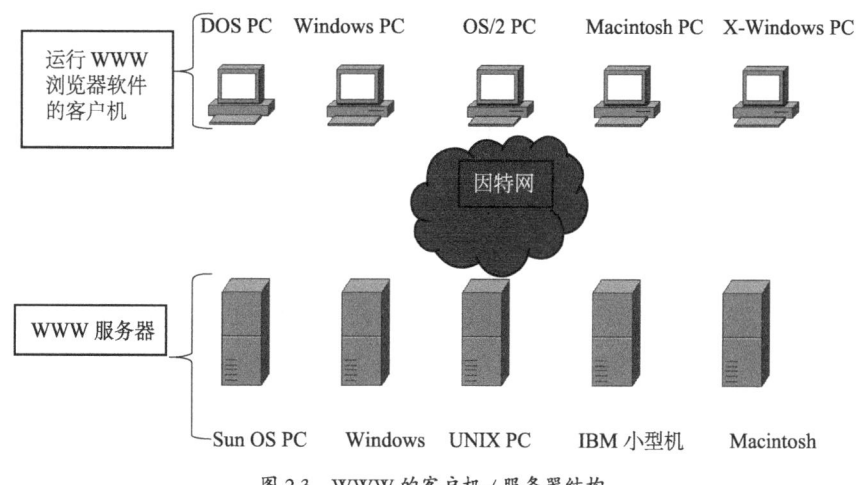

图 2.3 WWW 的客户机/服务器结构

1. 两层客户机/服务器

两层结构仅包括一个客户机和一个服务器。所有的通信都发生在客户机和目标服务器之间。在两层结构中，请求和响应在因特网上的传输只涉及一个客户机（第一层）和一个服务器（第二层）。

从客户机发往服务器的典型请求包括三个主要部分，即请求报文行、可选择的请求报文头、可选择的实体段。

请求报文行包括一条命令、目标资源的名称（不含协议名或域名）以及协议的名称和版本。在请求报文行之后是请求报文头，它由名称/取值对组成。请求报文行包括有关客户机和请求的补充信息。最后，有时用可选的实体段向服务器传输大量信息如图2.4所示。实体段和请求报文头之间用一个空白行隔开。在表2.1中，请求信息包含一个请求报文行和两个请求报文头。

图 2.4　WWW 客户机和服务器之间的信息流

表2.1　请求信息

GET /whatsnew/rfc/rfc1932. html HTTP/1.0	请求报文行
Accept : text/html	请求报文头 1
Accept : audio/x	请求报文头 2

服务器的响应包括三个在结构上与请求信息相同的部分：响应报文头行、一个或多个响应报文头以及一个可选的实体段。图 2.5 给出了响应信息的一个例子。

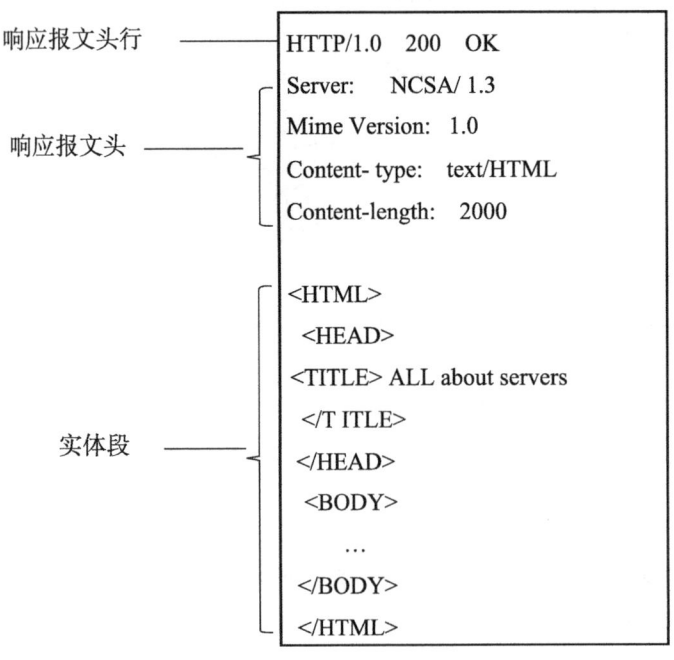

图 2.5　服务器响应的消息

2. 三层客户机/服务器

三层结构建立在传统的两层结构的基础上。第一层是客户机，第二层是 WWW 服务器，第三层包括一些应用软件及其相关的数据库，它们可向 WWW 服务器提供非 HTML 消息。

图 2.6 介绍了三层结构中的信息流。信息流箭头上的数字表示信息在路径中的流动顺序。

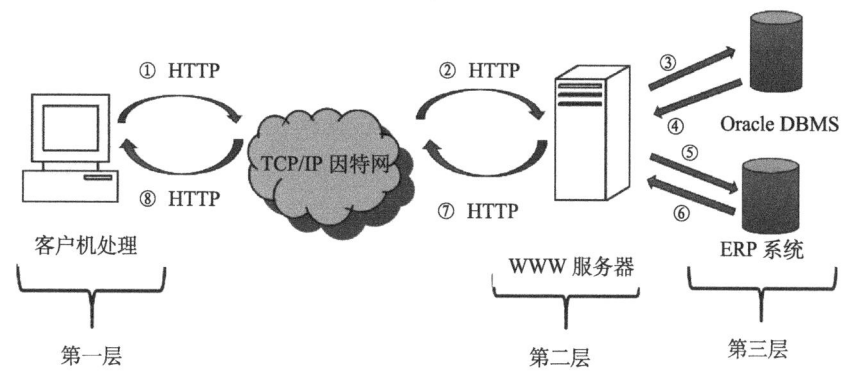

图 2.6　三层客户机 / 服务器结构中的信息流

3. 网络结构模式

1）B/S 模式

B/S 模式即 Browser/Serve（浏览器和服务器）架构模式。在这种架构下，用户工作界面是通过 WWW 浏览器来实现的，极少部分事务逻辑在前端实现，但是主要事务逻辑在服务器端实现，形成所谓三层结构。B/S 架构是 Web 兴起后的一种网络架构模式，Web 浏览器是客户端最主要的应用软件。这种模式统一了客户端，将系统功能实现的核心部分集中到服务器上，简化了系统的开发、维护和使用。浏览器通过 Web Server 同数据库进行数据交互。这样就大大简化了客户端的载荷，减轻了系统维护与升级的成本和工作量，降低了用户的总体成本。

B/S 最大的优点就是可以在任何地方进行操作而不用安装任何专门的软件，只要有一台能上网的计算机就能使用，客户端零安装、零维护，系统的扩展非常容易。B/S 结构的使用越来越多，特别是由需求推动了 Ajax 技术的发展，程序也能在客户端计算机上进行部分处理，从而大大地减轻了服务器的负担，并增加了交互性，能进行局部实时刷新。

B/S 优点:①客户端无须安装，有 Web 浏览器即可;② B/S 架构可以直接放在广域网上，通过一定的权限控制实现多客户访问的目的，交互性较强；③ B/S 架构无须升级多个客户端，升级服务器即可。

B/S 缺点：①在跨浏览器上，B/S 架构不尽如人意；②表现要达到 C/S 程序的程度需要花费不少精力；③在速度和安全性上需要花费巨大的设计成本，这是 B/S 架构的最大问题。

2）C/S 模式

C/S 模式即 Client/Server（客户机 / 服务器）结构。这种模式通过将任务合理分配到 Client 端和 Server 端，降低了系统的通信开销，需要安装客户端才可进行管理操作。

客户端和服务器端的程序不同，用户的程序主要在客户端，服务器端主要提供数据管理、数据共享、数据及系统维护和并发控制等，客户端程序主要完成用户的具体的业务。

曾经大多数应用软件系统都采用的是 Client/Server 形式的两层结构，现在的软件应用系统正在向分布式的 Web 应用发展。Web 和 Client/Server 应用都可以进行同样的业务处理，应用不同的模块共享逻辑组件，因此，内部的 Client 用户和外部的 Web 用户都可以访问新的和现有的应用系统。

C/S 和 B/S 并没有本质的区别：B/S 是基于特定通信协议（HTTP）的 C/S 架构，也就是说 B/S 包含在 C/S 中，是特殊的 C/S 架构。之所以在 C/S 架构上提出 B/S 架构，是为了满足瘦客户端、一体化客户端的需要，最终目的是节约客户端更新、维护等的成本，以及广域资源的共享。

C/S 优点：①界面和操作可以很丰富；②安全性能可以很容易得到保证，实现多层认证也不难；③由于只有一层交互，因此响应速度较快。

C/S 缺点：①适用面窄，通常用于局域网中；②用户群固定，由于程序需要安装才可使用，因此不适合面向一些不可知的用户；③维护成本高，发生一次升级，则所有客户端的程序都需要改变。

2.2 EDI数据传输与XML数据表示

2.2.1 EDI 的定义

EDI（Electronic Data Interchange，电子数据交换）是指根据商定的交易或电子数据的结构标准实施商业或行政交易，实现从计算机到计算机的电子数据传输。由于使用 EDI 可以减少甚至消除贸易过程中的纸面文件，因此 EDI 又被人们称为"无纸贸易"。

EDI 应用的含义包括以下几个方面。

（1）使用 EDI 的是交易的双方，而非同一企业的不同部门。
（2）交易双方传递的文件具有特定的格式，采用的是报文标准。
（3）双方各有自己的计算机（或计算机管理信息系统）。
（4）双方的计算机（或系统）能发送、接收并处理符合约定标准的交易电文的数据信息。
（5）双方计算机之间有网络通信系统。

2.2.2 EDI 系统的组成

EDI 系统主要由用户接口模块、内部接口模块、报文生成及处理模块、格式转换模块和通信模块 5 个模块组成。

1)用户接口模块

业务人员可用此模块进行输入、查询、统计、中断等,从而及时了解市场变化,调整策略。

2)内部接口模块

这是 EDI 系统和本单位内部其他信息系统及数据库的接口。一份来自外部的 EDI 报文,经过 EDI 系统处理之后,大部分相关内容都需要经内部接口模块送往其他信息系统,或查询其他信息系统才能给对方 EDI 报文以确认的答复。

3)报文生成及处理模块

该模块有以下两个功能。

(1)接收来自用户接口模块和内部接口模块的命令和信息,按 EDI 标准生成订单、发票等 EDI 报文和单证,经格式转换模块处理后,由通信模块经 EDI 网络发给其他 EDI 用户。

(2)自动处理由其他 EDI 系统发来的报文。在处理过程中要与本单位信息系统相连,获取必要的信息并给其他 EDI 系统答复,同时将有关信息送给本单位的其他信息系统。

4)格式转换模块

所有的 EDI 单证都必须转换成标准的交换格式,转换过程包括语法上的压缩、嵌套、代码的替换以及必要的 EDI 语法控制字符。在格式转换过程中要进行语法检查,对于语法出错的 EDI 报文应拒收并通知对方重发。

5)通信模块

该模块是 EDI 系统与 EDI 通信网络的接口,具有执行呼叫、自动重发、合法性和完整性检查、出错报警、自动应答、通信记录、报文拼装和拆卸等功能。

各个模块之间的结构及信息交换关系如图 2.7 所示。

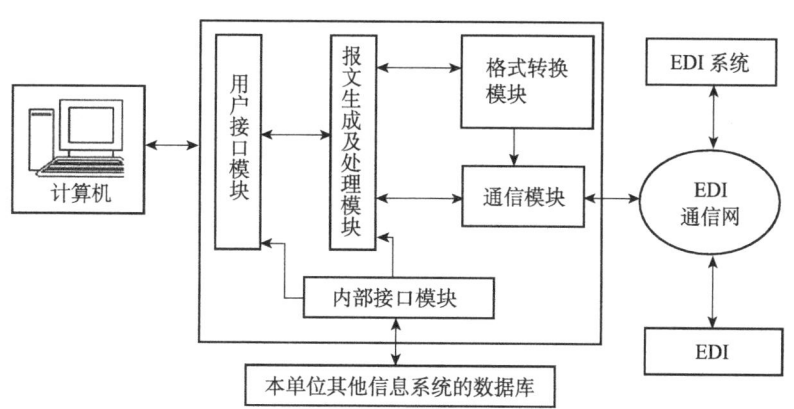

图 2.7 EDI 系统模块

EDI 包含了三个方面的内容,即计算机应用、通信网络和通过 EDI 服务器实现的网络标准化。其中计算机应用是 EDI 的条件,通信网络是 EDI 应用的基础,网络标准化是 EDI 的特征。这三个方面相互衔接、相互依存,共同构成了 EDI 的基础框架。EDI 的系统模型如图 2.8 所示。

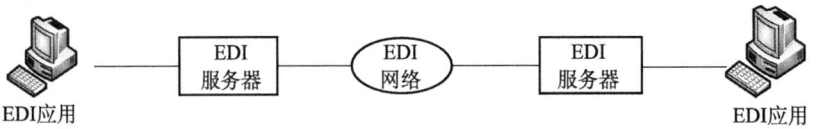

图 2.8　EDI 系统模型图

2.2.3　EDI 的工作原理

运用 EDI 技术实现从计算机到计算机的信息传递有以下两种方式。

（1）直接方式。这种方式是指计算机通过一条通信线路直接向另一台计算机发送信息，通信线路可以是租借的，也可以是拨号电话线。该方式的通信能力受线路通信能力的制约。

（2）间接方式。这种方式是将计算机用增值网络（VAN）连接起来，即所有计算机的信息传递和接收都通过 EDI 中心完成。由于使用了增值网络，可以使更多的计算机连到一起。

通用的 EDI 增值网络，是建立在 MHS（信报处理系统）数据通信平台上的信箱系统，其通信机制是信箱间信息的存储和转发，文件交换由计算机自动完成，在发送文件时，用户只需进入自己的信箱系统。EDI 的信箱通信与交换原理如图 2.9 所示。

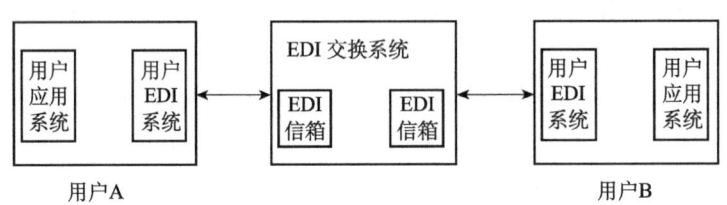

图 2.9　EDI 的信箱通信与交换原理

知行软件的 EDI 解决方案

西安知行软件有限公司成立于 2008 年，获得美国合作伙伴 /n software Inc. 及旗下子公司 RSSBus Inc. 的独家授权，并以大中华地区客户为中心，提供 EDI 产品销售和咨询以及中文技术支持服务。

在开发 EDI 解决方案时，面对时间和成本的压力，EDI 报文的通信环节通常是整个解决方案中的一个难点。通过使用知行 EDI 连接器产品，客户可以用低成本快速构建高可靠性的 EDI 解决方案。如图 2.10 所示为知行 EDI 连接器产品 RSSBus Connect 在整个解决方案中的位置。

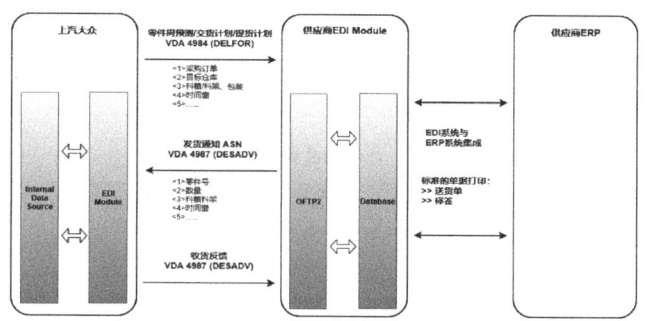

图 2.10 知行 EDI 连接器产品

如图 2.11 所示为知行软件公司为上汽大众实施 EDI 系统后其供应商所生成的送货标签。

图 2.11 上汽大众供应商的送货标签

资料来源：知行软件 https：//www.kasoftware.com/。

2.2.4　XML 数据表示

XML 是用来定义数据结构的，这种数据结构对包括电子商务在内的大规模数据传输是非常重要的。XML 定义了 WWW 页面显示哪些数据，而 HTML 确定页面如何显示。XML 使设计者很容易地以标准化的、连续的方式来描述并传输来自任意应用程序的结构化数据。

XML 可以描述页面的内容。XML 还有数据跟踪能力，这将改变数据共享的方式以及检索数据库和文件的方式。

XML 的其他优点包括：
- 它可以提供元数据（关于信息的数据），这些元数据将帮助人们找到信息，并帮助信息的使用者和提供者彼此找到对方。
- 用户可用低成本的软件处理数据。
- 简化企业间的数据交流，有助于产生独立于平台的协议，这些协议将丰富电子商务的数据。

- 为服务于企业或个人的电子商务代理人提供有助于自动业务处理的信息。

图 2.12 给出了 XML 格式的文件的例子。除了第一个标记，其他的所有标记都是严格地以开头/结尾的形式成对出现的。

图 2.12　XML 文件示例

2.3　物联网技术

2.3.1　物联网的定义

1. 物联网的定义

早期的物联网是指依托射频识别（Radio Frequency Identification，RFID）技术和设备，按约定的通信协议与互联网相结合，使物品信息实现智能化识别和管理，实现物品信息互联而形成的网络。随着技术和应用的发展，物联网内涵不断扩展。

2011 年中华人民共和国工业和信息化部电信研究院发布的《物联网白皮书（2011年）》认为：物联网是通信网和互联网的拓展应用和网络延伸，它利用感知技术与智能装置对物理世界进行感知识别，通过网络传输互联，进行计算、处理和知识挖掘，实现人与物、物与物信息交互和无缝链接，达到对物理世界实时控制、精确管理和科学决策目的。

2.3.2　物联网的体系结构

物联网的体系架构由感知层、网络层、应用层组成，如图 2.13 所示。

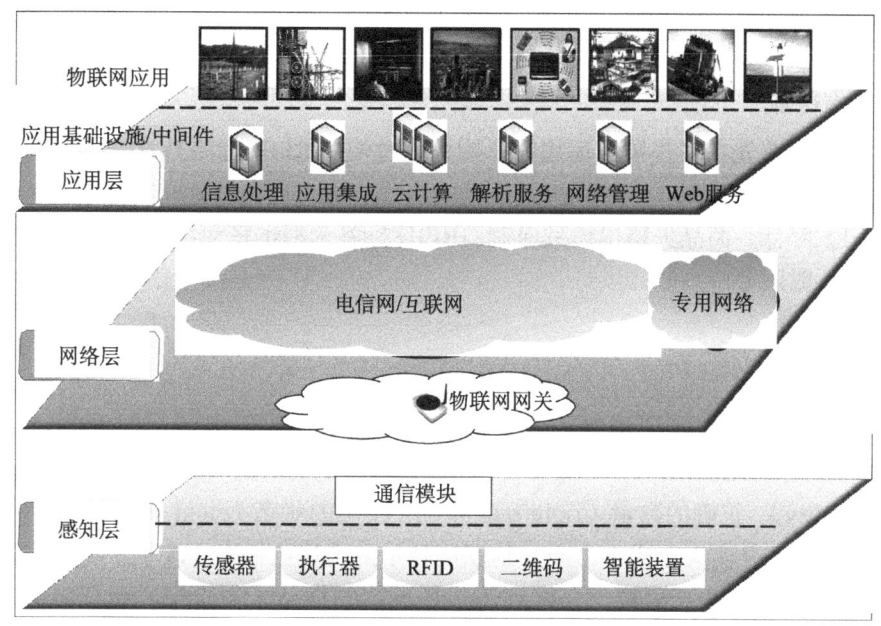

图 2.13 物联网的体系结构

感知层为物联网的神经末梢。物联网感知层解决的是"人与物、物与物"之间的数据信息交换问题，实现"识别物体、采集信息"的功能。人们通过感知层不仅要采集物品本身的自然属性信息（如位置、重量、体积、温湿度、气味、成分含量等），也包括人为附加到物品上的对人类管理物品有重要作用的附加信息（如产品的生产日期、型号规格、生产商、价格、主要成分、产地等）。以往人们获取这类信息往往都通过手动人工方式获得，在物联网中，通过相关的感知技术能够实现信息的自动获取，并通过网络层传输到管理控制中心进行下一步的处理。

网络层主要用来将感知层收集到的信息安全可靠地传输到信息处理层，然后根据不同的应用需求进行信息处理。在物联网中，要求网络层能够把感知层感知到的数据无障碍、高可靠性、高安全性地进行传送。它解决的是感知层所获得的数据在一定范围内，尤其是远距离的传输问题。同时，物联网网络层将承担比现有网络更大的数据量和面临更高的服务质量要求。所以，现有网络尚不能满足物联网的需求，这就意味着物联网需要对现有网络进行融合和扩展，利用新技术以实现更加广泛和高效的互联功能。

应用层主要接收网络层传递的信息，经过分析处理，实现特定的智能化应用和服务任务，即结合各个应用行业领域的特点，将物联网的优势与行业的生产经营、信息化管理、组织调度结合起来，形成各类的物联网解决方案，构建智能化的行业应用。应用层包括应用基础设施、中间件和各种物联网应用。应用基础设施、中间件为物联网应用提供信息处理、计算等通用基础服务设施及资源调用接口，以此为基础实现物联网在众多领域的各种应用。

在各层之间，所传递的信息多种多样，这其中关键是物品的信息，包括在特定应用系统范围内能唯一标识物品的识别码和物品的静态与动态信息。同时，信息是双向传递的，如各层之间的交互。

2.3.3 物联网主要应用领域

1. 零售行业

美国沃尔玛首先在零售领域运用物联网,通过使用 RFID 标签技术,零售商可实现对商品从生产、存储、货架、结账到离开商场的全程监管,货物短缺或货架上产品脱销的概率得到了很大降低,商品失窃也得到遏制。RFID 标签未来也将允许消费者自己进行结算,而不再需要长时间等待结账。

2. 物流行业

物流是指物品从供应地向接收地的实体流动过程,现代物流系统是从供应、采购、生产、运输、仓储、销售到消费的供应链。物流信息化的目标就是帮助物流业务实现"6R",即将顾客所需要的产品(right product),在合适的时间(right time),以正确的质量(right quality)、正确的数量(right quantity)、正确的状态(right status)送达指定的地点(right place),并实现总成本最小。物联网技术的出现从根本上改变了物流中信息的采集方式,提高了从生产、运输、仓储到销售各环节的物品流动监控、动态协调的管理水平,极大地提高了物流效率。

3. 医药行业

物联网在医药领域的应用已体现在生产、零售与物流的应用上,除此之外,在打击假药制造和提高药物的使用效果上,物联网将有很大的应用空间。RFID 芯片在打击假药制造上已经得到应用,未来 RFID 芯片在医药领域的全面应用将能够减少因服用假药、过量服药或者服用相克药物而失去生命的病例。物联网在医疗领域的应用还可以实现医疗设备管理、医院信息化平台建设、重症病人自动监护、远程患者健康检测及咨询等。

同时,物联网技术在医院管理中也大有用武之地。比如,老弱患者、重症患者、智障患者、精神类患者的监护等,通过感知手链,可以及时掌握上述患者的空间位置、状态以及饮食用药情况等重要信息,对提升医院的护理水平和效率大有益处。

4. 智能电网

按照美国能源部的定义,智能电网是指一个完全自动化的电力传输网络,能够监视和控制每个用户与电网节点,保证从电厂到终端用户整个输配电过程中所有节点之间的信息和电能的双向流动,其构成包括数据采集、数据传输、信息集成、分析优化和信息展现五个方面。

5. 智能家居

智能家居可以定义为一个过程或者一个系统,利用先进的计算机技术、网络通信技术、综合布线技术,将与家居生活有关的各种子系统有机地结合在一起,实现家电设备、家居用品的远程控制与管理,同时也可以完成水、电、煤气以及安保等的监控。

6. 智能交通

智能交通是一种先进的一体化交通综合管理系统,在智能交通体系中,车辆靠自己的智能装置在道路上自由行驶，公路靠自身的智能装置将交通流量调整至最佳状态，借助于这个系统，公交公司能够有序灵活地调度车辆，管理人员将对道路车辆的行踪掌握得一清二楚。智能交通领域中物联网的主要功能可以概括为5点：①车辆控制；②交通监控；③运营车辆高度管理；④交通信息查询；⑤智能收费。除此之外，智能收费功能还可以用在加油站的付款、公交车的电子票务等领域。

7. 环境保护

物联网传感器网络可以广泛地应用于生态环境监测、生物种群研究、气象和地理研究、洪水监测、火灾监测，具体包括：①水情监测；②动植物生长管理；③空气监测；④地质灾害监测；⑤火险监测；⑥应急通信等。

8. 智能农业

1）智能化培育控制

物联网通过光照、温度、湿度等各式各样的无线传感器，可以实现对农作物生产环境中的温度、湿度信号以及光照、土壤温度、土壤含水量、CO_2浓度、叶面湿度、露点温度等环境参数进行实时采集。同时在现场布置摄像头等监控设备，实时采集视频信号。用户通过计算机或手机，随时随地观察现场情况，查看现场温湿度等数据，并可以远程控制智能调节指定设备，如自动开启或者关闭浇灌系统、温室卷帘等。

2）农副产品安全溯源

在农副产品运输和仓储阶段，物联网技术可对运输车辆进行位置信息查询和视频监控，及时了解车厢和仓库内外的情况、感知其温湿度变化。用户可以通过无线传感网络与计算机或手机的连接进行实时观察并进行远程控制，为粮食的安全运输和存储保驾护航。

对于消费者来说，每个农副产品都有唯一标识的电子标签，上面记录了该农副产品从种植、采摘或养殖、屠宰到运输、销售的全过程的档案资料，包括畜禽信息，饲料信息，化肥农药信息，运输过程中温度、水分控制情况，疾病防疫等。消费者可以凭借农副产品对应的追溯码，通过网站、电话或短信形式查询该农副产品的来源、运输渠道、质量检疫等多方面的信息，一旦产品出现质量问题，便可追踪溯源确定问题所在。

除了上述常见应用外，物联网还可以广泛应用于工业生产监控、矿产资源开采、环境监控、城市管理、国防军事等领域，这里不再一一详述。

2.4 区块链技术原理

2.4.1 区块链技术的定义与原理

近年来，区块链技术正在经历快速发展。区块链正在走进金融机构、大型企业、政府决策层的视野，大有从"草根力量"引发经济变革的态势。

区块链的概念首次在 2008 年年末由中本聪（Satoshi Nakamoto）发表在比特币论坛中的论文 *Bitcoin*：*A Peer-to-Peer Electronic Cash System* 提出。论文中区块链技术是构建比特币数据结构与交易信息加密传输的基础技术，该技术实现了比特币的挖矿与交易。中本聪认为：第一，借助第三方机构来处理信息的模式拥有点与点之间缺乏信任的内生弱点，商家为了提防自己的客户，会向客户索取完全不必要的信息，但仍然不能避免一定的欺诈行为；第二，中介机构的存在，增加了交易成本，限制了实际可行的最小交易规模；第三，数字签名本身能够解决电子货币身份问题，如果还需要第三方支持才能防止双重消费，则系统将失去价值。基于以上三点现存的问题，中本聪在区块链技术的基础上，创建了比特币。第三方机构消费系统存在的问题与比特币创立背景如图 2.14 所示。

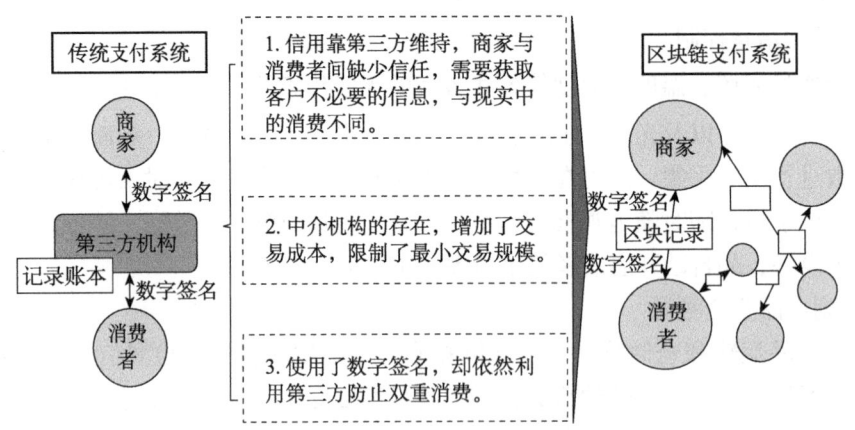

图 2.14 第三方机构消费系统存在的问题与比特币创立背景

1. 定义

区块链是分布式数据存储、点对点传输、共识机制、加密算法等计算机技术的新型应用模式。

狭义来讲，区块链是一种按照时间顺序将数据区块以顺序相连的方式组合成的一种链式数据结构，并以密码学方式保证的不可篡改和不可伪造的分布式账本。

广义来讲，区块链技术是利用块链式数据结构来验证与存储数据、利用分布式节点共识算法来生成和更新数据、利用密码学的方式保证数据传输和访问的安全、利用由自动化脚本代码组成的智能合约来编程和操作数据的一种全新的分布式基础架构与计算方式。

2. 基本原理

区块链的基本原理理解起来并不复杂。首先，区块链包括以下三个基本概念。

- 交易（Transaction）：一次对账本的操作，导致账本状态的一次改变，如添加一条转账记录。
- 区块（Block）：记录一段时间内发生的所有交易和状态结果，是对当前账本状态的一次共识。
- 链（Chain）：由区块按照发生顺序串联而成，是整个账本状态变化的日志记录。

如果把区块链作为一个状态机,则每次交易就是试图改变一次状态,而每次共识生成的区块,就是参与者对于区块中交易导致状态改变的结果进行的确认。

在实现上,首先假设存在一个分布式的数据记录账本,这个账本只允许添加不允许删除。账本底层的基本结构是一个线性的链表,这也是其名字"区块链"的来源。链表由一个个"区块"串联组成(如图2.15所示),后继区块记录前导区块的哈希值(pre hash)。新的数据要加入,必须放到一个新的区块中。而这个块(以及块里的交易)是否合法,可以通过计算哈希值的方式快速检验出来。任意维护节点都可以提议一个新的合法区块,然而必须经过一定的共识机制来对最终选择的区块达成一致。

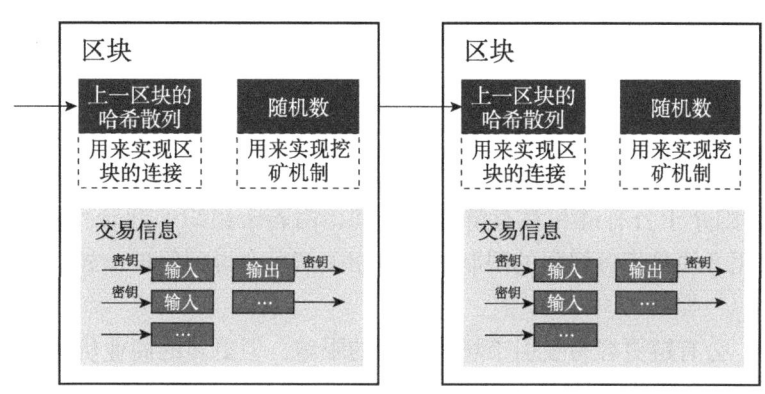

图 2.15 区块链结构示例

2.4.2 区块链技术的演化与分类

1. 区块链的演化

比特币区块链已经支持了简单的脚本计算,但仅限于数字货币相关的处理。除了支持数字货币,还可以将区块链上执行的处理过程进一步泛化,即提供智能合约(Smart Contract)。智能合约可以提供除了货币交易功能外更灵活的合约功能,执行更为复杂的操作。

这样,扩展之后的区块链已经超越了单纯数据记录的功能,实际上带有一点"智能计算"的意味;更进一步,还可以为区块链加入权限管理和高级编程语言支持等,实现更强大的、支持更多商用场景的分布式账本。

2. 区块链与分布式记账

现代复式记账系统(Double Entry Bookkeeping)由意大利数学家卢卡·帕西奥利于1494年最早制定。复式记账法对每一笔账目同时记录来源和去向,首次将对账验证功能引入记账过程,提升了记账过程的可靠性。

从这个角度来看,区块链是首个实现自带对账功能的数字记账技术。

更广泛地看,区块链属于一种去中心化的记录技术。参与到系统上的节点,可能不属于同一组织,彼此无须信任;区块链数据由所有节点共同维护,每个维护节点都能复制获得一份完整或部分记录的拷贝。

跟传统的记账技术相比,基于区块链的分布式账本应该包括如下特点:

- 维护一条不断增长的链，只可能添加记录，而发生过的记录都不可篡改。
- 去中心化，或者说多中心化，无须集中控制而能达成共识，实现上尽量采用分布式。
- 通过密码学的机制来确保交易无法被抵赖和破坏，并尽量保护用户信息和记录的隐私性。

3. 分类

根据参与者的不同，可以分为公开（Public）链、联盟（Consortium）链和私有（Private）链。

公有链，顾名思义，任何人都可以参与使用和维护，如比特币区块链，信息是完全公开的。

如果进一步引入许可机制，可以实现私有链和联盟链两种类型：
- 私有链，由集中管理者进行管理限制，只有内部少数人可以使用，信息不公开。
- 联盟链则介于公有链和私有链两者之间，由若干组织一起合作维护一条区块链，该区块链的使用必须是带有权限的限制访问，相关信息会得到保护，如供应链机构或银行联盟。

目前来看，公有链更容易吸引市场和媒体的眼球，但更多的商业价值会在联盟链和私有链上落地。

根据使用目的和场景的不同，区块链又可以分为以数字货币为目的的货币链、以记录产权为目的的产权链、以众筹为目的的众筹链等，也有不局限特定应用场景的通用链。

现有大部分区块链实现都至少包括网络层、共识层、智能合约和应用层等结构，联盟链实现往往还会引入一定的权限管理机制。

2.5 个性化推荐技术

2.5.1 个性化推荐技术概述

电子商务个性化推荐系统是指利用电子商务网站向客户提供商品信息和建议，帮助客户决定应该购买什么产品，模拟销售人员帮助客户完成购买过程。近几年个性化服务逐渐从学术研究走向实际应用。目前，各行各业中都能看到推荐系统，推荐对象也很广泛，比如文章、新闻、书籍、音像和网页等。

个性化服务是指针对不同用户提供不同的服务策略和服务内容的服务模式，其实质就是以用户需求为中心的 Web 服务。个性化服务通过收集和分析用户信息来了解用户的兴趣和行为，进而实现主动推荐服务。因此，通过网络提供的个性化服务不仅可以减轻用户

"信息过载"的困境,而且可以帮助企业建立友好的客户关系。

电子商务个性化服务的最直接实现形式即为个性化推荐系统,该系统收集和统计活动用户对站点的近期访问信息,分析其浏览路径,与挖掘的模式进行比较匹配,并根据匹配程度进行排序,为活动用户预测下一步最有可能访问的页面,将排序后的结果附加在现行用户请求页面之后,从而进行页面推荐。

近几年,随着电子商务的快速发展,也推动了个性化推荐系统的发展,推荐系统已经成为电子商务中的主流发展方向。目前,推荐系统比较完善的著名电子商务网站有亚马逊、天猫等。

2.5.2 电子商务个性化推荐系统的组成

电子商务个性化推荐系统主要由三个功能模块组成,即输入模块、推荐方法模块、输出模块。

1. 输入模块

不同的电子商务个性化推荐系统所需要的输入信息也往往不同。数据大致分为两类,即社团群体和客户个人。社团群体的数据主要指集体形成的数据,包括社团购买历史、文本评价和评分等。客户个人的数据包括显式浏览、隐式浏览、关键词输入和客户购买历史记录等。

2. 推荐方法模块

推荐方法模块是个性化推荐系统的核心部分,决定着个性化推荐系统的优劣。推荐方法模块依赖个性化推荐技术和算法来实现。为了产生精确的推荐,保证个性化推荐系统的实时性要求,研究者提出了各种不同的推荐,其中许多方法来自于数据挖掘领域和人机交互的最新研究成果。电子商务推荐算法主要包括关联规则推荐、协同过滤推荐、基于知识的推荐等。

3. 输出模块

基于关联规则的个性化推荐系统的研究与应用,输出模块负责将推荐结果输出给客户,输出的形式多种多样。大型的电子商务个性化推荐系统可以同时向客户产生多种不同形式的输出。电子商务推荐的输出形式主要包括:

(1)个体评分输出——向目标客户显示输出其他客户对商品的数值评分信誉。

(2)相关商品输出——以交叉商品或相关商品列表的形式呈现,这种方式是电子商务个性化推荐系统中最为普遍的一种输出。

(3)编辑推荐输出——向客户提供领域专家对商品的专业介绍。

(4)电子邮件输出——通过电子邮件的形式提供最新的商品信息给客户。

2.5.3 基于 Web 挖掘的电子商务个性化推荐流程

依据 1997 年 Resnick 和 Varian 的理解,电子商务个性化推荐就是电子商务站点向用户提供个性化的商品信息和建议,帮助用户决定应该购买什么产品,模拟销售人员帮助用户完成购买过程。1998 年 7 月,美国 AAAI 组织各学者在威斯康星州专门召开了以推荐系统为主题的会议,集中讨论了推荐系统的发展问题,从而大力促进了推荐系统的广泛应用。如今，Web 挖掘方法与电子商务个性化推荐过程的整合成为当前研究的热点，由此而形成的推荐流程如图 2.16 所示。

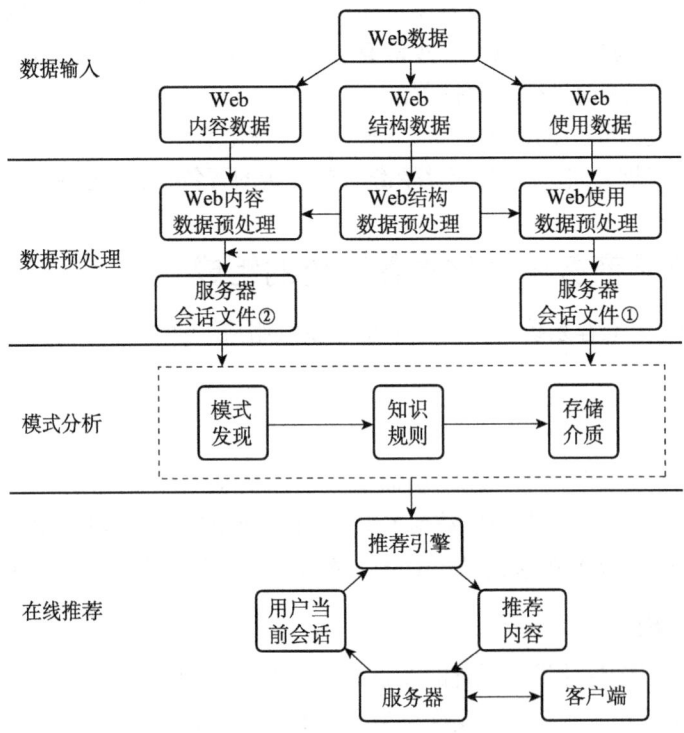

图 2.16　基于 Web 挖掘的电子商务个性化推荐流程

1. 数据输入

电子商务个性化推荐系统输入的数据主要包括与站点相关的 Web 内容数据、Web 结构数据和 Web 使用数据，数据输入不会影响用户正常的浏览行为。其中，Web 内容数据是电子商务站点传递给用户的网络对象及其关系的集合，也就是电子商务站点所提供的主要信息；Web 结构数据是电子商务站点页面的外部链接结构数据和每个页面内容呈现的由 HTML 或 XML 标签安排的内部结构数据；Web 使用数据是描述用户访问站点的行为数据，可以通过配置 Web 服务器日志等途径获得。

2. 数据预处理

数据预处理的目标是将包含在多种数据源中的数据转化为适合数据挖掘所必需的数据抽象概念。数据预处理主要包括 Web 内容数据预处理、Web 结构数据预处理和 Web 使用数据预处理，目的是为后续的 Web 挖掘算法提供可以直接处理的数据。

3. 模式分析

每个人都以自己独特的方式行事，可以称它为个人的行为处事方式，心理学上称为行为模式。每个消费者在电子商务中的活动也是一种行为模式。企业营销通过对消费者购买行为的研究，来掌握其购买行为的规律，从而制订有效的市场营销策略，实现企业营销目标，这个过程就是模式分析。模式分析模块主要包括以下三项任务：首先利用 Web 挖掘算法从 Web 数据中发现消费者各种行为模式；其次利用合适的工具和技术对这些模式进行分析、解释和可视化，从中筛选出有用的、可以理解的知识规则；最后将这些知识规则存储在合适的介质中，为推荐引擎提供支撑。

4. 在线推荐

根据用户的兴趣特点和购买行为，系统向用户推荐用户感兴趣的信息和商品。传统推荐方法所提供推荐的主要形式有：建议，分为单个建议、未排序建议列表和排序建议列表；根据用户的喜好向用户推荐最可能吸引用户的 N 件产品；预测，系统对给定项目（Item）的总体评分等。在电子商务个性化推荐中，推荐引擎将模式分析模块所提取的各种知识规则与用户当前会话进行匹配，进而生成个性化推荐页面集。这些页面集将以超链接的形式附在用户最近的一个页面请求中。

专业术语

因特网	互联网	分组交换	路由客户机
服务器	两层结构	三层结构	Web
XML	ADSL	内联网	外联网
EDI	标准体系	用户接口模块	内部接口模块
报文生成及处理模块	格式转换模块	通信模块	映射
转换	XML	标记	元素
人联网	物联网	RFID	感知层
网络层	应用层	面向服务的体系架构	
共性技术	区块链	交易	区块
链	公开链、联盟链	私有链	
个性化推荐系统	数据预处理	模式分析	
推荐形式	关联规则	聚类	
序列模式	分类	协同过滤算法	
基于关联规则的推荐算法	基于网络结构的算法		

思考题

1. 客户机和服务器的区别是什么？举出几个你用过的客户端软件和服务器端软件的例子。
2. EDI 系统各组成部分的作用是什么？
3. 分别说明物联网体系中感知层、网络层和应用层的功能。
4. 物联网与计算机互联网有何联系与不同？
5. 物联网为什么如此重视无线网络技术的应用？
6. 举例说明区块链技术除了网络支付之外的其他商业应用。
7. 举例说明区块链技术可以应用的一个场景。
8. 推荐系统的推荐形式有哪几种？你遇到过哪几种形式？

第3章

电子商务模式

本章导读

电子商务模式,就是指在网络环境中基于一定技术基础的商务运作方式和盈利模式。研究和分析电子商务模式的分类体系,有助于挖掘新的电子商务模式,为电子商务模式创新提供途径,也有助于企业制订特定的电子商务策略和实施步骤。电子商务模式可以从多个角度建立不同的分类框架,最常见的方式是基于交易主体的分类,比如B2B、B2C、C2C等,本章将对其进行详细分析。

本章主要介绍商业模式含义及其要素,电子商务的常见分类,电子商务的盈利模式,B2B、B2C、C2C 电子商务的含义及分类和盈利模式,对新零售和部分演化的电子商务模式进行了简单描述。

 引导案例

京东京喜:上线2个月新增客户呈几何倍数增长

作为京东集团"一体化的开放"战略的重要组成部分,京东京喜自2018年4月正式发布以来,围绕帮助企业与员工构建心理契约、打造人企无间的组织新形态、最终以"智""福"人的福利管理新哲学对企业员工福利管理方式进行了重新定义,得到雇主和雇员的一致赞誉,发展速度令人惊喜。

截至目前,已有3000多家中大型企业客户进行使用,超424万员工通过"京东京喜"感受到福利带来的惊喜。帮助企业节省高达22%的运营成本,帮助员工最高提升30%的实际所得。

在愈来愈多的企业选择通过"京东京喜"进行福利发放的背后,源于京东对员工福利的深刻理解,企业的员工福利管理不只是简单的物质给予,更是企业向员工传递企业文化的重要管理手段,最终旨在通过促进员工与企业达成心理契约,建立人企无间的组织新形态。对此,拥有智慧大脑的"京东京喜"福利平台,可实现企业在员工管理场景下的"知你所想,予你所需",其核心是帮助企业完成商品智选与履约能力的完美集合。首先京东

运用大数据、AI等先进技术，可实现员工标签化和智能画像，分析企业员工画像并通过智能选品BI推荐，让日常福利发放与员工满意度之间达成最高程度的契合。另一方面，员工可自主选择商品、收货地址及收货人，员工可将福利转化为心意或亲情进行传递。

"京东京喜"的爆发式增长不仅得益于京东在企业服务级市场充足的技术储备、多年来累积的产品供应链和物流优势打破了地域、时效等对采购带来的不利影响，更因为"京喜"真正实现了采购层面的"降本增效"和员工个性化定制，在帮助员工提高实际所得的同时还为企业切实降低了运营成本。

京东不久前公布企业采购"6·18"大数据，从数据中反映出中国商业变迁正呈现中西部快速崛起、员工福利消费升级、采购国货化、移动化四大趋势。从"京东京喜"2个多月的数据中，也正印证着这一趋势的变化。

根据"京东京喜"大数据，通过"京东京喜"购买消费品的员工不在少数，在6月1日—6月21日端午节期间，"京东京喜"采购品类中食品饮料占比达52%，整个京东"6·18"期间生鲜、消费品采购量大幅上涨。

从技术发展角度来看，得益于"京东京喜"便捷的一站式采购服务，采购人员可以直接创建活动二维码和链接，通过短信和邮件发放到员工的移动端设备，员工扫描二维码之后便可在移动端挑选节假日及日常福利。以"6·18"期间京东企业采购同比增幅最快的粮油品牌为例，其约44%的订单来自"京东京喜"平台及企业微信京东福利商城。

京东集团副总裁、企业级业务负责人宋春正表示，"京东京喜"是京东企业采购深耕企业级用户场景服务的重要一步，通过一站式的智慧管理解决方案，将智慧采购应用于员工福利管理、员工激励等人资管理场景，创新员工与企业的沟通方式，助推企业实现价值创新。

资料来源：http://www.100ec.cn/detail--6457416.html 电子商务研究中心，有删节。

知识加油站

随着电子商务的发展，不断有新的电子商务模式的产生，比如：CBC（Consumer Business-Business-Consumer）模式、B2T（Business to Team）模式、C2B2S（Customer to Business-Share）模式、P2D（Provide to Demand）模式、B2B2C（Business to Business to Customers）等。

3.1 电子商务模式的相关概念

3.1.1 商务模式的概念

商务模式，又叫商业模式（Business Model），是源于企业管理领域的一个专业术语。将企业与企业之间、企业的部门之间、乃至企业与顾客之间、与渠道之间存在的各种各样的交易关系和连接方式称之为商业模式，其主要包含以下 10 个要素。

1. 价值主张

价值主张（Value Proposition）是指公司通过其产品和服务所能向消费者提供的价值。好的商务模式有以下特点：能为顾客提供独特价值，如更低的价格、交易的乐趣或更高的性价比、更多的便利以及对顾客行为的准确理解等。

2. 消费者目标群体

消费者目标群体（Target Customer Segments）是指当企业选定了产品和服务时，需要选择合适的市场来消化其产品。为特定的顾客提供合理的价值是企业商务模式中不可缺少的一部分，选定消费者群体的过程也被称为市场细分（Market Segmentation）。

3. 分销渠道

分销渠道（Distribution Channels）是指公司用来接触消费者的各种途径。这里阐述了公司如何开拓市场。它涉及公司的市场和分销策略。通常所说的批发、代理、零售及直销等销售模式就是指分销渠道的问题。

4. 客户关系

客户关系（Customer Relationships）是指企业为达到其经营目标，主动与客户建立起的某种联系。这种联系可能是单纯的交易关系，也可能是通信联系，也可能是为客户提供一种特殊的接触机会，还可能是为双方利益而形成某种买卖合同或联盟关系。客户关系具有多样性、差异性、持续性、竞争性、双赢性的特征。它不仅仅可以为交易提供方便，节约交易成本，也可以为企业深入理解客户的需求和交流双方信息提供许多机会。

5. 价值配置

价值配置（Value Configurations）是指企业如何利用有限的资源去实现企业价值的最大化。任何一个有活力有创新能力的企业都会向着实现资源的最合理配置和实现价值最大化的目标奋斗。

6. 核心能力

核心能力（Core Capabilities）是指企业能够在激烈的竞争环境中生存和发展的强有力武器。相对于竞争对手而言，企业和个人如何有效地实施这些增值活动的优势，就是企业的核心竞争力，它往往决定了企业的竞争优势。企业的核心能力可体现在一个企业运营环境的各个方面，如设计、生产、专利、秘方、营销、服务、创新等各个环节。

7. 价值链

价值链（Value chain）是指企业为了向客户提供产品和服务的价值。

8. 成本结构

成本结构（Cost Structure）是指工厂成本中各个成本项目的数额占全部工厂成本数额的比重，即产品（劳务或作业）成本的构成情况，一般用百分数表示。不同生产部门的产品，成本结构常不相同。如采掘业的产品成本结构中，生产工人工资的比重较大；而机械制造业的产品成本结构中，原材料费用的比重较大。同一生产部门的产品，由于生产技术水平的高低，成本结构也会受到影响。机械化程度较高的企业、车间，产品成本中车间费用的比重就比较大。成本结构还会受生产类型和生产规模不同的影响。分析各成本项目比重的变动情况，一般可以了解企业在生产经营管理上取得的成绩或存在的问题，有利于寻求降低成本的途径。

9. 收入模型

收入模型（Revenue Model）是指公司通过各种收入流（Revenue Flow）来创造财富的途径。一个设计完善的商务模式要充分考虑企业的每种收益来源、收益的定价等问题，如一个软件开发公司不仅能帮助客户开发系统，而且可以提供后续的服务，如提供技术咨询和培训等业务。

10. 裂变模式

裂变模式（Business Name Consumer）是指公司商业模式转变的方式、转变的方向。对企业而言，裂变意味着一种商业创新、一个新的商业机遇的出现。把握得当，就能在商业竞争中先发制人、拔得头筹。

成功的商业模式具有三个特征：

第一，成功的商业模式要能提供独特价值。有时候这个独特的价值可能是新的思想；而更多的时候，它往往是产品和服务独特性的组合。这种组合要么可以向客户提供额外的价值；要么能使客户用更低的价格获得同样的利益，或者用同样的价格获得更多的利益。

第二，商业模式是难以模仿的。企业通过确立自己的与众不同，如对客户的悉心照顾、无与伦比的实施能力等，来提高行业的进入门槛，从而保证利润来源不受侵犯。比如，直销模式人人都知道其如何运作，也都知道戴尔公司是直销的标杆，但很难复制戴尔的模式，原因在于"直销"的背后，是一整套完整的、极难复制的资源和生产流程。

第三，成功的商业模式是脚踏实地的。企业要做到量入为出、收支平衡。这个看似不言而喻的道理，要想年复一年、日复一日地做到，却并不容易。现实当中的很多企业，不管是传统企业还是新型企业，对于自己的钱从何处赚来，为什么客户会看中自己企业的产品和服务，乃至有多少客户实际上不能为企业带来利润反而在侵蚀企业的收入等关键问题，都不甚了解。

3.1.2 电子商务模式的分类

电子商务模式，就是指在网络环境和大数据环境中基于一定技术基础的商务运作方式和盈利模式。研究和分析电子商务模式的分类体系，有助于挖掘新的电子商务模式，为电子商务模式创新提供途径，也有助于企业制订特定的电子商务策略和实施步骤。

电子商务模式可以从不同的角度进行分类，见表3.1。

表3.1　电子商务模式的分类

分类标准	电子商务模式
数字化程度	完全电子商务、非完全电子商务
开展电子交易的范围	区域化电子商务、远程国内电子商务、全球电子商务
参与交易的对象	B2B、B2C、C2B、C2C、B2G、G2C、G2G
电子商务所使用的网络类型	EDI商务、因特网商务、Intranet商务、移动商务

1. 按数字化程度划分

1）完全电子商务

完全电子商务是指产品或服务可以完全通过电子商务方式实现和完成整个交易过程。一些数字化的无形产品和服务如软件、音乐、远程教育等，供需双方直接在网络上完成订货或申请服务、网上支付与结算、实施服务或产品使用权的转移，无须借助其他手段。完全电子商务在理论上是电子商务的最高境界，但交易对象的特性仅限于无形产品和网上信息服务，不能涵盖所有商品和服务。

2）非完全电子商务

非完全电子商务是指不能完全在互联网上依靠电子商务来解决交易过程的所有问题，还必须依靠或借助一些传统的交易手段，如货物运输系统等。一般来说，只要信息流、资金流、物流、商流中的任何一流没有在网上实现，都可认为是非完全电子商务。显然，一些实物商品（如服装、水果、纸质书等）的交易属于非完全电子商务的范畴。

2. 按开展电子交易的范围划分

1）区域化电子商务

区域化电子商务又叫本地电子商务，是指在本地区范围内开展的电子商务，交易双方都在本地范围之内，利用本地的电子商务系统开展商务活动，电子交易范围较小。

2）远程国内电子商务

远程国内电子商务是指在本国范围内进行的网上电子交易活动。其交易的地域范围较大，对软硬件和技术要求都比较高，要求在全国范围内实现商业电子化、自动化，实现金融电子化，而且交易各方需具备一定的电子商务知识、经济能力、技术能力和管理能力等。

远程国内电子商务与本地电子商务最大的不同是地域范围较广，参与商务活动的各方可能分布在国内不同的省市或地区，于是对参与商务活动各方的信息基础设施和技术条件要求比较高，要求有覆盖全国范围的信息网络的支持，当然可以借助因特网、Intranet或专用网络等，并且要求能够在全国范围内将参与交易各方的电子商务信息系统、银行金融机构的信息系统、保险公司信息系统、商品检验信息系统、税务管理信息系统、出口报关系统及货物运输信息系统等连接起来，共同完成电子商务活动。因此，远程国内电子商务要求有一个全国性的电子商务环境。

3)全球电子商务

全球电子商务是指在全世界范围内进行的电子交易活动,参加电子商务的交易各方通过网络进行贸易活动。它涉及有关交易各方的相关系统,如买卖方国家进出口公司系统、海关系统、银行金融系统、税务系统、保险系统等。由于全球电子商务业务内容繁杂,数据来往频繁,这就要求电子商务系统严格、准确、安全、可靠。全球电子商务客观上要求有全球统一的电子商务规则、标准和商务协议,这是发展全球电子商务必须要解决的问题。

3. 按参与交易的对象不同划分

在市场经济中,参与市场交易进行各种交易活动的交易主体有3种:企业、消费者和政府,根据交易方的不同,可分为B2B、B2C、C2B、C2C、B2G、G2C、G2G等多种类型。

1)B2B

B2B(Business to Business,B to B 或 B2B)是企业与企业之间进行数据信息的交换、传递,开展贸易活动的电子商务形式。它将企业内部网和企业的产品及服务,通过B2B网站或移动客户端与客户紧密结合起来,通过网络的快速反应,为客户提供更好的服务,从而促进企业的业务发展。进行B2B电子商务交易的供需双方都是商家,B2B交易包括生产企业之间进行的原材料和生产设备等生产资料、零配件和半成品等中间产品的交易。典型的B2B网站有阿里巴巴、一达通、慧聪网、中国供应商、环球资源等。如图3.1所示为"阿里巴巴"网站首页。

图 3.1 "阿里巴巴"网站首页

2)B2C

B2B(Business to Customer,B to C 或 B2C)是企业与消费者之间的电子商务,这种形式的电子商务一般以网络零售业为主,主要借助于互联网开展在线销售活动。企业通过互联网为消费者提供一个新型的购物环境——网上商店,消费者通过网络实现在网上购物、网上支付等消费行为。典型的B2C网站有天猫商城、京东商城、国美在线、苏宁易购、一号店、当当网、亚马逊等。如图3.2所示是"天猫商城"网站首页。

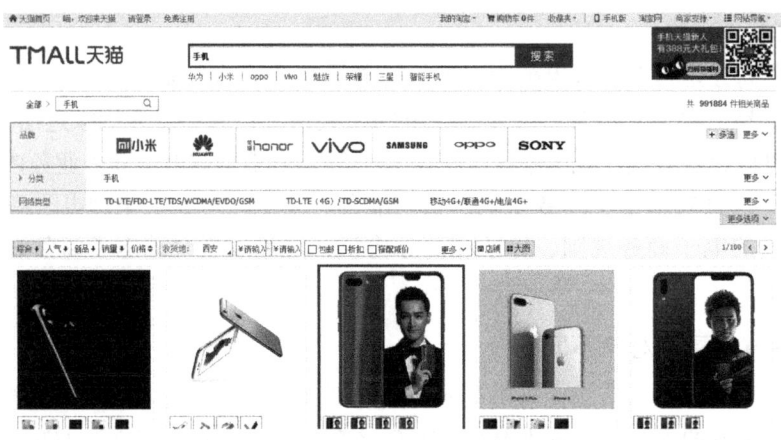

图 3.2 "天猫商城"网站首页

3) C2B

C2B(Customer to Business,C to B 或 C2B),是互联网经济时代新的商业模式。C2B 模式,采用消费者主动的方式,也可把各地有同样需求的消费者集中统一和厂家砍价。由传统的商家出价看哪个消费者愿意购买,改为消费者出价看哪个商家愿意卖。真正的 C2B 应该先有消费者需求产生而后有企业生产,即先有消费者提出需求,后有生产企业按需求组织生产。通常情况为消费者根据自身需求定制产品和价格,或主动参与产品设计、生产和定价,产品、价格等彰显消费者的个性化需求,生产企业进行定制化生产。C2B 模式典型的特点就是客户可以"定制"产品,深度定制的典型代表是定制家具企业尚品宅配新居网,如图 3.3 所示。

图 3.3 "尚品宅配新居网"网站首页

相关案例

报喜鸟:推上门量体 C2B 定制

量体裁衣,或许是服饰行业最终极的理想:基于消费者精细化的需求进行生产,不需要预测风险，不需要过早投入，且没有库存。商务男装的受冷落可能是从中国男人越来越爱美开始的，除了在正式场合的需要，商务男装已经很难撬开男人们的钱包。

因此，关店拓展新渠道、投资副业、孵化新品牌，商务男装品牌纷纷寻找新的增长点来止损自救，从2013年业绩不断下滑的报喜鸟亦是如此，它选择了把目光投向个性化定制业务。但是如何满足客户一人一版却不增加过多成本，短时间能实现量产又不降低效率和品质，这几道横在定制面前的"拦路虎"让"量体裁衣"模式一直被束缚在金字塔的塔尖，成为了少数人的游戏。为了降低这道门槛，报喜鸟在2014年花费了上亿元打造智能化工厂。

据介绍，在报喜鸟推出的C2B定制业务中，从消费者下单到收到货只需10天：当消费者通过线下门店、电话或者报喜鸟的天猫官方旗舰店等各个渠道下单，数据将自动传到后台，将会自动生成纸样，自动排料，自动生成PLT、CUT文件，整个过程不需要人工干预，直接连接激光或者刀裁床，自动完成制版、裁剪。

同时，每件下单衣服都将拥有唯一编码，该编码会被转入专属芯片，芯片会伴随着这个订单流转到每个车间，工人进行缝合以及工艺制作时，可以通过解码器读取芯片信息，获取工艺分解图。这让服装、面辅料等均可以精确到个体识别和控制，一人一版的定制生产也可以像流水线生产般准确快捷。

"这个智能化工厂一年的产能可以达到10万套。"报喜鸟品牌总经理钱武对电商在线记者透露，2016年定制业务的销售占比已经占到报喜鸟总营业收入的17%，而这是在报喜鸟成衣销售额没有下降的前提下，找到的新的增量市场。

面对电商商务对传统服饰行业产生的冲击，从2013年开始，报喜鸟就面临业绩下降的困境。报喜鸟董事长吴志泽瞄准了定制行业的蓝海，并顺应互联网发展趋势，开展电商业务。2015年，他选择将报喜鸟线下实行多年的C2B私人订制业务搬到线上，推出了多元化全品类"O2O+C2B"的经营模式。

"全渠道模式的建立解决了消费者购买流程与体验的问题。"吴志泽介绍，依托现有量体师资源，报喜鸟设立门店级、省会级、总部级三级联动响应机制，这解决了量体响应时间长、区域限制的问题。不过，刚开始将C2B业务搬到线上时，也曾遇到线下加盟商不理解的困境。为了调动他们的积极性，报喜鸟从利益分配下手，不论是线上或者线下订单，让量体师和搭配师都能拿到同等的利益分成。

打开报喜鸟官网的页面，"2天内上门量体，10天内成品交付"的定制时间承诺被放在了显眼的位置。报喜鸟电商总监胡军补充道："无论客户在哪个场景和渠道下单都可以实现，比起刚开始说的72小时上门量体，360小时成品交付，时间在不断缩短。"

简单来说，在报喜鸟从消费者下单到商品出货，过程只需要10天左右，完成这一流程只需要三个步骤：

（1）当非门店订单产生后，报喜鸟会派出量体师和搭配师上门给顾客进行量体和搭配建议，除了常规的皮尺、面料册等工具，还会配备一个iPad，为消费者展示产品的搭配效果。

（2）数据采集完成后，每个订单在报喜鸟中都拥有唯一编码，这一编码输入芯片，植入智能衣架，开始流转到每个车间。芯片中存储着订单相关的所有信息，如面辅料、裁剪方式、工艺操作图等。

（3）在服装完成自动打版、裁剪之后，每道工序上的工人可以通过无线射频识别器读取订单操作信息，按照操作示意图完成工序操作，在一道工序完成后，衣物会带着所有物料来到下一个工位，直至所有工序完成，完成打包出货。

"改造后的智能工厂足以承接来自报喜鸟全国各地的订单，年产量最高可达到10万套。"胡军表示，尽管目前线下还是占据8成的定制单量，但是线上业务的成长也不容小觑，从2015年该业务上线后，其天猫官方旗舰店保持着50%以上的年增长速度。

4）C2C

C2C（Customer to Customer，C to C 或 C2C）是消费者个人间的电子商务行为。比如一个消费者有一台计算机，通过网络进行交易，把它出售给另外一个消费者，此种交易类型就称为C2C电子商务。互联网为个人经商提供了便利，任何人都可以"过把瘾"，各种个人拍卖网站层出不穷，形式类似于"跳蚤市场"。典型的C2C网站有淘宝集市、易趣网、拍拍网等。图3.4所示的是"易趣网"网站首页。

图3.4 "易趣网"网站首页

5）B2G

B2G（Business to Government，B to G 或 B2G）是政府与企业之间的电子商务，包括政府采购、税收、商检、海关管理等。B2G比较典型的例子是政府采购，即政府机构在网上进行产品、服务的招标和采购。这种运作模式的优势是投标费用的降低。这是因为供货商可以直接从网上下载招标书，并以电子数据的形式发回投标书。同时，供货商可以得到更多的甚至是世界范围内的投标机会。由于通过网络进行投标，即使是规模较小的公司也能获得投标的机会。将这些活动通过网络进行，不仅可以大大提高政府的工作效率，而且也减少了企业的负担。图3.5所示的是"陕西省政府采购网"网站首页。政府在网上公布采购信息，开展招标活动，有关企业可以直接在网上投标和竞标，参与政府的采购招标活动。

图 3.5 "陕西省政府采购网"网站首页

6）G2C

G2C（Government to Citizen，G to C 或 G2C）是指政府对公众的电子政务。政府通过电子网络系统为公民提供的各种服务。G2C 电子政务的目的除了是政府给公众提供方便、快捷、高质量的服务，更重要的是可以开辟公众参政、议政的渠道，畅通公众的利益表达机制，建立政府与公众的良性互动平台，使政府能更及时、真实地了解和充分满足公众的需求。常见的政府提供给公众的服务包括：教育培训服务、就业服务、电子医疗服务、社会保险网络服务、公民信息服务、交通管理服务、公民电子税务、电子证件服务等。图 3.6 所示的是"陕西省税务局"网站首页。

图 3.6 "陕西省税务局"网站首页

7）G2G

G2G（Government to Government，G to G 或 G2G）是指政府对政府的电子商务，属于电子政务的范畴。上下级政府、不同地方政府、不同地方部门之间的政府实现的电子政务活动，如下载政府机关经常使用的各种表格、报销出差费用等，以节省时间和费用，提高工作效率。图 3.7 所示的是"陕西省人民政府"网站首页。

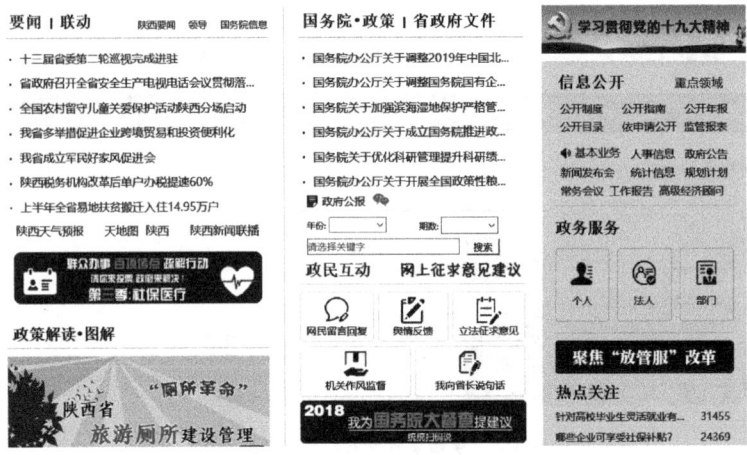

图 3.7 "陕西省人民政府"网站首页

4. 按电子商务所使用的网络类型分类

按照电子商务所使用的网络类型可以将电子商务分为 EDI 商务、因特网商务、Intranet 商务和移动商务。

1）EDI 商务

电子数据交换（Electronic Data Interchange，EDI）是按照一个公认的标准和协议，将商务活动中涉及的文件标准化和格式化，通过计算机网络，在贸易伙伴的计算机网络系统之间进行数据交换和自动处理。EDI 主要应用于企业与企业、企业与批发商、批发商与零售商之间的批发业务。EDI 电子商务在 20 世纪 90 年代已得到较大的发展，技术上也较为成熟，但是因为开展 EDI 对企业的管理、资金和技术要求较高，因此至今尚未普及。

2）因特网商务

因特网商务是利用连通全球的网络开展的电子商务活动。它以计算机、通信、多媒体、数据库技术为基础，在网上实现营销、购物服务，真正实现了网上商务投入少、成本低、零库存、高效率，避免了商品的无效搬运，从而实现社会资源的高效运转和最大节约。消费者不再受时间、空间和厂商的限制，可以在网上以最低的价格获得了最为满意的商品和服务。在因特网上可以进行各种形式的电子商务业务，这种方式涉及的领域广泛，全世界各个企业和个人都可以参与，是目前电子商务的主要形式。

3）Intranet 商务

Intranet 是在因特网基础上发展起来的企业内部网，它在原有的局域网上附加一些特定的软件，将局域网与因特网连接起来，从而形成企业内部的虚拟网络。Intranet 与因特网最主要的区别在于，Intranet 内的敏感或享有产权的信息受到企业防火墙安全网点的保护，它只允许被授权者访问内部网点，外部人员只有在许可条件下才可进入。

4）移动商务

移动商务，是基于移动通信网络和因特网使用手机、个人数字助理（PDA）和掌上电脑等其他移动智能终端进行的交易、支付和认证等电子商务活动。与传统电子商务相比，其拥有更为广泛的用户基础，因此具有极为广阔的市场前景。

3.1.3 电子商务的盈利模式

盈利模式，是管理学的重要研究对象之一。盈利模式指按照利益相关者划分的企业的收入结构、成本结构以及相应的目标利润。盈利模式是对企业经营要素进行价值识别和管理，在经营要素中找到盈利机会，即探求企业利润来源、生产过程以及产出方式的系统方法。还有观点认为，它是企业通过自身以及相关利益者资源的整合并形成的一种实现价值创造、价值获取、利益分配的组织机制及商业架构。

电子商务的盈利模式就是用来描述一个企业或一个电子商务项目如何赚取利润的方法。在电子商务中，虽然有多种不同的盈利模式，但是大多数的企业主要采用其中的一种或几种模式的组合。电子商务常见盈利模式如表 3.2 所示。

表3.2 电子商务常见盈利模式

盈利模式	含义
销售收入	企业通过在网站上销售商品和服务来创造的收益
交易费	企业根据所处理的交易的数量或规模收取佣金
网络广告费	网站为其他企业进行宣传和推广收取的广告费用
会员与订阅费	用户注册为会员或在订阅一项服务时，企业按一定时间段向客户收取一定的费用，并向客户提供某种服务，如信息服务、接入服务等
推荐抽成	通过搜索竞价排名、产品招商、分类网址和信息整合，进行付费推荐和抽成盈利
增值服务	企业通过提供增值服务盈利，比如企业认证、提供行业报告数据、搜索引擎优化等
线下服务	企业通过线下服务盈利，比如展会、期刊、研讨会等
询盘付费	从事国际贸易的企业不是按照时间来付费，而是按照海外推广带来的实际效果，也就是海外买家实际的有效询盘来付费
商务合作	包括广告联盟、政府、行业协会合作、传统媒体的合作等
网络游戏	网络游戏运营、虚拟装备和道具买卖
会员数据库	建立会员数据库，为企业提供精准数据营销服务：通过网络大量的会员，为一些企业提供大量潜在消费者

3.2 B2B电子商务模式

3.2.1 B2B 电子商务概述

1. B2B 电子商务模式的概念

企业对企业电子商务称为 B2B，即指企业与企业之间通过专用网络或因特网，进行数据信息的交换、传递，开展交易活动的商业模式。它将企业内部网和企业的产品及服务，通过 B2B 网站或移动客户端与客户紧密结合起来，通过网络的快速反应，为客户提供更好的服务，从而促进企业的业务发展。这些过程包括：发布供求信息，订货及确认订货，支付过程及票据的签发、传送和接收，确定配送方案并监控配送过程等。这种交易可能是在企业及其供应链成员间进行的，也可能是在企业和任何其他企业间进行的。这里的企业可以指代任何组织，包括私人的或者公共的、营利性的或者非营利性的。B2B 电子商务的涉及面十分广泛，企业通过信息平台和外部网站将面向上游供应商的采购业务和面向下游代理商的销售有机地联系在一起，从而降低彼此之间的交易成本，提高客户的满意度。

B2B 电子商务是批发业务，也是电子商务的主流模式。B2B 模式主要是通过互联网平台聚合众多的企业商家，形成买卖的大信息海洋，买家与卖家在平台上选择交易对象，通过在线电子支付完成交易。就目前来看，电子商务在供货、库存、运输、信息流通等方面大大提高了企业的效率。企业与企业之间的交易通过引入电子商务能够产生大量的效益。

2. B2B 电子商务的特点

B2B 是企业实现电子商务、推动企业业务发展的一个最佳切入点。企业获得最直接的利益就是降低成本和提高效率，从长远来看，也能带来巨额的回报。与传统的商务模式相比较，B2B 电子商务具有以下特点。

（1）交易金额大。B2B 是企业与其供应商、客户之间大宗货物的交易与买卖活动的电子商务模式，其交易金额远大于 B2C，但其交易次数相对较少。

（2）交易对象广泛。B2B 电子商务活动的交易对象可以是任何一种产品，可以是原材料，也可以是半成品或产成品。范围涉及石油化工、水电、运输、仓储、航空、国防、建筑等许多领域。

（3）交易操作规范。B2B 电子商务活动是各类电子商务交易中最复杂的，主要涉及企业间原材料、产品的交易以及相应的信息查询、交易谈判、合同签订、货款结算、单证交换、库存管理和物品运输等，如果是跨国交易还要涉及海关、商检、国际运输、外汇结算等业务，企业间信息交互和沟通非常多。因此交易过程中，对合同及各种单证的格式要求比较严格，操作过程比较规范，同时比较注重法律的有效性。与之相比，B2C 电子交易操作简单，涉及部门和人员相对较少，操作的随意性较大，相关的法律条文相对较少。

3. B2B 电子商务的优势

企业间电子商务的实施将带动企业成本的下降同时扩大企业收入来源。下面将针对采购成本、库存成本、周转时间和扩大市场机会四个方面进行分析。

（1）降低采购成本。企业通过与供应商建立企业间电子商务，实现网上自动采购，可以减少双方为进行交易投入的人力、物力和财力。另外，采购方企业可以通过整合企业内部的采购体系，统一向供应商采购，实现批量采购获取折扣。如沃尔玛将美国的 3000 多家超市通过网络联接在一起，统一进行采购配送，通过批量采购节省了大量的采购费用。

（2）降低库存成本。企业通过与上游的供应商和下游的顾客建立企业间电子商务系统，实现以销定产，以产定供，实现物流的高效运转和统一，最大限度控制库存。如 Dell

公司通过允许顾客网上定货,实现企业业务流程的高效运转,大大降低库存成本。

(3) 节省周转时间。企业还可以通过与供应商和顾客建立统一的电子商务系统,实现企业的供应商与企业的顾客直接沟通和交易,减少周转环节。如波音公司的零配件是从供应商采购的,而这些零配件很大一部分是满足它的顾客航空公司维修飞机时使用的。为减少中间的周转环节,波音公司通过建立电子商务网站实现波音公司的供应商与顾客之间的直接沟通,大大减少了零配件的周转时间。

(4) 扩大市场机会。企业通过与潜在的客户建立网上商务关系,可以覆盖原来难以通过传统渠道覆盖的市场,增加企业的市场机会。

3.2.2　B2B 电子商务的分类

B2B 电子商务从大的类别来说可以分成两类:一类是第三方 B2B 电子商务平台,另一类是企业 B2B 电子商务平台。

1. 企业 B2B 电子商务平台

企业 B2B 电子商务平台是大型企业自建 B2B 电子商务网站来开展商务活动的。行业龙头企业自建 B2B 模式是大型行业龙头企业基于自身的信息化建设程度,搭建以自身产品供应链为核心的行业化电子商务平台。行业龙头企业通过自身的电子商务平台,串联起行业整条产业链。企业 B2B 可以分为两个方向,即上游和下游。生产商或商业零售商可以与上游的供应商形成供货关系,比如 Dell 电脑公司与上游的芯片和主板制造商就是通过这种方式进行合作的。生产商与下游的经销商可以形成销货关系,比如海尔、联想等推出的网上采购和网上分销。

2. 第三方 B2B 电子商务平台

第三方 B2B 电子商务平台是面向中间交易市场的电子市场。它是将各个行业中相近的交易过程集中到一个场所,为交易活动中买卖双方提供信息发布、贸易磋商服务,帮助双方顺利达成交易的网络服务平台,像阿里巴巴、河北建材网、环球资源网、慧聪网等。这一类网站其实自己既不是拥有产品的企业,也不是经营商品的商家,它只提供一个平台,在网上将销售商和采购商汇集在一起,采购商可以在其网上查到销售商和销售商品的有关信息。

第三方 B2B 电子商务平台又可分为综合型 B2B 平台和垂直型 B2B 平台。

1) 综合型 B2B 平台

这类平台主要以综合型门户网站为特征出现,用于各类企业进行生产资料的系统采购。由于采购产品种类复杂,且因采购策略为实时采购而缺乏明确目标,因此这类网站平台往往规模较大,使用者主要是中小企业。综合型 B2B 平台追求"全",即行业全,服务全,是将各个行业中相近的交易过程集中到一个场所,交易的行业比较多,为企业的采购方和供应方提供了一个交易的机会。但是随着企业需求的日益细分,各行业差异巨大,综合平台想要满足所有客户的电商化需求难度很大,效能远低于垂直型 B2B 平台。

B2B1.0 时代,综合型 B2B 平台提供跨行业和跨品类的供需信息服务,以横向发展为主。其优势是量大面广,容易形成规模,会员数量众多,易于推广;其劣势是服务相对表面，专业性不强，信息质量较差，同质化明显，客户黏性不够。代表企业有阿里巴巴、慧聪集团、中国制造网、国联资源网等。

B2B2.0 时代，综合型 B2B 企业，因其量大面广，对行业上下游不够深入，服务相对表层，因此较难直接达成交易，一般以搜索、撮合和供应链服务为主。代表企业有阿里巴巴的 1688 和一达通、焦点科技、金银岛、敦煌网、一呼百应、马可波罗等。

2）垂直型 B2B 平台

这类平台的主要目的是满足企业实时采购直接的生产资料，在平台上召集某一特定行业或行业部门的采购商、销售商或者采购销售各方，在平台上进行商务谈判和合同管理等。这类平台以特定行业的产品或者要素的大量交易为主，通过互联网降低管理成本和简化采购、销售过程。在实际运用中，往往依托行业传统的供应链。

垂直型 B2B 平台追求专业，面对的多是某一个行业内的从业者，主要以行业为特色，对某一行业做全面的研究；平台具备独特的专业性质，通过提供专业性的交易服务，深入某一行业，为商家提供灵活有效的各种解决方案，从根本上促进企业交易。

B2B1.0 时代，垂直型 B2B 平台专注于某一具体行业的供需信息服务，以纵向发展为主。其优势是服务相对深入，专业性强，信息质量较高，差异化明显，客户黏性较高；其劣势是行业单一，会员规模发展受限，进入门槛较高，专业人员的成本较高，且容易受行业的周期影响。代表企业有：我的钢铁网、中国化工网、维库电子网、全球五金网、环球塑化网、华强电子网、中国鞋网等。

B2B2.0 时代，垂直型 B2B 平台更加深入行业，对行业上下游和产业链条更加熟悉，理解行业痛点，熟知行业资源环节和流程管控，因此在降低交易成本和提高交易效率方面更有优势，是 B2B 高速发展的主要推动力量。代表企业有：上海钢联的钢银电商、找钢网、科通芯城、慧聪集团的买化塑、国联股份的涂多多、中农网、中商惠民、美菜等。

 知识提示

B2B1.0 与 B2B2.0

中国 B2B 兴起于 2000 年前后，以信息交互为主，主要解决企业获取供求信息的途径和及时性问题，被称为 B2B1.0 模式。当时阿里巴巴、环球资源、慧聪集团、中国制造网、中国化工网等综合型和垂直型 B2B 平台大量兴起。之后随着信息服务已在较大程度上解决了信息不对称的问题，单纯的商机撮合服务效果逐渐下降，另外同质化问题使得 B2B 市场竞争激烈，逐步进入了相对低迷期。2013 年 B2B 运营模式初显变革。2014 年，随着大数据、云计算、物联网等技术的不断应用以及经济周期特别是产业周期的变化，以交易服务、数据服务、物流服务等为主要功能的 B2B2.0 阶段来临，并于 2015 年开始进入了高速发展期。B2B1.0 模式主要是利用信息黄页的功能，成为企业间取得交易信息和商机对接的服务平台。B2B1.0 并未涉及交易环节，主要价值在于信息交换的商机撮合关系。其盈利模式主要为收取会员费和广告费。

B2B2.0 模式是以在线交易为主，通过人工撮合与互联网技术的有机结合，将信息流、订单流、物流、资金流通过 B2B 平台整合实现。随着 B2B 电子商务的高速发展，其内涵已从在线交易扩展到物流配送、供应链管理、线上线下融合、SaaS 服务等范畴。其盈利模式主要是收取交易服务费、自营交易差价、物流服务费等。

资料来源 http : //www.chyxx.com/industry/201805/639714.html 中国产业信息网

3.2.3　B2B 电子商务的盈利模式

B2B 电子商务平台的盈利模式较多，概括起来有如下 9 种。

（1）会员费：企业注册为平台类电子商务企业的会员，每年缴纳一定的会员费，可以享受建立商铺，发布企业资料、产品展示、商情信息及各类线下增值服务，其交易不需缴纳佣金。较为典型的平台有阿里巴巴、慧聪集团、焦点科技、国联资源网等。相对于免费会员，收费会员的服务具有许多优势，例如付费用户发布信息的数量、生动性及搜索排名优于免费用户；享受付费服务的用户能够无限制地查阅买家信息；付费用户一般均通过 B2B 电子商务平台或其他平台的诚信认证，买家与该部分卖家进行交易的风险相对较小等。

（2）佣金费：企业通过电子商务平台参与电子商务交易，必须注册为平台类电子商务企业的会员，每年不需要缴纳会员费，就可以享受网站提供的服务，但在买卖双方交易成功后，电子商务平台会收取一定佣金。较为典型的平台为敦煌网等。

（3）广告费：网络广告费是门户网站的盈利来源之一，同时也是 B2B 电子商务平台的收入来源。比较典型的广告类型有弹出广告、漂浮广告、文字广告等。

（4）线下服务：由于传统产业的特点，企业对 B2B 电商平台的服务需求不仅局限于单纯的线上买卖信息交流，而更需要线上线下全方位的企业服务。目前，B2B 电子商务平台为客户提供的较为主流的线下服务主要包括：线下会议会展服务、行业资讯服务，以及针对企业生产、销售、管理等运营流程的咨询培训服务等。

（5）竞价排名：竞价排名指搜索关键词排名服务，与公众搜索引擎的服务类似，卖家在一定的时间内对产品关键词进行竞价，价格越高，卖家产品信息在用户搜索该关键词结果中的排名越靠前。排名处于搜索结果前列的卖家往往具有更多的点击，并带来更多贸易的机会。在付费方式上，B2B 电子商务平台的竞价排名与公众搜索引擎可能存在差异，一般的 B2B 电子商务平台不使用"按点击付费"的模式，而是一次性付费买断竞价位置。

（6）增值服务：如企业认证、独立域名、提供行业数据分析报告、搜索引擎优化等。

（7）商务合作：包括广告联盟、政府、行业协会合作、传统媒体的合作等。

（8）按询盘付费：从事国际贸易的企业按照海外买家实际的有效询盘付费。

（9）交易费：平台类电子商务企业通过介入在线交易，将人工撮合与互联网技术有机结合，将信息流、订单流、物流、资金流通过 B2B 平台整合实现。随着 B2B 电子商务的高速发展，其内涵已从在线交易扩展到物流配送、供应链管理、线上线下融合、SaaS 服务等范畴。平台企业可以通过撮合交易收取服务费、通过自营交易业务获取折扣和差价、通过供应链管理收取相关服务费等。较为典型的平台有钢银电商、找钢网、科通芯城、欧浦智网、涂多多、卫多多、玻多多等。

从整体市场看,近几年我国 B2B 电子商务市场的交易规模一直以较快速度增长,2012 年,我国 B2B 电子商务市场交易规模达 6.82 万亿元,而到 2016 年已经达到 15.26 万亿元,复合增长率达到 22.30%。近两年,伴随着我国 B2B 电子商务垂直领域的快速崛起,B2B 深入到了各个产业链的上下游中,特别是以前市场相对比较封闭的钢铁、煤炭、工业品、物流、化工、涂料、玻璃、卫生用品、电子元器件等领域都受到了来自于 B2B 电子商务的影响,基于此,垂直领域的 B2B 的快速崛起为我国 B2B 电商市场带来了新的"增长动力",也促进了我国整个电商市场的快速发展。到 2020 年,我国 B2B 电商市场的交易规模将达到 31.50 万亿元,规模较 2016 年翻了近 1 倍。

相关案例

慧聪集团:高目标强激励三次蝶变加速迭代

诞生于 1992 年的慧聪网曾是一家以商情资讯为主的传统企业,2003 年,创始人郭凡生终于把传统的商情杂志业务搬到了线上,开启了中国的 B2B1.0 时代,也让慧聪网作为中国首家 B2B 商情信息服务商成功登陆香港创业板,进入了资本市场的舞台。这是慧聪的第一次蝶变。

在郭江时代,慧聪已经从原来的简单且传统的商情资讯服务商成功转变为互联网 B2B 行业的佼佼者,并且把慧聪 B2B1.0 时代逐渐迭代升级至以金融和交易为主的 B2B2.0 时代,转主板事件成为慧聪网步入 B2B2.0 时代的里程碑。这是慧聪的第二次蝶变。

而刘军上任新董事长之后,又对慧聪有了高屋建瓴的战略构思。

于是刘军在郭江的业务战略思路基础上,通过做减法和聚焦,对业务进行了更"聚焦"的变革:将过去的"中关村在线、信息服务、金融科技、在线交易、物联网数据营销、电子商务产业园"六大板块整合成信息服务、交易服务及数据服务三大业务平台,形成以数据服务为基础,信息服务作为支撑,交易服务作为场景的完整闭环,如图 3.8 所示。

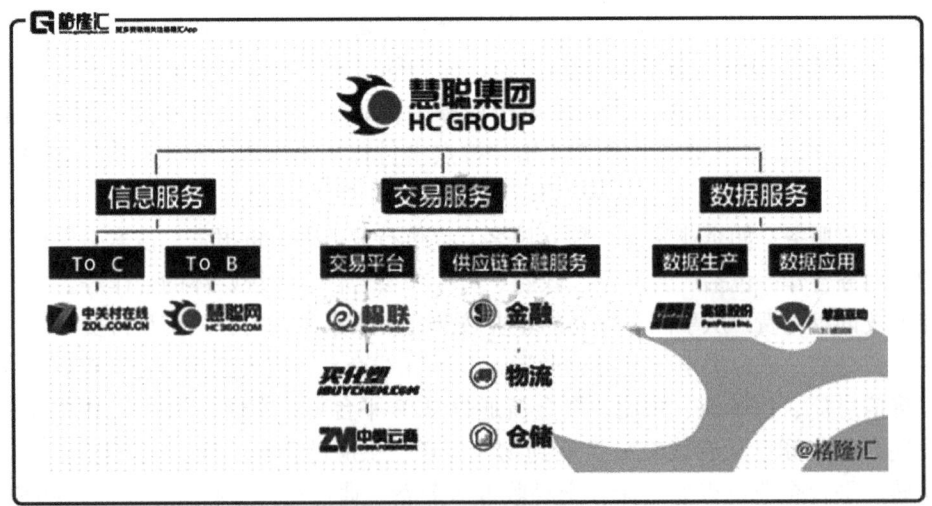

图 3.8 慧联集团三大业务平台

其中，信息服务板块继续以ToC的中关村在线和ToB的慧聪网两大平台为基础；交易服务板块重点以"棉联""买化塑""中模云商"三大行业平台为突破口，同时结合信息服务板块全面打造集团的B2B2.0模式。而数据服务板块方面，则以"兆信""佳沃""慧嘉"为起点，开发数据服务功能和价值，让数据成为品牌的核心动力。

这是慧聪的第三次并且很重要的蝶变，在新时代潮流的变化中，通过战略的及时调整又一次迅速换上了空间更广的新赛道。

慧聪的三大业务板块值得看好

从信息板块的业务看，慧聪将继续以ToC的中关村在线和ToB的慧聪网两大平台为基础，争取注册企业、买卖家资源、交易数据、日活会员等数量爆发式增长。从最新的Alexa排名情况看，这两大信息服务平台的流量正在持续攀升，比如中关村在线的流量，目前日均PV访问量已经稳定在1500万以上，增长趋势明显，如图3.9所示。

图3.9 中关村在线的流量

从交易服务板块方面看，其迅猛势头已无须多言。从数据上看，慧聪近年来竭力主打的"棉联""买化塑""中模云商"三大行业平台已经有了巨大的成绩，成为了慧聪向百亿迈进的三条重要跑道。

买化塑：前身是慧聪化工网，目前已是国内领先的化塑电商平台，服务覆盖中国化工橡塑产业链近100万家企业和800万网站会员。

棉联：作为棉花行业B2B电商最早的进入者之一，拥有众多行业内经验及资源无比丰富的尖端领军人物，目前年交易规模已经突破十亿元。

中模云商：立足于建筑产业，这个行业租赁环节的毛利非常高，新型模架产品的租赁毛利甚至可以高达60%以上。

以上三个子业务板块都立足于万亿规模的的行业空间，并且已经有了相当成熟的布局，并且在业内也具有相当的竞争力和影响力。最后，从数据服务板块看，随着慧聪与佳沃股份、知产链以及联通和清华大学等战略合作的开展，区块链时代核心的产品"慧链"以及大数据业务也已取得了很多重磅的成就。比如在品牌防伪、智慧溯源、场景应用、区块链打造、供应链创新、智慧营销等方面，已与食品饮料、医药保健品、汽车零部件、能源化工领域等多个行业多家大小企业展开合作，并且取得了不少亿级的订单。

资料来源 http://www.100ec.cn/detail——6461556.html 电子商务研究中心

3.3 B2C电子商务模式

3.3.1 B2C电子商务概述

B2C电子商务表示企业对消费者的电子商务，具体是指通过信息网络以及电子数据信息的方式实现企业或商家机构与消费者之间的各种商务活动、交易活动、金融活动和综合服务活动，是消费者利用因特网直接参与经济活动的形式，如企业为个人提供在线医疗咨询、在线商品购买等。

B2C是企业对消费者直接开展商业活动的一种电子商务模式。这种形式的电子商务一般以直接面向客户开展零售业务为主，主要借助于互联网开展在线销售活动，故又称为电子零售（电子销售）或网络销售。它通常由三部分组成：为顾客提供在线购物的商场网站；负责为顾客所购商品进行配送的配送系统；负责顾客身份确认及货款结算的银行和认证系统。

3.3.2 B2C电子商务的分类

1. 综合型B2C

实施综合型B2C电子商务模式可以充分发挥企业自身品牌的影响力，寻求产品或服务的新的利润点，培养核心业务。综合型B2C电子商务模式以综合型的B2C电子商务网站为运营平台，实际上要搭建一个综合型的B2C商城。就B2C电子商务网站运营的现阶段总体发展状况而言，综合B2C电子商务网站建设要进一步细化商品的陈列展示、信息系统智能化等方面。对于新老客户的关系管理，需要精细客户体验的内容，提供更加人性化、直观的服务。选择较好的物流合作伙伴，增强物流实际控制权，提高物流配送服务质量。综合型B2C电子商务网站有京东商城、当当网等。

2. 垂直型B2C

垂直型B2C电子商务模式以垂直型的B2C电子商务网站为运营平台，应当在核心领域内继续挖掘新亮点。积极与知名品牌生产商沟通与合作，化解与线下渠道商的利益冲突，扩大产品线与产品系列，完善售前、售后服务，提供多样化的支付手段。垂直型B2C常见的电子商务网站有聚美优品、乐蜂网等。

3. 传统生产企业网络直销型B2C

传统生产企业网络直销型B2C电子商务模式，首先要从战略管理层面明确这种模式未来的定位、发展与目标。协调企业原有的线下渠道与B2C电子商务网站平台的利益，实行差异化的销售，如网上销售所有产品系列，而传统渠道销售的产品则体现地区特色；实行差异化的价格，线下与线上的商品定价根据时间段不同设置高低。线上产品也可通过线下渠道完善售后服务。在产品设计方面，要着重考虑消费者的需求感觉，同时大力吸收和挖掘网络营销精英，培养电子商务运作团队，建立和完善 B2C 电子商务平台。典型代表有海尔商城、华为商城、优衣库、小米手机等。

4. 第三方交易平台型 B2C

第三方交易平台型 B2C 受到的制约因素较多，但中小企业在人力、物力、财力有限的情况下，这不失为一种拓宽网上销售渠道的好方法。关键是中小企业要选择具有较高知名度、点击率和流量的第三方平台；其次要聘请懂得网络营销、熟悉网络应用、了解实体店运作的网店管理人员；再次要以长远发展的眼光看待网络渠道，增加产品的类别，充分利用实体店的资源、既有的仓储系统、供应链体系以及物流配送体系发展网店。典型代表是淘宝商城。

5. 传统零售商网络销售型 B2C

传统零售商网络销售型 B2C，将丰富的零售经验与电子商务有机地结合起来，有效地整合传统零售业务的供应链及物流体系，通过业务外包解决经营电子商务网站所需的技术问题，典型代表就是国美在线、苏宁易购。

6. 纯网商电子商务模式

纯网商指只通过网上销售产品的商家。纯网商电子商务模式主要有自产自销和购销两种。纯网商是没有线下实体店的，例如果酷网、麦包包等。

3.3.3　B2C 电子商务的盈利模式

B2C 电子商务常见的盈利模式有以下几种。

1. 产品销售营业收入模式

以产品交易作为收入主要来源是多数 B2C 网站采用的模式。这种 B2C 网站又可细分为两种：销售平台式网站和自主销售式网站。

（1）销售平台式网站。网站并不直接销售产品，而是为了商家提供 B2C 的平台服务，通过收取虚拟店铺出租费、交易手续费、加盟费等来实现盈利。淘宝 B2C 购物平台——淘宝商城就是其典型代表。淘宝提供淘宝商城这一 B2C 平台，收取加入淘宝商城商家一定费用，并根据提供服务级别的不同收取不同的服务费和保证金。

（2）自主销售式网站。与销售平台式网站不同，自主销售式网站直接销售产品。与销售平台式网站相比其运营成本较高，需要自行开拓产品供应渠道，并构建一个完整的仓储和物流配送体系或者发展第三方物流加盟商，将物流服务外包。

网络企业销售的商品主要有三种来源。

（1）销售本企业的产品。这类企业它们本身是商品制造商，通过网站销售本企业的产品，如凡客诚品、戴尔等都属于这一类型。

（2）销售其他企业的商品。这类企业相当于网上零售商，网站上销售的是来自其他各个企业的各种各样的商品，如 1 号店、京东商城、当当网等都属于这一类型。

（3）销售衍生品。这类企业的网站上销售的是与某一行业相关的产品。如中国饭网出售食品相关报告、就餐完全手册；莎啦啦除销售鲜花，还销售健康美食和数字产品。

2. 网络广告收益模式

网络广告收益模式是互联网经济中比较普遍的模式，B2C 网站通过免费向顾客提供产品或服务吸引足够的"注意力"从而吸引广告主投入广告，通过广告盈利。相对于传统媒体来说，广告主在网络上投放广告具有独特的优势：一方面，网络广告投放的效率较高，一般按照广告点击的次数来收费。另一方面，B2C 网站可以充分利用网站自身提供的产品或服务不同来分类消费群体，对广告主的吸引力也很大。这也是最主要最常见的网络在线盈利模式。国内一些大型的门户网站如新浪网、搜狐，视频网站如腾讯视频、爱奇艺、优酷土豆等，一般采取此种方式盈利。

3. 会员制收益模式

B2C 网站对会员提供便捷的在线加盟注册程序、实时的用户购买行为跟踪记录、准确地在线销售统计资料查询及完善的信息保障证等。网站可以适时地举办一些优惠活动并给予收费会员更优惠的会员价，与免费会员形成差异，以吸引更多的长期顾客。

网络交易服务公司一般采用会员制，按不同的方式和服务的范围收取会员的会费。如图 3.10 所示的是"优酷"会员价格表，如果成为会员可以有很多特权：会员专属片库、观影券赠送、热门剧抢先看、直播特权、多屏共享、免广告、1080P、专属缓存、上传扩容、身份标识、红名外显、专属表情、会员弹幕、专属福利、会员活动等。

图 3.10 "优酷"会员价格表

4. 网站的间接收益模式

除了能够将自身创造的价值变为现实的利润，企业还可以通过价值链的其他环节实现盈利。

1）网上支付收益模式

当 B2C 网上支付拥有足够的用户，就可以开始考虑通过其他方式来获取收入。以淘宝为例，有近 90% 的淘宝用户通过支付宝支付，带给淘宝巨大的利润空间。淘宝不仅可以通过支付宝收取一定的交易服务费用，而且可以充分利用用户存款和支付时间差产生的巨额资金进行其他投资盈利。

2）网站物流收益模式

我国 B2C 电子商务的交易规模已经达到数百亿元，由此产生的物流市场也很大。将物流纳为自身的服务、网站的服务，网站不仅能够占有物流的利润，还使得用户创造的价值得到增值。不过，物流行业与互联网信息服务有很大的差异，B2C 网站将物流纳为自身服务的成本非常高，需要建立实体配送系统，而这需要有强大的资金做后盾，而大多数网站根本很难做到。比较典型的例子是京东物流。

 知识提示

京东物流

京东物流隶属于京东集团，以打造客户体验最优的物流履约平台为使命，通过开放、智能的战略举措促进消费方式的转变和社会供应链效率的提升，将物流、商流、资金流和信息流有机结合，实现与客户的互信共赢。京东物流通过布局全国的自建仓配物流网络，为商家提供一体化的物流解决方案，实现库存共享及订单集成处理，可提供仓配一体、快递、冷链、大件、物流云等多种服务。

京东物流以降低社会化物流成本为使命，致力于成为社会供应链的基础设施。基于短链供应，打造高效、精准、敏捷的物流服务；通过技术创新，实现全面智慧化的物流体系；与合作伙伴、行业、社会协同发展，构建共生物流生态。通过智能化布局的仓配物流网络，京东物流为商家提供仓储、运输、配送、客服、跨境、售后等全方位的物流产品和服务以及物流云、物流科技、物流数据、云仓等物流科技产品。京东是拥有中小件、大件、冷链、B2B、跨境和众包（达达）六大物流网络的企业。

资料来源百度

 ## 3.4 C2C电子商务模式

3.4.1 C2C 电子商务概述

C2C 是消费者对消费者的交易模式，其特点类似于现实商务世界中的跳蚤市场。其构成要素，除了包括买卖双方，还包括电子商务交易平台。通过电子商务网站为买卖用户双方提供一个在线交易平台，使卖方可以在上面发布待出售的物品的信息，而买方可以从中选择进行购买，同时，为便于买卖双方交易，提供交易所需的一系列配套服务。如：协调市场信息汇集、建立信用评价制度、多种付款方式。C2C 电子商务平台占目前中国电子商务交易规模的总量较小，但对国民经济仍然具有非常重要的意义：能够促进消费，刺激

国民经济的发展；能够促进就业，有利于盘活社会资源；C2C电子商务能够带动相关产业发展。

C2C电子商务的典型平台有易趣、淘宝网、拍拍网、百度有啊等。

3.4.2　C2C电子商务的分类

1. 拍卖平台运作模式

这种方式是C2C电子商务企业通过为买卖双方搭建拍卖平台，按比例收取交易费用。网络服务商利用互联网通信传输技术，向商品所有者或某些权益所有人提供有偿或无偿使用的互联网技术平台，让商品所有者或某些权益所有人在其平台上独立开展以竞价、议价方式为主的在线交易模式。

拍卖平台运作模式的主要优势是：网络交易平台的便捷性和公众参与度。利用互联网平台将拍卖变成了平民交易。无论是谁，无论在哪里，只要可以上网就可以参与竞拍，省去了时刻关注拍品价格的麻烦，也节约了时间、交通、住宿等诸多成本。拍卖平台举例，"易拍宝"首页如图3.11所示。

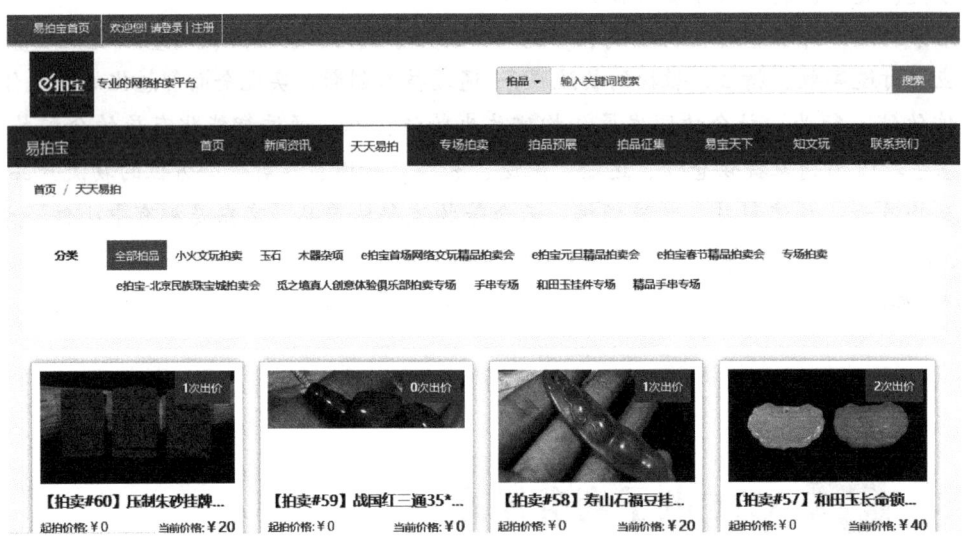

图3.11　"易拍宝"首页

2. 店铺平台运作模式

店铺平台运作模式是电子商务企业提供平台方便个人在上面开店铺，以会员制的方式收费，也可通过广告或其他服务收取费用。这种平台也可称为网上商城。

入驻网上商城开设网上商店不仅依托网上商城的基本功能和服务，而且顾客主要也来自该商城的访问者，因此，平台的选择非常重要。但用户在选择网上商城时往往存在一定的风险，尤其初次在网上开店，由于经验不足以及对网上商城了解比较少等原因而带有很大的盲目性。有些网上商城没有基本的招商说明，收费标准也不明朗，只能通过电话咨询，这也为选择网上商城带来一定的困惑。

不同网上商城的功能、服务、操作方式和管理水平相差较大，理想的网上商城应具有以下基本特征：

（1）良好的品牌形象、简单方便的申请手续、稳定的后台技术、快速周到的顾客服务、完善的支付体系、必要的配送服务，以及售后服务保证等。

（2）有尽可能高的访问量，具备完善的网店维护和管理、订单管理等基本功能，并且可以提供一些高级服务，如对网店的推广、网店访问流量分析等。

（3）收费模式和费用水平也是重要的影响因素之一。

不同的个人可能对网上销售有不同的特殊要求，选择适合本商店产品特性的网上商城需要花费不少精力，完成对网上商城的选择确认过程大概需要几个小时甚至几天的时间。不过，这些前期研究的时间投入是值得的，可以最大限度地减小盲目性，增加成功的可能性。

3.4.3　C2C电子商务的盈利模式

常见的C2C电子商务的盈利模式有会员费、交易提成、广告费、搜索排名竞价、支付环节收费。

1．会员费

会员费也就是会员制服务收费，是指C2C网站为会员提供网上店铺出租、公司认证、产品信息推荐等多种服务组合而收取的费用。由于提供的是多种服务的有效组合，比较能适应会员的需求，因此这种模式的收费比较稳定。费用第一年缴纳，第二年到期时需要客户续费，续费后再进行下一年的服务，不续费的会员将恢复为免费会员，不再享受多种服务。

2．交易提成

交易提成不论什么时候都是C2C网站的主要利润来源。因为C2C网站是一个交易平台，它为交易双方提供机会，就相当于现实生活中的交易所、大卖场，从交易中收取提成是其市场本性的体现。

3．广告费

企业将网站上有价值的位置用于放置各类型广告，根据网站流量和网站人群精确标定广告位价格，然后再通过各种形式向客户出售。如果C2C网站具有充足的访问量和用户黏度，广告业务会非常大。

4．搜索排名竞价

C2C网站商品的丰富性决定了购买者搜索行为的频繁性。搜索的大量应用就决定了商品信息在搜索结果中排名的重要性。由此便引出了根据搜索关键字竞价的业务，用户可以为某关键字提出自己认为合适的价格，最终由出价最高者竞得，在有效时间内该用户的商品可获得竞得的排位。只有卖家认识到竞价为他们带来的潜在收益，才愿意花钱使用。

5．支付环节收费

支付问题一向就是制约电子商务发展的瓶颈，直到阿里巴巴推出了支付宝才在一定程度上促进了网上在线支付业务的开展。买家可以先把预付款通过网上银行打到支付公司的个人专用账户，待收到卖家发出的货物后，再通知支付公司把货款打入到卖家账户，这样买家不用担心收不到货还要付款，卖家也不用担心发了货而收不到款，而支付公司就按成交额的一定比例收取手续费。

3.5 新零售

2016年10月的阿里云栖大会上，马云在演讲中第一次提出了新零售，"未来的十年、二十年，没有电子商务这一说，只有新零售。"2016年11月11日，国务院办公厅印发《关于推动实体零售创新转型的意见》（国办发〔2016〕78号，以下简称《意见》），明确了推动我国实体零售创新转型的指导思想和基本原则。同时，在调整商业结构、创新发展方式、促进跨界融合、优化发展环境、强化政策支持等方面做出具体部署。《意见》在促进线上线下融合的问题上强调："建立适应融合发展的标准规范、竞争规则，引导实体零售企业逐步提高信息化水平，将线下物流、服务、体验等优势与线上商流、资金流、信息流融合，拓展智能化、网络化的全渠道布局。"

现在常见的有两种零售模式。一种是传统零售，即线下零售，生产商将产品通过代理商、经销商再到零售门店，消费者在实体门店中一手交钱一手交货，注重的是实地场景的体验。另一种是近几年随着互联网发展而兴起的电子商务，俗称网购，这是一种线上的零售，消费者消费时并没有实际接触过商品，线上下单购买后由物流配送到家，这也是一种零售。

二者的结合就是新零售。新零售，即企业以互联网为依托，通过运用云计算、大数据、人工智能等先进技术手段，对商品的生产、流通与销售过程进行升级改造，进而重塑业态结构与生态圈，并对线上服务、线下体验以及现代物流进行深度融合的零售新模式。线上线下和物流结合在一起，才会产生新零售。

对于消费者而言，现在人们已经习惯了线上购物，进而对于线上购物的商品质量要求也越来越高，但是在收到货物之前消费者都很难确定商品的质量如何，而这一点在线下的实体店却可以轻松做到。可以设想这样的场景，消费者在线上看见了心仪的商品，可以直接到实体门店去实际感受、体验，购买后可以选择由商家配送至家中，消费者也不用带着大包小包的商品逛街了。又或者消费者在逛街购物时，有想要的商品却又犹豫要不要买，此时可以在线上收藏看中的商品，之后货比三家或者过几天下定决心后再通过线上下单，不需要重新回到店中购买。对于消费者来说，既扩大了选择范围，也能满足各方面的需求。

对于实体门店商家而言，新零售模式增加了客户流量，商品在线上的宣传推广更方面，客户在线上能看见商品的介绍也降低了人力成本，便于营销和转化流量。实体店可以凭借线上商城让每个消费者都会员化，做到留存、拉新，并且利用线上的大数据统计分析功能,还可以帮助商家分析每一位消费者的消费习惯、喜好等,进而做出更贴心的服务。

同时实体店也转型成更加注重于商品展示和服务的场所,让消费者有更舒适的体验。因此在实体店的场景布置中,也要有所革新。在新零售场景下,应该以"娱乐、互动、体验"为主诉求,通过娱乐、艺术、人文等主题元素,丰富顾客的体验,给予消费者人性化的关怀。还可以添加先进的服务设备,比如自助结账、VR体验、无人便利店等功能,节省人力成本的同时也服务了顾客。

此外,在新零售时代下,供应链上的供应商、销售渠道、仓库、门店到消费者的流程会更加快速,实现全链路的一体化管理,使消费者能在最短时间内得到需要的商品,满足了服务水平的同时也使整个供应系统的成本达到最低。

继电商时代过后,零售业已经走向新的阶段,新零售逐渐会成为一种广为人知的先进、便捷的零售模式,再次改变人们的购物习惯。

 相关案例

盒马鲜生"超市+餐饮+电商+物流"新零售模式

目前盒马鲜生在全国10多个城市开设了30多家门店,形成了"超市+餐饮+电商+物流"的新模式,颠覆了传统零售行业"人,货,物"的模式,是互联网思维对传统行业的重大冲击。

盒马也作为"新零售"具像化的典范逐渐进入了大众的视野,悄然地改变着大众的消费习惯和生活方式。

新零售之中的"新"主要体现在以下三个方面。

1. 将消费者的消费体验放在首位

1)在采购方面坚持"原产地直采+本地化直采"的策略

为了做到真正的"优质低价",一方面,盒马鲜生选择最优质的货源,从原产地直接采购,经过多道工序的质检,确保商品符合相关的国家和行业标准,最大限度地减少低质商品对消费者人身和财产的损害。

由于生鲜食品对"保鲜"异常敏感,本地化直采保证了商品能够迅速及时地到达盒马门店,在新鲜的时候供消费者挑选和购买。盒马鲜生对于自营的"日日鲜,产品采取""当天销售,关店下架,次日换新"的原则,细致周到地照顾了消费者的购物体验。

另一方面,"原地直采"省略了诸多中间环节,避免了中间商赚取差价,进一步降低了消费者的购物成本,为消费者带来了实惠。

2)在配送方面坚持"门店附近3公里范围内,30分钟送货上门"的原则

消费者在盒马生鲜App上购物,订单完成后,盒马鲜生的后仓能在10分钟之内完成选货、分拣、流转、包装等一系列流程;后仓等候的配送员接到货物后,实现了门店附近3公里范围内,30分钟送货上门,高效快捷的配送服务节省了消费者等候的时间成本,也

赢得了消费者的信任。

3）购物结合餐饮：1+1>2 的突破

提供超市购物的同时提供餐饮场所，巧妙地结合了消费者的两种消费需求。

一方面，烹饪材料源自超市的盒马鲜生，把初级生鲜产品进行烹饪加工，为消费者试吃尝鲜提供了平台。同时也是对自家生鲜产品的变相宣传，消除了购物过程中的关于"味道"的信息不对称，为消费者做出正确的决策提供了重要依据。

另一方面，消费者在超市进行购物，时间一久，会产生疲惫感和饥饿感，进而想要休息或就餐，而餐饮场所恰好满足了这个需求。反过来，前来就餐的顾客很可能会顺便在超市购物，这是个双向促进，互利共赢的正向反馈过程。

2. 以数据为驱动，购物流程智能化

1）大数据下的精准营销

线上 App 和线下门店结算绑定支付宝，自动生成会员，记录用户的购买行为和偏好，形成购物数据闭环。

进而利用大数据分析，描绘用户画像，根据年龄、性别、收入、购物偏好等不同维度进行个性化推送，把消费者最需要的商品在最合适的时间以最人性化的方式进行展现，精确触达目标群体，提高转化效果，成为消费者的生活小帮手。

2）购物更加智能化

盒马鲜生门店实现了全链路智能化，到店、拣货、打包、上架，配送等流程都可以通过智能设备进行识别，降低了错误率，提高了效率。

工作人员根据 PDA 显示的订单信息进行捡货，利用传送链高效传递货物，及时调货补货；结算中心设有终端自助结算机，消费者可以扫描商品的电子条码，完成结算流程，减少了排队等候的时间，方便快捷。

3. 线上线下相结合的消费方式

传统零售模式是消费者线下挑选，线下配送（自带）；网购模式中消费者是线上挑选，线上下单，物流配送。

在以盒马鲜生为代表的新零售模式下消费者可以进行 4 种任意组合：

- 线下挑选，线下结算：消费者直接在门店挑选，完成购物后直接带走，接近于传统的零售。
- 线下挑选，线上结算，配送到家：消费者在门店挑选商品，直接扫描二维码，在盒马鲜生 App 下单购买，门店接到订单后会安排后续的配送服务。
- 线上挑选，线上结算：配送到家：消费者下载、安装盒马鲜生 App 后，登录商品展示页面，挑选自己心仪的商品，完成下单结算，由附近门店备货并配送到家，接近于线上的淘宝等网购平台。
- 线上挑选，门店自提：消费者在盒马鲜生 App 完成选品过程，自己去附近的门店验货，满意后线下直接提货结算，此时线上相当于一个商品展示和导购平台，线下完成查验，一定程度上解决了网购常见的退货率问题。

盒马鲜生作为阿里发力新零售的前哨，突破了线上和线下的界限，通过不断地分析用户行为数据，优化购物体验，为用户提供了一站式的消费方式。

盒马鲜生多开在居民聚集区，下单购物需要下载盒马鲜生 App，它只支持支付宝付款，不接受现金、银行卡等任何其他支付方式。实际上，在强推支付宝支付的背后，是盒马未来将对用户消费行为大数据挖掘的野心。阿里巴巴为盒马鲜生的消费者提供会员服务，用户可以使用淘宝或支付宝账户注册，以便消费者从最近的商店查看和购买商品。盒马鲜生未来可以跟踪消费者购买行为，借助大数据做出个性化的建议。

盒马鲜生的模式回答了如何打通线上线下两个平台、如何打通线下线下会员体系、如何衔接线上线下不同品类、如何共享流量、如何共享仓储物流等关键性问题。

盒马鲜生属于阿里新零售模式探索的先锋部队，借助线下吸引顾客，线上下单配送的流量模式创新，在"好"与"快"两个要点上赢得口碑，成为异军突起的新零售典型。

资料来源 http://www.100ec.cn/detail--6456136.html 电子商务研究中心（有修改）

 3.6 其他演化的电子商务模式

3.6.1 B2B2C 模式

所谓 B2B2C 是一种新的网络通信销售方式。第一个 B 指广义的卖方（即成品、半成品、材料提供商等），第二个 B 指交易平台，即提供卖方与买方的联系平台，同时提供优质的附加服务，C 即指买方。卖方可以是公司，也可以是个人，即一种逻辑上的买卖关系中的卖方。

B2B2C 模式是一种复合的交易模式，其意为中间的 B 直接面对客户，把订单交给第一个 B 来执行。这种模式看起来好像只是传统渠道销售的翻版，在因特网时代根本不可行，因为因特网经济的一大特征就是压扁中间渠道，亚马逊等大行其道的原因也正是基于这种"中间商之死"的论调，它们抢占的正是原来中间商的利润。因此，B2B2C 模式长期以来被认为是一种不可能成立的模式。但如果中间的 B 能够提供一种独特的服务，把消费者都吸引到它那里去，并通过它下订单，则该模式就是可行的。当然这对中间的 B 要求就非常高，因为它必须提供一种独一无二、对消费者而言价值很大的服务，而且在一年、两年甚至更长的时间内都无法模仿才行，否则消费者就不会聚焦在此，B2B2C 模式就无法运转。

3.6.2 O2O 模式

O2O 即 Online To Offline，也即将线下商务的机会与互联网结合在了一起，让互联网成为线下交易的前台。这样线下服务就可以在线上来揽客，消费者可以用线上来筛选服务，还有成交可以在线结算，很快达到规模。该模式最重要的特点是：推广效果可查，每笔交易可跟踪。国内首家社区电子商务开创者九社区是该模式的鼻祖。

目前采用 O2O 模式经营的网站已经有很多，团购网就是其中一类，如百先网、中团

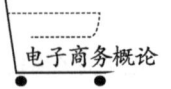

网、篱笆网、齐家网等大众商品团购网站，美团网、58团购、窝窝团、拉手网等生活信息团购网站；另外还有一种为消费者提供信息和服务的网站，如赶集网、爱邦客等；还有房地产网，如搜房网、房道网、百度安居等。

3.6.3　B2Q 模式

B2Q 电商模式英文全称为 Business to Business and Ensure the Quality，指的是商家（泛指企业）对商家在以确保质量、诚信交易为前提的电子商务平台所进行的电子商务活动，即企业与企业之间通过第三方认证平台进行产品、服务及信息的交换。

B2Q 电子商务的突出要点是确保质量与诚信交易，所以它比现有的 B2B 及 B2C 网站更加严格把关，任何商家或个人加入 B2Q 平台都需经过严格的资格和资质审查，尤其是产品和服务质量。

B2Q 的通俗说法是指进行电子商务交易的供需双方都是商家（或企业、公司），她（他）们使用了能确保商家与交易过程都体现出质量要求的网络交易平台，完成商务交易的整个过程。这些过程包括：申请加入第三方认证平台、第三方验证与审核、发布供求信息、订货及确认订货，支付过程及票据的签发、传送和接收，确定配送方案并监控配送过程等。

3.6.4　F2C 模式

F2C（Factory to Customer）是品牌公司把设计好的产品交由工厂代工后直接通过终端送达消费者，流通路径最短，这样可确保产品低价，同时质量服务都有保证。F2C 模式减少了代理商、经销商、零售商等一系列中间环节，没有高昂的店铺租金，使出厂的主材、家具、软装产品直面消费者。F2C 最大的优势就是强有力的线下产业支撑、有效的全程品控、快速的市场反应，B2C 电子商务平台在这一点是无法抗衡的。

传统的商品流通路径是：工厂 → 品牌公司 → 总代理 → 经销商 → 卖场 → 消费者，由于环节太多，层层加价，产品到达消费者手里往往价格居高不下。F2C 模式是品牌公司把设计好的产品交由工厂代工后直接通过终端送达消费者，流通路径最短，这样可确保产品低价，同时质量服务都有保证。采用这个模式的成功典范有：魅族、宜家、迪卡侬、乐豪斯、ZARA、HM、姿米诗、伊诗菲丽、七遇生物科技等。它们为消费者提供最具性价比的产品，为消费者带来了价值最大化。

3.6.5　BOB 模式

BOB（Business-Operator-Business），即供应方（Business）与采购方（Business）通过运营者（Operator）达成产品或服务交易的一种新型电子商务模式。BOB 模式不同于以往的 C2C、B2B、B2C 等商业模式，其将电子商务以及实业运作中的品牌运营、店铺运营、移动运营、数据运营、渠道运营五大运营功能板块升级和落地，从而完美实现"品牌塑造 + 平台展示 + 立体分销 + 数据指导 + 新媒体营销 + 智能仓储 + 金融结算"一体化的供应链管理。

其次，有不少行业，特别是传统中小型传统企业在电商平台化的时代趋势下，都想打响自身品牌却苦于没有电子商务平台的专业知识，BOB模式的出现正好满足了此类需求，打造出完整的电子商务供应链。

3.6.6 ABC模式

ABC模式是新型电子商务模式的一种，A、B、C分别是代理商（Agents）、商家（Business）和消费者（Consumer）的英文第一个字母，被誉为继阿里巴巴B2B模式、京东商城B2C模式、淘宝C2C模式之后电子商务界的第四大模式。它是由代理商、商家和消费者共同搭建的集生产、经营、消费为一体的电子商务平台。生产者、消费者、经营者、合作者和管理者之间可以相互转化，他们都是这个平台的主人，大家相互服务，相互支持，你中有我，我中有你，真正形成一个利益共同体，资源共享，产销共生而达到共同幸福的良性局面。淘众福是全球首创的ABC模式。

3.6.7 B2T模式

国际通称B2T（Business to Team），是继B2B、B2C、C2C后的又一电子商务模式，即为一个团队向商家采购。团购B2T，本来是"团体采购"的定义，而今，网络的普及让团购成为了很多中国人参与的消费革命。网络成为一种新的消费方式。所谓网络团购，就是互不认识的消费者，借助互联网的"网聚人的力量"来聚集资金，加大与商家的谈判能力，以求得最优的价格。尽管网络团购的出现只有短短两年多的时间，却已经成为在网民中流行的一种新消费方式。

专业术语

商业模式电子商务模式	盈利模式	B2B模式
B2C模式	C2C模式	新零售

思考题

1. 主流的电子商务模式有哪些？并列举相关代表性网站。
2. 电子商务常见的盈利模式有哪些？
3. 简述B2B电子商务的分类和盈利模式。
4. 简述B2C电子商务的分类和盈利模式。
5. 简述C2C电子商务的含义以及分类。
6. 简述O2O模式的含义，并列举相关网站。

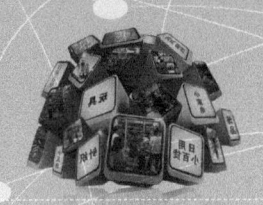

网络营销

本章导读

电子商务最终目标是要借助于各种网络营销工具和方法,将商品或服务从生产者转移到消费者手中,进行价值交换,实现最终获利。网络营销是电子商务重要环节之一,在交易发生前,网络营销发挥着主要的信息传递作用。目前,网络营销的内容和形式仍然在不断地发展和完善中。

本章主要介绍网络营销的产生与发展历程、网上消费者的特征、网络营销的概念、特点、网络营销的常用方法以及网络营销效果的分析和评价等内容。

引导案例

小米手机的网络营销

小米手机是小米公司(全称北京小米科技有限责任公司)研发的高性能发烧级智能手机。小米手机坚持"为发烧而生"的设计理念,在短时间内迅速占领了国内手机市场,并打造出自己独有的"米"文化,建立了庞大的用户粉丝群,这所有的成果都来自于小米独特的网络营销。

病毒式营销(口碑营销)

在用户越来越多地关心智能手机性价比的背景下,小米手机通过制造各种各样的"绯闻":小米手机的创意是"偷来"的,小米手机的发布是模仿苹果的,许多名人要把苹果手机扔进垃圾桶改用小米手机……来吸引人们的注意力,通过人们之间各种途径的交流,小米手机实现了品牌的输入与推广。小米手机口碑的形成主要在于其高性价比,以及人群的追捧和发酵,这种病毒式营销非常奏效,它为小米手机后期的在线销售打下了基础。

事件营销

在小米手机发布会上,小米手机以超强的配置、极低的价格、极高的性价比赚足了媒体的眼球，而雷军也以乔布斯的风格召开"向乔布斯致敬"的发布会而被媒体所八卦。就在这次的新闻发布会之后，小米手机在网络上的关注从几千上升到了20多万。

微博营销

通过手机话题的小应用和微博用户互动，挖掘出小米手机包装盒"踩不坏"的卖点；产品发布后，又掀起发微博送小米手机活动，以及分享图文并茂的小米手机评测等。在小米手机发布前后，雷军不仅利用自己的微博高密度地宣传小米手机，还频繁参与新浪微访谈，出席腾讯微论坛、极客公园等活动。雷军的朋友们，包括过去雷军投资过的公司高管，如凡客CEO陈年、多玩网CEO李学凌、优视科技CEO俞永福、拉卡拉CEO孙陶然、乐淘网CEO毕胜等，纷纷出面在微博里为小米手机造势，作为IT界的名人，他们中的每一个人都拥有着众多的粉丝，因此，微博的营销功能被小米团队运用到了极致。

饥饿营销

小米手机营销最成功之处还是当属其"半遮半露"的饥饿营销。小米手机揪住了公众的好奇心理，认为越难以得到的就是越珍贵的。小米公司所发布的消息总是遮一半露一半，让媒体跟着跑，让社区的"米粉"跟着追，然后在万众瞩目下发布新产品。

小米手机没有做任何的广告，但是凭借网络媒体，小米团体成功地实现了品牌的推广，让很多人认识了小米手机以及小米公司这个大家庭。同时，也创造了国产手机的一个纪录，仅仅两天的时间，准确地讲是34个小时，小米手机的预订量就超过了30万，人气爆棚来形容一点都不为过。这其中，网络营销手段可谓是功不可没。

资料来源：https://wenku.baidu.com/view/91867851f5335a8102d220e5.html（改编）

 知识加油站

网络营销的价值在于让企业网络营销活动有计划、有目的地进行，发现网络营销过程中的问题并进行适当的控制，从而达到提升网络营销总体效果的目的。从目前网络营销市场发展的现状来看，企业需求开始从最基础的网站建设与推广向更高层面的网络营销管理服务市场深入。同时了解网络营销管理的内容也是网络营销主管必备的基本知识。常用的网络营销有：搜索引擎营销、网络广告、电子邮件营销、病毒式营销、微信营销、微博营销等。

 网络营销的产生与发展

4.1.1 网络营销的产生

20世纪90年代初，互联网的飞速发展在全球范围内掀起了互联网应用的热潮。网络营销也随之应运而生，网络营销已成为 21 世纪企业营销的重要方式。网络营销产生和发展的背景主要有三个方面，即互联网的发展、消费者价值观的改变、激烈的市场竞争。

1. 互联网的发展是网络营销产生的技术基础

随着互联网的飞速发展和广泛普及，互联网已经成为全球的迅捷和方便的沟通渠道。网络技术的应用改变了信息的分配和接收方式，也改变了人们生活、工作和学习的环境。互联网作为信息交流平台，具有信息传播的许多优势，从而成为网络营销兴起的根本原因，这也是网络营销得以产生的技术基础。

2. 消费者价值观的改变是网络营销产生的观念基础

市场营销的核心是满足消费者的需求，以消费者的需求为导向。随着科技的发展、社会的进步、文明程度的提高，消费者的观念也在不断地变化，为建立在因特网上的网络营销提供了普及的可能。这些观念的变化包括：

（1）个性化消费。随着互联网的发展，消费者有更大的空间根据自己的个性特点和需求来挑选和购买商品或服务，还可以自己设计个性产品来寻找企业生产，个性化消费越来越主流化。

（2）主动消费化。由于商品越来越丰富，越来越杂乱无章，消费者的购买越来越难于抉择，导致消费者会主动通过各种各样的途径（如网络）来获取商品的有关信息，做出比较分析，以减少不必要的成本。

（3）追求方便化。由于人们各种的工作量导致时间少，身体疲劳，无法正常到街上去逛，就热衷于在网络购物。网络可以减少人们出门的成本和精力，同时也可以增加单位时间里的商品浏览量。

（4）重视价格化。在人们购买的商品中，价格弹性大的商品是不可或缺的。然而网络营销的成本较低，能满足消费者追求更低价的心理需求。

3. 激烈的市场竞争是网络营销产生的现实基础

随着全球市场竞争的日益激烈化，企业为了取得竞争优势，会想方设法来吸引更多的新客户，留住更多的老客户。市场竞争已不再依靠表层的营销手段，经营者迫切需要更深层次的方法和理念来武装自己。

网络营销的产生对企业的经营带来了福音。企业开展网络营销，可以节约大量昂贵的店面租金，可以减少库存商品的资金占用，可以使经营规模不受场地限制，可以方便地采集客户信息等。这些长处使得企业经营的成本和费用降低，运作周期变短，提高企业竞争力。

总之，网络营销伴随着互联网、计算机通信和数字交互式媒体的发展而产生，并随着客户价值观的变革、商业竞争的影响而不断发展。

4.1.2　网络营销的发展

网络营销是伴随互联网进入商业应用和信息技术的发展逐渐诞生与发展的。尤其是在万维网（WWW）、电子邮件、搜索引擎等得到广泛应用之后，网络营销的价值才越来越明显。

到目前为止，我国的网络营销大致经历了 6 个阶段：传奇阶段、萌芽阶段、应用和发展阶段、高速发展阶段、社会化阶段、多元化阶段。

1. 传奇阶段（1997 年之前）

网络营销是随着互联网的应用而逐渐开始为企业所应用的。在 1997 年之前，我国并没有清晰的网络营销概念和方法，也很少有企业将网络营销作为主要的营销手段。由于无从考证中国企业最早利用互联网开展营销活动的历史资料，只能从部分文章中看到一些无法证实的细枝末节。例如，作为网络营销经典案例的"山东农民网上卖大蒜"。无论是学术界还是企业界，大多数人对网络营销的概念还相当陌生，更不用说将网络营销应用于企业经营了。在网络营销的传奇阶段，虽然概念和方法不明确，产生的效果主要取决于偶然因素，但毕竟在我国网络营销的沃土中播下了良种。

2. 萌芽阶段（1997—2000 年）

根据中国互联网络信息中心（CNNIC）发布的《第一次中国互联网络发展状况调查统计报告》（1997 年 10 月）显示，到 1997 年 10 月底，我国上网人数为 62 万人，WWW 站点数约 1500 个。虽然无论上网人数还是网站数量均微不足道，但发生于 1997 年前后的部分事件标志着中国网络营销进入萌芽阶段，如网络广告和 E-mail 策略在中国的诞生、电子商务的促进、网络服务如域名注册和搜索引擎的涌现等。到 2000 年年底，多种形式的网络营销被应用，网络营销呈现出快速发展的势头并且有逐步走向实用的趋势。

3. 应用和发展阶段（2001—2003 年）

2001 年之后，网络营销已不再是空洞的概念，而是进入了实质性的应用和发展时期，主要特征表现为 6 个方面：网络营销服务市场初步形成、企业网站建设发展迅速、网络广告形式和应用不断发展、E-mail 营销市场环境亟待改善、搜索引擎营销向深层次发展、网上销售环境日趋完善。

4. 高速发展阶段（2004—2009 年）

2004 年之后，我国网络营销的最主要特点之一是第三方网络营销服务市场蓬勃兴起，包括网站建设、网站推广、网络营销顾问等付费网络营销服务都得到了快速发展，这不仅体现在网络营销服务市场规模的扩大，同时也体现在企业网络营销的专业水平提高、企业对网络营销认识程度和需求层次提升以及更多的网络营销资源和网络营销方法不断出现等方面。

5. 社会化阶段（2010—2015 年）

网络营销社会化的表现是网络营销从专业知识领域向社会化普及知识发展演变，这是互联网应用环境发展演变的必然结果，这种趋势反映了网络营销主体必须与网络环境相适应的网络营销社会化实质。需要说明的是，网络营销社会化并不简单地等同于基于 SNS 的社会化网络营销，社会化网络营销只是网络营销社会化反映的一个现象而已。

6. 多元化阶段（2016年至今）

2016年之后的网络营销环境其显著特征之一是多元化，即网络营销渠道的多元化、网络营销方法多元化、网络营销资源多元化、社会关系网络多元化等。与多元化相对应的是分散化，即传统的主流网络营销方法的重要程度在下降，多种新型网络营销方法，尤其是基于手机网络营销方法不断涌现。

多元化环境下的网络营销特征及趋势为：

（1）网络营销分散化程度将继续提高。网络营销主流渠道分散化的趋势，从2009年已经开始显现，正好与社会化网络及移动网络营销的发展同步，移动网络营销进一步加剧了网络营销分散化。

（2）网络营销的融合化将提速。2014年之后，网络营销进入网络可信度与网络可见度融合的阶段，2016—2018年之间PC网络营销与移动网络营销的融合速度越来越快，融合程度也越来越高。

（3）内容营销将进入高级阶段。传统的内容营销形式如许可E-mail营销、微博营销等，在移动互联网环境下将不断发展演变，从内容形式及营销模式方面将继续创新，以用户价值为核心的理念进一步得到体现。

（4）网络营销思想及策略不断升级。基于网络营销生态思维的用户价值营销策略将在实践中不断完善，网络营销思想的层次也将在实践中进一步提升。

4.2 网络营销理论基础

在企业开展网络营销活动之前，首先要了解消费者群体以及消费者在网络环境下的购买行为模式的特点。

4.2.1 网上消费者行为分析

1. 网民规模及特征

1）网民规模

据CNNIC报道，截至2017年12月，我国网民规模达到7.72亿，全年共计新增网民4074万人，互联网普及率为55.8%，较2016年年底提升2.6个百分点。

截至2017年12月，我国手机网民7.53亿，较2016年年底增加5734万人。手机网民占上网人群的比例由2016年的95.1%提升至97.5%，使用手机网上支付比例由2016年年底的50.3%提升至65.5%，如图4.1所示。

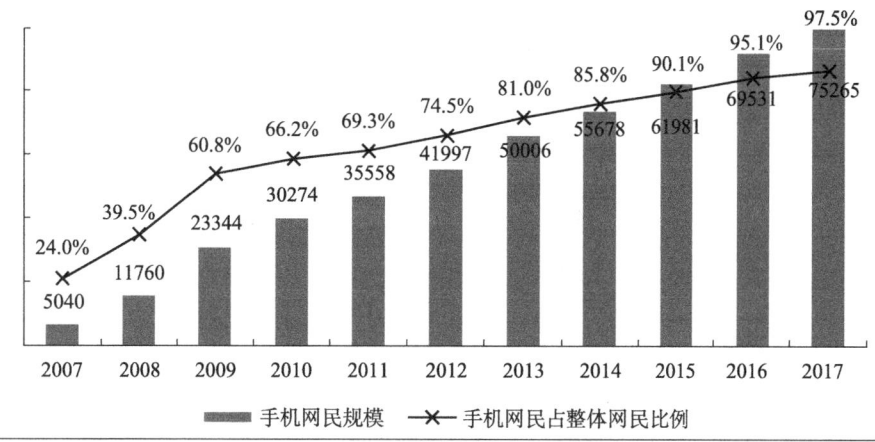

资料来源：CNNIC 中国互联网络发展状况统计调查　　　　　　　　　　2017.12

图 4.1　中国手机网民规模及其占网民比例

2）网民结构特征

（1）性别结构。截至 2017 年 12 月，中国网民男女比例为 52.6∶47.4，同期全国人口男女比例为 51.2∶48.8，网民性别结构趋向均衡，且与人口性别比例基本一致，如图 4.2 所示。

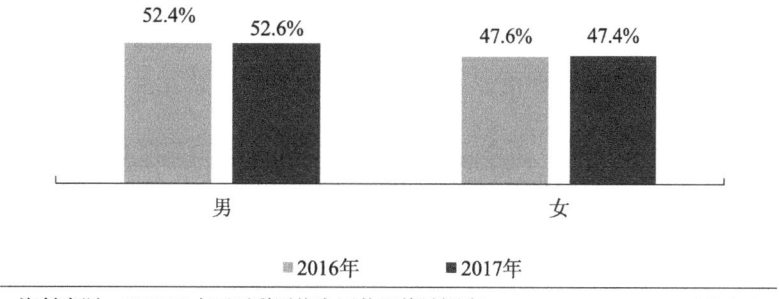

资料来源：CNNIC 中国互联网络发展状况统计调查　　　　　　　　　　2017.12

图 4.2　中国网民的性别结构

（2）年龄结构。截至 2017 年 12 月，我国网民仍以 10～39 岁群体为主，占整体的 73.1%，其中 20～29 岁年龄段的网民占比最高，达 30.0%，10～19 岁、30～39 岁群体占比分别为 19.6%、23.5%。与 2016 年年底相比，60 岁以上高龄群体的占比有所提升，互联网继续向高龄人群渗透，如图 4.3 所示。

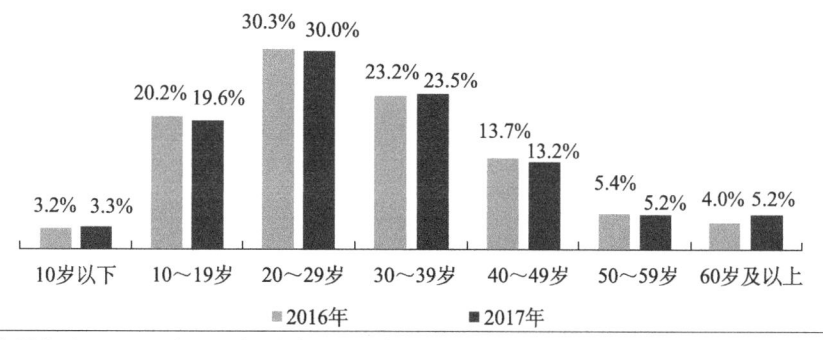

资料来源：CNNIC 中国互联网络发展状况统计调查　　　　　　　　　　2017.12

图 4.3　中国网民年龄结构

（3）学历结构。截至 2017 年 12 月，我国网民依然以中等学历群体为主，初中、高中/中专/技校学历的网民占比分别为 37.9%、25.4%。与 2016 年年底相比，初中学历网民增长 0.6 个百分点，如图 4.4 所示。

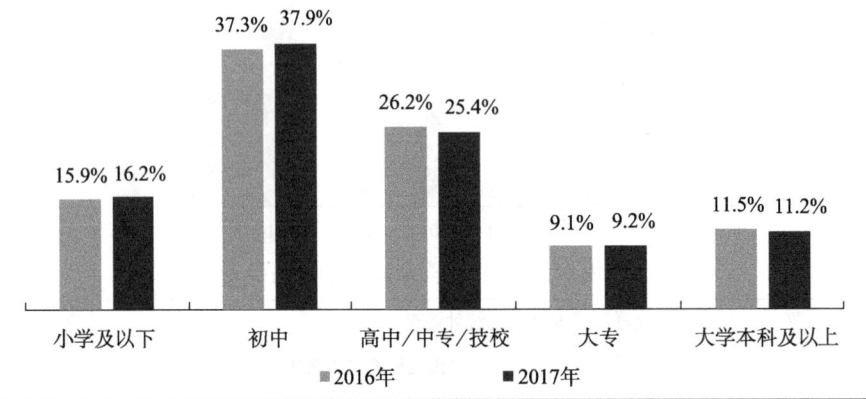

资料来源：CNNIC 中国互联网络发展状况统计调查　　　　　　　　　　2017.12

图 4.4　中国网民学历结构

（4）职业结构。截至 2017 年 12 月，网民中学生群体规模最大，占比为 25.4%；其次为个体户/自由职业者，比例为 21.3%；企业/公司的管理人员和一般职员占比合计达到 14.6%，网民职业结构基本保持稳定，如图 4.5 所示。

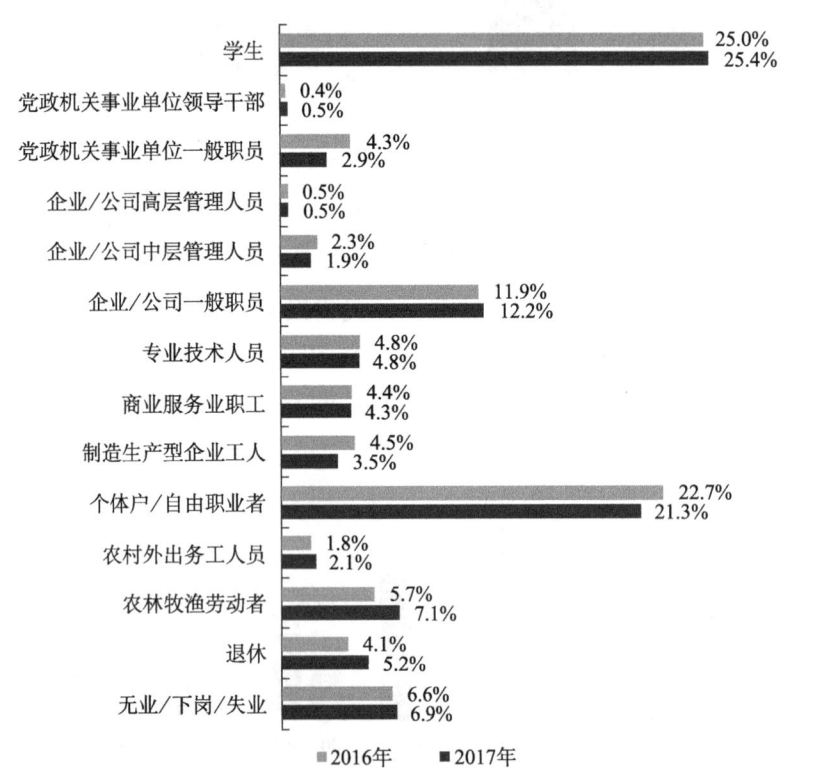

资料来源：CNNIC 中国互联网络发展状况统计调查　　　　　　　　　　2017.12

图 4.5　中国网民职业结构

（5）收入结构。截至 2017 年 12 月，网民月收入在 2001～3000 元、3001～5000 元的群体占比分别为 16.6% 和 22.4%。2017 年，我国网民规模向高收入群体扩散，月收入在 5000 元以上群体占比较 2016 年年底增长 3.6 个百分点，如图 4.6 所示。

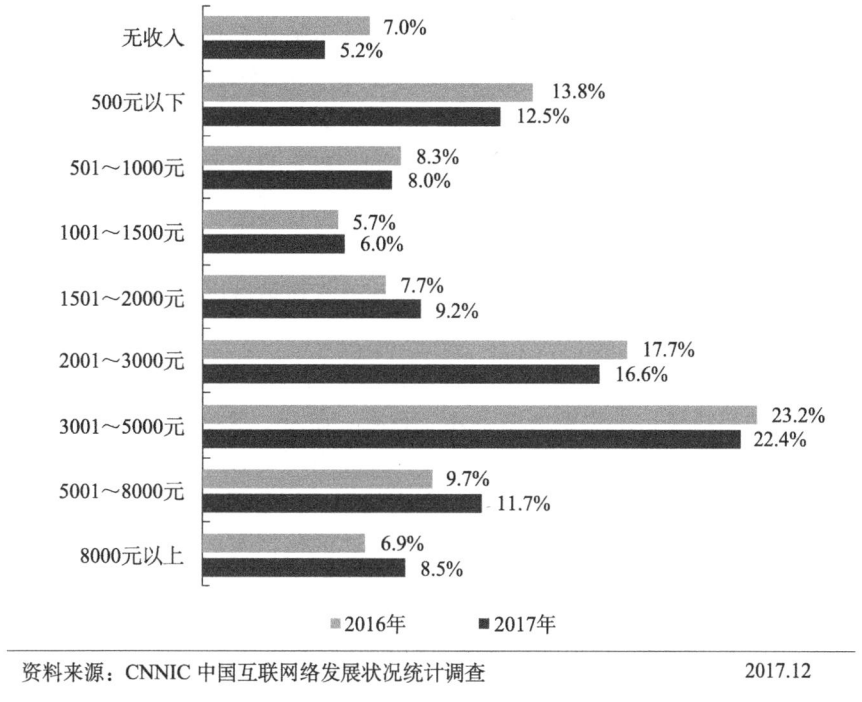

资料来源：CNNIC 中国互联网络发展状况统计调查　　　　　　　　　　　　2017.12

图 4.6　中国网民收入结构

2．网民网络应用行为分析

2017 年，我国个人互联网应用保持快速发展，其中网上外卖用户规模增长显著，年增长率达到 64.6%；手机应用方面，手机外卖、手机旅行预订用户规模增长明显，年增长率分别达到 66.2% 和 29.7%。

网民在线下消费使用手机网上支付比例由 2016 年年底的 50.3% 提升至 65.5%；网络直播用户规模达 4.2 亿，年增长率达到 22.6%；共享单车国内用户规模已达 2.21 亿。

互联网的各种应用大致体现在以下几个方面：

（1）基础应用用户规模稳定增长，多元化服务满足用户精准需求。截至 2017 年年底，即时通信、搜索引擎、网络新闻作为基础的互联网应用，用户规模保持稳健增长，使用率均在 80% 以上。即时通信企业深入挖掘用户需求，拓展更加多元化、差异化的服务类型，制订针对性产品满足用户线上线下各种生活服务需要；搜索引擎企业着重发展人工智能，提升差异化竞争力，同时国家出台相关监管政策，对搜索信息的内容进行严格规范；网络新闻应用着力发展基于用户兴趣的"算法分发"，满足移动互联网时代用户对个性化新闻的需求，传统媒体与新媒体的融合加速，全媒体趋势初步显现。

（2）商务交易类应用持续快速增长，政策监管持续完善。2017 年，商务交易类应用保持平稳增长，网上购物、在线旅行预订用户规模分别增长 14.3% 和 25.6%。政府在推动消费升级的同时加大对跨境电子商务等相关行业规范，网上购物平台从购物消费模式向服务消费模式拓展；网上外卖用户规模达到 3.43 亿，较 2016 年年底增加 1.35 亿，同比增长 64.6%，继续保持高速增长。

（3）网上支付大众线上理财习惯逐步养成，加速向农村地区和老龄网民渗透。截至 2017 年 12 月，网上支付、互联网理财用户规模年增长率分别为 11.9% 和 30.2%。电子商务应用的快速发展、网上支付厂商不断拓展和丰富线下消费支付场景，以及实施各类打通社交关系链的营销策略，带动非网络支付用户的转化。互联网理财用户规模的不断扩大、理财产品的日益增多、产品用户体验的持续提升，带动大众线上理财的习惯逐步养成。平台化、场景化、智能化成为互联网理财发展新方向。P2P 网贷理财市场利息继续下降，业务进一步合规发展。现金贷、金交所、网络小额贷等不合规业务得到有效整顿，有效降低系统性风险。

线上支付加速向农村地区网民和老龄网民渗透。农村地区网民使用线上支付的比例已由 2016 年年底的 31.7% 提升至 47.1%；50 岁以上网民中使用率从 14.8% 提升至 32.1%。

（4）网络娱乐类应用用户规模稳步增长，正版化进程加快。在 2017 年，网络娱乐类应用进一步向移动端转移，手机端网络音乐、视频、游戏、文学用户规模增长率均在 6% 以上。网络娱乐类应用的版权正版化进程加快，各应用厂商对涉嫌侵权的应用积极展开维权行动。网络视频内容朝着精品化、差异化方向发展，以优质内容培养用户的付费习惯；网络音乐平台逐步扩大海外市场，以网络音乐为核心的包括明星演出、粉丝运营等在内的新兴产业链逐渐形成；作为新兴互联网娱乐类应用，网络直播发展势头强劲，随着各大互联网公司的介入，竞争将更加激烈。

（5）在线教育、在线政务服务发展迅速，互联网带动公共服务行业发展。2017 年各类互联网公共服务类应用均实现用户规模增长，在线教育、网上预约租车、共享单车、在线政务服务用户规模均突破 1 亿，多元化、移动化特征明显。在线教育领域不断细化，用户边界不断扩大，服务朝着多样化方向发展，同时移动教育提供的个性化学习场景以及移动设备触感、语音输出等功能性优势，促使其成为在线教育主流；网络预约租车领域，基于庞大的市场需求和日益完善的技术应用，行业规模不断扩大；在线政务领域，政府网站与政务微博、微信、客户端的结合，充分发挥互联网和信息化技术的载体作用，优化政务服务的用户体验。

3．网络消费者购买行为模式

网络消费者购买行为模式如图 4.7 所示。

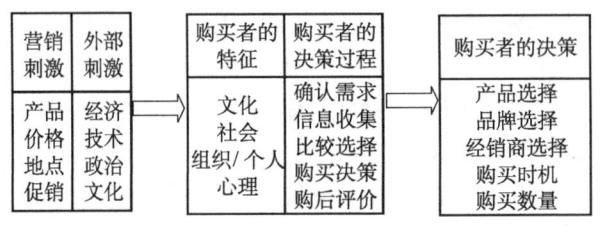

图 4.7 网络消费者购买行为模式

从图 4.7 可以看到，具有一定潜在需要的消费者首先是受到企业的营销活动刺激和各种外部环境因素的影响而产生购买取向的；而不同特征的消费者对于外界的各种刺激和影响又会基于其特定的内在因素和决策方式做出不同的反应,从而形成不同的购买取向和购买行为。这就是消费者购买行为的一般规律。在这一购买行为模式中,"营销刺激"和各种"外部刺激"是可以看到的,购买者最后的决策和选择也是可以看到的,但是购买者如何根据外部的刺激进行判断和决策的过程却是看不见的。这就是心理学中的所谓"黑箱"效应。购买者行为分析就是要对这一"黑箱"进行分析,设法了解消费者的购买决策过程以及影响这一决策过程的各种因素的影响规律。所以对消费者购买行为的研究主要包括两个部分:一是对影响购买者行为的各种因素的分析,二是对消费者购买决策过程的研究。

经济收入水平是影响消费者购买行为模式的基本因素。不同收入水平的人的购买行为会有很大的差异。有钱人会购买大量的奢侈品,而低收入者则主要购买满足基本生活所需的产品;所以有人称消费者是一种"经济人",其购买行为主要受其经济收入水平的影响。然而,在现实生活中,我们不难看到,同一收入水平的人,他们的消费行为也存在很大的差异。如在外资企业工作的职员同经营服装生意的个体经营者收入都比较高,但两者消费行为却有相当大的差别。所以,营销学者认为,经济因素对于消费者的购买行为固然有着重要的影响,但消费者并非是纯粹的"经济人",一些非经济因素对消费者的购买行为同样发挥着重要的影响。

研究发现,影响消费者的购买行为的非经济因素主要有内外两个方面。从外部来看,主要有消费者所处的文化环境、消费者所在的社会阶层、消费者所接触的各种社会团体(包括家庭),以及消费者在这些社会团体中的角色和地位等;内部因素则是指消费者的个人因素和心理因素。个人因素包括消费者的性别、年龄、职业、教育、个性、经历与生活方式等,心理因素包括购买动机、对外界刺激的反应方式、学习方式以及态度与信念等。这些因素从不同的角度影响着消费者的购买行为模式。

4.2.2 网络营销的理论基础

网络营销的理论基础主要是网络直复营销理论、网络关系营销理论、网络软营销理论和网络整合营销理论。

1. 网络直复营销理论

网络直复营销理论是 20 世纪 80 年代引人注目的一个概念。美国直复营销协会对其所下的定义是:"一种为了在任何地方产生可度量的反应和(或)达成交易所使用的一种或多种广告媒体的相互作用的市场营销体系。"网络直复营销理论的关键在于它说明网络营销是可测试的、可度量的、可评价的,这就从根本上解决了传统营销效果评价的困难性,为更科学地制订营销决策提供了可能。

网络营销作为一种有效的直复营销策略,说明网络营销的可测试性、可度量性、可评价性和可控制性。因此,利用网络营销这一特性,可以大大改进营销决策的效率和营销执行的效用。

2. 网络关系营销理论

网络关系营销是 1990 年以来受到重视的营销理论,它主要包括两个基本点:首先,在宏观上认识到市场营销会对范围很广的一系列领域产生影响,包括顾客市场、劳动力市场、供应市场、内部市场、相关者市场,以及影响者市场(政府、金融市场);在微观上,认识到企业与顾客的关系不断变化,市场营销的核心应从过去简单的一次性的交易关系转变到注重保持长期的关系上来。企业是社会经济大系统中的一个子系统,企业的营销目标要受到众多外在因素的影响,企业的营销活动是一个与消费者、竞争者、供应商、分销商、政府机构和社会组织发生相互作用的过程,正确理解这些个人与组织的关系是企业营销的核心,也是企业成败的关键。

网络关系营销的核心是保持顾客,为顾客提供高度满意的产品和服务价值,通过加强与顾客的联系,提供有效的顾客服务,保持与顾客的长期关系,并在与顾客保持长期的关系的基础上开展营销活动,实现企业的营销目标。实施关系营销并不是以损伤企业利益为代价的,根据研究,争取一个新顾客的营销费用是老顾客费用的5倍,因此加强与顾客关系并建立顾客的忠诚度,可以为企业带来长远的利益。它提倡的是企业与顾客的双赢策略。互联网作为一种有效的双向沟通渠道,企业与顾客之间可以实现低费用成本的沟通和交流,它为企业与顾客建立长期关系提供有效的保障。这是因为,首先,利用互联网,企业可以直接接收顾客的订单,顾客可以直接提出自己的个性化的需求。企业根据顾客的个性化需求利用柔性化的生产技术最大限度地满足顾客的需求,为顾客在消费产品和服务时创造更多的价值。企业也可以从顾客的需求中了解市场、细分市场和锁定市场,最大限度地降低营销费用,提高对市场的反应速度。其次,利用互联网,企业可以更好地为顾客提供服务和与顾客保持联系。互联网的不受时间和空间限制的特性能最大限度地方便顾客与企业进行沟通,顾客可以借助互联网在最短时间内以简便方式获得企业的服务。同时,通过互联网,交易企业可以实现对整个从产品质量、服务质量到交易服务等过程的全程质量的控制。

另外,通过互联网,企业还可以实现与企业相关的企业和组织建立关系,实现双赢发展。互联网作为最廉价的沟通渠道,它能以低廉成本帮助企业与企业的供应商、分销商等建立协作伙伴关系。如联想公司,通过建立电子商务系统和管理信息系统实现与分销商的信息共享,降低库存成本和交易费用,同时加强双方的合作关系。

3. 网络软营销理论

网络软营销理论是针对工业经济时代的以大规模生产为主要特征的"强势营销"提出的新理论,该理论认为顾客在购买产品时,不仅满足基本的生理需要,还满足高层的精神和心理需求。因此,网络软营销的一个主要特征是对网络礼仪的遵循,通过对网络礼仪的巧妙运用获得希望的营销效果。它强调企业进行市场营销活动的同时必须尊重消费者的感受和体验,让消费者能舒服地主动接受企业的营销活动。传统营销活动中最能体现强势营销特征的有两种促销手段:传统广告和人员推销。在传统广告中,消费者常常是被迫地被动地接收广告信息的"轰炸",它的目标是通过不断的信息灌输方式在消费者心中留下深刻的印象,至于消费者是否愿意接收或是否需要则不考虑;在人员推销中,推销人员根本不考虑被推销对象是否愿意和需要,只是根据推销人员自己的判断强行展开推销活动。

在互联网上,由于信息交流是自由、平等、开放和交互的,强调的是相互尊重和沟通,网上使用者比较注重个人体验和隐私保护。因此,企业采用传统的强势营销手段在互联网上展开营销活动势必适得其反,如美国著名 AOL 公司曾经对其用户强行发送 E-mail 广告,结果招致用户的一致反对,许多用户同时给 AOL 公司服务器发送 E-mail 进行报复,结果使得 AOL 的 E-mail 邮件服务器处于瘫痪状态,最后不得不道歉平息众怒。网络软营销恰好是从消费者的体验和需求出发,采取拉式策略吸引消费者关注企业来达到营销效果。在互联网上开展网络营销活动,特别是促销活动一定要遵循一定的网络虚拟社区形成规则,有的也称为"网络礼仪(Netiquette)"。网络软营销就是在遵循网络礼仪规则的基础上巧妙地进行营销从而达到一种微妙的营销效果。

4. 网络整合营销理论

在当前后工业化社会中,第三产业中服务业的发展是经济主要的增长点,传统的以生产制造为主的模式正向服务型制造转变,新型的服务业如金融、通信、交通等产业如日中天。后工业化社会要求企业的发展必须以服务为主,以顾客为中心,为顾客提供适时、适地、适情的服务,最大限度地满足顾客需求。互联网作为跨时空传输的"超导体"媒体,可以为顾客提供及时的服务,同时互联网的交互性可以了解顾客需求并提供针对性的响应,因此互联网可以说是消费者时代中最具魅力的营销工具。

网络整合营销理论主要包括以下几个关键点:①网络营销首先要求把消费者整合到整个营销过程中来,从他们的需求出发开始整个营销过程;②网络营销要求企业的分销体系以及各利益相关者要更紧密地整合在一起,把企业利益和顾客利益整合到一起;③互联网对市场营销的作用,可以通过对 4Ps(产品/服务、价格、分销、促销)结合发挥重要作用。利用互联网传统的 4Ps 营销组合可以更好地与以顾客为中心的 4Cs(顾客、成本、方便、沟通)相结合。

(1)产品和服务以顾客为中心。由于互联网具有很好的互动性和引导性,用户通过互联网在企业的引导下对产品或服务进行选择或提出具体要求,企业可以根据顾客的选择和要求及时进行生产并提供及时服务,使得顾客跨时空得到满足所要求的产品和服务;另外,企业还可以及时了解顾客需求,并根据顾客要求组织及时生产和销售,提高企业的生产效益和营销效率。

(2)以顾客能接受的成本定价。企业以顾客为中心定价,必须测定市场中顾客的需求以及对价格认同的标准,否则以顾客接受成本来定价是空中楼阁。企业在互联网上则可以很容易实现,顾客可以通过互联网提出接受的成本,企业根据顾客的成本提供柔性的产品设计和生产方案供顾客选择,直到顾客认同确认后再组织生产和销售,所有这一切都是顾客在公司的服务器程序的引导下完成的,并不需要专门的服务人员,因此成本也极其低廉。目前,美国的通用汽车公司允许顾客在互联网上,通过公司的有关引导系统自己设计和组装满足自己需要的汽车,用户首先确定接受价格的标准,然后系统根据价格的限定从中显示满足要求式样的汽车,用户还可以进行适当的修改,公司最终生产的产品恰好能满足顾客对价格和性能的要求。

(3)产品的分销以方便顾客为主。网络营销是利用一对一的分销渠道跨时空进行销售的,顾客可以随时随地利用互联网订货和购买产品。以法国钢铁制造商犹齐诺—洛林公司为例,该公司因为采用了电子邮件和世界范围的订货系统,从而把加工时间从 15 天缩短到 24 小时。目前,该公司正在使用互联网,以提供比对手更好、更快的服务。

（4）压迫式促销转向加强与顾客沟通和联系。传统的促销是以企业为主体，通过一定的媒体或员工对客户进行压迫式的灌输，以加强客户对企业和产品的接受与忠诚度。此时，客户是被动的，企业缺乏与客户的沟通和联系，公司的促销成本很高。4Cs 的观点拓展了以 4Ps 为基础的市场营销组合的概念，企业的营销策略从消极、被动地适应消费者向积极、主动地与消费者沟通、交换转化。

4.3 网络营销与传统营销

4.3.1 网络营销的定义

网络营销是以现代营销理论为基础，利用互联网、通信和数字媒体技术等实现营销目标的商务活动。网络营销是企业整体营销战略的一个组成部分，是建立在互联网基础之上，利用电子信息手段进行的营销活动。

网络营销分三个层面：战略层、策略层和战术层，战术层又分战术策略和战术执行。具体操作时，自上而下，循序渐进。

1. 战略层

网络营销战略是指企业以用户需求为导向，对企业网络营销任务、目标及实现目标的方案、措施做出总体的、长远的谋划，并付诸实施与控制的过程。比如经典的小米案例，"粉丝经济"就是其网络营销的核心战略。

2. 策略层

网络营销策略是指企业根据自身所在市场中所处地位的不同而采取的一些网络营销组合，它包括品牌策略、网页策略、产品策略、价格策略、促销策略、渠道策略、服务策略。策略应与战略保持一致，应围绕战略来制订企业整体的网络营销策略。小米论坛就是其具体的网络营销策略之一，这个策略是围绕"粉丝经济"战略来制订的，通过小米论坛聚集用户，在论坛上与用户互动加深感情，继而让用户越来越认可小米，最终成为小米的粉丝。

3. 战术层

有了策略后，接下来是战术执行。战术层是指围绕策略，选择适合的战术方法，制订具体的执行方案，并加以执行。比如，SEO、竞价、邮件群发等，都属于战术方法。建立小米论坛是策略，但是论坛建好后，如何向论坛引流增加注册用户数，如何活跃论坛的氛围，如何增加用户的黏性等，这些都属于战术。

4.3.2 网络营销的特点

随着互联网技术发展的成熟以及互联网成本的降低，互联网好比是一种万能胶，将企业、团体、组织以及个人跨时空联结在一起，使得他们相互之间的信息交换变得非常容易。随着上网人数的迅速增加，覆盖的受众越来越全面，网络营销的影响力也越来越大。与传统的营销方式相比，网络营销具有得天独厚的优势，呈现出以下10个主要特点。

1. 跨时空性

营销的最终目的是占有市场份额，由于互联网能够超越时间约束和空间限制进行信息交换，使得营销脱离时空限制进行交易变成可能，企业有了更多时间和更大的空间进行营销，可每周7天、每天24小时随时随地提供全球性营销服务。

2. 多媒体性

互联网被设计成可以传输多种信息的媒体，如文字、声音、图像信息等。互联网的这一特点使得为达成交易进行的信息能以多种形式存在和交换，可充分发挥营销人员的创造性和能动性。

3. 交互性

企业可以通过互联网发布商品信息，可以建立资料库，提供有关商品信息的查询，还可以利用网络进行产品测试与消费者满意调查等来实现供需互动与双向沟通。在互联网环境下，信息的供需模式变为一种推拉交互的方式。企业"推"出的是各类信息，用户"拉"进的是自己感兴趣的内容。这种推拉双向交互的模式，可使企业在宣传的同时及时了解顾客需求，采取相应的策略更好地满足顾客需求，提高顾客的满意度。

4. 个性化

在传统营销理论中，企业的宣传、广告和营销策略是针对所有人的，即大众化的。在网络营销环境下，互联网上的促销是一对一的、理性的、消费者主导的、非强迫性的、循序渐进式的，而且是一种低成本与人性化的促销。由于互联网具有互动性的特点，企业可以利用网络把"个性化"的服务从"服务到家庭"细化为"服务到个人"，而消费者一旦有需求，便会通过网络主动搜寻有关商品信息，甚至可以参与到企业产品设计活动中，这充分体现了网络营销的个性化。

5. 成长性

互联网使用者数量快速成长并遍及全球，互联网的影响正逐步渗透到人们生产、生活、工作、学习的各个角落。无论是中国还是全球，随着网民数量的快速增加，必然带动网络市场的快速成长。

6. 整合性

互联网上的营销可由商品信息至收款、售后服务一气呵成，是一种全程的营销渠道。企业可以借助互联网将不同的传播营销活动进行统一设计规划和协调实施，以统一的传播方式向消费者传达信息，避免不同传播中不一致性产生的消极影响。

7. 超前性

互联网是一种功能强大的营销工具，它兼具渠道、促销、电子交易、互动顾客服务以及市场信息分析与提供的多种功能。它所具备的一对一营销能力，符合"定制营销"与"直复营销"的未来趋势。

8. 高效性

网络环境和电子商务拉近了人们的时空距离，扩大了商业的领域和人们选择商品的范围。在网络上，服务器的存储成本低，信息内容大，传输速度快，网上信息不断更新且易于搜寻。借助互联网，企业能及时发现市场需求、更新产品或调整价格，及时有效地了解并满足顾客的需求。消费者利用互联网可随时了解大量的商品信息，扩大了商品选择的范围，使购物更加方便，消费需求更能及时得到满足。

9. 经济性

在网络营销中，买卖双方可以通过网络直接进行商品交易，减少了传统的商业流通环节，使交易变得更加直接和自由化。企业开展网络营销，可以无店面销售，免交租金，节约水电与人工成本，通过互联网进行信息存储与交换，可以减少印刷与邮递成本。

10. 技术性

网络营销是建立在高技术作为支撑的互联网的基础上的。企业实施网络营销必须有一定的资金投入和技术支持，包括企业外部的基本环境和内部的基本条件，还要改变传统的组织形态，提升信息管理部门的功能，引进懂营销与计算机技术的复合型人才。

4.3.3 网络营销与传统营销的比较

网络营销是当今营销发展的重要组成部分。与传统营销比较，了解网络营销的发展优势和劣势，与传统营销整合，协调发展，可以更有效率地满足顾客需求。

从营销方面讲，传统营销是一种交易营销，强调将尽可能多的产品和服务提供给尽可能多的顾客。经过长期的发展，已经形成比较扎实的理论和实践基础，消费者已经习惯了这种固定的模式。

传统营销的定义其实就是互联网技术出现之前营销的定义。而网络营销的产生是科技的发展、消费者观念的转变以及商业竞争等多方面因素作用的结果。

1. 网络营销的优势

就目前来看，网络营销的主要优势如下：

（1）降低成本。网络营销与传统营销相比，可节省一部分的成本。企业采购原材料是一项烦琐、复杂的工作，而运用网络可以使采购产品与制造相结合，简化采购程序。传统店铺促销需要投入很多的资金和人力进行市场调查，而网上促销的成本只相当于直接邮寄广告花费的1%，利用网络发布广告的平均费用仅为传统媒体的3%，这样从成本和销售方面就可以很好地降低企业的成本。网络营销能为企业节省传统营销方式不得不花费的巨额流通费用，从而使商品成本和价格下降成为可能。

（2）带来个性化营销。网络营销是一种以顾客为主、强调个性化的营销方式，它比起传统市场营销中的任何一个阶段或方式更能体现顾客的"中心"地位。而营销的本质是排除或减少障碍,引导商品或服务从生产者转移到消费者的过程。

它避开了中间环节,注重产品设计创新、服务管理、企业资源的整合经营效率,实现了市场的形成和裂变发展,是企业制胜的武器。特别是随着信息技术的发展,个性化营销的重要性日益凸显。

(3)具有高效性。网络营销结合快捷、方便的特性,提高了商家进行营销活动的效率。把这种高效性充分运用到销售活动的各方面,综合运用对企业有用的许多信息,对企业的发展起到了指导作用。

在传统的店铺销售中,企业与消费者之间的沟通较为困难,而在网络环境下,企业可根据公告版、网站论坛、电子邮件等形式,加强企业与顾客之间的联系,有效了解顾客的需求信息,提高消费者与企业之间的互动,帮助企业实现销售目标。

(4)打破传统的限制。网络销售可以全年无休,随时随地等候消费者的"佳音",打破了时间的限制。网络销售还可以使消费者利用闲暇时间购买自己想要的东西,不用那么麻烦地寻找哪里有自己需要的东西,即使深夜想买东西,也可以立即用鼠标在网上查询购买。地点上则利用互联网技术实现远程服务和移动服务。

(5)与顾客形成良好沟通。网络营销能够从各方面满足顾客的需要,避免不必要的浪费。而顾客对参与设计的产品会备加喜爱,如同是自己生产的一样。商家可设立专人解答疑问,帮助消费者了解有关产品的信息,使沟通人性化、个性化。

2. 网络营销的劣势

(1)缺乏生趣。网络营销使顾客面对的是冷冰冰、没有感情的机器,它没有商场里优雅舒适的环境氛围,没有精美的商品可供欣赏,缺乏三五成群逛街的乐趣。有时候,逛街的目的不一定非得是购物,它可以是一种休闲和娱乐。网上购物还存在试用不便,消费者没有实地感受,也没法从推销者的表情上来判断真假,实物总是比图像来得真实和生动。所以,对许多人来说,网上购物缺乏生趣。

(2)安全性不够。随着中国网络发展水平的逐渐提高,通过电子银行或信用卡付款已经成为主流。虽然现在有一些安全支付软件(如支付宝、财付通等),但安全上会有一些漏洞。一旦密码被人截获,消费者的损失将很大,这也是网络购物发展所必须解决的重要课题。

(3)价格问题更加敏感。网上的信息充分,消费者只需浏览一下商家的站点即可货比三家。而对商家而言,这样易引发价格战,使行业的利润率降低。对一些价格存在一定灵活性的产品,如有批量折扣的,在网上不便讨价还价,可能贻误商机。

(4)缺乏信任感。尽管时代在进步,但眼见为实的观念还是深深地刻在消费者心中,买东西还是要亲眼瞧瞧、亲手摸摸才放心。大多数人都习惯在网络消费之前货比三家,怕发生商品有毛病、商品没有售后服务等问题。

(5)广告效果不佳。虽然网络广告具有多媒体的效果,但由于网页受广告位以及计算机屏幕等限制,其色彩效果不如杂志和电视,声音效果不如电视和广播,创意受到很大的限制。

4.4 网络营销的方法

网络营销的方法主要包括：搜索引擎营销、许可 E-mail 营销、网络广告、病毒营销、微信营销、微博营销、大数据营销等。

4.4.1 搜索引擎营销

搜索引擎营销，就是根据用户使用搜索引擎的方式，利用用户检索信息的机会尽可能地将营销信息传递给目标客户。

 知识提示

搜索引擎

搜索引擎（Search Engine）是指根据一定的策略、运用特定的计算机程序从互联网上搜集信息，在对信息进行组织和处理后，为用户提供检索服务，将用户检索相关的信息展示给用户的系统。搜索引擎包括全文索引、目录索引、元搜索引擎、垂直搜索引擎、集合式搜索引擎、门户搜索引擎与免费链接列表等。

一个搜索引擎由搜索器、索引器、检索器和用户接口四个部分组成。搜索器的功能是在互联网中漫游，发现和搜集信息。索引器的功能是理解搜索器所搜索的信息，从中抽取出索引项，用于表示文档以及生成文档库的索引表。检索器的功能是根据用户的查询在索引库中快速检出文档，进行文档与查询的相关度评价，对将要输出的结果进行排序，并实现某种用户相关性反馈机制。用户接口的作用是输入用户查询、显示查询结果、提供用户相关性反馈机制。

资料来源：百度百科

1. 搜索引擎分类

（1）全文索引搜索引擎。全文索引搜索引擎是目前广泛应用的主流搜索引擎，国外代表有 Google，国内则有著名的百度。它们从互联网提取各个网站的信息，建立起数据库，并能检索与用户查询条件相匹配的记录，按一定的排列顺序返回结果。

根据搜索结果来源的不同，全文索引搜索引擎可分为两类：一类是拥有自己的检索程序，俗称"蜘蛛"（Spider）程序或"机器人"（Robot）程序，能自建网页数据库，搜索结果直接从自身数据库中调用，Google 和百度就属于此类；另一类是租用其他搜索引擎的数据库，并按自定的格式排列搜索结果，如 Loycos 搜索引擎。

（2）目录索引。目录索引也称为分类检索，是因特网上最早提供 WWW 资源查询的服务，主要通过搜集和整理因特网的资源，根据搜索到的网页的内容，将其网址分配到相关分类主题目录的不同层次的类目之下，形成像图书馆目录一样的分类树形结构索引。目录索引无须输入任何文字，只要根据网站提供的主题分类目录，层层点击进入，便可查到所需的网络信息资源。目录索引中最具代表性的有 Yahoo。

（3）垂直搜索引擎。垂直搜索引擎不同于通用的网页搜索引擎，垂直搜索专注于特定的搜索领域和搜索需求（例如：机票搜索、旅游搜索、生活搜索、小说搜索、视频搜索等），在其特定的搜索领域有更好的用户体验。

（4）集合式搜索引擎。该搜索引擎类似元搜索引擎，区别在于它并非同时调用多个搜索引擎进行搜索，而是由用户从提供的若干搜索引擎中选择。

2. 搜索引擎营销的主要模式

（1）免费登录分类目录。免费登录分类目录是最传统的网站推广手段。其方法为：企业登录搜索引擎网站，将自己企业网站的信息在搜索引擎中免费注册，由搜索引擎将企业网站的信息添加到分类目录中。

（2）搜索引擎优化。搜索引擎优化也叫网站优化，是通过对网站本身的优化而符合搜索引擎的搜索习惯，从而获得比较好的搜索引擎名次。更确切地讲，真正的搜索引擎优化不仅要符合搜索引擎的搜索习惯，更应该符合用户的搜索习惯。通过搜索引擎优化不仅要使网站获得好的搜索引擎名次，更应该使网站可以获得更多的业务机会和效益。

随着搜索引擎不断变换它们的排名算法规则，每次算法上的改变都可能会让一些排名很好的网站在一夜之间名落孙山，而失去排名的直接后果就是失去了网站固有的可观访问量。所以每次搜索引擎算法的改变，都会在网站之中引起不小的骚动和焦虑。

（3）付费登录分类目录。付费登录分类目录最有名的莫过于 Yahoo。付费登录分类目录与原有的免费登录方法非常相似，仅需要付出一定的费用就能够实现的一种搜索引擎营销方法。

付费登录商业模式包括普通登录和固定排名，一般按年付费，网站在付费之后立即登录目录，无须等待和受其他因素的影响。门户搜索引擎的搜索程序也比较偏重于对自身付费目录数据的抓取。付费登录对于商业网站还是很有必要的。

（4）付费关键词广告。付费关键词广告是付费搜索引擎营销的一种形式，也可称为搜索引擎广告、付费搜索引擎关键词广告等。自 2002 年之后它是网络广告中市场增长最快的网络广告模式。

当用户利用某一关键词进行检索，在检索结果页面会出现与该关键词相关的广告内容。由于关键词广告具有较高的定位，其效果比一般网络广告形式要好，因而获得快速发展。

（5）关键词竞价排名。关键词竞价排名是搜索引擎关键词广告的一种形式，按照付费最高者靠前的原则，对购买同一关键词的网站进行排名，其收费方式采用点击付费法。

竞价排名由美国搜索引擎 Overture 于 2000 年开始首次采用，后被多个搜索引擎所效仿和采用。中文搜索引擎百度、一搜等都采用了关键词竞价排名的方式。

（6）网页内容定位广告。基于网页内容定位的网络广告是搜索引擎营销模式的进一步延伸，广告载体不仅仅是搜索引擎的搜索结果网页，也延伸到这种服务的合作伙伴的网页。

Google 于 2003 年 3 月 12 日开始正式推出按内容定位的广告。按照 Google 的说明，这项服务是将通过关键词检索定位的广告显示在 Google 之外的相关网站上。Google 的主要竞争对手 Overture 已经推出了类似的广告形式"按效果付费"服务，可以将赞助商的广告链接出现在许多合作伙伴的网站上。

（7）网络实名。网络实名是新一代的网络访问技术。它能够帮助网络用户用企业、产品、商标等的名字，通过浏览器、搜索引擎、各地信息港等各种途径简单、快速地找到企业、产品信息，无须使用复杂的域名、网址，也不必在搜索引擎成千上万的结果中反复查找。

这种简单的操作对于很多希望借助互联网来宣传自己企业来说能起到事半功倍的效果。

网络实名分为两大类：企业实名（又称标准实名）和行业实名（又称网络王牌）。企业实名就是企业、产品、品牌、网站的名称和简称。行业实名是指行业、产品（或服务）类别的统称、通用词汇、常用词，以及地名、风景名胜名称和国家名称。

网络实名的特点主要是代替网址，在地址栏中输入网络实名便可准确直达企业网站，减少了记忆网址的麻烦。

 营销案例

耐克在百度上的搜索引擎营销

在百度上搜索"NIKE"，找到相关网页约 1570 万篇，而在百度贴吧，与"NIKE"相关的帖子，达到 1000 多万个。百度首席运营官叶朋在接受《成功营销》采访时说："我们看到网民在网上搜索时，通过关键词，已经明确表达出他们的消费需求、意愿，甚至偏好。这成就了百度在营销上的先天优势——消费需求一览无余，促进商家与消费者零距离沟通。这也是耐克选择百度作为营销伙伴的重要原因。"

作为全球最大中文搜索社区平台，百度聚合了中国 80% 以上的互联网流量，搜索正成为人们生活中不可或缺的习惯，是信息获取的主流渠道。"搜索引擎可以说是互联网上真正的入口，其他大家关注的门户网站、垂直网站、企业网站等，它们有近一半的流量来自于百度，这是百度区别于其他互联网媒体的最大优势。"百度大客户销售部总经理李伟说，"同时，作为网络路径的一个中转站，搜索引擎在引导用户的过程中，就会掌握和聚合大量的用户与用户的信息。比如百度的各种贴吧，中学吧、高中吧、大学吧、体育明星吧，各种吧都以一个精准的小众群众为单位，这其中的营销价值和沟通能力不言而喻。"

事实上，百度也一直尝试通过创新的技术和商业模式将巨大的流量转化为营销价值，与耐克的品牌营销合作，通过特定主题锁定信息传播的目标人群，同时充分调动网友的积极性，把品牌与网友的双向沟通和网友间的互动传播结合起来，真正做到把线上注意力转化为线下的参与度和购买力。NIKE 在百度的推广展示形式如图 4.8 所示。

资料来源：http：//www.cmmo.cn

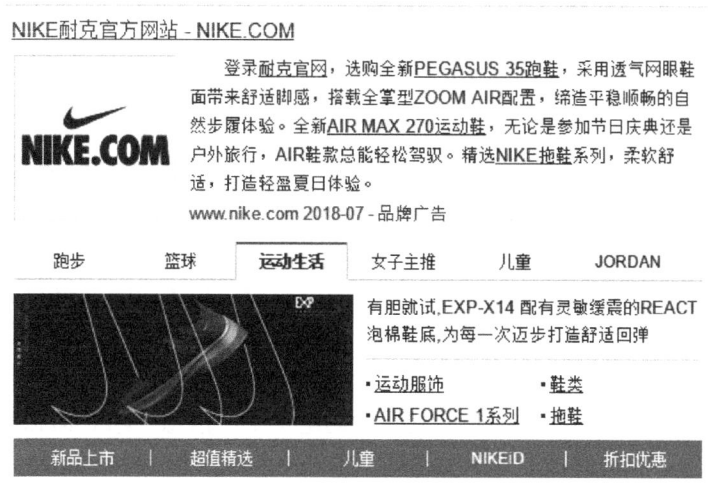

图 4.8 NIKE 在百度的推广展示形式

4.4.2 许可 E-mail 营销

许可 E-mail 营销是在用户事先许可的前提下，通过电子邮件的方式向目标用户传递有价值信息的一种网络营销手段。许可 E-mail 营销有三个基本因素：基于用户许可、通过电子邮件传递信息、信息对用户有价值。三个因素缺少一个，都不能称之为有效的 E-mail 营销。

真正意义上的 E-mail 营销也就是许可 E-mail 营销（简称"许可营销"）。基于用户许可的 E-mail 营销与滥发邮件不同，许可 E-mail 营销比传统的推广方式或未经许可的 E-mail 营销相比具有明显的优势，如可以减少广告对用户的滋扰、增加潜在客户定位的准确度、增强与客户的关系、提高品牌忠诚度等。

1. 实现许可 E-mail 营销的 5 个基本步骤

（1）让潜在顾客有兴趣并感觉到可以获得某些价值或服务，从而加深印象和注意力，值得按照营销人员的期望，自愿加入到许可的行列中去。

（2）当潜在顾客投入注意力后，应该利用潜在顾客的注意，比如可以为潜在顾客提供一套演示资料或教程，让其充分了解公司的产品或服务。

（3）继续提供激励措施，以保证潜在顾客维持在许可名单中。

（4）为顾客提供更多的激励从而获得更大范围的许可，例如给予会员更多的优惠，或者邀请会员参与调查，提供更加个性化的服务等。

（5）经过一段时间之后，营销人员可以利用获得的许可改变消费者的行为，只有这样，才可以将许可转化为利润。

2. 许可 E-mail 营销的实施策略

1) 列表选用

获取目标市场人群邮件地址的方法有两种：自己积累或者租用第三方现成的邮件地址列表，两者各有优点。自己积累名单定向性好，但耗时耗力。使用租用第三方现成的名单可以很容易达到需要的发件规模，但定向性较差，退信率高，甚至有时还会成为垃圾邮件。

使用租用第三方列表要格外注意电子邮件的质量，要千方百计地争取收件人的任何形式的回复，因为按照租用合同，公司没有同那些没有回复的人进行第二次联系的机会。反过来，公司可以保留那些回复邮件人的地址，实际上，这些人将进入公司的自有列表。

2）主题与内容

电子邮件的创意会对电子邮件的开信率和回复率产生很大影响，电子邮件的创意主要表现在主题行的选择、文案内容的撰写、个性化的设计等方面。

（1）主题行。在这个垃圾信息泛滥成灾的时代，许多人会根据邮件主题决定要不要打开一封商业邮件，所以为了让收件人看到企业的电子邮件信息，精心构思电子邮件主题必不可少。确定邮件主题的原则类似于文章标题或者关键词的选择，选择主题行时要尽量遵守以下原则：

- 开门见山地告诉收件人该邮件给收件人提供的利益；
- 用词要准确，避免使用过于含糊的表达；
- 避免可能被垃圾邮件过滤器过滤掉的词汇，如"免费""赠送""中奖"等；
- 要保持简短，主题不超过20个字；
- 标题和内容要统一，靠无关的关键词诱骗收件人打开信件的后果只能是让收件人把企业的邮件地址加入黑名单。

（2）文案内容。邮件内容要突出公司产品的各种利益，表述要简洁，层次分明，使用分级标题，使文章适合阅读。最重要的内容要在邮件的开头部分出现，可以让用户不用翻页就可以读到。重要的词可以用粗体来强调，但不要使用下画线，以免被收件人误以为是链接。如果使用HTML格式编写信件，用插图支持文字说明会提高信件的可读性。电子邮件中使用的图像要大小合适，可以快速下载，原文件最好存储在运行稳定可靠的服务器上。另外，电子邮件的内容要同企业使用其他传播渠道发布的信息以及公司的形象相得益彰。最后，在群发邮件以前，要对广告的文案、版面设计进行全面的测试，找出最适合目标市场的设计。

（3）个性化。个性化是建立关系提高回复率的有效手段，所以要力争使邮件富有个性，这可以从以下几个方面去考虑：

- 使问候语个性化。显然，王老师的称呼比先生/女士的称呼要好得多；
- 使内容个性化。在内容中提及收件人想要了解的信息，如公司情况、行业情况等；
- 邮件的署名应该是公司中一个真实的人。只签署部门名称或者头衔都会使信件带上很重的官僚气息。

（4）发送频次。使用电子邮件营销需要决定发送同样内容的信息给同一个人的次数和频率。没有一个固定的常数是最佳的周期，但二次发送的间隔至少在一周以上。同样的内容不可重复发送，应该变化版面格式或视觉效果后再进行发送。

（5）操作技巧。在实际操作上，我们应使用一些技术上的技巧，比如电子邮件营销的两大利器——签名档和自动应答器。

- 商业电子邮件的签名档。电子邮件签名可以用一种很自然的人们很容易接受的方式做自我宣传。好的签名通常可以包含信件的结尾，签名档还应该包含一个有关您的联系方式、业务范围等的说明，说明必须简短，否则用在短小的信件后会喧宾夺主，很不协调，通常应该保持在6～8行以内。

企业可以准备不同版本的签名档用于不同场合的电子邮件通信，签名档中的商业信息不会被认为是同主题无关的垃圾信息。

- 自动应答器。邮件自动应答器也称为邮件机器人，它其实是运行在互联网服务器上的一种程序，当它收到邮件时，它可以自动给发件人返回预先设定好的信息，可见它的作用其实类似一个可以自动发送特定信息的传真机，显然，使用自动应答器可以大幅提高处理问讯邮件的效率。许多问讯邮件其实问的都是同一些问题，逐一回答这些重复的提问自然是浪费时间，所以有必要建立一个详细解答常见问题（FAQ）的文件，并提醒用户可以通过发邮件给一个特定的邮件地址来获得常见问题的答案，所以FAQ是邮件自动应答器的一种常见的应用。当然部分用户可能从自动应答器那里得不到想要的解答，他们会进一步同您联系，不过，他们的兴趣可以说明他们是企业很好的潜在顾客，值得企业投入更多的时间。

4.4.3 网络广告

网络广告是指广告主利用一些受众密集或有特征的网站投放以图片、文字、动画、视频或者与网站内容相结合的方式传播自身的商业信息，并设置链接到某目的网页，达到告知、劝说和提醒的目的。

1. 网络广告类型

常见的网络广告形式有横幅广告、弹出式广告、文字链接广告、电子邮件广告、漂浮广告、赞助广告、插播式广告、分类广告等。下面简要介绍其中几个形式。

1）横幅广告

企业一般愿意在网站采取横幅广告的形式投放广告。横幅广告又称为旗帜广告，是一幅放置在网页最上端表现商家广告内容的矩形图片，宽度在400～600像素（8.44～12.66cm），高度在80～100像素（1.69～2.11cm），采用GIF、JPG等格。横幅广告有静态和动态之分，为吸引更多的注意力，往往以动画形式出现。由于位置醒目、图幅大，可以比较自由地以文字图形等形式向浏览者传递信息，引导浏览者与商家深入互动地交流。横幅广告示例如图4.9所示。

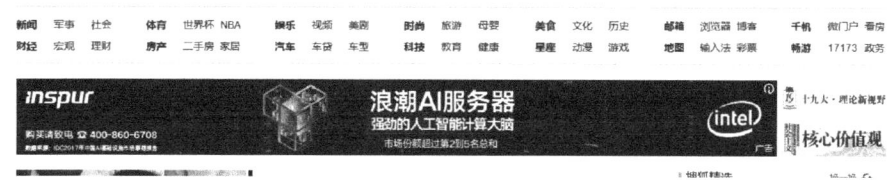

图4.9 横幅广告

2）弹出式广告

弹出式广告是在浏览者打开一个新的网页或在浏览某个网页时弹出一个包含广告内容

的新窗口。广告主选择在自己喜欢的网站或栏目之前插入一个新窗口显示广告内容。如图 4.10 所示，这里弹出的是千千音乐网站广告窗口。这种广告的出现具有强迫性，都是自行出现在浏览器上的。

图 4.10 弹出式广告

3）文字链接广告

有些广告发布者，为了节省有限的网页空间，或者节约成本等原因，常常在网页中只做一段带有特别颜色或者下画线的文字，只要浏览者点击这段文字，就可以跳转到一个广告页面。文字链接广告长度通常为 10～20 个中文字，内容多为一些吸引人的标题，点击后链接到指定页面。很多分类广告采用的都是文字链接广告形式。文字链接广告示例如图 4.11 所示。

百度·贴吧	新浪·微博	搜狐·热点	腾讯	网易	爱奇艺
天猫·精选	凤凰网	淘宝网	免费游戏	优酷网	hao123影视
京东商城	苏宁易购 会员神券	优信二手车	今日特价	汽车之家	聚划算 聚享优惠
东方财富·理财	58 同城	房天下	携程旅行网	斗鱼 TV	12306·旅游
瓜子二手车	百度地图	Booking酒店	去哪儿	头条新闻	体育·NBA
4399游戏	彩票·双色球	荣耀手机	爱淘宝 逆天惠	天涯社区	知 乎
哔哩哔哩	直播吧	QQ邮箱	工商银行	知网·学信网	网易云音乐

图 4.11 文字链接广告

4）电子邮件广告

电子邮件是网民最经常使用的因特网工具。据调查，只有不到 30% 的网民每天上网浏览信息，但却有超过 70% 的网民每天使用电子邮件。电子邮件广告一般采用文本格式或 HTML 格式，也可以插入图片。通常是将一段广告文字或图片放置在新闻邮件或经许可的 E-mail 中间，也可以设置一个 URL，链接到特定页面。

5）漂浮广告

漂浮广告是指漂浮在网站首页或各版块、帖子等页面的漂移形式的广告，通常采用图片或 Flash 格式。在浏览网页时，漂浮广告会一直沿着设计好的路线漂移，设计路线不好的漂浮广告会分散网民的注意力，影响正常的浏览，更有甚者把广告置于账号登录的入口，必须点击广告才可以使之关闭，让用户产生厌烦情绪。漂浮广告示例如图 4.12 所示。

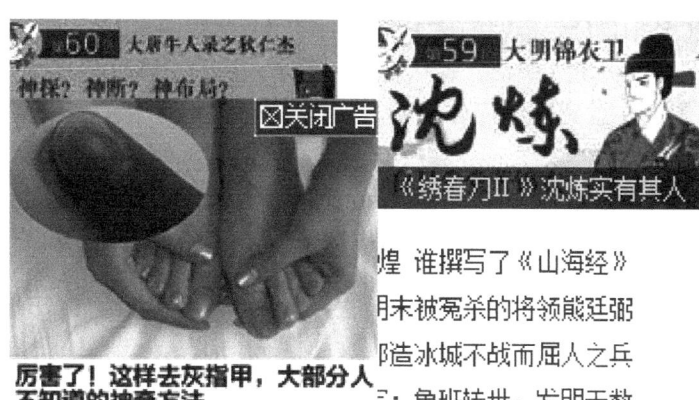

图 4.12　漂浮广告

2. 提高网络广告效果的方法

（1）网页上方比下方效果好。统计表明，许多访客不愿意通过拖动滚动条来获取内容，因而放在网页上方和网页下方的广告所能获得的点击率是不同的。放在网页上方的广告点击率通常可达到 3.5%～4%。

（2）广告面积越大越好。通常网络广告的标准大小有 468px×60px，150px×68px 和 88px×31px 三种常用规格。显而易见的，一个大的广告图形更容易吸引用户的注意。因而不同大小的横幅，价格也会不同。

（3）经常更换图片。当同一个图片放置一段时间以后，点击率开始下降。而当更换图片以后，点击率又会增加。所以保持新鲜感是吸引访客的一个好办法。

（4）采用合适的语句。广告中使用的文字必须能够引起访客的好奇和兴趣，可以是召唤性的或煽情性的语句，如"CLICK HERE"，也可以是时间性的，如"最后机会"，还可以是"FREE"之类的词语，这种看起来落俗套的词语却能够起到戏剧性的效果。

（5）将广告链接到目的页面。通过超级链接将广告链接到你最想宣传的那个页面。

（6）适当运用动画图片。统计表明动画图片的吸引力比静止画面高三倍。但是如果动画图片应用不当则会引起相反的效果，如过于花哨或文件过大影响了下载速度。通常广告商会限制图片的大小。

（7）不可忽视纯文字的作用。在电子邮件杂志中可以放置纯文字广告，由于纯文字广告通常可以表现 100 字左右的文字内容，而且几乎不影响下载速度，所以措词得当的纯文字广告甚至可获得高达 12% 的点击率。

3. 网络广告的计费方式

一个网络媒体（网站）会包含有数十个甚至成千上万个页面，网络广告所投放的位置和价格就涉及特定的页面以及浏览人数的多寡。网络广告的计费模式主要有以下几种：

（1）CPM（Cost Per Mille，或者 Cost Per Thousand，Cost Per Impressions）按每千印象计费，或每千人成本。CPM（千人成本）指的是在广告投放过程中，听到或者看到某广告的每一人平均分摊到多少广告成本。传统媒介多采用这种计价方式。在网络广告中，CPM 取决于"印象"尺度，通常理解为一个人的眼睛在一段固定的时间内注视一个广告的次数,但实际上是指该广告横幅的显示次数,即广告所在网页的访问次数。比如说一个广告横幅的单价是 1 元 /CPM 的话,意味着每一千个人次浏览该广告横幅所在的网页,就收 1 元,无论他是否注意到这个广告横幅。如此类推,10000 人次访问主页的收费就是 10 元。

(2) CPC (Cost Per Click, Cost Per Thousand Click-Through) 按每点击成本计费。以每点击一次计费的方法加上点击率限制可以增强作弊的难度,而且是宣传网站站点的最优方式。但是,此类方法就让不少经营广告的网站觉得不公平,比如,虽然浏览者没有点击,但是他已经看到了广告。

(3) CPA (Cost Per Action) 每行动成本计费,是指按广告投放实际效果,即按回应的有效问卷或注册会员或下载软件的数量来计费,而不限广告投放量。CPA 的计价方式对于网站而言有一定的风险,但若广告投放成功,其收益也比 CPM 的计价方式要高得多。

广告主为规避广告费用风险,只有当网络用户点击旗帜广告,链接广告主网页后,并且完成了某个事先约定的事件后才付给广告站点费用。

(4) CPR (Cost Per Response) 按回应成本计费,以浏览者的每一次回应计费。这种广告计费充分体现了网络广告 "及时反应、直接互动、准确记录" 的特点,但是,这个显然是属于辅助销售的广告模式,对于那些实际只要亮出名字就已经有一半满足的品牌广告要求,大概所有的网站都会给予拒绝,因为得到广告费的机会比 CPC 还要渺茫。

(5) CPP (Cost Per Purchase) 按每购买成本计费。广告主为规避广告费用风险,只有在网络用户点击旗帜广告并进行在线交易后,才按销售笔数付给广告站点费用。

无论是 CPA 还是 CPP,广告主都要求发生目标消费者的 "点击",甚至进一步形成购买,才予以付费;CPM 则只要求发生 "目击"(或称 "展露" "印象"),就产生广告付费。

(6) 按时间计费。很多国内的网站是按照 "一个月多少钱" 这种固定收费模式来收费的,这对客户和网站都不公平,无法保障广告客户的利益。虽然国际上一般通用的网络广告收费模式是 CPM(千人印象成本)和 CPC(千人点击成本),但在中国,一个时期以来的网络广告收费模式始终含糊不清,网络广告商们各自为政,有的使用 CPM 和 CPC 计费,有的干脆采用包月的形式,不管效果好坏,不管访问量有多少,一律一个价。

4.4.4 病毒营销

1. 病毒营销的概念

病毒营销并非真的以传播病毒的方式开展营销,而是通过用户的口碑宣传,网络信息像病毒一样传播和扩散,利用快速复制的方式传向数以千计、数以万计的受众。病毒营销的经典范例是 Hotmail.com,还包括 Amazon、ICQ、eGroups 等国际著名网络公司。当年 Hotmail.com 公司就是向广大网民免费提供电子邮箱,在网民所发的每个邮件下面,附加宣传自己公司产品的广告,即邀请他们订购免费电子邮件的服务。这样,Hotmail.com 公司的产品就像病毒传播一样，一传十，十传百，达到了营销的效果。

2. 病毒营销的特点

病毒营销利用公众的积极性和人际网络，让营销信息像病毒一样传播和扩散，营销信息被快速复制传向数以万计、数以百万计的受众。因此它存在一些区别于其他营销方式的特点。

（1）有吸引力的"病源体"。病毒营销主要利用了目标消费者的参与热情，但目标消费者并不能从"为商家打工"中获利，他们为什么自愿提供传播渠道？原因在于，传播者传递给目标群的信息不是赤裸裸的广告信息，而是非常有吸引力的"病源体"，是经过加工的、具有很大吸引力的产品和品牌信息，而正是这一披在广告信息外面的漂亮外衣，突破了消费者戒备心理的"防火墙"，促使其完成从纯粹受众到积极传播者的变化。

例如，网络上盛极一时的"流氓兔"证明了"信息伪装"在病毒营销中的重要性。在韩国儿童教育节目动画片中，有一个新的卡通兔，这只兔子相貌猥琐、行为龌龊、思想简单、诡计多端、爱耍流氓、只占便宜不吃亏，然而正是这个充满缺点、活该被欺负的弱者成了"反偶像明星"，它挑战已有的价值观念，反映了大众渴望摆脱现实、逃脱制度限制所付出的努力与遭受的挫折。流氓兔的Flash动画出现在各BBS论坛、Flash站点和门户网站，私下里网民们还通过聊天工具、电子邮件进行传播。如今这个网络虚拟明星衍生出的商品已经达到1000多种，成了病毒营销的经典案例。

（2）具有几何倍数的传播速度。大众媒体发布广告的营销方式是"一点对多点"的辐射状传播，实际上无法确定广告信息是否真正到达了目标受众。病毒营销是自发的、扩张性的信息推广，它并非均衡地、同时地、无分别地传给社会上每一个人，而是通过类似于人际传播和群体传播的渠道，产品和品牌信息被消费者传递给那些与他们有着某种联系的个体。例如，目标受众读到一则有趣的Flash动画，他的第一反应或许就是将这则Flash动画转发给好友、同事，这样一传十，十传百，无数个参与的"转发大军"就构成了成几何倍数传播的主力。

（3）高效率地接收。大众媒体投放广告有一些难以克服的缺陷，如信息干扰强烈、接收环境复杂、受众戒备抵触心理严重。以电视广告为例，同一时段的电视有各种各样的广告同时投放，其中不乏同类产品"撞车"现象，大大减少了受众的接受效率。而对于那些可爱的"病毒"，是受众从熟悉的人那里获得或是主动搜索而来的，在接受过程中自然会有积极的心态；接收渠道也比较私人化，如手机短信、电子邮件、封闭论坛等。以上优势使得病毒营销尽可能地克服了信息传播中的噪声影响，增强了传播的效果。

（4）更新速度快。网络产品有自己独特的生命周期，一般都是来得快去得也快，病毒营销的传播过程通常是呈S形曲线的，即在开始时很慢，当其扩大至受众的一半时速度加快，而接近最大饱和点时又慢下来。针对病毒营销传播力的衰减，一定要在受众对信息产生免疫力之前，将传播力转化为购买力，方可达到最佳的销售效果。

3. 病毒营销的常用方法

常用的工具包括免费电子书、免费软件、游戏、手机短信、免费试用产品、免费

Flash作品、免费贺卡、免费邮箱、免费即时聊天工具等，它们是可以为用户获取信息、使用网络服务、娱乐等带来方便的工具和内容。下面介绍其中的几种方法。

1）免费电子书

电子书（包含电子杂志）是一种比较常见的病毒营销方法，电子书中一般引人入胜的故事情节或有视觉冲击力的美观图片可以吸引网民相互传播，广泛阅读，书中的内容包含了产品的信息及联系方式，使潜在客户在需要的时候及时找到公司。

电子书之所以成为人们喜欢的媒体，主要有以下原因。

（1）信息完整并可长期保存。电子书与网页不同，不需要一页一页地打开，一部电子书的内容是一个完整的文件，读者下载后，书中所有的信息都将完整地被保留，而且书中内容不会因为原提供下载的网站发生变动而改变，只要读者不从计算机等设备上删除，电子书可以长期保存，随时阅读。

（2）可以离线阅读。从网上下载后，电子书即可用各种阅读设备离线阅读，这样不必像其他网上信息一样必须在线浏览，毕竟不是所有用户任何时候都可以方便地上网的。而一本有价值的书往往会得到读者的反复阅读，并有可能在多人之间传播。正是在这样的阅读和传播中，电子书营销实现了其病毒营销、达到宣传和获得新用户的目的。

（3）便于继续传播。获得尽可能多的用户的阅读是电子书营销的关键，而电子书下载后可以方便地通过电子邮件、P2P等方式向别人继续传播，甚至可以在一定范围内共享，如果书中内容对读者有足够的吸引力，这种继续传播行为是自发的，效果也会更好。

（4）促销和广告信息形式灵活。由于电子书本身具有平面媒体的部分特征，同时又具有网络媒体的部分优点，如具有超链接功能、显示多媒体信息等，因此促销和广告信息可以采用多种形式，如文字、图片、多媒体文件等，读者在线阅读时，还可以点击书中的链接直接到达广告目的网页。

（5）营销效果可以测量。由于电子书所具有的互联网媒体特征，其中的电子书广告具有网络广告的一般优点，比如，可以准确地测量每部电子书的下载次数，并可记录统计下载者的分布等，这样便于对潜在读者做进一步的研究。

根据CNNIC的调查表明，电子书是用户在网上经常查询的信息内容之一，有价值的电子书可以获得用户的关注，并且用户会主动查找电子书信息，这也是为什么一些提供电子书下载的网站通常具有较高访问量的原因。

2）免费软件

对于软件公司来说，提供免费软件是最好的病毒营销方法。具体方法是提供软件的初级版本给用户无偿使用，该初级版本能正常使用，并且能长期使用。在软件的下方标明版权信息，点击该版权信息，能链接到软件公司的网站上来。

由于是免费使用的，一个客户使用后感觉好了，会推荐给朋友，当需要较高版本时，就会产生购买需求。

比如，网店软件系统的提供商，把他的Access版本网店系统无偿提供给客户使用，在该网店系统下方注明版权信息，并给出链接。若该客户是利用网店系统卖鞋子的，那么客户又看到了该软件公司的信息，从而使该软件公司迅速扩大知名度。

免费邮箱和免费即时聊天工具等也是常用的病毒营销方法。腾讯在推广 QQ 品牌时，就非常注重对低免疫力人群的寻找和锁定。腾讯 QQ 的用户平均年龄为 20.6 岁，他们追逐时尚，对新潮流、新趋势、新事物的感觉非常敏锐。这些特点，注定了他们是低免疫力人群，他们对腾讯 QQ 病毒没有任何抵御能力，能很快接受并且适应腾讯提供的有别于 ICQ 的中文界面即时通信工具，并且还会积极地将这一"病毒"通过鼠标和口头语言向其他人传播。

3）游戏

对于有实力的公司，可以针对自己的产品开发一套游戏软件，放在网上免费供网民使用。玩主每过一关，都显示公司的产品信息，当玩主攻入最后一关时，给出相应的密码，玩主凭密码到公司领取奖品。这样，公司很快达到了产品推广的目的。

4）手机彩信

公司也可以针对自己的产品开发手机彩信、彩铃、手机背景墙纸、电子贺卡、Flash 插件、MP3 歌曲等向客户发送。这种方法成本低，范围广，传播方便。只要设计得好，这些是比较容易操作的。

5）免费试用产品

这是一种古老的方法，通过免费试用产品，迅速产生轰动效应，达到营销推广的效果。国内某药厂在自己的网站上开设了网上赠药的促销措施。只要患者来一个电子邮件，说明自己的病症，药厂的网上医师就会依据患者的病情，寄去药品。当服用初有效果时，患者就会继续邮购药品。同时，药厂还准备了大量的《健康向导》书，只要网民有兴趣索要，药厂邮购部也会赠送一本。

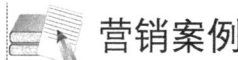 营销案例

网易云音乐"看见音乐的力量"

2017 年 3 月 20 日，网易云音乐联合杭港地铁共同推出以"看见音乐的力量"为主题的"乐评专列"项目。该项目从平台 4 亿多条评论中先筛出点赞数最高的 5000 多条，最终挑出最容易引起地铁受众情感共鸣的 85 条精彩乐评，印刷在杭州地铁 1 号线的一列车以及江陵路地铁站。这些打动人心、戳中了人们心中的孤独和表达欲的乐评，在车厢内 360° 展示给乘客，或引发他们的生活感悟，或触动他们的情感回忆，或传递来自评论的鼓励和治愈，使乘客以阅读的形式，感受到来自音乐的力量。杭州地铁 1 号线"乐评专列"标语如图 4.13 所示。

项目在上线当日，即得到媒体及广告营销界的大量关注，成为现象级的全民热议事件。一夜之间，话题刷遍社交平台，引发了所有新闻媒体、社交媒体、公众号、微博，甚至微信朋友圈的热门讨论。

通过此项目，"网易云音乐"的百度指数、微信指数等大幅飙升，更在 App Store 音乐类排行榜中一度跃至首位，成为引爆全国的标志性营销事件。

资料来源：https : //www.sohu.com/a/212637395_465948 搜狐科技网

图 4.13　杭州地铁 1 号线"乐评专列"标语

4.4.5　微信营销

微信是腾讯公司于 2011 年推出的一款通过网络快速发送语音短信、视频、图片和文字，支持多人群聊的手机聊天软件。用户可以通过微信与好友进行形式上更加丰富的类似于短信、彩信等方式的联系。截至 2017 年年底，微信用户已经超过 7 亿。微信可以看做 QQ 在移动终端上的升级版，是应用在手机、平板电脑等移动通信工具上的即时通信软件平台。

微信营销是企业用微信和用户建立连接，通过不断的信息互动和服务来获得品牌影响力和提升业绩的营销行为。传统的营销都建立在不同的平台对客户进行营销，成本很好，并且还需要不断重复才有效果。而微信营销所依托的微信公众号系统，不仅是 CRM 系统，更是一个移动服务平台。

1. 微信各模块功能简介

1）微信公众平台

微信公众平台主要有实时交流、消息发送和素材管理等功能。

（1）创建和推送。每个人、每个机构都可以通过微信公众平台创建自己的公众账号，然后向关注者们推送消息，模式跟微博类似，而且申请的中文名称可以重复。

（2）订阅和传播。通过发布公众号的二维码，让微信用户随手扫描订阅。任何微信公众账号用户，都可以在设置中找到一个二维码，品牌标志会放到二维码的中部。

（3）消息推送和阅读。微信公众账号可以通过后台的用户分组和地域控制，实现精准的消息推送。普通的公众账号，可以群发文字、图片、语音、视频、图文信息等内容。

2）私人微信账号

私人微信账号是一款通过网络快速发送语音短信、视频、图片和文字，支持多人群聊的手机聊天软件。

（1）摇一摇。通过摇一摇功能，可以发现同一时刻与你共同摇手机的人，可看到对方签名并加为好友。

（2）漂流瓶。用户可以将语音、文字发送属于自己的漂流瓶，其他用户可以捡取漂流瓶，做出回应，并返回发出者。

（3）附近的人。用户可以查找本人地点地理方位邻近的微信用户，可通过打招呼发送信息并加为好友。

（4）签名。商家可以利用"用户签名档"这个免费的广告位为自己做宣传，附近的微信用户就能看到商家的信息。

（5）朋友圈。通过好友圈，所有好友均可看见分享照片、链接。可将公众平台发送的信息转发至朋友圈，带来连锁转发效应。

3）微信网页版

微信网页版，也通过手机的二维码识别功能，在计算机上登录微信。在 Web 版本中，不再使用传统的用户名和密码登录，而是使用手机扫描二维码登录的方式。

2. 微信营销方法

1）利用微信公众平台进行网络营销

（1）公众平台——微信线上活动。通过一对一的推送，厂商可以与"粉丝"开展个性化的互动活动，提供更加直接的互动体验。同时将活动信息通过朋友圈等分享给好友，增加会员的活跃度，提高粉丝的数量和质量。

（2）开启微信会员资格——O2O 模式。将所有的目标客户，通过微信公众平台，纳入我们的会员，给予一定的优惠，通过扫描二维码，加入公众平台，发放电子会员卡，开拓实战 O2O 营销模式。针对会员，定期推送专门针对会员的活动，或者优惠信息。

（3）接入第三方应用。通过微信开放平台，应用开发者可以接入第三方应用，还可以将应用的 Logo 放入微信附件栏，使用户可以方便地在会话中调用第三方应用进行内容选择与分享。比如：用户可以将自己在公众平台中推送的内容分享到微信中，可以使产品得到不断的传播，进而实现口碑营销。可借助微信，将内容分享到朋友圈，既宣传了活动又能提高粉丝数量。

（4）语音信息。用户偶尔会厌倦了发短信打字，发视频又过于耗费流量，既然如此，用微信发送音频信息，是省时省力又省钱的信息传递方式。微信的最突出的优势就在于免费的语音服务，发放活动信息时，语音要占很大一部分的比重。

（5）CRM 客户管理。微信最大的优势在于 CRM 客户管理，微信掌握超 7 亿用户的客户关系。鉴于目前腾讯对微信的开放程度，企业最重要的是管理现有客户会员，提供专业咨询，维护品牌形象。

（6）微信 API 接口——企业 APK 推广重要渠道。微信目前只开放了部分 API 接口，商家可以做的事情非常有限。如果未来微信有更多的开放政策，企业的 APK 完全可以借助微信来推广，当我们拥有足够的忠诚会员或者高质量的粉丝，借助扫描二维码，进入下载链接，APK 的推广就是一片坦途。

（7）微信与其他网络推广工具联动——O2O 时代。拥有足够的粉丝和会员，微信与微博、电商平台，共同参与，导演线上、线下活动，必将取得非凡的效果。O2O 模式全面切入，在微博、微信、电商平台，线下同时发布活动信息，通过扫描微信二维码加入会员，转发微博获得优惠，最好采用财付通支付，利用电商平台或线下实现销售，形成闭环。

（8）线下促销活动信息发布平台。长期维护的公众平台粉丝，是高质量的潜在消费者。通过微信精准地投递到目标客户手中，促销活动信息有效性大大增加。

2）利用私人微信账号进行网络营销

（1）漂流瓶。用户可以发布语音或者文字然后投入"大海"中，如果有其他用户"捞"到则可以展开对话。举办全国性的促销活动时，可借助漂流瓶发放优惠券或打折卡，再借助微信公众账号、微博、论坛等引发事件，带来口碑宣传。

（2）位置签名——附近的人。借助微信 LBS 插件，可以搜索到 1000m 以内的微信用户。在促销活动地点、家电卖场或者人流量较大的区域，搜索附近人群，打招呼，加好友，发送活动信息。同时顾客查看招呼或信息时，微信的个性签名就是免费的广告位。

（3）二维码。微信二维码，是 O2O 模式的接入点，顾客在线下终端或者网上，均可扫描二维码，获得虚拟会员卡，关注微博，进入活动页面等。二维码在线上和线下的充分利用、曝光，无论在促销端，还是在推广端，都将起到巨大的作用。

（4）摇一摇。在活动现场，通过微信摇一摇功能，实现现场抽奖，并添加好友的目的。借助微信营销软件，在活动现场，或者人流量较大的地方，多账号同时摇，自定义每个微信账号的"摇一摇"次数，完美实现同一账号"摇无上限"，增加品牌曝光度，实现营销机会。

（5）朋友圈。借助微信的朋友圈功能，可以把收到的信息或者自己的照片，分享给所有的微信好友。

通过微信公众平台收到的信息，可以分享到朋友圈中，所有好友均会看到，感兴趣的好友会主动加入到公众平台中。

（6）群发助手。会员用户接收到信息后，群发信息免费，且无须手动编写信息，有助于顾客进行有效信息传播。

（7）账号推荐——公众平台的推广利器。所有会员，可在私人微信账号里面，将微信公众平台群发推荐给所有的好友，推广效果非常显著。

 营销案例

1号店"我画你猜"微信营销

"我画你猜"是一款流行的网络小游戏，人气较高，而微信又是必备的应用软件，二者结合，1号店推出一款"我画你猜"微信营销活动，每天微信推送一个图画给用户，用户猜中后在微信上回复就有可能中奖。借助奖品对粉丝的有效激励，最终达到品牌植入和粉丝增长的目的。在微信公共账号的群发消息中，设置发布图文形式的活动，活动内容为"玩我画你猜，赢惊喜大奖"。该项活动分为3个步骤：

第一步，关注1号店官方微信。

第二步,接收 1 号店每天一幅画作。

第三步,猜出答案发送给 1 号店。

回复最快且答对的粉丝,将获得 1 号店的独家礼品。

此类活动实现成本低,并且巧妙利用奖品吸引粉丝的关注,对粉丝进行物质上的刺激,进而刺激粉丝回复问答,通过互动来提高微信粉丝的活跃度,提升公共账号的粉丝质量。此类活动较容易在微信公共平台实现,但其局限性在于,必须基于一定的粉丝基数,此类活动才最为有效。

资料来源:http://course.ecmaitian.com/yunyingtuiguang/2013/10988.html EC 麦田网

4.4.6 微博营销

1. 微博营销的概念

微博营销是以微博作为营销平台,每一位听众(粉丝)都是潜在营销对象,企业利用更新自己的微博向网友传播企业信息、产品信息,树立良好的企业形象和产品形象。企业依靠每天更新微博内容就可以跟大家交流互动,或者发布大家感兴趣的话题,这样来达到营销的目的。

该营销方式注重价值的传递、内容的互动、系统的布局、准确的定位,微博的迅速发展也使得其营销效果尤为显著。微博营销涉及的范围包括认证、有效粉丝、话题、名博、开放平台、整体运营等。在众多微博平台中,新浪微博一枝独秀,成为企业在微博上进行营销的首选平台。

2. 微博营销的分类

1)个人微博营销

很多个人的微博营销是由个人本身的知名度来得到别人的关注和了解的,以明星、成功商人或者社会中比较成功的人士,他们运用微博往往是通过这样一个媒介来让自己的粉丝更进一步地去了解自己和喜欢自己,微博在他们手中也就是平时抒发感情,功利性并不是很明显,他们的宣传工作一般是由粉丝们跟踪转帖来达到营销效果的。

2)企业微博营销

企业一般是以盈利为目的的,它们运用微博往往是想通过微博来增加企业的知名度,最后达到能够将产品卖出去,因此往往企业微博营销要难上许多,因为知名度有限,短短的微博不能让消费者直观地理解商品,而且微博更新速度快,信息量大。企业微博营销时,应当建立起自己固定的消费群体,与粉丝多交流,多互动,多做企业宣传工作。

3. 微博营销方法

1)注重价值的传递

企业微博是一个给予平台,而不是索取平台。目前,微博数量已经以亿计算,只有那些能对浏览者创造价值的微博,自身才有价值,此时企业微博才可能达到期望的商业目的。企业只有认清了这个因果关系,才可能从企业微博中受益。

2）注重微博个性化

微博的特点是"关系"和"互动",因此,虽然是企业微博,但也不能仅是一个官方发布消息的窗口的死板模式,而是要给人感觉像一个人,有感情,有思考,有回应,有自己的特点与个性。

一个浏览者觉得你的微博和其他微博差不多,或是别的微博可以替代你,都是不成功的。这和品牌与商品的定位一样,必须塑造个性。这样的微博具有很高的黏性,可以持续积累粉丝与专注,因为此时的你有了不可替代性与独特的魅力。

3）注重发布的连续性

微博就像一本随时更新的电子杂志,要注重定时、定量、定向发布内容,让大家养成观看习惯。当网民登录微博后,首选想到的是能够看看你的微博有什么新动态,这便是成功了。虽很难达到,但我们需要尽可能出现在他们面前,成为他们思想中的一个习惯。

4）注重互动性加强

微博的魅力在于互动,拥有一群不说话的粉丝是很危险的,因为他们慢慢会变成不看你内容的粉丝,最后更可能是离开。因此,互动性是使微博持续发展的关键。我们应该注意的问题就是,企业宣传广告信息不能超过微博信息的10%,最佳比例是3%~5%。更多的信息应该融入粉丝感兴趣的内容之中。

许多参与微博营销的企业,多数停留在用有奖活动聚集粉丝的初级阶段,应该看到用这样的方法聚集起来的粉丝不能算精准受众。更好的方法是发布产品知识、搜索关键词、开展话题讨论,找到对一些特定关键词和话题感兴趣的受众,还有就是要花大力气积极与用户互动。一些企业微博营销的通病是只发布信息,不与跟随者交流,这样就会使热情起来的粉丝失去激情。2008年美国总统大选中奥巴马用微博作为参选工具,一般人只了解他的竞选团队用微博发布行程的特点,但是这个竞选团队对所有访问者都是一一主动追踪回复。美国总统竞选对回复访问者都会如此耐心和细心,更不要说我们企业推广产品了。

5）注重系统性布局

任何一个营销活动,想要取得持续而巨大的成功,都不能脱离营销系统性,单纯当做一个点子来运作,很难持续取得成功。微博营销虽然看起来很简单,对大多数企业来说效果也很有限,从而被很多企业当做可有可无的网络营销小环节。其实,微博这种全新形态的互动形式,它的潜力很少被企业看清,其发挥出的作用很小的原因是企业投入的精力与重视程度不高。

企业想要让微博发挥更大的效果就要将其纳入整体营销规划中来,这样微博才有机会发挥更多作用。

6）注重准确的定位

微博粉丝众多当然是好事儿,但是,对于企业微博来说,粉丝质量更重要。因为企业微博要想实现的最终的商业价值,或许就需要这些有价值的粉丝。这涉及微博定位的问题,很多企业抱怨:微博人数都过万了,可转载、留言的人很少,宣传效果不明显。这其中一个很重要的原因就是定位不准确。假设自己的行业为玩具行业,那么就围绕一些你的产品目标、顾客关注的相关信息来发布相关信息,吸引目标顾客的关注,而非只考虑吸引眼球，导致吸引来的都不是潜在消费群体。在这个起步阶段很多企业博客陷入到误区当中，完全以吸引大量粉丝为目的，却忽视了粉丝是否是目标消费群体这个重要问题。

7）企业微博专业化

企业微博定位专一虽然很重要，但是专业更重要。同场竞技，只有专业才可能超越对手，持续吸引关注目光，专业是一个企业微博重要的竞争力指标。

微博不是企业的装饰品，如果不能做到专业，只是流于平庸，倒不如不去建设企业微博，因为，作为一个"零距离"接触的交流平台，负面的信息与不良的用户体验很容易迅速传播开，并为企业带来不利的影响。

8）注重控制的有效性

微博传播的速度快得惊人，当极高的传播速度结合传递规模，所创造出惊人的力量有可能是正面的，也可能是负面的。因此，必须有效管控企业微博这把双刃剑。

9）注重方法与技巧

想让企业微博变得有声有色，持续发展，单纯在内容上传递价值还不够，必须运用一些技巧与方法。比如，微博话题的设定，表达方法就很重要。如果我们的博文是提问性的，或是带有悬念的，引导粉丝思考与参与，那么浏览和回复的人自然就多，也容易给人留下印象。反之带来新闻稿一样的博文，会让粉丝想参与都感到无从下手。

营销案例

梵曦诺：0元广告费仅靠微博创造7000万元淘宝神话

两位年仅二十几岁的小女生，不做任何电商运营技巧，从不看后台，不知道自己的会员数，公司也没有运营职位，店铺因为被淘宝降权，普通用户连她家的店铺都搜不到，居然创造了年销超过7000万元淘宝神话。广州梵曦诺公司创始人莫七七分享了她如何在0元广告推广的情况下，打造年销7000万元神话的创业故事，其关于微博运营的创业经验对于电商人有着十分重要的参考价值。

1. 如何通过微博打造电商品牌

莫七七认为在微博上与粉丝建立关系最重要的一条是要充分明白和理解粉丝的心理需要。其公司产品的受众主要是80后、90后女生，而莫七七本人也属于这个群体中的一员，所以在沟通理解上能够与粉丝们迅速地打成一片，这也成为她们微博运营成功的一个重要因素。在此，莫七七分享了她创业以来的八大经验。

1）微博推广，产品是王道

可靠"牛逼"的产品是一切品牌推广的基础，没有这一条作为前提，不管微博推广做得如何成功都等于零。

2）前期的微博知名度很重要

莫七七在通过微博推广产品之前，在网络上已经拥有一定的小名气，也认识一些小有名气的网络红人，而这些前期所积累起来的知名度以及网红资源为其产品推广带来较多的便利。所以对于电商微博而言,前期拥有一定的知名度对产品推广大有帮助,如果没有,可以通过网络红人的资源来实现。

3) 为粉丝带来价值

粉丝为什么要关注你的微博?因为你的微博能够为粉丝提供他们想要的东西。在微博的运营前期,莫七七的微博除了积极与粉丝互动之外还会定期不定期地为粉丝提供奖品福利,通过一定的物质奖励,鼓励粉丝分享和传播自己使用的产品以及品牌。当积累的粉丝达到一定数量、微博活跃度比较可观、产品拥有一定口碑的时候,粉丝不用你奖品鼓励也会十分愿意分享传播产品。此时对于粉丝而言,微博分享的喜悦已经超过了此前微博奖品为其所带来的价值。

4) 建立粉丝代言人制度

莫七七通过在微博上鼓励产品用户晒照片以及分享产品使用体验,并根据粉丝热心程度、形象条件以及文笔招募遴选出50位微博粉丝作为品牌代言人。这50位代言人享有提前免费试用新品的特权。这些品牌代言人的任务就是写下自己的新品使用心得,并且分享到自己的微博中。而这些真实的使用心得也会成为其产品文案,更容易打动淘宝上其他消费者。由于这些品牌代言人在微博上拥有一定的影响力,使得其产品口碑在微博上得到更广泛的传播。

5) 强调参与感、与粉丝做朋友

莫七七的微博会定期邀请粉丝参与线上线下活动。在线上活动方面,莫七七会在微博上邀请粉丝把自己的照片发过来,然后让设计同事为粉丝打造漫画版的个人形象,此举引来众多粉丝的参与与反馈。而在线下活动方面,莫七七通过微博给粉丝发出邀请,邀请粉丝到公司参加线下PARTY,互相认识小伙伴,此举也让粉丝们真切地体验到自己所喜欢品牌的亲和力,仿佛自己与品牌所建立的是一种朋友的关系,而非简单的买卖关系。

6) 微博要好玩、具备趣味性

由于公司产品所面对的是80后、90后用户,所以在微博沟通上更注重趣味性。莫七七在微博上也会不时地调侃自己闺蜜,以个人身份与粉丝积极互动,转发粉丝的使用心得以及买家秀,让粉丝觉得自己所喜欢的品牌是鲜活的、有趣的。微博上许多有趣的活动都是公司90后员工所构思企划出来的,他们更懂90后用户。

7) 微博个性化,互动大于内容

莫七七的个人微博有一个非常明显的特点:博文不做品牌推广,都与粉丝互动,每条微博点赞几乎全部达600+。微博内容不需要如何精美,粉丝在意的是你是否与他们进行真实且个性的沟通,简而言之就是互动大于内容。

8) 对于微博推广效果只看销售额

莫七七表示,自己的微博很少放上自家的产品链接,偶尔新品上市为了方便粉丝进入店铺才会放上链接。其微博推广并没有遵循当下流行的流量思维,而是一切从粉丝的需要出发。对于微博的推广效果,莫七七只看一个数据——销售额,不看其他淘宝后台数据。在几乎没有利用淘宝自然流量的情况下,其公司通过单纯微博推广所达到的数据如下:普通顾客的产品购买每年大概4次,而忠实粉丝每年购买次数达到10次,客均单价每次达到200多元。

2. 电商微博推广所面临的问题

虽然通过微博实现了年销售 7000 万元的淘宝神话,但莫七七也坦言单纯通过微博推广也面临着一些问题以及瓶颈。

1)在销售量达到一定水平之后,微博在获取新客户方面显得乏力

在实现了 7000 万元的年销量之后,莫七七发现购买店铺产品的大部分都是老顾客,而新顾客所占的比例较少,新客户的拓展遇到瓶颈。从维护老客户关系的角度出发,微博能很好地维系老客户的关系,但是微博在吸引新客户方面显得越来越乏力。

2)单纯地进行微博推广较难建立起潜在客户对于品牌的信任度

梵曦诺品牌是通过微博粉丝的口碑相传建立起来的,从来没有采用其他渠道的推广方式,在开拓新客户的时候问题就暴露出来了:潜在客户会觉得从来没见过这个品牌的广告,关于品牌的信息大多数只出现在微博上,对于品牌容易产生不信任的态度。

对于这些遇到的问题,公司启动了微商渠道,已经完成 10 个一级代理的招商,销售量超过 500 万元。而在品牌信任度方面,为了更好地利用淘宝搜索流量以及获得更好的品牌背书,莫七七开始考虑登录天猫,建立天猫品牌旗舰店,让品牌发展站上一个新的台阶。

资料来源:伟雅网商俱乐部

4.4.7 大数据营销

1. 大数据营销的定义

大数据营销是指通过互联网采集大量的行为数据,帮助广告主找出目标受众,以此对广告投放的内容、时间、形式等进行预判和调配,并最终完成广告投放的营销过程。

大数据营销衍生于互联网行业,又作用于互联网行业。依托多平台的大数据采集,以及大数据技术的分析与预测能力,能够使广告投放得更加精准有效,给品牌企业带来更高的投资回报率。大数据营销的核心在于让网络广告在合适的时间,通过合适的载体,以合适的方式,投给合适的人。

 知识提示

大数据的基本概念

大数据(Big Data),指无法在一定时间范围内用常规软件工具进行捕捉、管理和处理的数据集合,其需要新处理模式才能具有更强的决策力、洞察发现力和流程优化能力的海量、高增长率和多样化的信息资产。

麦肯锡全球研究所给出的定义是:一种规模大到在获取、存储、管理、分析方面大大超出了传统数据库软件工具能力范围的数据集合,具有海量的数据规模、快速的数据流转、多样的数据类型和价值密度低四大特征。

资料来源:百度百科

2. 大数据营销的特点

（1）多平台化数据采集：大数据的数据来源通常是多样化的，多平台化的数据采集能够对网民行为的刻画更加全面而准确。这里的平台可包含互联网、移动互联网、广电网、智能电视，未来还有户外智能屏等。

（2）强调时效性：在网络时代，网民的消费行为和购买方式极易在短的时间内发生变化。在网民需求点最高时及时进行营销非常重要。全球领先的大数据营销企业 AdTime 对此提出了时间营销策略，它可通过技术手段充分了解网民的需求，并及时响应每一个网民当前的需求，让他在决定购买的"黄金时间"内及时接收到商品广告。

（3）个性化营销：在网络时代，广告主的营销理念已从"媒体导向"向"受众导向"转变。以往的营销活动须以媒体为导向，选择知名度高、浏览量大的媒体进行投放。如今，广告主完全以受众为导向进行广告营销，因为大数据技术可让他们知晓目标受众身处何方，关注着什么位置的什么屏幕。大数据技术可以做到当不同用户关注同一媒体的相同界面时，广告内容有所不同，大数据营销实现了对网民的个性化营销。

（4）性价比高：和传统广告"一半的广告费被浪费掉"相比，大数据营销在最大程度上，让广告主的投放做到有的放矢，并可根据实时性的效果反馈，及时对投放策略进行调整。

（5）关联性：大数据营销的一个重要特点在于网民关注的广告与广告之间的关联性，由于大数据在采集过程中可快速得知目标受众关注的内容，以及可知晓网民身在何处，这些有价信息可让广告的投放过程产生前所未有的关联性。即网民所看到的上一条广告可与下一条广告进行深度互动。

3. 大数据营销的作用

（1）用户行为与特征分析。只有积累足够多的用户数据，才能分析出用户的喜好与购买习惯，甚至做到"比用户更了解用户自己"。

（2）精准营销信息推送支撑。精准营销经常被人们提及，但是真正做到的少之又少，反而是垃圾信息泛滥。究其原因，主要就是过去名义上的精准营销并不怎么精准，因为其缺少用户特征数据支撑及详细准确的分析。

（3）引导产品及营销活动投用户所好。如果能在产品生产之前了解潜在用户的主要特征，以及他们对产品的期待，那么你的产品生产即可投其所好。

（4）竞争对手监测与品牌传播。竞争对手在干什么是许多企业家想了解的，即使对方不会告诉你，但你却可以通过大数据监测分析得知。品牌传播的有效性也可通过大数据分析找准方向。例如，可以进行传播趋势分析、内容特征分析、互动用户分析、正负情绪分类、口碑品类分析、产品属性分布等，可以通过监测掌握竞争对手传播态势，并可以参考行业标杆用户策划，根据用户需求策划内容，甚至可以评估微博矩阵运营效果。

（5）品牌危机监测及管理支持。新媒体时代，品牌危机使许多企业谈虎色变，然而大数据可以让企业提前有所洞悉。在危机爆发过程中，最需要的是跟踪危机传播趋势，识别重要参与人员，方便快速应对。大数据可以采集负面定义内容，及时启动危机跟踪和报警，按照人群社会属性分析，聚类事件过程中的观点，识别关键人物及传播路径，进而可以保护企业、产品的声誉，抓住源头和关键节点，快速有效地处理危机。

（6）企业重点客户筛选。许多企业家纠结的事是：在企业的用户、好友与粉丝中，哪些是最有价值的用户？有了大数据，或许这一切都可以更加有事实支撑。从用户访问的各种网站可判断其最近关心的东西是否与你的企业相关；从用户在社会化媒体上所发布的各类内容及与他人互动的内容中，可以找出千丝万缕的信息，利用某种规则将它们进行关联和综合，就可以帮助企业筛选重点的目标用户。

（7）大数据用于改善用户体验。要改善用户体验，关键在于真正了解用户及他们所使用的你的产品的状况，做最适时的提醒。例如，在大数据时代，只要通过遍布全车的传感器收集车辆运行信息，在你的汽车关键部件发生问题之前，就会提前向你或4S店预警，这决不仅仅是节省金钱，而且对保护生命大有裨益。事实上，美国的UPS快递公司早在2000年就利用这种基于大数据的预测性分析系统来检测全美60000辆车辆的实时车况，以便及时地进行防御性修理。

（8）SCRM中的客户分级管理支持。面对日新月异的新媒体，许多企业通过对粉丝的公开内容和互动记录分析，将粉丝转化为潜在用户，激活社会化资产价值，并对潜在用户进行多个维度的画像。大数据可以分析活跃粉丝的互动内容，设定消费者画像各种规则，关联潜在用户与会员数据，关联潜在用户与客服数据，筛选目标群体做精准营销，进而可以使传统客户关系管理结合社会化数据，丰富用户不同维度的标签，并可动态更新消费者生命周期数据，保持信息新鲜有效。

（9）发现新市场与新趋势。基于大数据的分析与预测，对企业家提供洞察新市场与把握经济走向都是极大的支持。

（10）市场预测与决策分析支持。过去早在数据分析与数据挖掘盛行的年代就提出过数据对市场预测及决策分析的支持。沃尔玛著名的"啤酒与尿布"案例即是那时的杰作。只是由于大数据时代上述Volume（规模大）及Variety（类型多）对数据分析与数据挖掘提出了新要求。更全面、速度更快的大数据，必然对市场预测及决策分析进一步上台阶提供更好的支撑。似是而非或错误的、过时的数据对决策者而言就是灾难。

营销案例

碧欧泉的大数据营销

如何从众多男士护肤品牌中突出重围，吸引更多男性成为碧欧泉的用户，同时有效增加男士护肤品的销量，成为碧欧泉待解决的难题。

Quadas京纬数据通过将不同来源方的数据在京纬数据DMP内建立连接，实现对碧欧泉目标受众的精准刻画和建模后，将营销的主要阵地选在了机场。在碧欧泉引入了贝克汉姆作为代言人开展一系列代言推广活动的同时，在素材上也配合了贝克汉姆代言宣传设计，针对潜在客户的个性化标签动态展示不同创意素材，刺激消费欲望，提升转化率。具体执行环节，大数据的应用更是重中之重。

1. 搜集人群标签

首先，在测试投放之前，京纬数据通过独家的Q+SaaS平台，这个平台对接了腾讯广点通、百度 BES、阿里巴巴 TANX 以及谷歌，可以监测过去两个月中曾出现在目标机场附近 3 千米以内的移动设备号，团队将这些设备号打上标签，定义这些人群为潜在的差旅客户，同时开启独家 QBE 自动优化引擎详细分析这些人群的基础数据。QBE 采用机器学习算法，能自动找出已转化用户的共同特征，建立用户模型（Customize Dmodel），来得到目标用户群的精准画像。

2. 测试投放

基于这些人群标签，综合了京纬数据定制的私有 DMP 平台上积累的海量历史投放数据，外加从第三方数据提供商对接的人群数据，根据实际需求，过滤掉可能居住在附近的住户及一次性旅游人群，挑选出一批经常旅行和出差的男士，进行了为期一周的测试投放。

3. 正式投放

在正式投放过程中，利用 LBS 技术对这三个目标机场中 3 千米以内的范围进行精准定向投放，并选择了新闻类、社区类、阅读类 App 为主要投放渠道。同时在投放中不断优化，QBE 引擎能根据之前为品牌建立的模型，精确判断每次展示请求是否为广告主期望接触的目标人群，并自动决定每次竞价的策略以及价格，进而达成转化率的大幅优化。

4. 重定向及优化

在正式投放过程中，京纬数据同时也在 DMP 平台上根据实时投放反馈数据，按照广告停留时长、广告跳转率等情况，对曾经表达过意向的用户进行全网重定向投放（不限定区域）。为有效控制整体预算分配及节奏，在投放中控制曝光频次，避免对同一受众过度的冲击造成品牌反感。同时，借助 LBS 获取用户实时的行为轨迹，当用户访问广告主项目的竞品项目时，对用户进行基于场景的定向投放，抢夺优质客户。

这次营销战役，不仅大幅提升了碧欧泉男士产品的知名度，同时也在推广过程中有效实现了消费转化。在正式投放中，不仅点击率高达 4.76%，同时，有大量消费者通过媒体渠道参加活动进行线上购买，网上免税店碧欧泉男士的产品日均销量对比活动前相比增长了 42%，远远超出了客户预期。另外还有许多目标用户被引导至线下免税店，极大地刺激了产品关注度和销量，使品牌传播和销售达到完美整合。

资料来源：https://www.sohu.com/a/191822051_648778 搜狐网

4.4.8 可视化营销

1. 可视化营销的定义

随着宽带网络和视频技术的迅速发展，在当前现有网络营销的基础上，提出了一种基于宽带网络平台的可视化网络营销思想。

可视化营销是指通过在网络营销系统中集成视频会议（VCF）、视频点播（VOD）和视频录像（VDR）的产品和应用，是一种为宽带接入企业特制的网络营销新模式。企业可以自己构建或通过第三方厂商在宽带平台上的门户网站，进行可视化营销。客户通过浏览器就可以享受到企业提供的各种可视化的营销服务。例如在线产品演示、购买过程中实时的可视信息咨询、在线可视化视频会议、可视化客户呼叫中心和可视在线购物等。

2. 可视化营销的优点

可视化营销在保持原有网络营销优势的基础上吸收了传统营销中人性化的优点，是一种改进了的新型网络营销模式。它的优点如下：

（1）人性化的服务。在当前的网络营销环境中，客户要想享受到像在非网络环境中购物所受到的热情服务，几乎是不可能的，用户面对的只能是冷冰冰的数字式服务。而在可视化营销系统中，用户通过浏览器登录系统，即可享受到远程服务员的热情服务。用户不必自己寻找想要的商品，只要说出自己想要的商品，服务员即让你自动进入你所想要商品的视频区域。顾客在购买过程中关于商品的各种疑问，可以直接向服务员提出，并且可以马上得到服务员的解答，同时系统还提供可视化的客户呼叫中心，为客户提供实时的永远在线的人性化服务。

（2）实现真正的虚拟商店和虚拟市场。在可视化的电子商店中，用户进入系统通过商家提供的视频服务，可以看到与现实商店几乎一样的景象。由于在原有电子商店和电子市场中加入了视频的应用，客户除了可以看到商品的各种文本信息，还可以通过视频看到商品的实物。通过可视化营销，厂商可以方便地进行在线产品演示、召集其他厂商举行在线商品展销会等各种产品推广活动，而且系统提供的可视化会议系统可以方便地实现供应商、生产商和分销商的在线会议，在大大减少企业的各种会议开销的同时，增强了各方之间的信息交流，加快了企业对外界环境变化的反应速度。

（3）实现真正的与客户实时交互沟通。在传统网络营销中，可以实现信息的快速传播，但却不能真正实现与客户的实时交互沟通。往往在客户希望问题马上能够得到解决的时候，却得不到营销人员的回应。在可视化营销中，为客户提供实时的永远的在线服务，客户的任何问题都可以得到服务人员的实时响应。只要客户愿意，他可以使用摄像头以实现与服务人员面对面的可视化的交流，大大增加了交流的交互性。而且服务人员可以在线演示商品的操作方法，用户通过观看演示可以更快地掌握商品的使用方法，在迅速解决客户问题的同时，使客户从传统的文本交流方式中解脱出来，增加了客户使用的方便性。

3. 短视频营销

2017年上半年，随着抖音等音乐社交短视频软件的出现，众多品牌企业根据短视频的创意提供了切实可行的营销方案，通过短视频来表达品牌故事，应用短视频平台开展更多创意化场景化的营销活动。例如，宝马全新车X3、法国娇韵诗、凯迪拉克ATS-L、OPPO R15等品牌在新产品上市之初，将抖音作为曝光和引流的一个重要平台，展示新产品的独特卖点，迅速占领市场；京东"6.18"、美团吃货节、天猫购物节、苏宁易购新年活动等电商大促活动，纷纷把抖音短视频作为促销的重要营销平台；溜溜梅、必胜客等品牌纷纷通过明星和抖音达人，帮助品牌提升知名度和加快内容曝光度；小米、长隆等纷纷在抖音建立企业账号，实现品牌与用户长效沟通，加深用户对品牌的信赖和好感。每个行业都可以结合自身的产品和品牌特性，在短视频中找到与互联网用户的对话方式。

短视频为营销打开了新的一扇门，品牌短视频营销需要通过精巧的创意，不断进行品牌内容的延展，抢占市场和流量，成为未来营销阵地的抢先者。

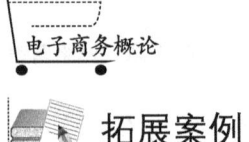

拓展案例

裂帛：如何用直播让微淘粉丝量翻6倍

前期预热期间，裂帛秋上新活动合作的27位网红在花椒、一直播、映客、人人、奇秀、来疯、YY七家直播平台，每天进行12小时以上的直播。网红主播身穿裂帛本次上新秋款与粉丝交流互动，以"裂帛撩秋，我'聊'你"为话题，与大家探讨恋爱故事，并引出裂帛在天猫的上新活动。

活动期间，已经聚集大量活动人气的27位网红将转战天猫、淘宝直播，以裂帛服饰旗舰店的微淘为根据地，每天进行总时长不少于16小时的互动直播。直播内容则更加贴近裂帛粉丝，除了会直观地给大家进行本次上新款的细节及搭配技巧，还会与粉丝互动游戏答题，每天送出裂帛优惠券、免单等惊喜礼品。

通过主播提问，突出活动时间与优惠力度，让粉丝告诉粉丝"有很多人知道这条优惠信息"，传达优惠信息的同时制造紧迫感。

随机不定时发放优惠券、送免单，绑定粉丝观看。商品与优惠券绑定发放，相互促进点击转化。

输入"裂帛撩秋"互动，主播倒计时截图送免单活动可以让正常的直播达到高潮，也让粉丝持续锁定所有的直播的妙招。

"免单名额微淘公布"、场控"关注、加购、分享"话语引导，提升粉丝对直播、微淘账号的关注。

预热期间，7家主流直播App上直播，软性传达旗舰店活动时间与地点，累计观看数达到160万。活动期间在微淘的直播，硬性推荐服装的搭配与细节，有效观看数累计4万，微淘粉丝增长达平时的6倍之多。

裂帛此次活动搭载网红达人资源，在直播平台、销售平台、社交平台（如微信、微博）三大类平台实现粉丝联动、流量互通，为本次秋上新活动提升曝光数量及内容传递质量。

裂帛方表示此次尝试采取网红直播模式，除了引领潮流和迎合受众互动喜好，更重要的是可以让买家直观地看到衣服的质量及细节等，提升消费者对于商品购买更及时化、深度化、多元化的体验。后续，将继续摸索服装行业与直播互动模式最合适的嫁接方法。

资料来源：http://www.100ec.cn/detail--6354712.html

4.4.9 内容营销

1. 内容营销的定义

内容营销，指的是以图片、文字、动画等介质传达有关企业的相关内容来给客户信息，促进销售，也就是通过合理的内容创建、发布及传播，向用户传递有价值的信息，从而实现网络营销的目的。

内容营销通过优质内容给品牌带来了知名度和销量的双提升。大数据预测显示，单纯依托渠道投放、硬性展现已成过去，优质内容传播将成为品牌营销的主流趋势。

2. 内容营销的分类

内容营销可以分为品牌排名、知识营销、软文营销三种。

1）品牌排名

品牌排名营销解决实力企业的品牌曝光度、排名上百度首页、品牌口碑问题，大数据研究表明，品牌排行榜是影响优质消费者的最佳途径，主要表现在：

（1）品牌实力、企业资质、整体销量为核心的排名营销，适合行业知名企业。

（2）产品功效、单品销量、网友口碑为核心的排名营销，适合淘品牌和潜力企业。

（3）产品特色、趣味介绍、创新元素为核心的排名营销，适合新品牌和新产品。

（4）过大数据为排名做背书，通过权威媒体发布，提升权威性、可信度、影响力。

（5）品牌排名可上百度首页，让精准用户通过搜索工具了解到品牌排名、实力展示。

2）知识营销

知识营销一方面解答消费者和潜在用户的认知困惑，增加网络人群对品牌的黏性，另一方面树立行业问题解答专家形象，迅速提升企业口碑，主要表现在：

（1）托企业品牌所处行业，将硬性的广告传播转化为知识分享，渗透力更强。

（2）识营销能够产生长久影响，在各渠道流转，对于积累用户和增加展现非常有利。

（3）传播知识为媒介，传播商品知识为公益诉求，消费者接受程度更高。

（4）知识营销能够树立品牌的行业专家形象，有助于提升品牌口碑及影响力。

（5）打通各个知识传播渠道，进行全网范围内有重点、有层次的传播，长期影响精准受众。

3）软文营销

软文营销主要解决企业品牌日常宣传、网媒发稿、荣誉/展会/活动宣传问题。阶段性需求，希望快速在互联网上传播，营造影响力和美誉度，主要包括：

（1）牌形象软文。通过品牌形象定位，品牌故事包装，建立品牌对外展示的系统形象框架。

（2）业品牌大事。通过编排企业品牌发生的大事记，从宏观角度进行软文阐述，增加影响力。

（3）庆/展会/活动。将线下活动/展会/节庆的影响力扩展到线上，全网发布，拉动销售增长。

（4）段性软文营销。通过新品发布、上市宣传、企业家访谈等软文，快速在互联网上进行传播。

（5）文营销渠道。网络新闻、自媒体、微博、微信、博客论坛、专栏等，可影响百度收录。

 拓展案例

2018淘宝内容生态盛典　韩都衣舍获内容营销案例大奖

2018年3月30日，2018淘宝内容生态盛典将目光聚集到了内容运营的优秀商家及机构达人，探秘他们如何通过内容服务上亿消费者。其中，在微淘上拥有1700多万粉丝的韩都衣舍凭借"双11"期间在微淘举行的真爱粉召集令活动，获得年度内容营销优秀案例大奖。

韩都衣舍近年来在内容营销方面取得的成绩有目共睹，它们在全网社交平台上沉淀了5000万粉丝。这个数字在国内已经超越众多一线明星的粉丝数。

作为一家互联网快时尚女装品牌，韩都衣舍最重要的运营平台，无疑是距离自己客户最近的微淘。韩都衣舍是如何在微淘上进行内容输出，并藉此获得业内肯定的呢？此次获奖案例，或许可以为我们提供一些经验。

1. 真爱粉召集令 韩都衣舍"一呼万应"

2017年"双11"期间，微淘发起了"真爱粉召集令"活动，各类大牌纷纷加入，与粉丝进行花式互动。韩都衣舍借助粉丝运营优势，以"打CALL少女啦啦队"为主题招募真爱粉，并为真爱粉发送现金红包和彩妆礼品等福利，实力宠粉。粉丝则通过"写诗，写故事"等走心告白形式，讲述与韩都衣舍的故事并暖心表白。

最终，在粉丝的热情支持下，韩都衣舍凭借93万的人气指数，远远超过其他品牌，登上全品类品牌互动榜单榜首。在2018淘宝内容生态盛典上获得年度内容营销优秀案例，可谓实至名归。

2. 微淘互动，俘获1700万粉丝

对平台而言，微淘是一个用户二次回访的核心入口，也是内容营销的重要活动阵地。对商家而言，微淘是核心粉丝的运营阵地，是高转化率的营销路径，也是内容开放和变现的通道。如何用好微淘这个"内容与粉丝的运营阵地"直接关系商家与消费者的亲密程度。

韩都衣舍之所以能够在真爱粉召集令活动中"一呼万应"，除了拥有的1700万粉丝基础，注重微淘内容运营和粉丝互动也是不断吸粉的一个极为重要的原因。

韩都衣舍一直专注于90后、00后粉丝运营，并在社交语言、粉丝互动两个方面不断探索。通过微淘平台，韩都衣舍不仅向粉丝分享当季流行趋势和时尚穿搭，更是不断向粉丝传递专业的、高品质的内容，并与粉丝进行非常亲密的互动。

可见，正是由于韩都衣舍在产品品质、娱乐营销等方面找到了与粉丝契合的互动方式，抓住粉丝的兴趣点，才能够在内容营销的风口下脱颖而出，赢得粉丝的厚爱。

"未来，我们希望借助微淘平台构建一个韩都衣舍的活跃粉丝阵地，吸引更多的用户关注并加入互动，深度连接内容与粉丝，培养一批忠实有影响力的超级用户。"韩都衣舍粉丝运营负责人谈及微淘运营方向时说道。

资料来源：http://www.100ec.cn/detail--6443089.html

4.4.10 电子商务客服营销

1. 电子商务客服的定义

电子商务客服是承载着客户投诉、订单业务受理（新增、补单、调换货、撤单等）、通过各种沟通渠道获取参与客户调查、与客户直接联系的一线业务受理人员。

2. 电子商务客服的作用

（1）塑造店铺形象：客服是店铺形象的第一窗口。对于一个电商公司而言，客户看到的商品都是一张张的图片和文字描述,既看不到商家本人,也看不到产品本身,因此会产生距离感和怀疑感。此时,客服就显得尤为重要了。客户通过与客服的交流,可以逐步地了解商家的服务和态度,让公司在客户心中逐步树立起店铺的良好形象。

(2)提高成交率:客服在线能够随时回复客户的疑问,可以让客户及时了解需要的内容。通过客服良好的引导与服务,客户可以更加顺利地完成订单。

(3)提高客户回头率:当买家完成了一次良好的交易后,买家不仅了解了卖家的服务态度,也对卖家的商品、物流等有了切身的体会。当买家需要再次购买同样商品的时候,就会倾向于选择他所熟悉和了解的卖家,从而提高了客户再次购买率。

(4)更好的用户体验:当用户线上购物出现疑惑和问题的时候,客服可以给客户提供更多的购物建议,更完善地解答客户的疑问,更快速地对买家售后问题给予反馈,从而更好地服务客户,使客户获得更好的用户体验。

拓展案例

电子商务销售客服的线下案例

一个老太太到水果市场上去买李子。老太太来到老板甲的摊位前,问:"你的李子怎么样?"老板甲回答:"我的李子又大又甜啊,买几斤?"老太太没吭气,离开了。呆在原地的老板甲在纳闷:"她为什么不买呢?"

老太太又到了老板乙的摊位前,问:"你的李子怎么样?"老板乙答道:"我这里各种各样的李子都有,您要哪一种李子呢?"老太太买了一斤很酸的李子离开了。

老太太在回去的路上,路过老板丙的摊位。老板丙见老太太手里已经拎了一小袋李子,赶快很热情地招呼:"大娘,您反正是路过,正好也看看我这里的李子,来,给您尝一个。"老太太碍于情面(吃了人家的嘴软),"很酸啊!"老太太说。"哦,您喜欢买酸的李子,我这里的李子是最酸的了,您在我这再少买点。"老板丙回答。老太太在他这里买了一斤。老板丙问:"大娘,我很奇怪,您为什么买酸李子?不是您吃吧?"老太太回答:"我媳妇最近怀孕了,想吃酸的。"老板丙赶快放下秤,出来冲老太太道喜:"恭喜您啊,老太太,一看您就是特别有福气,这不孙子都快抱上了。"老太太说:"媳妇怀孕反应得比较厉害,老是吃了吐。"老板丙回道:"老大娘,她这样容易营养不良,影响孩子啊。不过,您今天还真遇对人了,我对孕妇的营养方面如何补充水果还是很有研究的。你看隔壁的王大娘媳妇怀孕期间就是我给她提的建议,您看她的孙子出生后大胖小子多健康啊。要不,也给您出点主意?"老太太喜道:"好,好。"老板丙说:"如孕妇容易缺铁,猕猴桃可以补充这方面的营养;吃橙子可以保存钙物质……这样您就等着抱又大又胖的孙子了。"老太太高兴道:"那给我来2斤猕猴桃和1斤美国橙"老板丙说:"这样,大娘,我看您拿起来不方便,我让小二帮您拎着,拿回家去。顺便给您拿张我的名片,以后打电话过来,可以送货上门哦。"老太太在老板丙这里买了1斤李子、2斤猕猴桃和1斤美国橙。

资料来源:http://blog.sina.com.cn/s/blog_54f01b330100oh9u.html

从该案例可以看出,作为电子商务线下销售人员,最关键的是了解用户的详细需求和潜在需求。想要了解顾客的需求,要懂得"明知故问"和"以问带说",先提出问题,引

导顾客自己说出来,同时扮演顾问式身份,要会赞美顾客,发展长期的客户关系。学会问问题,就等于交易成交了一半!真诚赞美顾客,又等于成交了另一半!

4.5 网络营销效果评估

4.5.1 网络营销效果评估的功能

网络营销效果评估就是利用各种网络统计分析系统结合网下的统计方式来分析网络营销的效果。网络营销效果评估可以使企业充分把握网络营销推广费用的流向,并能在众多推广平台中选择出最适合企业发展需要的网络营销推广平台和模式,为企业的营销推广带来更大的经济效益。网络营销效果评估的功能具体介绍如下:

(1) 有效地评测出哪个推广平台更适合企业的发展。
(2) 对所有数据进行统计分析得出月度、季度、年度的投资收益率。
(3) 通过网络营销效果评估评测出哪些产品销量好,哪些产品销量不好。
(4) 通过网络营销效果评估,评测出哪个营销活动更有效。

4.5.2 网络营销效果评估的常见指标

网络营销效果评估在网络营销中十分重要,通过监测营销效果,可以为营销活动查漏补缺、指明方向,下面给出网络营销效果评估的常见指标。

1. 访客数量

所谓访客数量是指网络营销推广活动引来了多少访客,网站访客数量统计以 IP 为基准,就是访客来到企业的营销平台后,网络营销人员可以通过相关网络工具(如 CNZZ、百度统计等)记录这些访客的独立 IP,一个 IP 对应一个访客,用来评估该营销平台的人气值与活跃度。

2. 访客来源

访客来源是指访客通过哪些推广渠道进入企业营销平台的。通过分析访客来源可以得出哪个渠道的网络推广效果更好,按照用户的搜索习惯以及需求调整推广方式,优化企业的网络营销策略。

3. 关键词效果跟踪

一些访客是通过搜索某些关键词而进入企业网站的,通过关键词分析可以得出百度竞价广告中哪些词效果更好,以便加大投入,效果不好的词果断删除,节约成本。

4. 访客的站内行为

访客进入网站后,浏览了哪些网页,停留时间多久,上一个访问的页面是哪里,是否被邀请会话，邀请的次数，最后统计出共有多少名访客，有多少名访客被邀请，有多少访客接受会话等这些都是访客的站内行为。通过分析访客的站内行为可以分析网站流量转化和流失原因，优化和完善网站服务，提高整体用户体验。

4.5.3 网络营销效果评估工具

下面给出进行网络营销效果评估时所能用到的相关网站分析工具及平台，借助这些免费工具，可以获取网站营销推广过程中的真实运营数据。

1．网站流量统计与分析工具

（1）Google Analytics（http：//www.google.com/analytics）。
（2）CNZZ 数据专家（http：//www.cnzz.com）。
（3）51Yes 网站流量统计（http：//count.51yes.com）。
（4）百度统计——免费的专业网站流量分析工具（http：//tongji.baidu.com）。
（5）51.la 免费统计（http：//www.51.la/）。

2．网站分析及查询平台

（1）站点之家——中国站长站（http：//www.chinaz.com/）。
（2）爱站网（http：//www.aizhan.com）。
（3）站长帮手网（http：//www.linkhelper.cn）。
（4）Admin5 站长网（http：//www.admin5.com）。
（5）Alexa 分析（http：//www.alexa.com）。

以上是一些比较主流的网站分析工具，当然现在网上的站长工具、站长助手还有很多。对于网站运营工作人员来说，利用好这些免费工具，获取相关运营数据，将会让你对自己的站点有足够清晰的认识，从而更好地开展后期的网络营销工作。

 专业术语

网络营销	整合营销	直复营销	软营销
关系营销	CRM	网络广告	微信营销
微博营销	许可营销	大数据营销	可视化营销
内容营销	客服营销		

 思考题

1. 网络营销的主要经历了哪几个阶段？
2. 结合最新发布的 CNNIC，分析中国网民的结构特征及网络行为特征。
3. 简述主要的网络营销理论。
4. 网络营销方法主要有哪些？
5. 网络营销效果分析有哪些指标？

第5章

电子支付

本章导读

电子支付是一种通过网络调动和转移货币，协助完成网络状态下商品交易的行为。电子支付技术的出现和发展，为商业银行通过在线支付业务介入电商活动提供了条件和可能，孕育并壮大了网上支付行业和企业，大幅提高了消费者网络支付行为的信任度。随着电子商务活动的出现，传统的支付方式因过程复杂、时空受限、现金携带不便等缺陷受到各方诟病，与此同时，相较于传统支付凸显方便、快捷、经济、高效的特点，基于数字化和网络化的电子支付方式开始出现并受到市场的热捧。电子支付适应电子商务活动的需要而出现并不断推陈出新，在电子商务活动过程中发挥了不可替代的重要作用。电子支付是电子商务发展中资金流的重要组成部分，是实现网上购物与实时支付的关键所在，电子支付方式的广泛运用，为电子商务的发展提供更多的可能性和更广阔的市场，对加速电子商务的发展产生了深远的影响。

本章主要介绍支付的基本概念和支付系统的构成、常见的电子支付工具、网上银行的概念和功能、移动支付的概念和分类、第三方支付的概念和工作流程。

 引导案例

通联支付：立足创新"支付+"的践行之路

对第三方支付机构来说，面向B端的线下收单业务往往是企业的核心业务，而通联支付作为业内老牌第三方支付机构，在线下收单业务这块市场中其市场份额一直稳居行业前二。自2008年成立以来，通联支付高层始终保持危机感和创新意识，以"支付+"的发展战略布局线下收单业务，坚定推行综合支付服务，以技术创新、产品创新以及服务创新这三个创新推动"支付+金融+营销"模式的发展，并通过对用户及场景的精准定位将综合支付服务落到实处。

传统 POS 刷卡，支付普及化

POS 刷卡是目前继现金支付之外主流的支付方式，在日常交易中发挥着巨大的作用。在培养用户刷卡习惯方面，传统 POS 刷卡居功甚伟，消费者在大小商场都能看到它的身影。但目前市场上的普通 POS 刷卡随着时代的发展渐渐暴露出一些弊端，例如功能局限，只能满足商户基础性的刷卡交易需求。针对市场痛点，通联支付将旗下传统 POS 刷卡支付与行业需求进行整合，在传统支付基础上，提供多样化的功能及服务：

- 对账功能。为商家免费开通对账平台、实时查询交易明细、下载财务报表，提供 PC 端和移动端两种方式。
- MIS 对接。为有需求的商家提供 MIS 对接，适合大型商超百货、连锁门店等。
- 订单支付功能。为有订单需求的商家开发订单支付，适合物流、电商、保险等。
- 特色清结算。T+0、D+0、D+1 特色清算以及商家自主实时提现，适合有资金周转需求的客户。
- POS 流水贷。以商家 POS 流水及法人征信为审批依据，无抵押、无担保、全线上，针对企业法人发放的纯信用贷款，适合有小额融资需求的客户。

扫码支付，支付时尚化

无须现金和银行卡，只需扫描付款二维码即可轻松收银，对消费者和商户来说，便捷是扫码支付的最大卖点，免去现金找零等各种麻烦，且相较于 POS 刷卡，扫码支付无须机具投入，入网门槛低，颇受小额高频的生活类商家的欢迎。

但是扫码支付在狂飙突进的同时，也面临了一些问题，各巨头纷纷开发出了自己的支付产品，A 家的收款码往往无法支持 B 家的钱包，且全渠道接入耗时耗力，管理不统一，对账不统一，这给商家收款带来一定的不便，为方便商户管理及引流客户，通联支付推出扫码支付战略产品"当面付"，接入各家钱包，实现一码多付；通过统一的对账，到账平台，降低商家的管理工作量；对于集团类商户，推出分店管理模式，支持集团商户分门店进行交易及财务的管理工作；还可以根据客户需求开发订单支付，满足个性化需求。在引流客户方面，通联支付联合银联、银行、微信、支付宝等各类钱包机构推出花样繁多的营销补贴活动，在给予消费者优惠的同时提高商家的交易量。

扫码支付作为新兴的支付方式，其基因里便带有创新，通联支付"当面付"的诞生，既是对其"支付+"战略的践行，也是立足创新的一次探索。

智能终端，支付个性化

在支付领域，智能终端可看做是支付界集大成的终极武器，简单来说智能终端相当于智能手机、收银机、传统 POS 机、管理系统的合体，集多种收银方式、金融增值服务和营销功能，支持各种支付类型。

在消费大潮下，消费者对支付的要求也越来越高，在此背景下，通联收银宝智能终端应运而生，在结合通联传统 POS、"当面付"已有的产品优势上，收银宝还将一切对支付的"想象"落到实处，实现了支付、营销以及金融的深度整合。在支付方面，通联"收银宝"首先实现了支付模式的多样化，除了传统的刷卡支付，当下新兴的扫码支付、Apple Pay 等，收银宝都能支持。其次是可扩展性，收银宝开放的接口为各种功能提供了想象空间，消费者想要什么支付，收银宝都能接入。

营销方面，收银宝开发了丰富的营销功能，例如微信朋友券，一人领取多人共享，通过微信形成爆炸式传播效应；签购单广告，自助发布宣传广告，节省日常广告开支等。

金融方面，为助力商户经营，收银宝还推出余额理财功能，商户通过收银宝收取的交易闲置资金可一键放入理财账户，轻松获得增值，在需要资金周转时，也可以实时取出。另外，收银宝商户还可享受 POS 贷服务，通联支付根据商户的 POS 流水记录提供信用贷款。

资料来源 http：//www.100ec.cn/zt/anlk/电子商务研究中心

知识加油站

支付服务市场的竞争越来越激烈，金融创新日益增长。第三方支付机构出现后，伴随着信息科技和互联网的快速发展，支付效率得到了有效提升，实时到账已经成为现实；同时，由于支付市场的充分竞争，支付成本得到有效降低，目前多数支付机构都能够在一定支付限额内提供免费的支付服务。常见的第三方支付机构包括支付宝、微信支付、快钱支付等。移动支付属于电子支付方式的一种，因而具有电子支付的特征，其移动性、及时性、定制化的特点，消除了距离和地域的限制，使得账户交易更加简单方便。目前移动支付主要支付方式有：短信支付、扫码支付、指纹支付、声波支付、近场支付（NFC）等。

5.1 电子支付与电子支付系统

5.1.1 电子支付概述

1. 电子支付的定义

20 世纪 90 年代，国际互联网迅速走向普及化，逐步从大学、科研机构走向企业和家庭，其功能也从信息共享演变为一种大众化的信息传播手段，商业贸易活动逐步进入这个王国。通过使用因特网，既降低了成本，也造就了更多的商业机会，电子商务技术从而得以发展，使其逐步成为了互联网应用的最大热点。为适应电子商务这一市场潮流，电子支付随之发展起来。

2005 年 10 月，中国人民银行公布《电子支付指引（第一号）》规定："电子支付是指单位、个人直接或授权他人通过电子终端发出支付指令，实现货币支付与资金转移的行为。电子支付的类型按照电子支付指令发起方式分为网上支付、电话支付、移动支付、销售点终端交易、自动柜员机交易和其他电子支付。"简单来说电子支付是指从事电子商务的各交易实体，包括用户、厂商和金融机构，通过网络信息技术，使用安全的信息传输手段，采用数字化方式进行的货币支付或资金转移的行为。电子支付是电子商务系统的重要组成部分。

2. 电子支付发展阶段与变革

目前，电子支付已和人们的生活密切相关，如代发工资、代收费、储蓄通存通兑、银行卡、电子支票、电子现金等各种银行业务都是电子货币的表现形式。电子支付的出现彻底改变了银行的传统操作方式，电子货币的使用给普通消费者在购物、旅游、娱乐等方面的付款带来了极大的便利。

第一阶段是银行利用计算机处理银行之间的业务，办理结算。

第二阶段是银行计算机与其他机构计算机之间资金的结算，如代发工资，代交有线电视费、电费、天然气费、电话费等业务。

第三阶段是利用网络终端向客户提供各项银行服务，如用户在自动柜员机（ATM）上进行存取款操作。

第四阶段是利用银行销售终端（POS）向客户提供自动的扣款服务，这是现阶段电子支付的主要方式。

第五阶段是网上支付阶段，它将第四阶段的电子支付系统与因特网进行整合，实现随时随地地通过因特网进行直接转账结算，形成电子商务交易支付平台。这一阶段的电子支付称为网上支付或在线电子支付。

第六阶段是移动支付阶段，移动支付也称为手机支付，就是允许用户使用移动终端对所消费的商品或服务进行账务支付的一种服务方式。

3. 电子支付的特点

与传统的支付方式相比，电子支付具有以下特征：

（1）电子支付是采用先进的技术通过数字流转来完成信息传输的，其各种支付方式都通过数字化的方式进行款项支付；而传统的支付方式则通过现金的流转、票据的转让及银行的汇兑等物理实体来完成款项支付。

（2）电子支付的工作环境基于一个开放的系统平台（即互联网）；而传统支付则是在较为封闭的系统中运作的，如银行系统的专用网络。

（3）电子支付使用的是最先进的通信手段，如互联网，而传统支付使用的则是传统的通信媒介；电子支付对软、硬件设施的要求很高，一般要求有联网的计算机、相关的软件及其他一些配套设施，而传统支付则没有这么高的要求。

（4）电子支付具有方便、快捷、高效、经济的优势。用户只要拥有一台联网的计算机，便可足不出户，在很短的时间内完成整个支付过程。而且支付费用比传统支付低很多。

5.1.2 支付体系

支付体系是指为实现和完成各类支付活动所做的一系列法规制度性安排和相关基础设施安排的有机整体。它包括对传达支付指令的支付工具和支持支付工具运用的支付系统，以及为确保货币资金流通的一系列法规制度安排和基础设施安排。

它是一国金融市场的核心基础设施，它将一国货币市场、债券市场、股票市场、外汇市场和离岸市场等金融市场各个组成部分紧密联结起来。

现代支付体系主要由支付工具、支付系统、支付服务组织和支付体系监管等要素组成。支付体系的构成如图 5.1 所示。

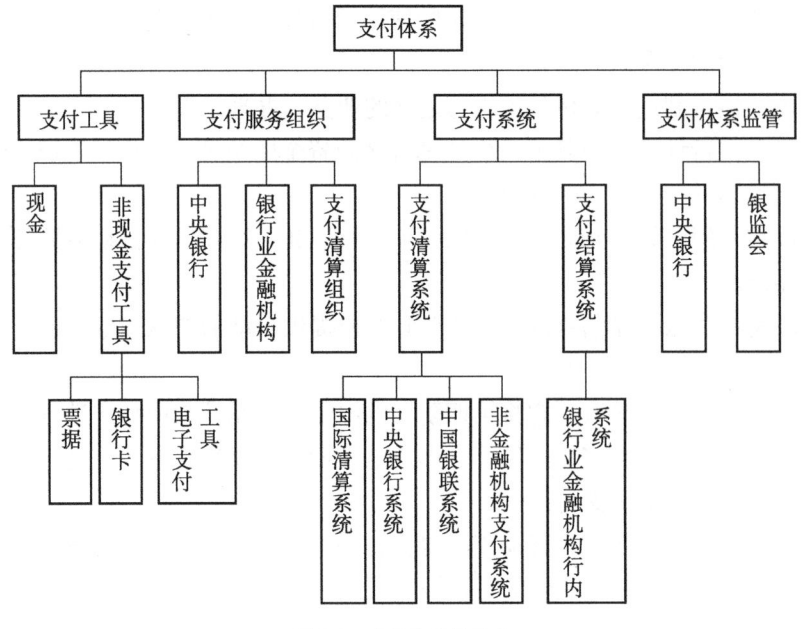

图 5.1　支付体系的构成

5.1.3 电子支付系统

电子支付系统（Electronic Payment System）由电子交易各实体、网络金融服务机构、网络认证中心，以及网上支付工具和网络银行等各方组成，而实现货币支付和资金转移则由国家及国际相关的法律法规来予以支撑。

电子支付系统主要用来解决电子商务中各交易实体（用户、厂商、金融机构等）间资金流和信息流在网络环境下安全、高效、及时传递的问题，即把新型支付手段，包括电子现金（E-Cash）、信用卡（Credit Card）、借记卡（Debit Card）甚至指纹、虹膜、人脸等的支付信息通过计算机网络系统安全传送到银行或相应的处理机构，来实现电子支付结算。

美国于 20 世纪 60 年代组建了电子资金转账系统（EFT），目前 EFT 系统是银行同客户进行数据通信的一种有力工具，通过它，银行可以把支付系统延伸到社会的各个角落，如零售商店、超级市场、企事业单位以至家庭，从而为客户进行支付账单、申请信贷、转账、咨询、缴纳税金、进行房地产金融等活动提过方便、快捷的服务。ETF 系统的应用已经发展成为一个集 Intranet、Extranet 和因特网于一体的广泛的电子支付网络系统，如图 5.2 所示。

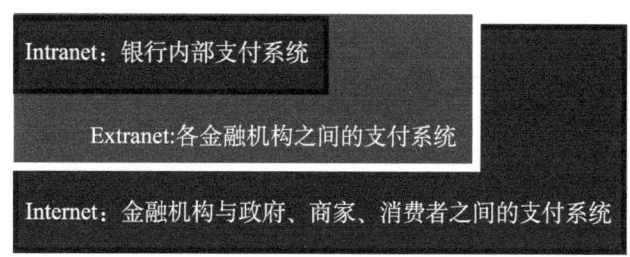

图 5.2 EFT 系统的构成

电子支付系统一般由支付服务系统、支付清算系统和支付信息管理系统三个层次组成。

支付服务系统主要指完成银行与客户之间的支付与结算的系统，也就是联机采用分布式数据库的综合业务处理系统。支付服务系统在中国具体包括公司业务系统、储蓄业务系统和新型电子化服务三类系统。

支付清算系统一般由政府授权的中央银行组织建设、运营和管理，各家商业银行和金融机构共同参加。这类系统几乎涉及一个地区或国家的所有银行或金融机构，系统庞大而复杂。

支付信息管理系统是连接金融综合业务处理系统，对各子系统所产生的基础数据进行采集、加工、分析和处理，为管理者提供及时、准确、全面信息及信息分析工具的核心系统。

5.1.4 支付体系运行总体情况

根据央行发布的 2017 年支付体系运行总体情况，截至 2017 年年末，银行卡跨行支付系统联网商户 2592.60 万户，联网 POS 机具 3118.86 万台，ATM96.06 万台，较 2016 年年末分别增加 525.40 万户、665.36 万台和 3.64 万台。全国每万人对应的 POS 机具数量 225.56 台，同比增长 26.04%，每万人对应的 ATM 数量 6.95 台，同比增长 3.06%。

随着无现金交易逐渐普及开来，银行卡存取业务逐年下降。2017 年，银行卡存现 96.41 亿笔，金额 67.92 万亿元，同比分别下降 7.95% 和 11.99%；取现 173.17 亿笔，金额 65.07 万亿元，同比分别下降 3.78% 和 0.65%；转账业务 638.46 亿笔，金额 559.99 万亿元，同比分别增长 31.17% 和 3.20%。消费业务 586.27 亿笔，金额 68.67 万亿元，同比分别增长 52.96% 和 21.54%。

随着移动支付等的迅速发展，银行业金融机构处理的网上支付业务的金额也有所下降。2017 年，银行业金融机构共处理电子支付业务 1525.80 亿笔，金额 2419.20 万亿元。其中，网上支付业务 485.78 亿笔，金额 2075.09 万亿元，笔数同比增长 5.20%，金额同比下降 0.47%。移动支付业务 375.52 亿笔，金额 202.93 万亿元，同比分别增长 46.06% 和 28.80%；电话支付业务 1.60 亿笔，金额 8.78 万亿元，同比分别下降 42.58% 和 48.56%。

非银支付业务则大幅增长。2017 年，非银行支付机构发生网络支付业务 2867.47 亿笔，金额 143.26 万亿元，同比分别增长 74.95% 和 44.32%。

5.2 常见的电子支付工具

5.2.1 银行卡

1. 银行卡的产生和发展

当今世界上流行着各种介质的卡片,其中尤以磁卡和集成电路卡(IC卡)使用最多。由于各行各业都在发行自己的卡片,因此,卡片的种类繁多,而且应用范围非常广泛。

银行卡也称为金融交易卡,是由商业银行(含邮政金融机构)向社会发行的具有消费信用、转账结算、存取现金等全部或部分功能的信用支付工具,也是客户用以启动 ATM 系统和 POS 系统等电子银行系统并进行各种金融交易的必备工具。

银行卡是伴随着中国改革开放的脚步进入人们生活中的。1978年,中国银行广州分行首先开始代理国外信用卡业务,信用卡从此进入中国。1985年,中国银行珠海分行发行了我国第一张信用卡——珠江卡。1986年,中国银行北京分行发行了长城卡,之后中国银行总行指定长城卡为中国银行系统的信用卡,在全国各分行发行。近年来,我国银行卡消费交易持续快速增长。

相关案例

中国银行卡发展现状

2018年6月20日,中国银行业协会第九次向社会发布银行卡产业的年度性研究报告《中国银行卡产业发展蓝皮书(2018)》(以下简称《报告》),数据显示,2017年,银行卡新增发卡量6.6亿张,总量达到70.3亿张,增长10.3%,交易总额734.6万亿元,银行卡渗透率48.7%,连续四年持续提升。

按照全国人口计算,银行卡人均持卡量在2014年至2016年的基础上持续增长,年末人均持卡数首次突破了5张,为5.06张;借记卡人均持卡数为4.49张,信用卡人均持卡数为0.57张。

截至2017年年末,工商银行、农业银行、中国银行、建设银行、交通银行五家国有股份制商业银行的银行卡累计发卡量占全国银行卡总发卡量的51.5%,招商银行等11家全国股份制商业银行的银行卡累计发卡量占全国银行卡总发卡量的12.2%,其他邮政储蓄银行、地方性商业银行、外资银行等约占36.3%。

然而,虽然银行卡的数量在增长,总刷卡金额却较2016年有所下降,2016年银行卡交易金额为743.6万亿元,2017年为734.6万亿元。其中借记卡交易金额为704万亿元,比2016年减少了14万亿元,信用卡交易金额则较2016年增加了5万亿元。

同时，卡均交易金额也有着较大幅度的下降，2016年卡均交易金额为11.67万元，2017年卡均交易减少较多，只有10.45万元，卡均交易金额缩水了一成。而在这一项上，借记卡和信用卡的卡均交易金额均有所减少。

资料来源：《中国银行卡产业发展蓝皮书（2018）》

2. 银行卡的种类

银行卡有多种分类方式。按信息载体不同分为磁条卡和芯片卡；按发行主体是否在境内分为境内卡和境外卡；按发行对象不同分为个人卡和单位卡；按账户币种不同分为人民币卡、外币卡和双币种卡；按结算方式主要分为借记卡、信用卡。

1）借记卡

借记卡（Debit Card）可以在网络或POS消费或者通过ATM转账和提款，不能透支，卡内的金额按活期存款计付利息。消费或提款时资金直接从储蓄账户划出。借记卡在使用时一般需要输入密码（PIN）。借记卡按等级可以分为普通卡、金卡和白金卡；按使用范围可以分为国内卡和国际卡。

2）信用卡

信用卡（Credit Card），又叫贷记卡，是指由商业银行或者其他金融机构发行的具有消费支付、信用贷款、转账结算、存取现金等全部功能或者部分功能的电子支付卡。信用卡一般是长85.60毫米、宽53.98毫米、厚1毫米的特制载体塑料卡片，正面印有发卡机构名称、有效期、号码、持卡人姓名等内容，背面有芯片、磁条、签名条，签名条上通常印有3位阿拉伯数字的CVV2码。如果持卡人在期限内（通常为结账日后一个月左右）结清余额，则无须支付任何利息。信用卡一般设有最低还款额，客户出现透支可自主分期还款。通常客户需要向申请的银行交付一定数量的年费，各银行不相同。

知识提示

信用卡小知识：带你认识六大信用卡发卡组织

目前国际上有六大信用卡组织，分别是威士国际组织（VISA International）、万事达卡国际组织（MasterCard International）两大组织，以及美国运通国际股份有限公司（America Express）、中国银联股份有限公司（China UnionPay Co.，Ltd.）、大莱信用卡有限公司（Diners Club）、JCB日本国际信用卡公司（JCB）四家专业信用卡公司。

中国银联股份有限公司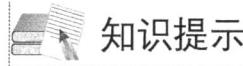

平时最常见的国内信用卡发卡组织是银联UnionPay，成立于2002年，中国银联合作的机构有两千多家，在亚洲、欧洲、美洲、大洋洲、非洲等160多个国家和地区均能使用银联信用卡进行支付。

威士国际组织

除了银联，也会经常看到威士国际组织和万事达卡国际组织，前者是第一大信用卡国际组织，VISA卡于1976年开始发行，它的前身是由美洲银行所发行的Bank Americard。

1959年，美洲银行发行了第一张银行信用卡。VISA的借记卡分为四大品牌——VISA、VISA Electron、Interlink和PLUS。

万事达卡国际组织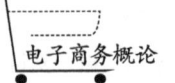

万事达卡国际组织是全球第二大信用卡国际组织。

1966年8月16日，美国加利福尼亚州的四家银行：加联银行United California Bank、富国银行Wells Fargo、克罗克银行Crocker Bank和加州银行Bank of California，为了和美国银行（Bank of America）发行的Bank Americard（VISA卡的前身）竞争而设立了银行间卡协会（Interbank Card Association，ICA）。1978年更名为现在的MasterCard。万事达卡国际组织的会员有两万五千多个金融机构，同时万事达卡国际组织也在美国纽约证券交易所上市。万事达卡国际组织通过其会员发行万事达（MasterCard&reg）信用卡和万事顺（Maestro&reg）借记卡。

美国运通国际股份有限公司

1850年运通以快递业务在纽约州布法罗市起家，在公司成立100年的时候，也就是1950年，成立了Diners Club。刚开始时，大莱俱乐部引入了以餐馆客户为目标对象的Diners Card——世界上首次推出的付款卡。

付账卡不提供循环信贷，持卡人必须每月偿还全额欠款，没有预先设定的固定信贷限额。直到1957年12月，它才终于决定推出自己的银行卡。

目前和美国运通国际股份有限公司联合发卡的银行有：招商银行、中信银行、工商银行、中国银行、民生银行、平安银行、浦发银行7家银行。

大莱信用卡有限公司

对于第一张付账卡Diners Club的起源，有几种不同版本的传奇式故事。流传最广的版本是：1949年纽约曼哈顿商人McNamara有一次和他的律师Bloomingdale在一家餐厅吃午餐，发现自己带的现金不够付账，因此受到启发而创办了Diners Club。

美国在20世纪初就已经出现了连锁店，那个时候流行的是记账卡，记账卡是由金属压制而成的。但这些卡型都着眼于促销，在当时本身还没有成为盈利的工具。而McNamara、Bloomingdale二人所设想的是在卖方（商户）与买方（客户）之间插入一个提供付账服务的第三方，因此必须要确定的是它从哪一方赚钱，如何赚钱。于是，他们二人想到"折扣费"，通过与餐饮老板的沟通和咨询，使餐饮老板同意接受7%的折扣费，于是，世界上第一张普适银行卡的商业模式就这样诞生了。今天，所有商户接受银行卡时都要为银行卡系统提供的服务付出折扣费，这一切都是从Diners Card开始的。

JCB日本国际信用卡公司

JCB日本国际信用卡公司于1981年在日本游客最常去的热门地区独自开始商户收单业务，后来于1995创立了Japan Card Network（CARDNET），主要业务是在市场中铺设POS终端并强化网络系统基础设施建设。

JCB日本国际信用卡公司算是几大信用卡发卡组织中成立比较晚的了，所以目前分布的地点范围也很有限。不过在亚洲，特别是日本当地，JCB信用卡VISA和MasterCard更有优势。

在中国内地能申请到JCB卡种的银行有：中国建设银行、中国民生银行、中国工商银行、上海浦东发展银行、中国光大银行、平安银行、上海银行、招商银行、中国银行、中信银行这 10 家。

在国内，申请信用卡，都以银联标志为主，如果需要多币种的卡，那么可以申请多标志的信用卡，比如银联和万事达卡国际组织联合发行的信用卡或者银联和 JCB 联合发行的信用卡。

资料来源：https：//www.sohu.com/a/236490921_411739 搜狐

5.2.2 储值卡

1. 储值卡的概念

储值卡，又称支付卡，是一种具有支付功能的支付工具。储值卡是发卡银行根据持卡人要求将其资金转至卡内存储，交易时直接从卡内扣款的预付钱包式借记卡。储值卡一般以 IC 卡和磁条卡作为介质，目前以 IC 卡作为介质居多。

2. 储值卡的发行

储值卡的发行主体大部分为企业、商家，也有部分银行与企业联合发行。按照银行是否参与储值卡的发行，可以把储值卡发行分为两种类型：有银行参与的储值卡发行、无银行参与的储值卡发行。

3. 储值卡的分类

电信行业，如：移动、联通，手机卡就是预付卡；

银行：例如银联与交通银行发行的太平洋世博非接触芯片预付卡；

商家：商场、超市、餐饮、娱乐、美容、理发等各个行业；例如，华润万家超市自行发售的储值卡。

第三方发卡机构：与众多商家签订协议，布放受理 POS 终端，发行一张跨行业消费的预付卡，可到众多联盟商户刷卡消费；例如通策卡，可以持卡在众多商家进行直接刷卡消费，也可以进行网上支付、生活缴费。

4. 储值卡的优点

优点一：灵活使用，持卡人可以把福利卡转赠他人，无论谁是持卡人，都可在指定商户使用。

优点二：固定金额，每张储值卡都含有固定的金额，方便企业向不同员工发放不同金额的福利，福利卡持卡人可以到对应商户购买自己所需要的物品。

优点三：储值卡的礼品采用自选模式，有着随身携带、方便馈赠、挑选自主、时尚个性、私家定制等特点。

5.2.3 虚拟卡

虚拟卡是互联网服务提供商为了方便消费者网上购物（包括实体购物和增值服务）而设立的虚拟账户，其本质是各种网络虚拟货币的载体，是电子商务一种重要的电子支付工具。虚拟卡没有实物卡，而只有一串序列号和密码提供给用户使用。常见的有手机在线充值卡、游戏点券以及营业机构推出的会员卡等。

按照虚拟卡发行主体的业务类型，虚拟卡可分为 B2C 型虚拟卡和 C2C 型虚拟卡。

1. B2C 型虚拟卡

B2C 型虚拟卡的发行主体为 B2C 服务提供商，如腾讯、盛大、新浪。这类虚拟卡主要解决企业在网络上销售其商品或服务时消费者的支付问题，以支付的便捷性来促进其商品的销售。因此，B2C 型虚拟卡目前基本上属于封闭式，局限于各企业内部使用，相互间尚未形成正式的交换机制。现阶段，主要是互联网增值服务提供商发行了各类虚拟卡。这类虚拟卡的共性主要表现为主要用于小额支付。虚拟产品标准化程度比较高，是数字化产品，所以十分适合通过网上交易。

腾讯的 Q 币是 B2C 型虚拟卡的典型案例，Q 币可以用来购买腾讯所有包月服务、游戏道具及点券；Q 币仅能用于兑换腾讯公司直接运营的产品和服务，不能兑换现金，不能进行转账交易，不能兑换腾讯公司体系外的产品和服务。充值账号默认为自己的 QQ 号，金额的选项有 10 元、20 元、60 元，还可自行输入金额。在线支付方式有微信支付、QQ 钱包、QQ 卡，还可选择网银支付、手机充值卡支付以及拨打电话号码进行充值，如图 5.3 所示。

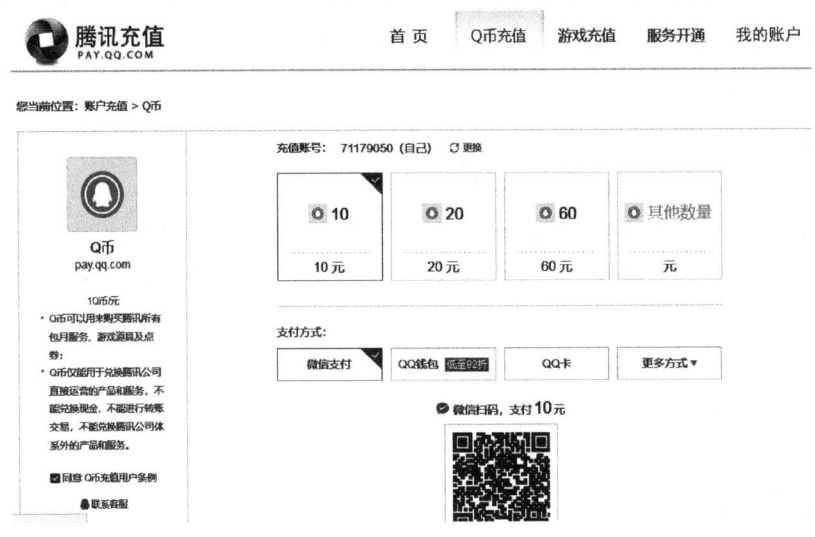

图 5.3　Q 币充值页面

2. C2C 型虚拟卡

C2C 型虚拟卡的发卡机构为 C2C 服务提供商，如淘宝网、eBay。这类虚拟卡主要解决消费者之间在其平台上交易时的支付问题，以支付的便捷性和安全性来提高其平台的竞争力。

5.2.4　电子支票

1. 电子支票的概念

在传统的支付方式中，当交易金额较多时，交易方普遍都会利用支票来付款。电子支票(E-Check)是纸质支票的电子替代物,它与纸质支票一样是用于支付的一种合法方式,在纸质支票手写签名的地方,电子支票使用数字签名和自动验证技术来确定其合法性。电子支票样式十分像纸质支票,填写方式也相同,支票上除了收款人姓名、账号、金额和日期,还隐含了加密信息。

电子支票,也称数字支票,是将传统支票的全部内容电子化和数字化,形成标准格式的电子版,借助计算机网络(因特网与金融专网)完成其在客户之间、银行与客户之间以及银行与银行之间的传递与处理,实现银行客户间的资金支付结算。简单地说,电子支票就是纸质支票的电子版,具有和纸质支票一样的支付结算功能。

2. 电子支票支付流程

电子支票的支付流程如图 5.4 所示。

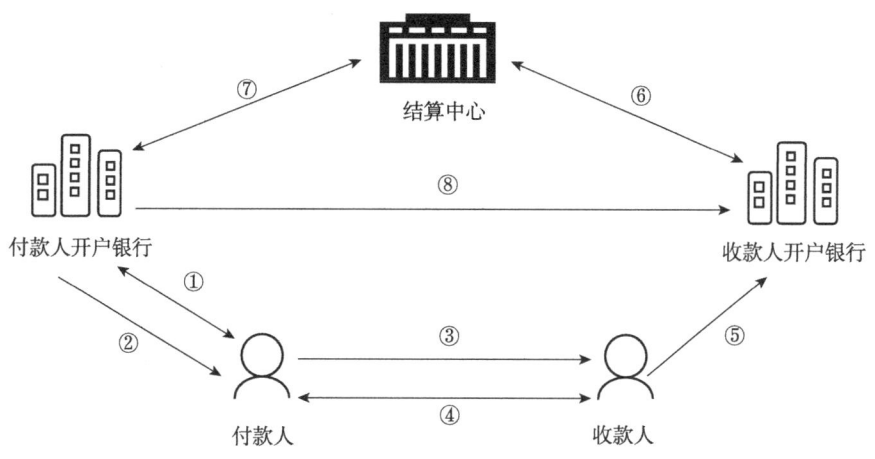

图 5.4 电子支票的支付流程

电子支票的支付流程如下:
(1)付款人在付款人开户银行申请一个电子支票簿。
(2)付款人根据电子支票的要求生成一个电子支票,并对该支票进行签名。
(3)付款人利用安全 E-mail 或 Web 方式把电子支票传送给收款人,一般用收款人的公钥加密电子支票。
(4)收款人收到该电子支票后,用付款人的公钥确认付款人的数字签名。
(5)收款人背书(Endorse)支票,填写存款单(Deposit),签署该存款单后转给收款人开户银行。
(6)收款人开户银行验证付款人签名和收款人签名,贷记(Credits)收款者账号,在合适的时间向结算中心发出支票清算申请。
(7)付款人开户银行验证付款人签名,并借记(Debits)付款人账号。
(8)付款人开户银行和收款人开户银行通过传统银行网络进行清算,并将清算结果向付款人和收款人进行反馈。

3. 电子支票所具有的属性

(1)货币价值。电子支票像电子现金一样,必须有银行的认证、信用与资金支持,才有公信的价值。

（2）价值可控性。电子支票可用若干种货币单位，如美元电子支票、人民币电子支票，并且可像普通的纸质支票一样，使用户可以灵活填写支票代表的资金数额。

（3）可交换性。电子支票可以与纸币、电子现金、商品与服务、银行账户存储金额、纸质支票等进行互换。

（4）不可重复性。同一个客户在已用某张票号的电子支票后，就不能再用第二次，也不能随意复制使用。发行银行有巨大的数据库记录和存储电子支票序列号，应用相应的技术与管理机制防止复制或伪造等。

（5）可存储性。电子支票能够在许可期限内存储在客户的计算机硬盘、智能卡或电子钱包等特殊用途的设备中，最好是不可修改的专用设备，也可直接在线传递给银行要求兑付。

（6）应用安全与方便。电子支票在整个应用过程中应当保证其安全、可靠、方便，不可随意否认、更改与伪造，易于使用。

4. 电子支票支付模式的优缺点

电子支票支付的优点有：与传统纸质支票类似，用户比较熟悉，易于被接受；具有可追踪性，所以当使用者支票遗失或被冒用时可以停止付款并取消交易，风险较低；通过应用数字证书、数字签名及各种加密/解密技术，提供比传统纸质支票中使用印章和手写签名更加安全可靠的防欺诈手段。加密的电子支票也使它们比电子现金更易于流通，买卖双方的银行只要用公开密钥确认电子支票即可，数字签名也可以被自动验证。

电子支票支付的缺点有：需要申请认证，安装证书和专用软件，使用较为复杂；不适合小额支付及微支付；电子支票通常需要使用专用网络进行传输。

典型的电子支票系统有 NetBil、NetCheque、FSTC 等。

5.2.5 电子现金

1. 电子现金的概念

电子现金（E-cash）又称为电子货币（E-money）或数字货币（Digital Cash），是以数据形式流通的现金货币，它把现金数值转换成为一系列的加密序列数，通过这些序列数表示现实中的币值，是 20 世纪 90 年代中期出现的一种新型支付工具。

第一个电子现金方案是由 Chaum 在 1982 年提出的，他利用盲签名技术来实现，可以完全保护用户的隐私权。但这种完全匿名的电子现金也为许多不法分子提供了方便，他们利用电子现金的完全匿名性进行一些违法犯罪活动，例如贪污、非法购买（如购买毒品、军火等）、敲诈勒索等。警方即便拿到赃款，也不能抓住犯罪分子。基于这个原因，合理的电子现金系统应该是不完全或有条件匿名的。1995 年，Stadler 等人提出了公平盲签名（Fair Blind Signature）的概念，可以用于有条件匿名的支付系统。1996 年，Camenisch 等人和 Frankel 等人分别独立地提出了公平的离线电子现金（Fair Off-line Electronic Cash）的概念，同时给出了两个方案。公平电子现金中的用户的匿名性是不完全的，它可以被一个可信赖的第三方（TTP）撤销，从而可以防止利用电子现金的完全匿名性进行的犯罪活动。

2. 电子现金的特征

电子现金必须具备货币价值。它必须得到现金（货币）、银行认可的信用或银行承认的本票的支撑。若一家银行创造的电子现金能被其他银行接受，那么银行间必须能够毫无障碍地进行对账。若没有银行的支撑，电子现金就有可能因为所代表的现实资金不足而被退回。

（1）电子现金必须具有可交换性。作为一种结算方式，它必须能够交换成其他电子现金、纸币现金、商品或服务、银行账户的存款、债券等。电子现金需要依附于某家银行。实际上不可能所有的顾客都通过同一家银行结算，买卖双方甚至不在同一个国家里，故为让电子现金能得到广泛使用，多家银行就必须使用同一种数据现金。

（2）电子现金必须可存储和检索。远程存储和检索（如通过电话）允许用户从家里、办公室或旅途中交换电子现金。电子现金可以存储在远程计算机、智能卡或其他易于转换的标准或专用设备上。

（3）电子现金必须是安全的，不能被轻易地复制或篡改。电子现金必须只能支付一次。电子现金不像纸币那样是一个实物，而由于只是一些账号和密码，本身具有无形性，所以要设法防止同一笔电子现金的复制和双重使用。人们必须保证支付出去的电子现金所代表的实际通货只属于某一个人。

（4）电子现金有匿名性。买卖双方在使用电子现金时都能避免暴露自己的身份。匿名性也防止了销售者收集有关个人或组织的消费习惯的信息。

（5）电子现金有独立性。它与任何网络或存储设备无关。它的安全性不能只靠物理上的安全保证，必须通过自身使用各项密码技术来保证电子现金的安全。

（6）电子现金有可传递性。它要像真实货币一样在用户之间自由转账。

（7）电子现金有可分解性。电子现金不仅能作为整体使用，还应该能够被分为更小的部分多次使用，只要各部分的面额之和与原电子现金面额相等，就可以进行任意金额的支付。

3. 电子现金系统中使用的密码技术

电子现金的安全性和可靠性等主要是依靠密码技术来实现的，主要有以下几种技术：

（1）分割选择技术。用户在提取电子现金时，不能让银行知道电子现金中用户的身份信息，但银行需要知道提取的电子现金是正确构造的。分割选择技术是用户正确构造 N 个电子现金传给银行，银行随机抽取其中的 $N-1$ 个让用户给出它们的构造，如果构造是正确的，银行就认为另一个的构造也是正确的，并对它进行签名。

（2）零知识证明。证明者向验证者证明并使其相信自己知道或拥有某一消息，但证明过程不能向验证者泄露任何关于被证明消息的信息。

以上两种技术用于将用户的身份信息嵌入到电子现金中。

（3）认证。认证一方面是鉴别通信中信息发送者是真实的而不是假冒的；另一方面是验证被传送信息是正确和完整的，没有被篡改、重放或延迟。

（4）盲数字签名。签名申请者将待签名的消息经"盲变换"后发送给签名者，签名者并不知道所签发消息的具体内容,该技术用于实现用户的匿名性。

4. 电子现金的应用流程

电子现金的应用流程如图 5.5 所示。

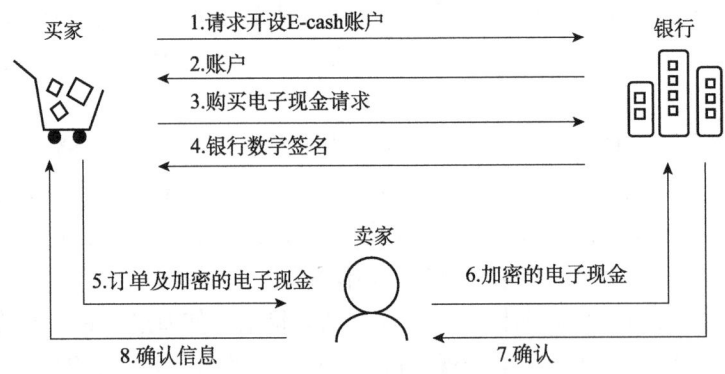

图 5.5 电子现金的应用流程

电子现金的使用过程介绍如下:

(1)购买电子现金。买家与电子现金发行银行执行开户协议,用户标识自己的身份,开立电子现金账号,并用预先存入的现金购买电子现金证书,这些电子现金被分成若干成包的"硬币"。

(2)存储电子现金。买家通过个人计算机电子现金终端软件从电子现金银行取出一定数量的电子现金,然后存储在硬盘上。当然根据电子现金的模式不同,也可以存放在卡或其他介质上。

(3)使用电子现金。买家与同意接收电子现金的卖家签订购货合同,执行支付协议,买家向卖家支付电子现金。

(4)资金清算。卖家与银行执行存款协议,卖家将交易所得的电子现金存入银行。

(5)确认订单。卖家获得付款后,向买家发送订单确认信息。

典型的电子现金系统有 E-cash、Mondex 等。

知识提示

电子现金应用新模式探究

随着全球经济以及信息技术的发展,电子现金作为一种新型的支付工具和电子货币形态开始登上了现代社会舞台。基于先进的智能卡技术,依附芯片卡的电子现金具备无须联网即可实现快速记账和支付(也称"脱机支付")的特点,同时可以直接贴近非接触式终端的方式实现交易(术语上称"闪付"),从而突破了传统银行卡使用每次需插卡和刷卡,并需与后台联网后才能实现交易,且耗时长,商户需每次支付通信费用和终端布放成本高等局限,极其有效地适应了社会公众日常小额快速支付的需要,一度成为最受欢迎和最具活力的电子货币形态。

1. 电子现金发展的问题

（1）电子现金"支付快捷""特色应用"等优势不再突出。电子现金交易无须网络支持，支付过程稳定快捷，响应速度为10毫秒左右，而且免签免密，是目前支付市场中最快的支付方式，特别适用于公交、地铁、快餐店等需要排队支付的小额支付场景。银联云闪付推出小额免签免密服务并在商户侧逐步普及，微信、支付宝等也已推出指纹验证等生物识别服务，在保证安全的同时简化交易流程。以上措施的推出使交易能够在网络稳定的环境中2秒内快捷完成。对于用户而言，在日常交易中，10毫秒相较2秒而言没有明显提升用户体验。在目前网络大规模普及的情况下，用户在交易支付时基本能够保证网络的可用性，电子现金"支付快捷"的优势不再突出。

电子现金另一优势便是基于金融IC卡的特色应用，但目前停车场、地铁、闸机等特色支付应用已能够被同样基于金融IC卡的银联云闪付以及其他移动支付等替代实现，在这些支付场景下，基于移动终端的各类支付方式比基于金融IC卡的电子现金更加灵活、便捷加载与更新应用，用户体验更好，电子现金特色支付应用优势不再。

电子现金受理手续费是电子现金相比微信、支付宝等移动支付方式而言最大劣势之一。由于手续费的存在，多数商户，特别是小额民生领域的商户更倾向于受理其他支付方式而不愿受理电子现金，严重地阻碍了电子现金的应用发展。

（2）电子现金用户体验有待加强。一是电子现金使用前需圈存，影响消费体验。由于电子现金是一种储值型或基于移动金融支付终端的电子货币，因此其在使用前需要执行由借贷记账户向金融IC卡上的电子现金账户中"储值"的操作，这个过程就称为"圈存"（通俗地讲就是把钱从银行里取出，并以电子形式存放到"电子钱包"里）。"额外的操作"一定程度降低了支付的便利性，特别是圈存过程较为麻烦时甚至对推广应用带来阻力。实际上，大多数圈存操作都发生在ATM自助设备上，虽然ATM跨行圈存功能早已实现，但不同银行ATM机具的圈存操作界面与流程不尽相同，甚至会给消费者带来一定困惑，严重影响了电子现金消费体验。

二是电子现金限额1000元，不记名不挂失。电子现金在使用上等同于现金，而非银行存款账户上的资金，电子现金无须签名和验密、一拍即可完成交易的同时，与实物现金具有等同性，丢失后与实物现金一样可被别人支付，因此银联将金融IC卡电子现金的上限设定为1000元，目的就是要尽量减少持卡人因意外丢失现金的损失。但限额的同时也决定了电子现金只能使用在小额支付领域，其丢失后余额得不到保障也降低了人们的使用热情。

2. 政策建议

（1）移动终端变为电子现金载体。随着互联网、智能手机的普及，支付宝、微信等支付方式的广泛应用，人们已经形成了用手机终端进行消费支付的习惯，电子现金进一步推广应用，与手机终端的融合已成为必然之路。将移动终端与电子现金融合将有效解决电子现金以下问题：一是能够实现空中圈存，圈存过程全部在移动终端上操作完成，避免频繁到ATM或柜台圈存的麻烦，能够有效改善用户的使用体验；二是能够发挥移动终端的优势，利用指纹、密码等手段在不影响支付速度的前提下解决电子现金"无密"的问题，使电子现金更加安全可靠，同时避免移动终端遗失时电子现金被他人使用的风险，在此基础上可以进一步提高电子现金限额，突破其小额瓶颈发挥更大应用空间；三是与金融IC卡相比，移动终端更有利于基于电子现金特色支付应用的创新与开发，用户能够更加便捷下载与更新各种电子现金应用，有效提升应用效率与用户体验。解决方案为：一是目前"移动和包""电信翼支付"等已实现电子现金与移动终端的融合，但没有实现大规模应用，下一步建议丰富完善移动终端电子现金应用并大力推广；二是中国人民银行总行开发的MTPS已为电子现金与手机终端融合做好了基础设施准备，应继续开展地方TSM平台建设工作，开发基于SIM卡的SE单元应用以及相应的地方特色应用软件，注意非NFC手机实现电子现金的方法；三是积极探索银联与手机厂商间的合作，开发电子现金"全终端"模式，将手机间电子现金的支付与受理在出场前预置。

（2）移动终端变为电子现金受理终端。微信、支付宝等支付方式受理的便捷性是其能够快速推广应用的主要因素之一，电子现金只能在POS终端上受理的事实情况严重制约其推广应用进程。解决方案为：将移动终端与POS终端相融合，即通过软硬件开发，将具有NFC功能的移动终端变成为能够受理电子现金的智能POS终端。此举将能够极大降低POS终端的布放成本，迅速完善电子现金在各个小额民生领域的受理环境，有效促进电子现金推广应用。

（3）积极与银联等单位合作，严格落实电子现金技术标准。一是开发应用软件时应与银联充分合作，严格落实统一标准，保证手机间电子现金支付与受理的稳定性与可靠性，减少"单边账"情况的发生；二是研究电子现金与云闪付的融合，作为补充手段解决云闪付在网络质量较差环境中的支付问题，借助云闪付之力推动电子现金应用。

（4）政策支持。一是中国人民银行政策支持，协调银联减免手续费。减免电子现金交易手续费将能有效推进电子现金推广应用进程，同时，减免手续费也将成为电子现金同支付宝等第三方支付方式争夺市场的重要砝码。前期为推广电子现金可由银行或收单机构予以补贴，但从长远考虑，银联需针对电子现金制定长久的手续费减免政策，例如按交易类型实行有差别的费率即个人与个人间完全减免、个人与商户间部分减免，提升电子现金使用热情。二是结合生物识别技术，探索研究电子现金新标准。由中国人民银行组织推出PBOC电子现金新标准，为电子现金与新技术结合做好顶层设计，避免因标准不统一造成的资源浪费，阻碍电子现金发展。

资料来源 http：//www.financialnews.com.cn/ll/gdsj/201712/t20171225_130302.html 中国金融新闻网

5.2.6 微支付

1. 微支付的定义

微支付是指在互联网上进行的一些小额的资金支付。这种支付机制有着特殊的系统要求，在满足一定安全性的前提下，要求有尽量少的信息传输，较低的管理和存储需求，即速度和效率要求比较高。这种支付形式就称为微支付。现在大家所说的微支付，主要是指微信支付。

微支付适用于 B2C、C2C 最活跃的商品交易，特别是数字音乐、游戏等数字产品，如网站为用户提供搜索服务、下载一段音乐、下载一个视频片段、下载试用版软件等，所涉及的支付费用很小，往往只要几毛钱、几元钱或几十元钱。微支付就是为解决这些"小金额的支付"而提出的。

2. 微支付的特点

因特网的信息服务与传统的有形商品购买不同。信息服务的特点是方便和快速，不管距离多远，因特网的信息服务都可以在几秒钟内完成，这要求支付方式也必须在几秒钟内完成，而且方便有效。

因特网的信息服务的每笔费用很低，因此要求支付系统不能复杂，否则，支付系统处理每笔支付本身的费用可能超过要支付的费用。

微支付 2013 年不适合 SSL 和 SET 协议。

3. 微支付的实现类型

（1）定制与预支付。这类方式适用于消费者对所购买的产品与服务有着充分的了解和信任，才可能产生"预先"付款的行为。

（2）计费系统与集成。这类支付机制已经大量应用于电信行业，电信公司在利用计费系统对自身的服务进行收费的同时，可以向其他类型的商家提供账单集成服务。

（3）储值方案，即电子现金方案。与第一种类型不同，这类方案基于"电子现金账户"而不是"预付费账户"，电子现金是可以回收并且跨系统运行的，可以是基于互联网的软件方案，也可以是基于智能卡的硬件方案，其发展潜力更多地面向现实环境，起到替代现金的作用。

5.2.7 比特币

比特币是一种"电子货币"，由计算机生成的一串串复杂代码组成，新比特币通过预设的程序制造，随着比特币总量的增加，新币制造的速度减慢，直到 2140 年达到 2100 万个的总量上限，被挖出的比特币总量已经超过 1200 万个。

1. 比特币产生原理

从比特币的本质说起，比特币的本质其实就是一堆复杂算法所生成的特解。特解是指方程组所能得到无限个（其实比特币是有限个）解中的一组。而每一个特解都能解开方程并且是唯一的。以人民币来比喻的话，比特币就是人民币的序列号，你知道了某张钞票上的序列号，你就拥有了这张钞票。而挖矿的过程就是通过庞大的计算量不断地去寻求这个方程组的特解，这个方程组被设计成了只有 2100 万个特解，所以比特币的上限就是 2100 万。

2. 比特币特征

- 去中心化：比特币是第一种分布式的虚拟货币，整个网络由用户构成，没有中央银行。去中心化是比特币安全与自由的保证。

- **全世界流通**：比特币可以在任意一台接入互联网的计算机上管理。不管身处何方，任何人都可以挖掘、购买、出售或收取比特币。
- **专属所有权**：操控比特币需要私钥，它可以被隔离保存在任何存储介质。除了用户自己无人可以获取。
- **低交易费用**：可以免费汇出比特币，但最终对每笔交易将收取约1比特分的交易费以确保交易更快执行。
- **无隐藏成本**：作为由A到B的支付手段，比特币没有烦琐的额度与手续限制。知道对方比特币地址就可以进行支付。
- **跨平台挖掘**：用户可以在众多平台上发掘不同硬件的计算能力。

3. 比特币优点

- 完全去中心化，没有发行机构，也就不可能操纵发行数量。其发行与流通，是通过开源的P2P算法实现的。
- 匿名、免税、免监管。
- 健壮性。比特币完全依赖P2P网络，无发行中心，所以外部无法关闭它。比特币价格可能波动、崩盘，多国政府可能宣布它非法，但比特币和比特币庞大的P2P网络不会消失。
- 无国界、跨境。跨国汇款，会经过层层外汇管制机构的监管，而且交易记录会被多方记录在案。但如果用比特币进行交易，直接输入数字地址，点一下鼠标，等待P2P网络确认交易后，大量资金就过去了。不经过任何管制机构，也不会留下任何跨境交易记录。
- 山寨者难于生存。由于比特币算法是完全开源的，谁都可以下载到源码，修改些参数，重新编译下，就能创造一种新的P2P货币。但这些山寨货币很脆弱，极易遭到攻击。

4. 比特币缺点

- 交易平台的脆弱性。比特币网络很健壮，但比特币交易平台很脆弱。交易平台通常是一个网站，而网站会遭到黑客攻击，或者遭到主管部门的关闭。
- 交易确认时间长。比特币钱包初次安装时，会消耗大量时间下载历史交易数据块。而比特币交易时，为了确认数据的准确性，会消耗一些时间，与P2P网络进行交互，得到全网确认后，交易才算完成。
- 价格波动极大。由于大量炒家介入，导致比特币兑换现金的价格如过山车一般上下起伏。使得比特币更适合投机，而不是匿名交易。
- 大众对原理不理解，以及受到传统金融从业人员的抵制。活跃网民了解P2P网络的原理，知道比特币无法人为操纵和控制。但大众并不理解，很多人甚至无法分清比特币和Q币的区别。"没有发行者"是比特币的优点，但在传统金融从业人员看来，"没有发行者"的货币毫无价值。

 相关案例

比特币应用举例

比特币在不同国家的待遇并不相同。一些国家对其持抵制态度，而另一些国家则在扩大其使用。比特币支付逐渐从大学、慈善机构等非营利性机构，向广泛的商业服务场景扩展。以下为几个应用实例。

德国：早在2013年8月，德国财政部就认可比特币为合法的私有资产，拥有者可以使用比特币缴纳税金或用做其他用途。在2016年，德国国内的能源巨头Enercity就宣布接受比特币支付，居民可用比特币支付电力、燃气、供暖和饮用水账单。同年，德国一所国家认证的私人商业大学——柏林ESMT，首次接受比特币作为货币使用支付学费和其他所有费用。2017年7月，德国最大食品配送网站Lieferando.de已经宣布开始接受比特币支付，其拥有超过11000家合作餐馆、390万用户。

俄罗斯：2015年10月，俄罗斯最大的搜索引擎以及互联网服务商Yandex宣布计划将比特币引入他们的金融平台Yandex.Money，支付该平台上的交易商进行比特币支付。2016年俄罗斯莫斯科的一家咖啡店成为镇上唯一一家接受比特币来购买咖啡喝羊角面包的店。2017年9月1日在线零售商Ulmart开始接受比特币支付，Ulmart是俄罗斯最大的在线零售商，每个月网站的浏览量超过2000万人，商品数量和服务项目将近1200万项，一些数额比较大的商品将允许使用比特币支付。2017年6月，俄罗斯汉堡王宣布开始在部分门店推广比特币支付，用户可使用比特币在店内消费。

英国：2014年2月，英国计算机销售巨头SCAN宣布开始接受比特币支付。2017年5月，英国机场停车服务提供商SkyParkSecure正式接受比特币作为支付方式，覆盖区域包括伦敦、利物浦、格拉斯哥和贝尔法斯特等城市的机场。2017年7月，英国化妆品巨头Lush宣布其线上商场开始接受比特币支付。2017年9月，英国The Collective公寓和租户开始用比特币支付租金。2017年9月，英国伦敦著名黄金交易所与BitPay达成合作，正式开始接受比特币作为支付方式来购买其贵金属产品。

日本：2016年，日本允许比特币用户使用比特币来支付水电费。2017年4月，日本大型零售商Bic Camera和日本知名比特币交易所、支付公司Bitflyer合作，宣布开始接受比特币支付。2017年5月，日本乐桃航空与新生代日本比特币交易所、支付公司Bitpoim达成合作，宣布计划在年底前接受使用比特币购买机票，并开拓旅游景点的纪念品商铺、转餐厅和酒店提供比特币收款服务。2017年6月，Anshin Oyado、Comicap等知名胶囊酒店与Coincheck达成合作，宣布开始接受比特币支付。2017年7月，日本新版消费法案正式生效，取消了8%的比特币消费税。就在法案生效的几天后，日本商业巨头Recruit Lifestyle宣布其购物App已经正式准备好支持比特币，兑现了今年4月做出的"让超过260000家零售店接受比特币支付"的承诺。2017年8月，日本最大C2C票务平台Ticket Camp与Coincheck达成合作，宣布开始接受比特币支付。2017年8月，日本大型连锁百货商场Marui和比特币交易所Bitflyer达成合作，宣布开始接受比特币支付。

资料来源 https://www.sohu.com/a/203257749_104421 搜狐

5.3 网上银行

5.3.1 网上银行的基本概念

1995年10月18日,全球首家以网络银行冠名的金融组织——安全第一网络银行(SecurityFirst Network Bank,SFNB)打开了它的"虚拟之门"。网络银行将凭借着自己存款利息高和实时、方便、快捷、成本低、功能丰富的24小时服务获得越来越多客户的喜爱,其自身数目也会迅速增长,成为未来银行业非常重要的一个组成部分。

1996年2月,中国银行在国际互联网上建立了主页,首先在互联网上发布信息。目前工商银行、农业银行、建设银行、中信实业银行、民生银行、招商银行、太平洋保险公司、中国人寿保险公司等金融机构都已经在国际互联网上设立了网站。

1. 网上银行的定义

由于网络银行的发展速度很快,其标准、发展模式等都处于演变之中,目前很难对网上银行的基本内涵进行规范的理论界定。

总的来说,网上银行又称网络银行、在线银行或电子银行,它是各银行在互联网中设立的虚拟柜台,银行利用网络技术,通过互联网向客户提供开户、销户、查询、对账、行内转账、跨行转账、信贷、网上证券、投资理财等传统服务项目,使客户足不出户就能够安全、便捷地管理活期账户和定期存款、支票、信用卡及个人投资等。

2017年12月1日,《公共服务领域英文译写规范》正式实施,规定网上银行标准英文名为Online Banking Service。

2. 网上银行的类型

1)按照有无实体网点分类

按照有无实体网点,我们可以将网上银行分为两类:

一类是完全依赖于互联网的无形的电子银行,也叫"虚拟银行",所谓虚拟银行,就是指没有实际的物理柜台作为支持的网上银行,这种网上银行一般只有一个办公地址,没有分支机构,也没有营业网点,采用国际互联网等高科技服务手段与客户建立密切的联系,提供全方位的金融服务。

另一类是在现有的传统银行的基础上,利用互联网开展传统的银行业务交易服务,即传统银行利用互联网作为新的服务手段为客户提供在线服务,实际上是传统银行服务在互联网上的延伸。这是网上银行存在的主要形式,也是绝大多数商业银行采取的网上银行发展模式。

2)按照服务对象分类

按照服务对象,我们可以把网上银行分为个人网上银行和企业网上银行两种。

(1)个人网上银行。个人网上银行主要适用于个人和家庭的日常消费支付与转账。客户可以通过个人网上银行服务，完成实时查询、转账、网上支付和汇款功能。

（2）企业网上银行。企业网上银行主要针对企业与政府部门等企事业组织。企事业组织可以通过企业网上银行服务实时了解企业财务运作情况，及时在组织内部调配资金，轻松处理大批量的网上支付和工资发放业务，并可处理信用证相关业务。

5.3.2 网上银行的功能和优势

1. 网上银行的功能

一般来说，网上银行的业务品种主要包括基本网银业务、网上投资、网上购物、个人理财、企业银行服务及其他金融服务。

（1）基本网银业务。商业银行提供的基本网银业务包括在线查询账户余额、交易记录、下载数据、转账和网上支付等。

（2）网上投资。由于金融服务市场发达，可以投资的金融产品种类众多，国外的网银提供包括股票、期权、共同基金投资等多种金融产品服务。

（3）网上购物。商业银行的网上银行设立的网上购物协助服务，大大方便了客户网上购物，为客户在相同的服务品种上提供了优质的金融服务或相关的信息服务，加强了商业银行在传统竞争领域的竞争优势。

（4）个人理财助理。个人理财助理是国外网上银行重点发展的一个服务品种。各大银行将传统银行业务中的理财助理转移到网上进行，通过网络为客户提供理财的各种解决方案，提供咨询建议，或者提供金融服务技术的援助，从而极大地扩大了商业银行的服务范围，并降低了相关的服务成本。

（5）企业银行服务。企业银行服务是网上银行服务中最重要的部分之一。其服务品种比个人客户的服务品种更多，也更为复杂，对相关技术的要求也更高，所以能够为企业提供网上银行服务是商业银行实力的象征之一，一般中小网上银行或纯网上银行只能部分提供，甚至完全不提供这方面的服务。

（6）其他金融服务。除了银行服务，大部分商业银行的网上银行均通过自身或与其他金融服务网站联合的方式，为客户提供多种金融服务产品，如保险、抵押和按揭等，以扩大网上银行的服务范围。

2. 网上银行的优势

网上银行的特点是客户只要拥有账号和密码，便能在世界各地通过互联网，进入网络银行处理交易，与传统银行业务相比，网上银行的优势体现在以下几点：

（1）大大降低银行经营的成本，有效提高银行的盈利能力。开办网上银行业务，主要利用公共网络资源，不需设置物理的分支机构或营业网点，减少了人员占用，提高了银行后台系统的效率。

（2）无时空限制，有利于扩大客户群体。网上银行业务打破了传统银行业务的地域、时间限制，具有3A特点，即能在任何时候（Anytime）、任何地方（Anywhere）、以任何方式（Anyhow）为客户提供金融服务，这既有利于吸引和保留优质客户，又能主动扩大客户群，开辟新的利润来源。

（3）有利于服务创新，向客户提供多种类、个性化服务。利用互联网和银行支付系统，容易满足客户咨询、购买和交易多种金融产品的需求，客户除办理银行业务，还可以很方便地进行网上买卖股票、债券等，网上银行能够为客户提供更加合适的个性化金融服务。

 知识提示

浙江网商银行

2014年9月29日，中国银监会下发通知，同意在浙江省杭州市筹建浙江网商银行。浙江网商银行由浙江蚂蚁小微金融服务集团、上海复星工业技术发展有限公司、万向三农集团有限公司、宁波市金润资产经营有限公司共同发起设立。

浙江网商银行是一家以互联网为平台，面向小微企业和网络消费者开展金融服务的纯网络银行，不设实体网点，不经营现金业务，也不会涉足传统银行的线下业务，如支票、汇票等。它通过网络数据对个人信用进行分析，并按照"小存小贷"模式发展，致力于为小微企业和网络消费者提供有关贸易与生活方面的金融解决方案。据浙江网商银行行长俞胜法表示，网商银行将主要以小微网商、个人创业者和普通消费者，特别是以其中的农村消费群体为服务对象。以贷款业务为例，浙江网商银行非常明确不会做500万元以上的贷款业务。

浙江网商银行的核心技术基于金融云的技术架构，并由蚂蚁金服的专家团队自主设计开发。与传统的金融系统架构相比，基于金融云的网商银行系统，在单账户、单笔交易上的成本更低。

资料来源 http：//biz.zjol.com.cn/system/2015/05/27/020671268.shtml 浙商网

5.3.3 网上银行的发展现状与趋势

2015年，我国网银用户达到33639万人，同比增长19.23%。2014年中国商业银行网上银行交易规模达到1376.01万亿元，增长率为29.72%；2015年支付业务363.71亿笔，金额2018.20万亿元，同比分别增长27.29%和46.67%。

网银业务市场份额格局保持相对稳定，工、建、农、中四大行依然凭借庞大的客户群体分别位列市场前4位，合计拥有超过七成的市场份额，交通银行与招商银行分别以7.2%和5.2%的市场份额紧随其后。

通过几年的发展，用户对于网上银行的接受程度与前期已有较大提升，而电商的持续火热与网络渠道理财产品的日渐丰富，将推动网上银行交易规模继续保持稳定增长。预计到2020年我国网上银行交易规模可超过10000万亿元。

网上银行是现代银行业的发展方向，指引着银行未来的发展趋势。网上银行的发展趋势将主要呈现以下几个方面：

（1）个性化。随着网络银行的快速发展，人们更希望按照自己的需求获得自己所需要的与别人不同的个性化产品和服务，为了提高竞争力，各银行越来越重视个性化产品和服务的经营。

（2）合规与标准化。与传统银行传统业务相比，网上银行具有新渠道、新产品、新特性，也面临新问题、新风险、新环境，制定和完善适当的行业标准、业务流程、法律法规，采用标准的网络和软硬件平台与工具将是网上银行的一大发展方向。

（3）强化安全性与风险管理。安全问题是网上银行的一个基本问题，也是一个突出问题。进一步加强安全风险监控，仍将是各网络银行的重点关注点。

 5.4 移动支付

5.4.1 移动支付的概念与特点

1. 移动支付相关概念

关于移动支付的定义，国内外移动支付相关组织都给出了自己的定义，行业内比较认可的为移动支付论坛（Mobile Payment Forum）的定义为：移动支付（Mobile Payment），也称之为手机支付，是指交易双方为了某种货物或者服务，使用移动终端设备为载体，通过移动通信网络实现的商业交易。移动支付所使用的移动终端可以是手机、PDA、移动 PC 等。

2. 移动支付的特点

移动支付属于电子支付方式的一种，因而具有电子支付的特征，但因其与移动通信技术、无线射频技术、互联网技术相互融合，又具有自己的特征。

（1）移动性。随身携带的移动性，消除了距离和地域的限制。结合了先进的移动通信技术的移动性，随时随地获取所需要的服务、应用、信息和娱乐。

（2）及时性。不受时间地点的限制，信息获取更为及时，用户可随时对账户进行查询、转账或进行购物消费。

（3）定制化。基于先进的移动通信技术和简易的手机操作界面，用户可定制自己的消费方式和个性化服务，账户交易更加简单方便。

（4）集成性。以手机为载体，通过与终端读写器近距离识别进行的信息交互，运营商可以将移动通信卡、公交卡、地铁卡、银行卡等各类信息整合到以手机为平台的载体中进行集成管理，并搭建与之配套的网络体系，从而为用户提供十分方便的支付以及身份认证渠道。移动支付业务是由移动运营商、移动应用服务提供商（MASP）和金融机构共同推出的、构建在移动运营支撑系统上的一个移动数据增值业务应用。移动支付系统将为每个移动用户建立一个与其手机号码关联的支付账户，其功能相当于电子钱包，为移动用户提供了一个通过手机进行交易支付和身份认证的途径。用户通过拨打电话、发送短信或者使用 WAP 功能接入移动支付系统，移动支付系统将此次交易的要求传送给 MASP，由 MASP 确定此次交易的金额，并通过移动支付系统通知用户，在用户确认后，付费方式可通过多种途径实现，如直接转入银行、用户电话账单或者实时在专用预付账户上借

记,这些都将由移动支付系统(或与用户和 MASP 开户银行的主机系统协作)来完成。

5.4.2 移动支付的分类

1. 按用户支付的额度,可以分为微支付和宏支付

微支付:根据移动支付论坛的定义,微支付是指交易额少于 10 美元,通常用于购买移动内容业务,例如游戏、视频下载等。

宏支付:宏支付是指交易金额较大的支付行为,例如在线购物或者近距离支付(微支付方式同样也包括近距离支付,例如交停车费等)。

2. 按完成支付所依托的技术条件,可以分为近场支付和远程支付

远程支付:是指通过移动网络,利用短信、GPRS 等空中接口,和后台支付系统建立连接,实现各种转账、消费等支付功能。

近场支付:是指通过具有近距离无线通信技术的移动终端实现本地化通信进行货币资金转移的支付方式。

3. 按支付账户的性质,可以分为银行卡支付、第三方支付账户支付、通信代收费账户支付

银行卡支付就是直接采用银行的借记卡或贷记卡账户进行支付的形式。

第三方支付账户支付是指为用户提供与银行或金融机构支付结算系统接口的通道服务,实现资金转移和支付结算功能的一种支付服务。第三方支付机构作为双方交易的支付结算服务的中间商,需要提供支付服务通道,并通过第三方支付平台实现交易和资金转移结算安排的功能。

通信代收费账户支付是移动运营商为其用户提供的一种小额支付账户,用户在互联网上购买电子书、歌曲、视频、软件、游戏等虚拟产品时,通过手机发送短信等方式进行后台认证,并将账单记录在用户的通信费账单中,月底进行合单收取。

4. 按支付的结算模式,可以分为及时支付和担保支付

及时支付是指支付服务提供商将交易资金从买家的账户及时划拨到卖家账户。一般应用于"一手交钱一手交货"的业务场景(如商场购物),或应用于信誉度很高的 B2C 以及 B2B 电子商务,如首信、云网等。

担保支付是指支付服务提供商先接收买家的货款,但并不马上支付给卖家,而是通知卖家货款已冻结,卖家发货;买家收到货物并确认后,支付服务提供商将货款划拨到卖家账户。

5. 按用户账户的存放模式,可分为在线支付和离线支付

在线支付是指用户账户存放在支付提供商的支付平台,用户消费时,直接在支付平台的用户账户中扣款。

离线支付是用户账户存放在智能卡中,用户消费时,直接通过 POS 机在用户智能卡的账户中扣款。

5.4.3 移动支付的支付方式

移动支付使用方法有：短信支付、扫码支付、指纹支付、声波支付等。

1. 短信支付

短信支付是手机支付的最早应用，将用户手机 SIM 卡与用户本人的银行卡账号建立一种一一对应的关系，用户通过发送短信的方式在系统短信指令的引导下完成交易支付请求，操作简单，可以随时随地进行交易。短信支付服务强调移动缴费和消费。

2. 扫码支付

扫码支付是一种基于账户体系搭建起来的新一代无线支付方案。在该支付方案下，商家可把账号、商品价格等交易信息汇编成一个二维码，并印刷在各种报纸、杂志、广告、图书等载体上发布。

用户通过手机客户端扫二维码，便可实现与商家支付宝账户的支付结算。最后，商家根据支付交易信息中的用户收货、联系资料，就可以进行商品配送，完成交易。

3. 指纹支付

指纹支付即指纹消费，是指采用目前已成熟的指纹系统进行消费认证，即顾客使用指纹注册成为指纹消费折扣联盟平台会员，通过指纹识别即可完成消费支付。

4. 声波支付

利用声波的传输，完成两个设备的近场识别。其具体过程是，在第三方支付产品的手机客户端里，内置有"声波支付"功能，用户打开此功能后，用手机麦克风对准收款方的麦克风，手机会播放一段"咻咻咻"的声音。

5.4.4 中国目前应用的主要移动支付平台

1. 支付宝钱包

支付宝钱包是国内领先的移动支付平台，内置风靡全国的平民理财神器——余额宝，还有还信用卡、转账、充话费、缴水电煤全部免费，有了钱包还能便宜打车、去便利店购物、售货机买饮料。2013 年第二季度开始，支付宝手机支付活跃用户数超过了 PayPal，位居全球第一。

2. 微信支付

微信支付是集成在微信客户端的支付功能，用户可以通过手机完成快速的支付流程。微信支付以绑定银行卡的快捷支付为基础，向用户提供安全、快捷、高效的支付服务。

微信支付的支付方式主要有以下几种：

- 公众号支付是指用户在微信中打开商户的 H5 页面，商户在 H5 页面通过调用微信支付提供的 JS API 接口调用微信支付模块来完成支付。适用于在公众号、朋友圈、聊天窗口等微信内完成支付的场景。
- App 支付是指商户通过在移动端应用 App 中集成开放 SDK 调用微信支付模块来完

成支付。适用于在移动端 App 中集成微信支付功能的场景。
- 扫码支付是指商户系统按微信支付协议生成支付二维码，用户再用微信"扫一扫"功能来完成支付。适用于 PC 网站支付、实体店单品等场景。
- 刷卡支付是指用户展示微信钱包内的"刷卡条码/二维码"给商户系统扫描后直接完成支付。适用于线下面对面收银的场景，如超市、便利店等。
- 微信买单是一款可自助开通、免开发的微信支付收款产品。微信买单为中小商户、多门店商户提供了双重模式收款、店员管理、收款通知、简易对账等功能，帮助商家更好地经营店铺。适用于无开发能力的商户。

5.4.5 移动支付的发展现状

2016 年中国移动支付市场规模达到 353306.3 亿元人民币，同比 2015 年增长 115.9%，预计到 2019 年，中国移动支付市场规模将达到 1039905.8 亿元人民币。经调查推算，目前，移动支付用户规模约为 8.9 亿。其中，财付通用户 8.2 亿，支付宝用户 6.5 亿，财付通和支付宝的用户渗透率分别为 85.4% 和 68.7%。目前支付宝已在东南亚、欧美等 30 多个国家和地区接入 20 多万家线下商户，并在其中 9 个国家和地区与本土品牌合作完成了本地钱包的布局。财付通的微信支付接入的国家和地区已增至 40 个、支持 13 种外币直接结算，并已取得了马来西亚的支付牌照。而银联在境外的合作网络更加广泛，银联卡受理网络已延伸到 168 个国家和地区，手机闪付、二维码支付的布局也在加快推广中，目前已得到 10 多个国家和地区商户的支持。

随着移动互联网和移动支付的发展，线下商业和线上商业逐渐融合构成闭环商业生态，消费场景存在多元化趋势，移动支付深度绑定个人生活后，各式各样的加载了移动支付的消费场景变成流量入口，移动支付将变成商业基础设施，并将反过来导致整个消费市场格局重构。

未来，随着新零售以及移动支付的底层技术，如生物识别、区块链和大数据技术等的发展，线下场景将迎来新一轮重构，支付入口日趋规模化，移动支付市场将继续爆发。

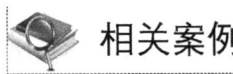
相关案例

华为推出全新支付方式："碰一碰"瞬间支付

2018 年 7 月 4 日，华为突然宣布，联手中国各大银行、银联，正式推出全新支付方式：碰一碰！

碰一碰支付方式是通过手机的 NFC 功能来实现的，当用户使用手机支付时，只要使用手机对准商家的 NFC 标签，然后在手机上输入金额，就可以完成支付，不用像传统的 POS 机一样，需要商家进行扫码支付！

这不就是 NFC 支付吗？没错，其背后的原理正是 NFC，英文全称为 Near Field Communication，意为近距离无线通信技术。华为已经给其大部分手机都装上了 NFC 无线通信芯片，预计未来华为所有新款手机，都会自带此功能。华为融合了麒麟芯片上的超级安全引擎（inSE），拥有与银行卡、U盾相同的安全等级。

今后，我们每一次使用碰一碰支付时，看似只输入了密码或者指纹，实则还有一个U盾为我们保驾护航！不过，如果你认为华为只是在改变支付方式，取代银行卡和二维码，那将大错特错！其实，华为如今还在测试NFC开门技术。也就是说，华为还要用手机取代我们的钥匙。到时，就不只是碰一碰支付了，而是碰一碰开家门、碰一碰开车门、碰一碰取款、碰一碰刷身份证。

华为表示，华为是国内第一家支持"碰一碰"功能的手机，华为的这一项技术也将在各大城市进行试点，如果进展顺利，或许支付市场上将再多一极——华为支付！

资料来源 http://news.qudong.com/ 驱动中国

5.5 第三方支付

5.5.1 第三方支付概述

1. 第三方支付简介

根据央行2010年在《非金融机构支付服务管理办法》中给出的非金融机构支付服务的定义，从广义上讲第三方支付是指非金融机构作为收、付款人的支付中介所提供的网络支付、预付卡、银行卡收单以及中国人民银行确定的其他支付服务。第三方支付已不仅仅局限于最初的互联网支付，而是成为线上线下全面覆盖，应用场景更为丰富的综合支付工具。

所谓第三方支付，就是一些和产品所在国家以及国外各大银行签约并具备一定实力和信誉保障的第三方独立机构提供的交易支持平台。在通过第三方支付平台的交易中，买方选购商品后，使用第三方平台提供的账户进行货款支付，由第三方通知卖家货款到达、进行发货；买方检验物品后，就可以通知付款给卖家，第三方再将款项转至卖家账户。

第三方支付采用支付结算方式。按支付程序分类，结算方式可分为一步支付方式和分步支付方式，前者包括钞票结算、票据结算（如支票、本票、银行汇票、承兑汇票）、汇转结算（如电汇、网上支付），后者包括信用证结算、保函结算、第三方支付结算。

第三方是买卖双方在缺乏信用保障或法律支持的情况下的资金支付"中间平台"，买方将货款付给买卖双方之外的第三方，第三方提供安全交易服务，其运作实质是在收付款人之间设立中间过渡账户，使汇转款项实现可控性停顿，只有双方意见达成一致才能决定资金去向。第三方担当中介保管及监督的职能，并不承担什么风险，所以确切地说，这是一种支付托管行为，通过支付托管实现支付保证。

2. 第三方支付特点

（1）第三方支付通常由独立的第三方企业来运营：不参与收付款的交易，只提供平台服务，而且随着平台的不断发展，呈现出多样化服务，例如支付宝，近年来多样化业务迅速开展，为人们生活带来了极大的便利，改变了人们的生活方式。

（2）第三方支付通常提供与银行的接入服务：第三方支付机构为非银行金融机构，不能够发行信用卡或储蓄卡，它提供一种平台，商家和消费者都不需要与银行直接交涉，简化了流程，提高了效率，目前全世界大部分国家都接入支付宝，其支持 18 种货币结算，全国支持财付通的银行数量也在百家左右，极大地改善了人们的生活。

（3）第三方支付通常提供资金转移和网上支付结算服务，例如中介服务、即时到账服务等。中介服务指电商平台利用自身的平台地位作为担保，吸引商家开展各种业务，从业务中赚取中介费。而即时到账服务是指收付款双方互相信任，通过第三方支付平台直接进行转账，而不需要传统银行转账那些烦琐的操作步骤。

3. 典型的第三方支付平台

目前，我国具有较大规模的第三方电子支付服务机构已达 20 多家。第三方支付产品主要有支付宝、微信支付、百度钱包、PayPal、中汇支付、拉卡拉、财付通、融宝、盛付通、腾付通、通联支付、易宝支付、中汇宝、快钱、国付宝、物流宝、网易宝、网银在线、环迅支付 IPS、汇付天下、汇聚支付、宝易互通、宝付、乐富等。

最具代表性的第三方支付平台是阿里巴巴旗下的支付宝。支付宝的主要功能有：支持余额宝，理财收益随时查看；支持各种场景关系，群聊群付更方便；提供本地生活服务，买单打折尽享优惠；为子女父母建立亲情账户；随时随地查询淘宝账单、账户余额、物流信息；免费异地跨行转账，信用卡还款、充值、缴水电煤气费；还信用卡、付款、缴费、充话费、卡券信息智能提醒；支持接入 iPhone 健康数据，可与好友一起健康行走及互动，还可以参与公益。

5.5.2　第三方支付平台的工作流程与支付价值链

第三方支付平台的工作流程主要分 3 步：一是将买方货款转拨到第三方平台所在的账户；二是当转账成功后通知卖方发货；三是接收买方确认货物信息后，将货款转拨到卖方的账户。一次成功的第三方支付过程包括 9 个环节，其具体的工作流程如图 5.6 所示。

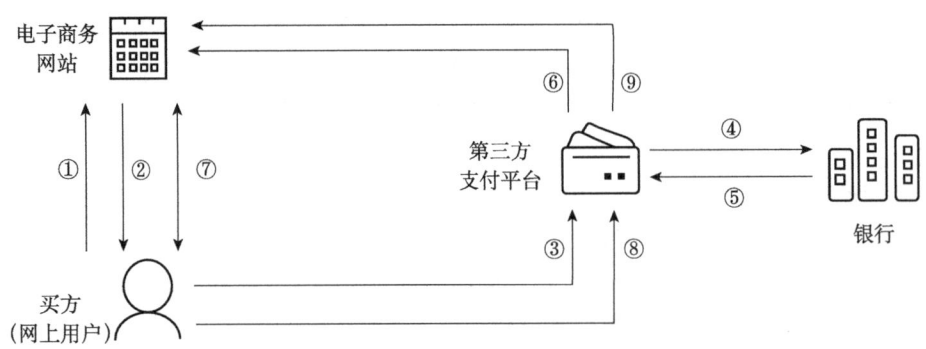

图 5.6　第三方支付平台的工作流程

第三方支付平台的工作流程如下：

①买方(网上用户)进入买方市场(电子商务网站),浏览自己所需商品的信息。

②买方如果觉得某件商品合适,就和卖方达成交易协议。卖方就会发送信息通知买方到与其结盟的第三方支付平台进行支付。

③买方进入第三方支付平台,提交其账户和密码,以及所付货款金额等信息给第三方支付平台。

④第三方支付平台接收到买方提供的银行账户信息后,进入买方账户所在的银行,对其提供的账户进行验证。

⑤验证成功后,第三方支付平台将买方所应支付的款额转拨到第三方支付平台所在的账户,对其进行临时保管。

⑥通知与其结盟的电子商务网站,买方应付货款已到,准备发货。

⑦电子商务网站配送商品到买方手中。

⑧买方收到商品后进行验证,如果满意就发送信息到第三方支付平台,确认商品已经验收,同意付款。

⑨第三方支付平台接收到用户确认信息后,将其临时保存的货款转拨给卖方,这就完成了一次完整的支付过程。

由此可见,第三方支付平台对整个支付流程全面介入,进行监管。买方或卖方任何一方出现不满意,都可以通过第三方支付平台进行调节,直至双方满意为止。这样就使支付能够顺利完成,减少了交易的风险和成本,促进了电子商务的发展。

在完成第三方支付服务过程中,有众多的参与者,形成了第三方支付价值链。在支付价值链中,前端是在线卖家和在线买家(统称为第三方支付服务的消费者),中间是各第三方支付平台,而后端是以银行为代表的金融机构,如图5.7所示。

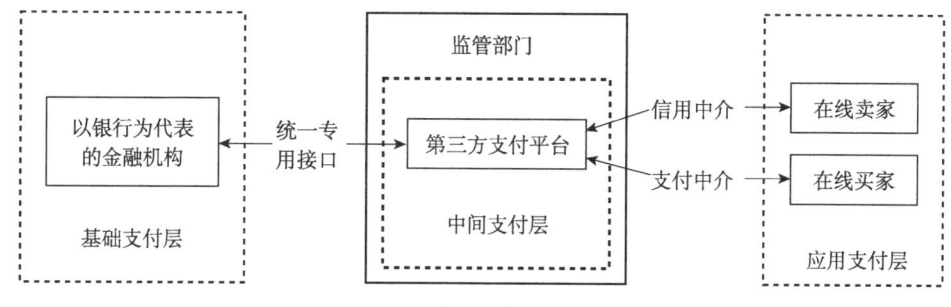

图 5.7 第三方支付价值链

基础支付层:处在这层的主要是以银行为代表的金融机构,负责搭建基础的支付平台,实现银行层面的互联互通,并为第三方支付企业提供统一的网关。基础支付层的重点是提供安全、稳定的金融服务。

中间支付层:具有较强银行接口技术的企业在基础支付层提供的统一平台和接口基础上进行集成、封装等二次开发而形成的中间支付平台。中间支付平台可以承载很大数据量,具有极高的支付成功率,银行和网上用户通过中间支付平台可以实现二次结算。

应用支付层:为第三方支付平台的终端用户服务,展现的是支付终端和页面。应用支付层终端用户强大的市场需求,推动第三方价值链的发展。

5.5.3 第三方支付的发展现状及趋势

2010年以来，中国第三方支付市场的交易规模保持50%以上的年均增速迅速扩大，已经成为全球的领跑者。根据比达咨询（BigData-research）发布的《2016中国第三方移动支付市场研究报告》指出，2016年中国第三方支付总交易额为57.9万亿元，相比2015年增长率为85.6%。其中移动支付交易规模为38.6万亿元，约为美国的50倍。

根据艾瑞咨询的统计，2017年第三季度中国互联网交易第三方支付规模达到7.4万亿元，同比增长42.3%，环比增长4.2%，如图5.8所示。艾瑞咨询认为：2017Q3（表示2017年第3季度，其余类同），互联网金融网络理财及线上信贷的快速增长带动了中国第三方互联网支付规模在本季度继续保持稳定增长。

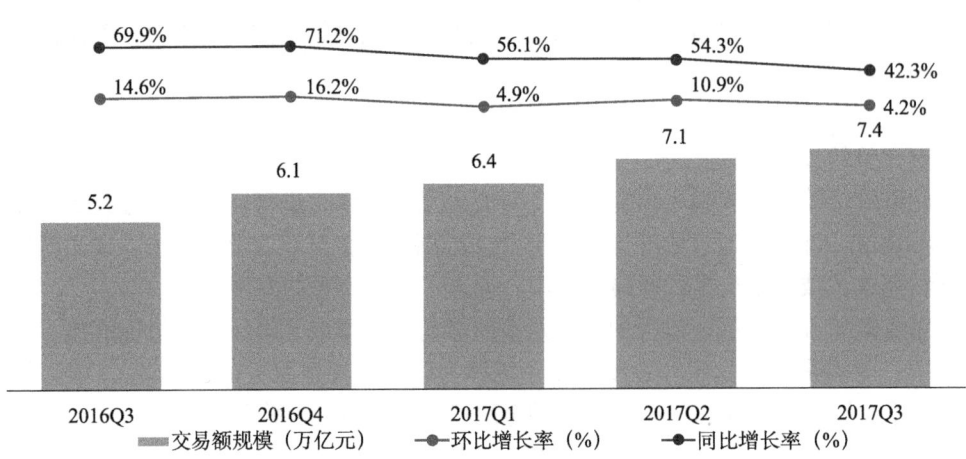

图5.8　2016Q3—2017Q3 中国第三方互联网支付交易规模

如图5.9所示，2017Q3中国第三方互联网支付交易规模结构中，互联网金融（包括理财销售、网络借贷等）占比为42.5%，个人业务（包括转账业务、信用卡还款业务等）占比23.1%，线上消费（包括网络购物、O2O、航空旅行等）占比14.9%，充值缴费（包

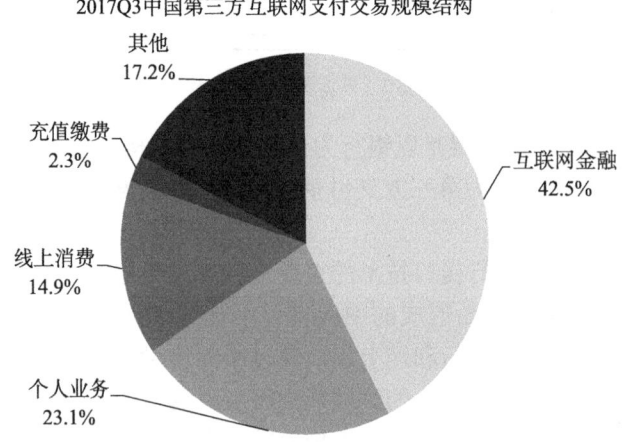

图5.9　2017Q3 中国第三方互联网支付交易规模结构

括生活缴费、话费充值、网络游戏、虚拟产品等）占比为 2.3%。2017Q3，个人业务与线上消费所占比例与上季度相比都有所下降，但互联网金融所占比重进一步提升。目前，两个占比最大的细分行业分别是互联网金融和个人业务，其中个人业务规模基本被支付宝和财付通两大龙头企业占领。而互联网金融一直是第二梯队的支付企业争夺的重要战场。目前，多家平台正在积极布局网络借贷、基金、保险等互联网金融细分领域。

如图 5.10 所示，在 2017Q3 第三方互联网支付交易规模市场份额中，支付宝占 29.2%，财付通占 18.3%，银联商务占 16.3%，快钱占 7.9%，汇付天下占 7.7%，中金支付占 5.2%，宝付占 5.2%，京东支付占 3.1%，苏宁支付占 2.2%。艾瑞咨询认为：随着互联网支付市场支付宝、财付通从 PC 端支付到移动端支付的转移，互联网支付第二梯队企业本季度所占的市场份额较上一季度有所提升，以汇付天下、宝付等支付企业为代表，正在积极发挥自身优势，走差异化发展道路，深耕细分领域，未来的互联网支付格局对各个参与者来说都充满了机会和挑战。

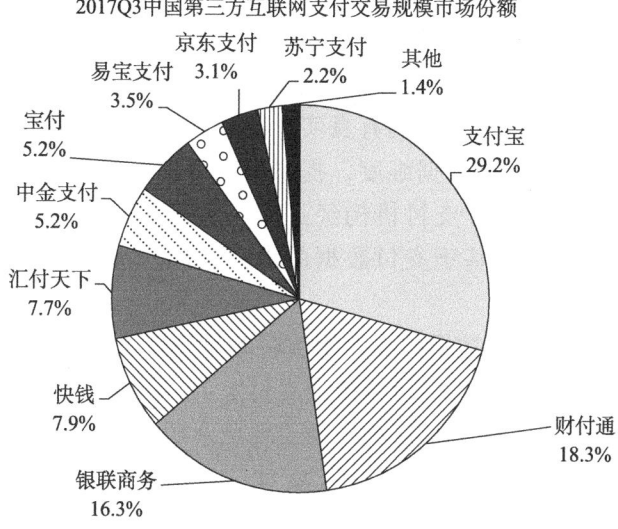

图 5.10　2017Q3 中国第三方互联网支付交易规模市场份额

2018 年，第三方支付行业也随之进入高速发展的第 8 个年头，第三方支付市场已成为互联网金融领域最为成熟的行业，并作为基础服务广泛应用于各行业。已经进入行业成熟期的第三方支付，未来有以下三种发展趋势：

（1）竞争激烈、监管趋严挤压行业利润。267 家第三方支付企业同质化的程度高，市场竞争激烈导致同业之间的过度竞争，利润不断下降。由于央行不再发放新支付牌照，大企业纷纷通过购买支付牌照的方式挤进目前已经很拥挤的支付市场，比如美团推出支付、万达收购快钱等，这加剧了市场的竞争和利润的下降。

另外，监管逐步严格规范行业形成的"潜规则"，大力打击了资金挪用等不规范行为，并规定自 2017 年 4 月 17 日起，支付机构应将客户备付金（客户交易时间差产生的资金沉淀）逐步集中存管，而且客户备付金不计利息，防止支付机构以"吃利差"为主要盈利模式。央行的数据表明：备付金利息收入一直是支付机构的主要利润来源，以

2015年纳入统计的264家支付机构备付金余额3000亿元计算,其中利息收入达到52.77亿元。

（2）服务企业和垂直行业领域尚有深挖空间。面向消费者的标准化第三方支付的增速也逐渐放缓,市场格局短期很难改变。新的消费支付场景,往往由于非高频交易而无法形成规模,或者新场景形成一定规模,却吸引支付宝和财富通的进入,两大巨头的挤压效应导致其他企业很难找到发展空间。反而针对某个行业细分领域的支付需求还有精细化和多样化的空间,这样的需求无法由大而全的标准产品来满足,比如旅游、教育、医疗等特殊行业。第二梯队的第三方支付企业,通过深耕垂直行业、积累行业数据和业绩品牌,巩固了自己擅长的领域,也拓展了第三方支付的发展空间。

企业面对众多的支付接口和系统,如何优化和管理是个问题。因此产生了"聚合支付"等新型的面向企业的支付服务,其本质是为商户提供融合多个支付渠道、统一和优化支付接口的一站式综合支付服务。这不仅可以节约成本、提高效率,还能帮助企业摆脱过于依赖特定支付接口的现状。虽然聚合支付刚起步也面临一些挑战,但是深挖企业端服务的方向是符合行业目前的趋势的。

（3）从支付到多元金融服务。支付作为金融的基础服务,天生有切入其他金融服务的优势。支付交易所积累的数据,具有真实、高频和高质量的特点,可以作为金融交易数据的必要补充,从而丰富数据维度,提供精准营销、客户管理、信用评级和金融产品推广等增值服务。第三方支付机构经过多年的积累,拥有了大量的行业和个人的交易数据,纷纷开始着手基于支付数据的多元金融服务,比较集中在征信和理财领域。

目前大部分支付机构基于数据提供的增值服务业务尚处在探索期,唯独蚂蚁金服在这方面做得最早也走得最远。蚂蚁金服依托支付宝10年运营数据和超过2亿活跃用户积累以及淘宝、天猫生态圈场景,打造出涵盖现金余额管理（余额宝）、投资理财（招财宝）、供应链和消费金融服务（蚂蚁微贷）、个人征信平台（芝麻信用）、线上财产保险（众安保险）和全面金融服务（网商银行）,这样一个全面而丰富的消费端金融平台服务。

中国的第三方支付行业的高速发展得益于巨大的人口和市场规模、快速的互联网化潮流,特别是电子商务的兴起和互联网金融的高速发展以及宽松的监管。随着这些红利慢慢消减,第三方支付未来将把竞争重点从消费端转入行业端,并利用支付数据提供多元金融服务。

 拓展案例

蚂蚁金服中的安全与技术创新

蚂蚁金服是一家旨在为世界带来普惠金融服务的科技企业。蚂蚁金服起步于2004年成立的支付宝。2014年10月,蚂蚁金服正式成立。蚂蚁金服以"为世界带来更多平等的机会"为使命,致力于通过科技创新能力,搭建一个开放、共享的信用体系和金融服务平台，为全球消费者和小微企业提供安全、便捷的普惠金融服务。蚂蚁金服旗下的主要业务有支付宝、蚂蚁财富、网商银行、芝麻信用、蚂蚁金融云等。

蚂蚁金服使用的技术有大数据技术、人脸识别技术、云计算技术、风控技术、人工智能技术等。

1. 大数据技术

蚂蚁金服在其生态体系中的诸多业务中应用了大数据技术。

蚂蚁金服主导的网商银行，及其前身"阿里小贷"，多年来通过大数据模型来发放贷款。蚂蚁金服通过对客户相关数据的分析，依照相关的模型，综合判断风险，形成了网络贷款的"310"模式，即："3分钟申请、1秒钟到账、0人工干预"的服务标准。5年多来，为400多万小微企业提供了累计超过7000亿元的贷款，帮助他们解决了资金难题，促进了这些小微企业生存和发展，并创造了更多的就业机会。

类似地，大数据的应用也充分体现在蚂蚁金服生态中的第三方征信公司芝麻信用。"芝麻信用分"是芝麻信用对海量信息数据的综合处理和评估，主要包含用户信用历史、行为偏好、履约能力、身份特质、人脉关系5个维度。芝麻信用基于阿里巴巴的电商交易数据和蚂蚁金服的互联网金融数据，并与公安网等公共机构以及合作伙伴建立数据合作，与传统征信数据不同，芝麻信用数据涵盖了信用卡还款、网购、转账、理财、水电煤缴费、租房信息、住址搬迁历史、社交关系等。

"芝麻信用"通过分析大量的网络交易及行为数据，可对用户进行信用评估，这些信用评估可以帮助互联网金融企业对用户的还款意愿及还款能力得出结论，继而为用户提供快速授信及现金分期服务。

2. 人脸识别技术

蚂蚁金服一直致力于研发先进的生物识别技术并将其应用于互联网身份认证领域，实现更高的安全性与更好的用户体验。以领先的人脸比对算法为基础，研发了交互式人脸活体检测技术和图像脱敏技术，并设计了满足高并发和高可靠性的系统安全架构。以此为依托的人脸验证核身产品提供服务化接口，已经成功实现产品化并在网商银行和支付宝身份认证等场景应用。这其中的几项核心算法分别是活体检测算法、图像脱敏算法以及人脸比对算法。

根据2014年香港中文大学做的一项研究结果表明，在国际公开人脸数据库LFW上，彼时人脸识别算法的准确率（99%）已经超过了肉眼识别（97.2%），而目前蚂蚁金服运用的人脸识别算法在这个数据库上的准确率已经达到99.6%。除此之外，蚂蚁金服在2015年初向公安部提交了人脸识别算法和技术的测试申请，进一步验证人脸活体检测防攻击和人脸比对两方面在实际真实场景的性能。

2016年6月30日，蚂蚁金服研发的人工智能生物识别机器人"蚂可"（Mark）上线，并与号称"鬼才之眼"的《最强大脑》选手王昱珩比试：对"网红脸"以及"网红脸"的童年照进行人脸识别。最终王昱珩二平一负险胜机器人"蚂可"。

3. 云计算技术

蚂蚁金融云，是蚂蚁金服旗下面向金融机构的云计算服务。蚂蚁金融云依托阿里巴巴和蚂蚁金服在云计算领域的先进技术和经验积累，集成了阿里云的众多基础能力，并针对金融行业的需求进行定制研发。蚂蚁金融云作为蚂蚁金服"互联网推进器"计划的组成部分，是一个开放的云平台，它助力金融创新、助力金融机构的IT架构实现升级，去构建更加稳健安全、低成本、敏捷创新的金融级应用，使金融机构可以更好地服务自己的客户。

经过几年建设努力，蚂蚁金融云已经具备如下特点：高可用容灾（99.99%的可用性）、资金安全管理（上百亿资金/每日的变动）、高并发交易（8.59万笔/秒的峰值处理能力）、实时安全控制（毫秒级风险防御能力）、低成本交易（几分钱/单笔交易）。

4. 风控技术

支付的核心是解决用户需求，如何又快又安全地实现用户所托，是支付的立身之本。如何控制风险，成为业界关注的头等大事。创立于2004年12月的支付宝通过多年的探索，已经实现了风险控制的智能化，防控效果显著。

支付宝风控系统利用原来的历史交易数据进行个性化的验证，提高账户安全性。80%左右的风险事件在智能风控环节就能解决。除了事后审核，事前预防、事中监控也非常重要。事前，将账户的风险分级，不同账户对应不同风险等级；事中，对新上线的产品进行风险评审以及监控策略方案评审。

蚂蚁金服目前有近7000余名员工，其中超过1500名员工从事风险管理业务；2000多台服务器专门用于风险的监测、分析和处置；平均100毫秒实时风险识别与管控能力；支付宝资损率在十万分之一以下，低于被陨石打中的概率，即便用户不幸发生损失，支付宝也已经建立了包括快捷支付保障、余额支付保障、手机支付保障在内的一整套会员保障体系。

目前，蚂蚁金服正在与公安机关、检察院、法院合作，协同侦破线下扰乱互联网金融秩序的案件，打击犯罪。此外，蚂蚁金服还积极与银行、其他第三方支付公司、风险防控有关的软硬件厂商、支付宝商户和用户、高校及科研机构等社会各界展开广泛合作，以提升支付行业的安全防范的能力。

5. 人工智能技术

蚂蚁金服的人工智能技术集中表现在"智能客服"。蚂蚁金服通过大数据挖掘和语义分析技术来实现问题的自动判断和预测。可以识别到用户的身份信息，客户端也有用户的行为逻辑，就可以知道用户是在哪个环节遇到障碍，在哪里停住了。另外，蚂蚁金服也会总结在大的用户层面大家可能都会遇到的问题。

在交流过程中，"我的客服"通过语义分析等方式获得关键信息再给予匹配。

目前，"我的客服"已经积累了近千个经验专家知识调动库、模型库。原来，从发现和识别问题到快速调度客户服务解决问题需要50分钟，现在1.6分钟就能做到策略智能调度响应。

2015年的"双11"，蚂蚁金服95%的远程客户服务已经由大数据智能机器人完成。同时实现了100%的自动语音识别，蚂蚁金服客户中心整体服务量超过572万人次，同比增长了150%。

除了"智能客服",蚂蚁金服还有智能质检能力与智能赔付能力。服务好不好?原来需要通过人工去调研服务质量,抽样的覆盖率也就2%左右,现在智能服务具备了品质的判断能力以及情感判断能力,也就是说这个机器人可以实时地实现客服人员的智能自动质检。

另一个是智能赔付能力。在保险业务上,"我的客服"已经具备了专业的审核能力,平均24小时就能够完成赔付。其中32%理赔可以在一小时之内直接完成,而且有一半复杂的赔付可以在6个小时内完成。

资料来源 https://www.antfin.com/ 蚂蚁金服

专业术语

电子支付	支付体系	电子支付系统	银行卡
储值卡	虚拟卡	电子支票	电子现金
微支付	比特币	网上银行	第三方支付
移动支付			

思考题

1. 电子商务支付体系由哪几部分构成?
2. 简述网上支付系统的主要类型及系统的基本功能。
3. 简述借记卡和信用卡的区别,信用卡的功能。
4. 简述移动支付的概念及分类。
5. 简述电子支票的含义,电子支票的支付流程。
6. 简述电子现金的含义和分类,电子现金的应用流程。
7. 简述第三方支付的含义,第三方支付的工作流程。

第6章

电子商务安全

> **本章导读**
>
> 电子商务是建立在"网络环境"下的商务活动,其信息流、资金流、商流和物流(简称四流)多数都是通过网络来进行的,而网络是最容易受到非法入侵、他人干扰、黑客攻击的。窃取网络数据、盗取用户账号等会直接危害用户的交易安全,所以重视电子商务安全的技术防范,严格进行安全管理,切实有效地提高防攻击、防篡改、防病毒、防瘫痪、防窃密的能力,才能保障电子商务的顺利实施,才能保障消费者的个人权益。
>
> 本章主要介绍电子商务安全的基础知识,电子商务安全的基本概念与安全现状,电子商务面临的安全威胁、安全隐患及安全需求,以及保障电子商务顺利实施的安全技术,安全协议等相关内容。

引导案例

微信支付曝漏洞　电商"细思极恐"

2018年7月3日,一些网络安全机构曝光了一组微信支付的技术漏洞,通过该漏洞,攻击者可以获取服务器中的目录结构、文件内容,如代码、各种私钥等。获取这些信息以后,攻击者便可以为所欲为,其中就包括众多媒体所宣传的"0元也能买买买"。

据网络安全专家谢忱介绍,从当前被公开的漏洞信息来看,网络攻击者是利用了微信支付官方SDK(软件工具开发包)存在的漏洞,来获取商户的密钥等信息,并将自己伪装成"微信支付平台",继而通过微信的漏洞伪造与商户的直接通信,再通过这个漏洞就可以实现"将订单设置为0元"等操作,然后给商家模拟发送已经付款成功的通知,令商家误以为交易成功,严重者还会导致该商户的消费者信息等数据内容泄露。

网络支付安全专家于迪则认为,接入微信支付的商户不必过度恐慌。于迪表示,该漏洞只存在于微信支付Java版本的SDK中,并且电商的安全防护及权限设置较高,完整攻击行为还存在较大的局限性。一般情况下,电商通常也会配备相应的对账平台,该系统也会有一定的防护作用。

记者就有关问题函询了微信支付方面，其安全团队回函称：微信支付技术安全团队已第一时间关注及排查有关问题，并于当天中午对官方网站上的SDK漏洞进行了更新，修复了已知安全漏洞，同时微信支付团队提醒商户应及时更新相关安全补丁。他表示发生这次安全事件的主要原因是：黑客利用SDK漏洞获取商家安全密钥与关键信息，给商家模拟发送付款成功的通知，令商家误以为交易成功，商家根据系统反馈的交易信息发货，而实际上黑客没有付款。

资料来源：http://www.ec.com.cn/article/ydds/201807/29994_1.html 中国国际电子商务网

知识加油站

电子商务安全是要解决电子商务存在的风险问题，电子商务的发展靠安全，随着各种各样的网络金融诈骗、信息裸奔、系统瘫痪等一系列网络安全事件的发生，一些创新密码技术SOTP作为目前国内金融机构防范网络攻击、信息诈骗等的主要应用手段，在行业内颇具知名度。该项技术的创新性在于实现了密钥与算法的融合，在无须增加硬件SE的前提下，采用软件方式解决了移动设备中存储密钥的关键性问题，同时采用"一人一密"+"一次一密"的安全机制，保护互联网用户的身份认证安全、个人信息安全以及应用数据安全。

6.1 电子商务安全概况

随着电子商务的迅猛发展，网上诚信问题、电子商务安全保障问题、电子商务服务问题日渐凸显，并逐渐成为阻碍电子商务可持续发展的核心问题。目前人们在网络上进行日常的商务交易已经成为常态，网上可以购买的商品品种已经达10万种类以上，几乎涵盖了所有的生活用品，包括像书籍、电子产品、房产以及股票炒作、资金运作、旅游等生活用品。据国际在线报道，2018年11月11日，阿里巴巴天猫"双十一"节总成交额达1682亿元。全球消费者全天支付总笔数达到14.8亿笔，全天物流订单超过8亿，交易覆盖全球225个国家和地区。由于网上购物是最便捷、最省时、最省力、最简单的购物方式，于此同时，大量的信息流、资金流也会通过网络来进行，所以网上的信息安全、资金安全问题也成为推进电子商务顺利实施的最大障碍。只有营造信誉良好、安全可靠的交易环境才能让众多的企业和消费者支持并参与电子商务活动，相反如果安全问题得不到解决，消费者不信任网上交易，电子商务企业没有营造好的安全环境，电子商务也只能是"水中花、镜中月"。

电子商务安全问题在国内外电子商务交易中始终存在，是一个人们长期关注的话题。网络安全事件不断发生，历史上最严重的黑客攻击事件发生在美国，当时在美国社会引起了强烈的震动和反响。在2000年的2月7日、8日、9日这三天，美国许多著名的网站先后遭到来自互联网的攻击，2月7日，除了免费电子邮件等三个站点未受影响，雅虎的大部分网络服务器陷于瘫痪。雅虎是当时全球第二大搜索引擎网站，每天被浏览次数达465亿次。2月8日上午，先是一些股票交易公司网站死机，接着是网上电子拍卖网站"电子港湾"和"网上书店"及亚马逊网站告急。"电子港湾"的注册用户达1000万，其每月浏览数量达15亿次。2月8日下午6时，这些网站的商品买卖一度被迫停止数小时。当晚，美国有线电视新闻网宣布，其网站因负荷超载，从下午7时至8时45分信息传送被阻断。2月9日，一些电子交易类网站再度遭殃，在股市开市前这些网站遭到持续1小时的攻击。信息技术公司的科技新闻网站ZDNet约有70%的内容被中断达2小时，上网者无法接触到包括网站新闻和产品浏览等内容的信息。这次事件也是互联网历史上第一次有黑客大规模、有目的地袭击商业站点，美联邦计算机案件处理中心主任大卫·加诺说："全美至少有数百台计算机受到袭击"。万幸的是，黑客并未进入网站内部窃取业务和客户资料。如此众多的大型网站，特别是新兴的电子商务网站，在3天的短时间内连续遭到黑客袭击，这在互联网历史上还是第一次。

中国互联网上也大规模爆发过安全事件。2006年12月初，"熊猫烧香"病毒及其变种传播开来，一只憨态可掬、额首敬香的"熊猫"在互联网上疯狂"作案"，在病毒卡通化的外表下，隐藏着巨大的传染潜力，短短三四个月，"熊猫烧香"病毒波及上千万个人用户、网吧及企业局域网用户，造成直接和间接损失超过1亿元。

作为高科技犯罪的典型代表之一，银行网络安全事故近几年来在国内也频繁发生。2016年十大意外安全事件就有雅虎的数据泄露事件，雅虎先后证实超过15亿用户信息遭窃，2016年陷入收购漩涡的雅虎，先后在9月份证实至少5亿用户信息在2014年被窃，涉及用户姓名、电子邮箱、电话号码、出生日期和部分登录密码。随后的12月份再次证实2013年有超过10亿条账户信息、账户密码和个人信息一并在泄露之列，而且与2014年遭窃的数据不同。先是5亿条，后是10亿条，雅虎两次信息失窃已经刷新了人类大规模数据泄露的新记录，堪称数据泄露之"最牛"企业。据悉，泄露的原因是由于近年来雅虎只偏重业务发展而忽视了安全问题，然而弃用户信息安全于不顾的企业，最后也只能沦落到被贱卖的境地了。

2016年发生物联网Mirai僵尸网络攻击事件，10月21日，美国多个城市出现互联网瘫痪情况，包括Twitter、Shopify、Reddit等在内的大量互联网知名网站在数小时无法正常访问。其中，为上述众多网站提供域名解析服务的美国Dyn公司称，公司遭到大规模的"拒绝访问服务（DDoS）"攻击。据调查，这是Mirai僵尸网络发动的攻击。Mirai僵尸网络包含了大量可联网设备，例如监控摄像头、路由器以及智能电视等。由于此次攻击中有大约60万台的物联网设备参与到Mirai僵尸网络大军中，成为大规模物联网设备首次参与企业级攻击的一个关键案例。

2016年7月15日，有安全研究人员发现了一个名为cuteRansomware的新恶意勒索软件，该软件只针对中国用户，其恶意软件代码的注释及勒索内容全部使用中文，主要以邮件、程序木马、网页挂马的形式进行传播。该病毒性质恶劣、危害极大，一旦感染将给用户带来无法估量的损失。这种病毒利用各种加密算法对文件进行加密，被感染者一般无法解密，必须拿到解密的私钥才有可能破解。勒索病毒文件一旦进入本地计算机，就会自动运行，同时删除勒索软件样本，以躲避查杀和分析。接下来，勒索病毒利用本地的互联网访问权限连接至黑客的 C&C 服务器，进而上传本机信息并下载加密私钥与公钥，利用私钥和公钥对文件进行加密。除了病毒开发者本人，其他人几乎不可能解密。加密完成后，还会修改壁纸，在桌面等明显位置生成勒索提示文件，指导用户去缴纳赎金。其变种类型更新非常快，对常规的杀毒软件都具有免疫性。攻击的样本以 .exe、.js、.wsf、.vbe 等类型为主，对常规依靠特征检测的安全产品是一个极大的挑战。

还有一些黑客，专门盗窃大量的游戏装备、账号，虽然这些游戏装备、账号并不能马上兑换成人民币，但通过网上交易，这些盗来的游戏装备、QQ 账号甚至银行卡号资料被中间批发商全部放在网上游戏交易平台公开叫卖，一番讨价还价后，虚拟货币才得以兑现，网友们通过网上银行将现金转账，就能获得那些盗来的网络货币。

在我们身边也时常发生一些安全问题，如：不断有用户投诉密码被更改、邮箱邮件被别人收走、QQ 账号被盗、网站栏目信息被入侵者修改等。

发生在 2014 年 4 月 8 日的安全协议 OpenSSL（Open Secure Sockets Layer）严重漏洞事件，被命名为 "heartbleed"，意思是 "心脏流血"，表示最致命的内伤。黑客利用该漏洞，坐在自己家里的计算机前，就可以实时获取到约 30% 来自 HTTPS（HyperText Transfer Protocol over Secure Socket Layer）开头网址的用户登录账号密码，包括大批网银、购物网站、电子邮件等。

从 2015 年、2016 年报道的十大安全事件来看，美国最大成人交友网站有 4.12 亿账号信息泄露，这其中还涉及超过 1500 万个 "已删除" 的账号。这些账号信息没有从数据库中清除。在此基础上，还有 6200 万个来自 Cams.com 的账号、700 万个来自 Penthouse.com 以及该公司旗下其他小网站的账号被盗。根据 LeakedSource 的报告，此次事件覆盖了该公司规模最大网站长达 20 年的数据。LeakedSource 已获得了这些数据，并表示可以破解出数据库中的 99% 密码。这一数据库中还包括网站用户数据，例如用户是否是该网站的 VIP 会员、浏览历史信息、最后登录的 IP 地址，以及用户是否曾付费。

因此，电子商务安全是一个不容忽视、涉及范围极广的社会问题，这些问题将长期存在，并时刻干扰电子商务的正常健康运行，只有越来越多的企业和个人加入到关心电子商务安全的行列中来，共同营造电子商务的安全环境，才能促进电子商务的健康长远发展。进入互联网＋时代，安全形态也快速发生了变化，传统的安全边界逐步失效，云计算、移动化的部署改变了 IT 形态，数据也已突破了传统的安全边界。除了 APT、零日漏洞、针对性攻击等高级威胁，诸如僵尸网络、物联网攻击等也迅速增加，为整个电子商务产业带来极大的安全挑战。

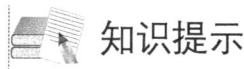
知识提示

"OpenSSL" 是什么

SSL 是一种基于加密的安全通信技术，OpenSSL 是一种开放源代码的 SSL 实现（其实就是计算机上用的密码锁）。因为源代码都是公开的，OpenSSL 应用特别广泛，"毫无保留" 的态度往往容易取得大家的信任。"心脏流血" 是一个什么漏洞呢？SSL 标准包含一个"心跳"选项,通信双方可以通过互相发送短消息来告知对方"人在呢",以便在不传输数据时也保持连接。"心脏出血"漏洞就是,如果攻击者发送精心设计的特定信息,可以使对方因"精神错乱"而提供内存中的一段数据,如果不断这样"刺激"对方,就能获得大量内存数据,从而可能获得用户的敏感信息。

资料来源:百度百科

6.1.1 电子商务安全的概念与特点

1. 电子商务安全的定义

所谓电子商务安全就是保护电子商务系统中的企业或者个人财产(物理的、电子化的)不受未授权的使用、篡改或者破坏。即保障电子商务活动是在平安、健康的环境下进行的,保障电子商务活动不会受到危害和威胁。电子商务的安全问题除了包含计算机系统本身存在的安全隐患,还包含电子商务中数据的安全隐患和交易的安全隐患。因此,电子商务安全从整体上可分为两大部分:计算机网络安全和商务交易安全。

计算机网络安全的主要内容包括:计算机网络设备安全、计算机网络系统安全、数据库安全等。其特征是针对计算机网络本身可能存在的安全问题,实施网络安全的增强方案,以保证计算机网络自身的安全为目标。

商务交易安全则紧紧围绕传统商务在互联网上应用时产生的各种安全问题,在计算机网络安全的基础上,保障以电子交易和电子支付为核心的电子商务的顺利进行,即实现电子商务的保密性、完整性、可鉴别性、不可伪造性和不可抵赖性等。

计算机网络安全与商务交易安全实际上是密不可分的,两者相辅相成,缺一不可。没有计算机网络安全作为基础,商务交易安全就犹如空中楼阁,无从谈起。没有商务交易安全保障,即使计算机网络本身再安全,仍然无法达到电子商务所特有的安全要求。

电子商务安全以网络安全为基础。但是,电子商务安全与网络安全又是有区别的。首先,网络不可能绝对安全,在这种情况下,还需要运行安全的电子商务。其次,即使网络绝对安全,也不能保障电子商务的安全。电子商务安全除了基础要求,还有特殊要求。

从安全等级来说,从下至上有密码安全、局域网安全、互联网安全和信息安全之分,而电子商务安全属于信息安全的范畴,涉及信息的机密性、完整性、认证性等方面。同时,电子商务安全又有它自身的特殊性,即以电子交易安全和电子支付安全为核心,有更复杂的机密性概念,更严格的身份认证功能,对不可拒绝性有新的要求,需要有法律依据性和资金直接流通性特点,还要网络设置的其他服务,如身份认证、数字签名、数字时间戳服务等。电子商务安全涉及的知识体系以及安全体系较广。电子商务安全基本关系示意图如图6.1所示。

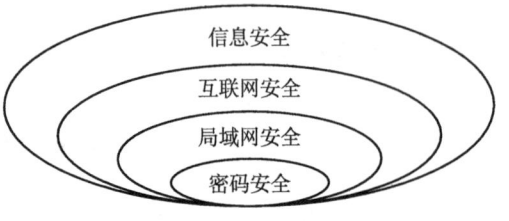

图6.1 电子商务安全基本关系示意图

2. 电子商务安全特点

电子商务安全具有如下四大特点:

(1) 电子商务安全是一个系统概念。电子商务安全问题不仅仅是个技术性的问题,还有安全管理的问题,而且它还与社会道德、行业管理以及人们的行为模式紧密地联系在一起。

(2) 电子商务安全是相对的。就像家里的房子安上防盗门后,一般说来就相对安全了,但是小偷非要用专业的工具去破坏或打开,那防盗门也就不安全了,但我们不会因为防盗门能被小偷破坏或打开而去怀疑它的安全性,防止小偷破坏或打开防盗门还需要相应的管理机制来防范,例如安装摄像头、部署安全管理相关设施、门禁等。同样,电子商务安全也不能追求一个永远也攻不破的安全系统,安全与管理始终是联系在一起的。也就是说,安全是相对的,而不是绝对的,要想以后的电子商务系统永远不受攻击、不出安全问题是不可能的。

(3) 电子商务安全是有代价的。要维护电子商务安全,就必须有一定的资金投入,包括购买安全设备、安装安全软件等,无论是现在的B2B还是B2C,要保证电子商务安全都要考虑安全的代价和成本问题。作为一个电子商务应用者,应该综合考虑安全技术与风险间的成本;作为安全技术提供者,在研发技术时也要考虑成本代价问题。

(4) 电子商务安全是发展的、动态的。今天安全,明天就不一定安全,因为网络的攻防是此消彼长、道高一尺魔高一丈的事情,尤其是安全技术,它的敏感性、竞争性以及对抗性均很强,需要不断地检查、评估和调整相应的安全策略。没有一劳永逸的安全,也没有一蹴而就的安全。电子商务安全需要全方位、长期地检测和防范。

知识提示

360网站监测服务

网站安全监测服务是针对网站可用性、DDoS攻击、网站挂马、网页篡改、黑词黑链、敏感词监测、钓鱼网站、网站安全漏洞等网站安全问题推出的托管式安全服务,工程师为客户网站进行7×24小时全天候的安全监测和实时告警,定期提供定制化分析报表,保证客户网站长期、稳定、高效、安全地运行。

资料来源: 360网站

6.1.2 电子商务面临的安全威胁

在传统交易过程中,买卖双方是面对面的,因此很容易保证交易过程的安全性和建立起安全的信任关系。但是在电子商务交易过程中,买卖双方是通过网络来联系的,交易双方的安全和信任关系难以建立。一般来说电子商务安全中普遍存在着以下几种安全隐患。

1. 窃取信息

在电子商务中,信息流和资金流以数据形式在计算机网络中传输,很多传输还是远距

离的。在这一过程当中,数据可能被别有用心者截获、读取,从而造成商业机密和个人隐私的泄露。更为严重的是,别有用心者还可能修改截获的数据,如把资金的数量、货物的数量、交货方式等进行修改,这会严重地影响电子商务的正常进行。

2. 篡改信息

篡改信息的情况主要是指信息传递中失去了完整性、公证性和真实性。当入侵者掌握了信息的格式和规律后,通过各种技术手段和方法,将网络上传送的信息数据在中途修改,然后再发向目的地。在网络上传输的信息时也存在被另外不相关者的删除和修改。

3. 假冒

攻击者如果掌握了数据的格式,能够篡改通过的信息,就可以冒充合法用户发送假冒的信息或者主动获取信息,而在远端的合法用户通常很难分辨,假冒包括发送了虚假订单、虚假产品、虚假物流信息等。

4. 恶意破坏

攻击者如果可以接入网络,则可能对网络中的信息进行修改,掌握网上的机要信息,甚至可以潜入网络内部,进行破坏,如果得逞其后果是非常严重的。

5. 交易抵赖

电子交易时,当一项操作发生,信息正常传送,交易抵赖情况就是买卖的双方对发送消息或者接收消息出现否认行为。这时就要确定买卖双方的身份,并且有足够的证据来证明买卖双方确实发送或接收过信息,使电子交易产生纠纷有确凿的证据可用。

6. 信息泄露

在电子商务中,泄露的信息主要就是商业机密。电子交易的双方在进行交易时,交易内容存在被不法者窃取的可能,交易这方提供给交易那方的信息存在被未授权用户私自使用的可能,尤其是网上支付等流程中,如账号这些重要的商务信息被泄露。

 知识提示

域名型 SSL 证书

域名型 SSL 证书(Domain Validation SSL Certificate)(简称 DVSSL 证书)用于验证一个或多个域名的所有权,适用于小型组织或企业网站、中小型企业网站、中小型电子商务网站、电子邮局服务器、个人网站等各类加密应用(如数据库和即时通信协议等)。上海数字认证中心的域名型 SSL 证书 10 分钟左右就可完成域名验证和快速颁发证书,无须递交纸质文件,仅验证域名管理权,无须人工验证申请单位真实身份。DV SSL 证书不在证书中显示申请单位名称,只显示网站域名。DVSSL 证书提供最高 256bit 的加密级别,并且可以快速签发、价格低廉。

资料来源:百度百科

6.1.3 电子商务安全需求

面临的威胁导致了对电子商务安全的需求。电子商务安全要素是电子商务系统的中心内容,电子商务安全的要素有:机密性、完整性、认证性、不可抵赖性、不可拒绝性、访问控制性,如图 6.2 所示。

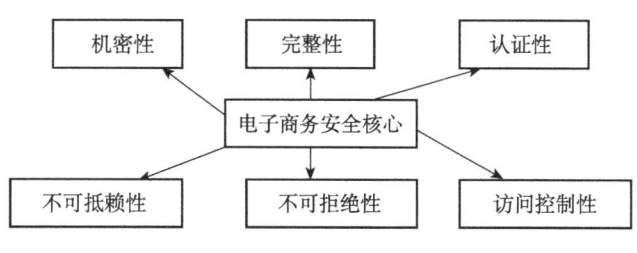

图 6.2 电子商务的安全要素

1. 机密性

商务数据的机密性(Confidentiality)是指信息在网络上传输或存储的过程中不被他人窃取、不被泄露给未经授权的人或组织,或者经过加密伪装后,使未经授权者无法了解其内容。

在商务活动的过程中,交易信息直接代表着个人、企业或国家的商业机密,如信用卡账号及密码、订货单、内部报价单等。传统的纸面贸易都是通过邮寄封装的信件或通过可靠的通信渠道发送商业报文来达到保守机密的目的。而电子商务是建立在一个较为开放的网络环境上的,必须采用必要的技术手段来保证发送方和接收方之间交换信息的保密性,要预防非法的信息存取和信息在传输过程中被非法窃取,确保只有合法用户才能看到数据,防止泄密事件。

机密性可采用信息加密技术来实现,使信息截获者不能解读加密信息的内容。另外,机密性还要求保护通信流特性,如通信源与目的、流量、频率等,以防止被分析,从而丧失有价值的商业情报。

2. 完整性

商务数据的完整性(Integrity)是指保护数据的一致性,防止数据被未授权者修改、建立、嵌入、删除、重复发送或由于其他原因使原始数据被更改。

加密的信息在传输过程中,虽能保证其机密性,但并不能保证不被修改。电子商务系统应充分保证数据传输、存储及电子商务完整性检查的正确性和可靠性。首先,为保证数据传输的完整性,网络传输所使用的协议必须具有查错纠错功能,并且应具有消息投递的确认与通知信息,以保证传送准确无误,防止数据的丢失和篡改;其次,为保证数据存储的完整性,电子商务系统信息存储必须保证正确无误。作为存储介质的磁盘,可采用容错磁盘和磁盘的热修补技术。最后,对电子商务报文进行完整性检查,抛弃不完整的电子商务文件。要对接收的电子商务报文数据进行扫描,按电子商务所规定的语法规则进行上、下文检查,不符合语法规则的非法字符将从数据流中移走。完整性可采用信息加密技术与数字摘要技术来实现。

3. 认证性

商务对象的认证性（Authentication）或称真实性是指网络两端的使用者在通信之前相互确认对方的身份，保证交易方确实存在，而并非有人假冒。

认证性所解决的问题是，确定要进行交易的贸易方正是进行交易所期望的贸易方这一问题。传统的纸介质贸易通过双方在合同、契约或单据等书面文件上手写签名或盖章来鉴别。在无纸化的电子商务方式下，要保证交易双方身份的正确性，分辨参与者所声称身份的真伪，防止伪装攻击，需为参与实体提供可靠的标志，其中，往往需要第三方的介入。认证性可采用数字签名和身份认证技术来实现。

4. 不可抵赖性

商务服务的不可抵赖性（Non-repudiation）或称不可否认性是指信息的发送方不能否认已发送的信息，接收方不能否认已收到的信息，这是一种法律有效性要求。通过这一特性，建立有效的责任机制，防止实体否认其行为。交易一旦达成不能否认，否认必然会损害另一方的利益。信息的不可否认性是用来保护通信用户对付来自其他合法用户的威胁，比如发送方对其所发消息的否认，接收方对其所收消息的否认等。这种威胁并非来自未知身份的攻击者。不可否认性能够提供充分的证据迅速辨别出谁是谁非，可采用数字签名技术等来实现。

5. 不可拒绝性

商务服务的不可拒绝性，或称可靠性，是指保证授权用户在正常访问信息和资源时不被拒绝，即为用户提供稳定可靠的服务。

电子商务交易过程中的数据延迟到达或服务器拒绝服务都会把自己的顾客和贸易伙伴推向竞争对手那里，甚至在竞争性交易中错过商机。如果不对一些网络故障、应用程序错误、硬件故障、系统软件错误及计算机病毒甚至自然灾害所产生的潜在威胁加以控制和预防，这些都会导致贸易数据不能准确传送，为用户提供不了可靠的服务。

6. 访问控制性

访问控制性（Access control）或称可控性规定了主体访问客体的操作权力限制，以及限制进入物理区域（出入控制）和限制使用计算机系统与计算机存储数据的过程（存取控制），包括人员限制、数据标识、权限控制、控制类型和风险分析等。在这里主要指能控制使用资源的人或实体的使用方式，在网络上限制和控制通信信道对主机系统和应用的访问，保护计算机系统的资源不被未经授权的人或以未授权方式接入、使用、修改、破坏、发出指令或植入程序等，即保护敏感数据，防止未授权的数据泄露。访问控制性可用防火墙等技术及相关制度措施等实现。

电子商务除了以上6个主要的安全要素，还有匿名性服务（隐匿参与者身份、保护个人或组织隐私）等要素，以及一些特殊环境的特殊要素。

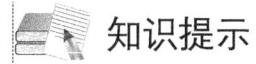 知识提示

支付宝的钢铁匣

支付宝的钢铁匣对用户数据的传输过程进行了加密，包括上传和下载，从而保证了数据的保密性。

1. 支付宝的安全控件

支付宝的安全控件是为了防止账户密码被木马程序或病毒窃取，提升支付宝账户安全性而推出的安全产品。

2. 支付盾

支付盾是一个类似于U盘的实体安全工具，它内置的微型智能卡处理器能阻挡各种风险，让用户的账户始终处于安全的环境下，支付盾是支付宝公司推出的安全解决方案。支付盾（天威）是联合第三方权威机构天威诚信一起推出的安全产品，它将电子认证服务机构为客户提供的数字证书保存在USBkey中，合称为硬证书，它是具有电子签名和数字认证的工具，保证了网上信息传递时的保密性、唯一性、真实性和完整性。其优势在于：一是安全性，在支付宝网站处理任何资金业务时，无须担心木马、钓鱼网站、黑客等各种安全风险，支付盾可以保障网上交易资金和支付宝账户的安全；二是唯一性，支付盾是和支付宝账户对应绑定的关系，从而保障了支付宝的资金安全。申请使用支付盾后，如果在没有插入支付盾的情况下登录支付宝，只能进行查询账户操作，而不能进行其他任何对于资金变动的操作。只有插入匹配账户的支付盾才能进行操作。这样支付盾就相当于您拥有的一把"钥匙"，增强您的账户使用安全；三是方便性，可以在任何计算机上进行操作，免除了数字证书的备份烦恼；拥有了支付盾，就可以拥有更高的支付额度来进行资金交易了；不需要使用者掌握任何数字证书相关知识，也能轻松操作。

资料来源：支付宝安全学堂

6.2 电子商务安全体系

6.2.1 电子商务安全框架

一个安全的电子商务系统应构建以策略为指导、技术为基础、管理为核心的安全框架。在安全策略指导下，建立统一的安全管理平台，提供全面的安全服务，形成一个互为协作的统一体，使整个系统覆盖从物理通信到网络、系统平台直至数据和应用平台的各个层面的安全需求，从而形成完整的电子商务安全框架。安全策略是电子商务安全系统的灵

魂与核心,任何可靠的安全系统框架都是构建在各种安全策略与安全技术基础上的,而电子商务的安全框架正是为了实现各种技术的集成。

1. 安全策略

可采用的安全策略一般有:

(1)物理结构。同因特网物理隔离,同内部局域网逻辑隔离。

(2)敏感信息。链路加密、文件加密传输、重要数据加密存储。

(3)安全认证。建立 PKI/CA 系统和授权管理。

(4)适度安全防护。从技术安全中选择适当防护措施。

(5)安全管理与审计。加强安全审计,建立统一的安全管理平台。

2. 安全框架

(1)物理与线路传输安全框架。物理与线路传输安全框架主要包括系统的物理安全以及线路传输安全,其中物理安全主要是指防止物理通路的损坏和对物理通路的攻击(干扰)、物理环境安全、网络设备及主机的物理安全等。线路传输安全需要保证通过网络链路传送的数据不被窃听和窃取。

(2)网络安全防御框架。网络安全防御框架体系主要解决网络互联时在网络通信层的安全问题,采用的安全技术和措施包括:网络设备安全、网络访问控制、拨号网络的安全、网络和链路层数据加密、网络隔离、防火墙、入侵检测、安全审计等。

(3)主机与系统安全框架。主机与系统安全框架主要解决主机操作系统的访问控制以及主机存在的漏洞等,采用的安全技术和措施包括:病毒防范、漏洞检测、操作系统的安全配置、操作系统安全加固等。

(4)数据与应用安全框架。数据与应用安全框架主要考虑应用系统能与系统层和网络层的安全服务无缝连接,对建立在操作系统之上的应用软件服务,如数据库服务、电子邮件服务、Web 服务以及各种业务系统服务等,需要采取安全技术与措施来保证身份认证、访问控制、数据保密性和完整性(安全通信)、内容审计、数据备份等。

(5)统一安全管理框架。安全管理框架贯穿在安全的各个层次,可以从不同的视角加以描述:从全局管理角度审视,要制订全局的安全管理框架;从用户管理角度审视,要实现统一的用户角色划分框架;从资源管理角度审视,要实现资源的分布配置和统一的资源目录管理框架;从技术管理角度审视,要针对各个层面的要求实现统一的安全监管框架。

6.2.2 电子商务安全体系结构

电子商务安全体系结构是保证电子商务中数据安全的一个完整的逻辑结构,由 5 个部分组成,如表 6.1 所示。

表6.1 电子商务安全体系结构

名 称	含 义
应用系统层	包括:机密性、完整性、匿名性、不可否认性、有效性、可靠性等
安全协议层	包括:Netbill 协议、SET 协议、SSL 协议等

续表

名　　称	含　　义
安全认证层	包括：数字摘要、数字签名、数字凭证、CA 认证等
加密技术层	包括：对称加密、非对称加密等
网络服务层	包括：网络隐患扫描、网络安全监控、内容识别、病毒防治、防火墙等

在表 6.1 中，电子商务安全体系结构由网络服务层、加密技术层、安全认证层、安全协议层、应用系统层组成。

电子商务系统是依赖于网络实现的商务系统，需要利用因特网基础设施和标准，所以构成电子商务安全框架的底层是网络服务层，它提供信息传送的载体和用户接入的手段，是各种电子商务应用系统的基础，为电子商务系统提供了基本、灵活的网络服务。

为确保电子商务系统全面安全，必须建立完善的加密技术和认证机制。在表 6.1 所示的电子商务安全体系结构中，加密技术层、安全认证层、安全协议层，就是为电子交易数据的安全而构筑的。其中，安全协议层是对加密技术层和安全认证层的安全控制技术的综合运用和完善。

电子商务安全是一个人们普遍关注的系统问题，用于保护电子商务的安全控制技术有很多，但是并非把这些技术简单地组合就可以得到安全。只有通过合理应用安全控制技术，并进行有机结合，就可从技术上实现系统、有效的电子商务安全。

6.2.3　电子商务安全基础环境

电子商务安全基础环境是指从整体电子商务系统或网络支付系统的角度进行的安全防护，它与网络系统硬件平台、操作系统、各种应用软件等互相关联。电子商务安全基础环境包括行政管理、基于网络设施的基本安全防御系统、基于 PKI 的 CA 安全认证、数据加密、容灾备份中心、统一安全管理等基础环境。

1. 行政管理

（1）核心设备的密码由双人管理。核心设备有服务器、存储器、交换机、路由器等。
（2）对用户的注册、退网、用网等有严格的管理规章制度。
（3）对数据交换中心核心信息的增加、删除和备份要严格实行登记制度。
（4）对系统的运行要有监控和应急处理措施，特别是门户网站的 24 小时监控、预警和快速恢复。
（5）网络中心机房的屏蔽技术，要经当地保密部门测试和认可。
（6）网络中心机房的双路供电和不间断电源条件应满足实际需要。

2. 基于网络设施的基本安全防御系统

网络设施的基本安全防御包括防火墙、入侵检测系统（IDS）、病毒防护、漏洞扫描、物理隔离、链路加密和 VPN、入网认证和审计等。

（1）防火墙。防火墙的作用是保护内部网络资源、控制内部用户对网络的访问权限，认证并过滤外来用户访问的请求和信息流。它是一个以隔离为目的的安全网关设备，能安全地监控网络之间、用户和网站之间的任何活动，保证了内部网络的安全。

（2）入侵检测系统（IDS）。入侵检测系统全称为 Intrusion Detection System，它从计算机网络系统中的关键点收集信息，并分析这些信息，检查网络中是否有违反安全策略的行为和遭到袭击的迹象。入侵检测系统被认为是防火墙之后的第二道安全闸门。

（3）病毒防护。病毒是一种具有自我复制能力，能够在隐蔽情况下执行编写者意图的非法程序。与其他程序相同，病毒只有运行之后才会发挥其功能。由于用户不会故意运行病毒，因此病毒必须依附于用户要运行的文件当中。计算机病毒将自己的代码写入宿主程序的代码中（大部分附加在头部、尾部），以感染宿主程序，每当运行受感染的宿主程序时也将运行计算机病毒，病毒就自我复制，执行创造者的意图并将感染其他程序。

（4）漏洞扫描。漏洞扫描是一个全面针对电子商务系统与网络的安全性和脆弱性进行分析和评估的技术，主要是利用目前所发现和公布的危害系统和网络方法，对待测网络目标扫描分析，检查并报告系统存在的安全脆弱性和漏洞所在，评价安全脆弱性对网络系统的危害程度，并且提出相应的安全防护措施和应实施的安全策略，最终达到增强网络安全性的目的。

（5）物理隔离。物理隔离的一个特征，就是内网与外网永不连接，内网和外网在同一时间最多只有一个同隔离设备建立非 TCP/IP 协议的数据连接。其数据传输机制是存储和转发。

（6）链路加密和 VPN。采用链路加密和 VPN 使系统内部网络用户与其他用户之间进行隔离，以提高信息的安全度。

（7）入网认证与审计。对电子商务中一些安全保密度要求高的应用系统的用户实行入网认证和审计，将用户名、密码、IP、MAC、VLAN、PORT 等进行捆绑，为用户颁发入网证书。只有合法用户才能注册网络，而且，系统能对用户用网情况实施跟踪，对系统安全状况进行适时审计。

3. 基于 PKI 的 CA 安全认证

基于 PKI 的 CA 安全认证包括电子身份认证、授权、密码管理、密钥管理、可信任时间戳管理等。建立认证授权中心，对公众网络用户实行安全证书发放、入网认证、授权服务和管理。

4. 数据加密

数字加密是利用数学算法将明文转变为不可能理解的密文和反过来将密文转变为可理解形式的明文的方法、手段和理论的一门科学。利用数字加密可以将敏感信息加密并通过一种并不安全的途径传递，只有指定的收件人才能解读原始信息。

对基础数据和核心数据实行加密处理，当用户欲访问数据库时除了入网认证、服务器权限管理、磁盘目录属性管理和文件读/写权限管理之外，对数据库的记录、记录字段增加读、改、写权限并进行加密处理，无权读（或写）的用户不能看到数据库中任何数据，即使数据被窃也无泄密之险。

5. 容灾备份中心

容灾备份中心是电子商务不可缺少的组成部分，是确保电子商务信息安全和在灾难性故障发生时无间断服务的重要措施。

容灾备份中心的主要功能有：定期备份数据交换中心的数据；在灾难性故障发生的时候临时提供服务。容灾备份中心的主要设备包括：服务器、交换机、路由器和大容量光盘存储器。

6. 统一安全管理

多数的电子商务系统涉及大量的网络设备、主机设备、安全设备以及其他设施和人员，对安全的要求较高，造成管理的复杂度很高。某些分散的管理降低了管理的效率和效果。所以需要建立一个统一的安全管理平台，对整个网络进行统一的安全管理。

6.3 电子商务安全技术

电子商务安全技术在电子商务系统中的作用非常重要，它守护着商家和客户的重要机密，维护着商务系统的信誉和财产，同时为服务方和被服务方提供极大的方便，因此，只有采取了必要和恰当的技术手段才能充分提高电子商务系统的可用性和可推广性。电子商务系统中使用的安全技术主要包括数据加密技术、防火墙技术、数字签名技术、数字证书技术与认证中心以及相关的一些安全协议标准等。

6.3.1 数据加密技术

数据加密技术是保证电子商务安全的重要手段，是信息安全的核心技术之一，它对保护电子商务安全起着特别重要的作用，是其他安全技术无法替代的。加密技术能起到数据保密、身份验证、保持数据的完整性和不可否认性等作用。

1. 数据加密技术概述

所谓数据加密（Data Encryption）技术是指将一个信息（或称明文，Plain Text）经过加密钥匙（Encryption Key）及加密函数转换，变成不可理解的信息（或称密文 Cipher Text），也就是将真实的内容隐藏起来。而接收方收到密文后将此密文经过解密函数、解密钥匙（Decryption Key）还原成明文。加密和解密是两个相反的过程，分别应用在信息的发送端和接收端，加密技术是网络安全与电子商务安全技术的基石。

2. 数据加密算法的分类

（1）对称加密算法。对称加密算法是应用较早的加密算法，技术较成熟。在对称加密算法中，数据发送方将明文（原始数据）和加密密钥一起经过特殊加密算法处理后，使其变成复杂的加密密文发送出去。收信方收到密文后，若想解读原文，则需要使用加密用过的密钥及相同算法的逆算法对密文进行解密，才能使其恢复成可读明文。在对称加密算法中，使用的密钥只有一个，发送和接收信息双方都使用这个共同密钥对数据进行加密和解密。对称加密算法实现的原理如图6.3所示。

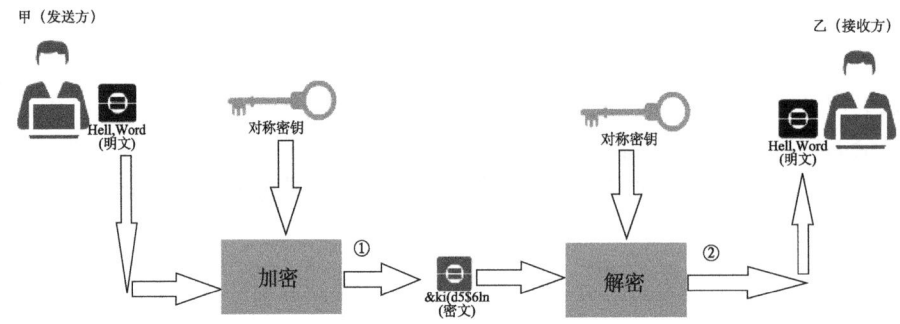

图 6.3　对称加密算法实现的原理

对称加密算法的特点是：算法公开、计算量小、加密速度快、加密效率高。不足之处是：交易双方都使用相同的密钥，密钥的安全性得不到充分的保证。此外，每对用户每次使用对称加密算法时，都需要使用其他人不知道的唯一密钥，这会使得发送方和接收方所拥有的密钥数量呈几何级数增长，密钥管理成为用户的负担。目前广泛使用的对称加密算法有DES、AES和IDEA等。

（2）非对称加密算法。非对称加密算法也称公开密钥加密法，加密和解密需要有两个密钥，一个称为公开密钥（Public Key），一个称为私有密钥（Private Key）。公开密钥与私有密钥是一对密钥，如果用公开密钥对数据进行加密，只能用对应的私有密钥才能解密；如果用私有密钥对数据进行加密，那么只能用对应的公开密钥才能解密。因为加密和解密使用的是两个不同的密钥，所以这种算法称为非对称加密算法。非对称加密算法实现的原理如图6.4所示。

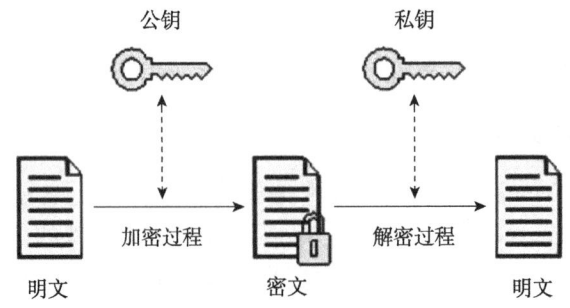

图 6.4　非对称加密算法实现的原理

其基本过程是：甲方生成一对密钥并将其中的一把作为公用密钥公开；得到甲方公用密钥的乙方使用该密钥对机密信息进行加密后再发送给甲方；甲方再用自己保存

的另一把专用密钥对加密后的信息进行解密。甲方只能用其专用密钥解密由其公用密钥加密后的任何信息。非对称加密算法的保密性比较好，它消除了最终用户交换密钥的需要。

非对称密码体制的特点有：算法强度复杂、安全性依赖于算法与密钥，但是由于其算法复杂，使得加密和解密速度没有对称加密和解密的速度快。对称密码体制中只有一种密钥，并且是非公开的，如果要解密就得让对方知道密钥。所以保证其安全性就是保证密钥的安全，而非对称密钥体制有两个密钥，其中一个是公开的，这样就可以不需要像对称密码那样传输对方的密钥了，这样密钥的安全性就高了很多。

非对称加密体系不要求通信双方事先传递密钥或有任何约定就能完成保密通信，并且密钥管理方便，可实现防止假冒和抵赖，因此，更适合网络通信中的保密通信要求。常见的算法有RSA、Elgamal、背包算法、Rabin、D-H、ECC（椭圆曲线加密算法）。目前使用最广泛的是RSA算法，Elgamal是另一种常用的非对称加密算法。

6.3.2 防火墙技术

网络安全是电子商务安全的基础，一个完整的电子商务系统应建立在安全的网络基础设施之上。网络安全所涉及的方面比较多，如操作系统安全、防火墙技术、VPN（Virtual Pager NetWork，虚拟专用网）技术、各种反黑客技术和漏洞检测技术等，其中最重要的就是防火墙技术。

1. 防火墙概述

防火墙是一种隔离控制技术，在内网、外网之间应用规则禁止或允许数据包通过。它是由Check Point创立者Gil Shwed于1993年发明并引入国际互联网［US5606668（A）1993-12-15］的。它是一种位于内部网络与外部网络之间的网络安全系统，建立在通信技术和信息安全技术之上，用于在网络之间建立的一个安全屏障，根据指定的策略对网络数据进行过滤、分析和审计，并对各种攻击提供有效的防范。主要用于因特网接入和专用网与公用网之间的安全连接，防火墙实现原理如图6.5所示。防火墙技术类似于一个单位的"门卫"，对进入单位的人员进行检查过滤，符合条件的用户进入，不符合条件的则禁止入内。

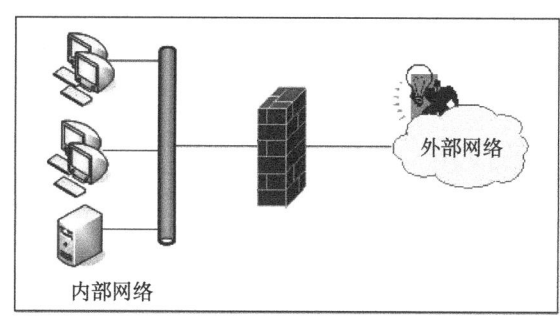

图6.5 防火墙实现原理

2. 防火墙功能

（1）过滤进出网络的数据包。

（2）管理进出网络的访问行为。

（3）阻止某些禁止的访问行为。

（4）记录通过防火墙的信息内容和活动。

（5）对网络攻击进行检测和警告。

（6）隔离网段，限制安全问题扩散。

（7）自身具有一定的抗攻击能力。

（8）可以实现地址转换，防止企业公网地址短缺的问题。

3. 防火墙类型

（1）网络层防火墙。网络层防火墙可视为一种 IP 封包过滤器，运作在底层的 TCP/IP 协议堆栈上。它以枚举的方式，只允许符合特定规则的封包通过，其余的一概禁止穿越防火墙（病毒除外，防火墙不能防止病毒侵入）。这些规则通常由管理员定义或修改，不过某些防火墙设备可能只能套用内置的规则。较新的防火墙能利用封包的多样属性来进行过滤，例如：来源 IP 地址、来源端口号、目的 IP 地址或端口号、服务类型（如 HTTP 或是 FTP），当然也能经由通信协议、TTL 值、来源的网域名称或网段等属性来进行过滤。

（2）应用层防火墙。应用层防火墙是在 TCP/IP 堆栈的"应用层"上运作的，用户使用浏览器时所产生的数据流或是使用 FTP 时的数据流都属于这一层。应用层防火墙可以拦截进出某应用程序的所有封包，并且封锁其他的封包（通常直接将封包丢弃）。理论上，这一类的防火墙可以完全阻绝外部的数据流进到受保护的机器里。

防火墙借由监测所有的封包并找出不符规则的内容，可以防范计算机蠕虫或是木马程序的快速蔓延。

（3）数据库防火墙。数据库防火墙是一款基于数据库协议分析与控制技术的数据库安全防护系统。基于主动防御机制，实现数据库的访问行为控制、危险操作阻断、可疑行为审计。

数据库防火墙主要通过 SQL 协议分析，根据预定义的禁止和许可策略让合法的 SQL 操作通过，阻断非法违规操作，形成数据库的外围防御圈，实现 SQL 危险操作的主动预防、实时审计。数据库防火墙面对来自外部的入侵行为，提供 SQL 注入禁止和数据库虚拟补丁包功能。

6.3.3 数字签名技术

1. 数字签名概述

数字签名（又称公钥数字签名、电子签章）是一种类似写在纸上的普通的物理签名，它是使用了公开密钥加密领域的技术和数字摘要技术来实现的，主要用于鉴别数字信息。数字签名的具体原理如图 6.6 所示。

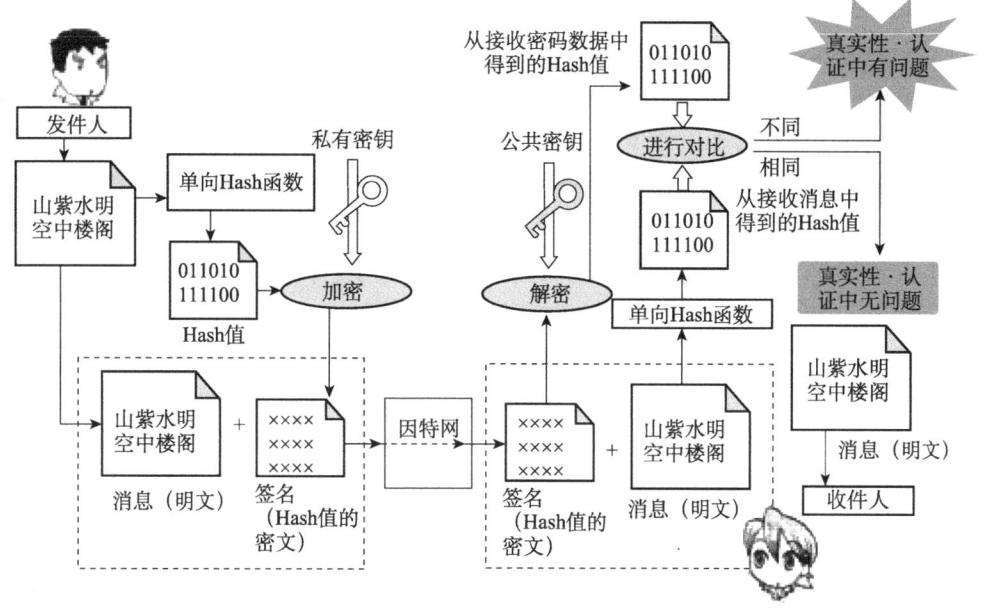

图 6.6 数字签名的具体原理

数字签名的具体实现步骤如下：

（1）生成数字摘要。数字摘要是将任意长度的消息变成固定长度的短消息，它是采用一种单项散列函数（也称为 Hash 函数）来实现的，单项散列函数的基本特性是，如果两个散列函数值是不相同的（根据同一函数），那么这两个散列值的原始输入也是不相同的，如果两个散列值是相同的，那么这两个散列值的原始输入值也是相同的。常见的数字摘要函数有 MD4、SHA、MD5 等。

（2）生成数字签名。发送方用自己的私有密钥对数字摘要再加密，这就形成了数字签名。

（3）发送信息。将原文和加密的摘要信息同时传给对方。

（4）接收信息。对方通过网络接收签名信息。

（5）处理信息原文。对方用发送方的公共密钥对数字签名解密，同时对收到的文件用单项散列函数加密产生又一个摘要。

（6）解密数字签名。对方用发送方的公共密钥对数字签名进行解密，得到了发送方的摘要密文。

（7）验证信息的完整性。将解密后的摘要和收到的文件与接收方重新加密产生的摘要相互对比。如两者一致，则说明传送过程中信息没有被破坏或篡改过，否则不然。

2. 数字签名的功能

（1）鉴权，数字签名能够让信息接收者确认发送者的身份。

（2）能够确定信息未在传输的过程中被修改，保证了数据发送中的完整性。

（3）能够让接收方可以通过数字签名来防止所有后续的抵赖行为。

数字签名是具有法律效力的，2000 年，中华人民共和国的新《合同法》首次确认了电子合同、电子签名的法律效力。2005 年 4 月 1 日起，中华人民共和国首部《电子签名法》正式实施。

3. 数字签名的应用

（1）互联网金融行业。一方面，数字签名满足金融监管部门对合同存管的要求；另一方面，电子化的文件签署与存储模式提升了文件的签署效率、节约文件签署成本。

（2）P2P 网络借贷业务。在 P2P 网络借贷业务中，借款方通过 P2P 平台确认投资后，接入契约电子合同与数字签名应用的 P2P 平台可生成投资协议，经投资方与借款方确认后实现快速签署。

（3）旅游行业。旅行社通过数字签名技术产生的电子合同签署平台收发合同，或将电子合同应用接入在线旅游平台，游客与旅行社可通过在线平台快速订立出行协议，这样旅行社与游客之间签订协议不再受区域、时间的限制，有效缩短了业务的流转周期；同时，数字签名技术也保障了合同签署的有效性与完整性，能有效维护双方的合法权益。

（4）在线教育行业。在线教育作为一种新兴的教育模式，在课程销售过程当中，合同签署是对双方权益的保障。由于在线教育没有实体店，所有的环节均通过线上方式予以实现。引用数字签名技术到在线教育行业，通过有效的电子合同保障了学员与平台双方的合法权益；同时，数字化的签约体验缩短了课程的购买流程，可以帮助提升用户体验、促进平台的业务推进。

（5）大宗商品电商（B2B 电商）。应用电子合同与数字签名服务的电商平台可实现买卖双方安全、快捷的交易。买卖双方经电商平台达成交易意向后，平台将根据交易信息生成交易协议，经双方确认无误后签署。经销商确认收款后通过物流即可将商品发送给买方。

（6）医疗行业。在医疗行业中，文件签署场景随处可见，如病历处方、排班管理、科室轮转、移动查房、随访管理等。特别是病历处方，它记录了患者的病情病史、就诊记录、用药禁忌等重要信息，是医生与患者之间的重要纽带。

（7）政府部门。政府部门可通过将办公系统与电子合同接口集成，实现文件的高流转率与高达到率。例如将数字签名技术应用于通知发布，发送人可通过系统在线批量发送文件到指定接收人，实现文件快速流转与签字回传。

（8）应用价值：使用数字签名可有效提升企事业单位内部文件流转效率与到达率，避免重要信息的遗漏；权限管控与流程设定可促进组织内部文件管理规范化、制度化、科学化。

随着电子合同与数字签名技术的不断完善，更多行业应用如房屋租赁、人力资源、汽车租赁等会得以应用。与此同时，数字签名也不断细化产品功能，促进组织内部的文件管理规范化、制度化、科学化。

6.3.4 数字证书技术与认证中心

1. 数字证书

数字证书是互联网通信中标识通信各方身份信息的一串数字，是用来在因特网上验证通信实体身份的。数字证书不是数字身份证，是身份认证机构盖在数字身份证上的一个签章或印（或者说加在数字身份证上的一个签名）。它是由权威机构［简称为 CA 机构，又称为数字认证中心（Certificate Authority）］发行的，其作用类似于日常生活中的身份证、司机的驾驶证。最简单的数字证书通常包含一个公开密钥、名称以及证书授权中心的数字签名。一般情况下，证书中还包含密钥的有效时间、发证机关的名称、证书的序列号等信息，证书的格式普遍采用 ITUT.509 国际标准（也称为 X.509 标准），一个标准的 X.509 数字证书包含以下一些内容：

- 证书的版本信息；
- 证书的序列号，每个证书都有一个唯一的证书序列号；
- 证书所使用的签名算法；
- 证书的发行机构名称，命名规则一般采用 X.500 格式；
- 证书的有效期，通用的证书一般采用 UTC 时间格式，它的计时范围为 1950～2049；
- 证书所有人的名称，命名规则一般采用 X.500 格式；
- 证书所有人的公开密钥；证书发行者对证书的签名。

数字证书采用的是公开密钥体系。数字证书的一个重要特征就是只在特定的时间段内有效。以数字证书为核心的加密技术（加密传输、数字签名、数字信封等安全技术）可以对网络上传输的信息进行加密和解密、数字签名和签名验证，确保网上传递信息的机密性、完整性及交易的不可抵赖性。使用了数字证书，即使用户发送的信息在网上被他人截获，甚至丢失了个人的账户、密码等信息，仍可以保证用户的账户和资金安全。从现有技术体系出发，目前，能够在数字世界实现抗抵赖、防篡改的电子签名，并且得到社会公认在各国电子签名法均一致认可的技术是基于公钥基础设施的数字签名技术。而证书颁发机构（CA）作为数字签名技术支撑运营的公钥基础设施（PKI），其公信力和地位合法性在各国电子签名法中均有规范性要求。参考了联合国示范法和各国电子签名法的中国《电子签名法》，对证书颁发机构提出了更加严格的限制条件和合规性要求，证书颁发机构需要承担起第三方认证机构的重要责任，为电子商务和电子政务等涉及互联网和移动互联网的契约以及事务交易类服务的参与方发放具备公信力的数字证书，从而以电子签名为服务本身以及可追溯证据提供合法性支撑。目前数字证书除了在电子商务中广泛使用，也已经在地税、建设、国税、社保、招投标、药监、公安、交通等部门得到了普遍应用。

2. 数字证书的类型

（1）个人数字证书。个人数字证书符合 X.509 标准，证书中包含个人身份信息和个人的公钥，用于标识证书持有人的个人身份，个人数字证书用于个人在网上进行合同签订、订单、录入审核、操作权限、支付信息等活动中标明个人身份。

（2）企业或者机构数字证书。机构数字证书也是符合 X.509 标准的数字安全证书，证书中包含企业的公钥与企业信息，用于标识证书持有企业的身份，用于企业在电子商务方面的对外活动，如合同签订、网上证券交易、交易致富信息等方面。

（3）支付网关证书。支付网关证书是证书签发中心针对支付网关签发的数字证书，是支付网关实现数据加解密的主要工具，用于数字签名和信息加密。支付网关证书仅用于支付网关提供的服务（因特网上各种安全协议与银行现有网络数据格式的转换）。支付网关证书只能在有效状态下使用。

（4）服务器证书。服务器证书符合 X.509 标准的数字安全证书，证书中包含服务器信息和服务器的公钥，在网络通信中用于标识和验证服务器的身份。数字安全证书和对应的私钥存储于 E-key 中。服务器软件利用证书机制保证与其他服务器或客户端通信时双方身份的真实性、安全性、可信任度等。

（5）安全电子邮件证书。安全电子邮件证书符合 X.509 标准的数字安全证书，通过 IE 或 Netscape 申请，IE 申请的证书存储于 Windows 的注册表中，用 Netscape 申请的存储于个人用户目录下的文件中，用于安全电子邮件或向需要客户验证的 Web 服务器（HTTPS 服务）表明身份。

（6）个人代码签名证书。个人代码签名证书是 CA 中心签发给软件提供人的数字证书，包含软件提供个人的身份信息、公钥及 CA 的签名。软件提供人使用个人代码签名证书对软件进行签名后放到因特网上，当用户在因特网上下载该软件时，将会得到提示，从而可以确信：软件的来源；软件自签名后到下载前，没有遭到修改或破坏。

 知识拓展

支付宝数字证书

支付宝数字证书是支付宝的一个认证程序，保证支付宝账户的资金安全。数字证书具有安全、保密、防篡改的特性，在某台计算机上（可以将证书备份到多台计算机上）对某个支付宝账户申请了数字证书后，即使泄露了支付宝密码他人也无法盗取、挪用支付宝账户中的金额。

支付宝数字证书申请条件：

（1）支付宝个人实名认证中，通过支付宝证件审核后的会员，就能申请支付宝数字证书。

（2）通过支付宝实名商家认证后，就能申请支付宝数字证书。

（3）在常用的计算机上申请数字证书，避免在网吧之类的公共场所计算机上申请和使用安全数字证书。

资料来源：https://help.alipay.com/lab/help_detail.htm?help_id=212003

3. 数字认证中心及作用

（1）数字认证中心。数字认证中心（Certificate Authority，CA），是电子商务的一个核心环节，是在电子交易中承担网上安全电子交易认证服务，签发数字证书，确认用户身份等工作的具有权威性和公正性的第三方服务机构。一些电商网站、网上银行使用的 SSL 证书就是数字证书的一种，由数字证书认证中心颁发，用来认证网站服务器身份和加密传输数据，保护用户隐私和防止网络钓鱼。

（2）认证中心的作用。
- 证书的颁发和更新；
- 证书的查询；
- 证书的作废；
- 证书的归档。

有了 PKI（公钥基础设施）这样的安全基础，结合传统的对称加密技术、数字签名技术等，就很好地解决了原来难以解决的密钥管理、分发等问题。

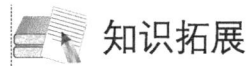

知识拓展

服务业"十二五"规划：促进数字证书在电商环节应用

国务院日前印发《服务业发展"十二五"规划》(以下简称《规划》),《规划》提出要促进数字证书在电子商务全过程、各环节的深化应用，规范网上银行、网上支付平台等在线支付服务。

《规划》提出，将积极培育电子商务服务，支持第三方电子商务与交易服务平台建设，推动网络交易与电子认证、在线支付、物流配送、报关结汇、检验检疫、信用评价等环节的集成应用。发挥行业组织等社会中介机构作用，提高电子商务纠纷处理、争议调解、法律咨询、技术研究、成果转化等服务能力。

《规划》指出，要推进交易保障设施建设，强化对电子商务交易主体、客体及交易行为的在线监测，完善交易保障服务体系。健全电子商务支撑体系，促进数字证书在电子商务全过程、各环节的深化应用，规范网上银行、网上支付平台等在线支付服务，发展与电子认证、网络交易、在线支付协同运作的物流配送体系，鼓励电子商务服务企业建立交易诚信档案，为改善电子商务环境提供有力支撑。

另外，还将深化电子商务应用，支持大型骨干企业以供应链协同为重点发展电子商务，引导中小企业利用第三方电子商务服务平台拓展国内外市场，推动政府采购电子商务平台建设。加快发展移动电子商务等互联网产业，大力培育远程维护、数据托管等技术服务，积极推进医药卫生、文化旅游等领域的信息化建设，不断拓展和深化电子商务应用领域。规范电子商务发展，保障网络交易安全。

"十二五"时期，基本健全电子商务制度体系，初步形成大型企业供应链网络化协同能力和重要行业龙头企业全球化商务协同能力，营造安全可信、规范有序的网络商务环境。

资料来源:(电子商务研究中心讯) 2012年12月12日来源：中国新闻网

6.3.5 安全协议

1. 安全协议概述

所谓协议（Protocol），就是两个或两个以上的参与者为完成某项特定的任务而采取的一系列步骤。安全协议是以密码学为基础的消息交换协议，其目的是在网络环境中提供各种安全服务。密码学是网络安全的基础，但网络安全不能单纯依靠安全的密码算法。安全协议是网络安全的一个重要组成部分，需要通过安全协议进行实体之间的认证、在实体之间安全地分配密钥或其他各种秘密、确认发送和接收的消息的非否认性等。

安全协议是建立在密码体制基础上的一种交互通信协议，它运用密码算法和协议逻辑来实现认证和密钥分配等目标。

2. 电子商务的安全协议

电子商务安全协议是为了完成电子商务活动而设计的协议。目前，得到广泛应用的主要电子商务安全协议有安全套接层（Secure Sockets Layer，SSL）协议、安全电子交易（Secure Electronic Transaction，SET）协议、安全（Hypertext Transfer Protocol Secure，HTTPS）超文本传输协议等。

（1）安全电子交易（SET）协议。SET 协议是指为了实现更加完善的即时电子支付应运而生的。SET 协议，被称为安全电子交易协议，是由 MasterCard 和 VISA 联合 Netscape、Microsoft 等公司，于 1997 年 6 月 1 日推出的一种新的电子支付模型。SET 协议是为 B2C 上基于信用卡支付模式而设计的，它保证了开放网络上使用信用卡进行在线购物的安全。

SET 协议的主要目标是：
- 防止数据被非法用户窃取，保证信息在互联网上安全传输。
- 使用了一种双签名技术，保证电子商务参与者信息的相互隔离。客户的资料加密后通过商家到达银行，但是商家不能看到客户的账户和密码信息。
- 解决多方认证问题。不仅对客户的信用卡认证，而且要对在线商家认证，实现客户、商家和银行间的相互认证。
- 保证网上交易的实时性，使所有的支付过程都是在线的。
- 提供一个开放式的标准、规范协议和消息格式，促使不同厂家开发的软件具有兼容性和互操作功能。可在不同的软硬件平台上执行并被全球广泛接受。

SET 协议为电子交易提供了许多保证安全的措施。它能保证电子交易的机密性、数据完整性、交易行为的不可否认性和身份的合法性。SET 协议设计的证书中包括：银行证书及发卡机构证书、支付网关证书和商家证书。提供的主要服务有：
- 保证客户交易信息的保密性和完整性。
- 确保商家和客户交易行为的不可否认性。
- 确保商家和客户的合法性。
- SET 协议使用数字证书对交易各方的合法性进行验证。通过数字证书的验证，可以确保交易中的商家和客户都是合法的、可信赖的。

（2）安全套接层（SSL）协议。安全套接层协议是为网络通信提供安全及数据完整性的一种安全协议。SSL 在传输层对网络连接进行加密。SSL 提供的服务有：
- 认证用户和服务器，确保数据发送到正确的客户机和服务器。
- 加密数据以防止数据中途被窃取。
- 维护数据的完整性，确保数据在传输过程中不被改变。

SSL 协议提供的安全通道有以下三个特性：
- 机密性。SSL 协议使用密钥加密通信数据。
- 可靠性。服务器和客户都会被认证，客户的认证是可选的。
- 完整性。SSL 协议会对传送的数据进行完整性检查。

（3）安全 HTTPS（S-HTTP）超文本传输协议。安全 HTTPS 超文本传输协议，它由 Netscape 开发并内置于其浏览器中，用于对数据进行压缩和解压缩操作，并返回网络上传送回的结果。

安全电子邮件协议（如 PEM、S/MIME 等）是指通过网络发送信件通信的规范和约定。S/MIME 安全多媒体电子邮件扩展协议，主要用于保障电子邮件的安全传输。例如，微软的 Outlook Express 中使用该协议，采用数字标志、数字凭证、数字签名以及非对称密钥系统等技术，构成一种签名加密的邮件收发方式。

6.4 电子商务安全应用

为保障电子商务交易安全和规范电子交易过程，人们在电子商务规范方面做了大量的工作，制定了一系列电子商务安全服务标准。特别在网络层、传输层和应用层设计了一些常用的、著名的安全服务方案与协议来保障电子商务信息系统的安全。

6.4.1 网络层安全服务

网络层的安全服务主要保障安全的通信服务。一般使用 IPSec（Security Architecture for IP network）方案，IPSec 可以使一个系统选择需要的安全协议，确定服务使用的算法，并在适当的位置放置所请求服务所需要的任意加密密钥，从而在 IP 层提供安全服务，防止窃听、篡改、伪造、拒绝服务攻击等。

6.4.2 传输层安全服务

传输层安全服务主要保障客户端和服务器之间的安全通信，提供保密性和数据完整性。一般使用 SSL/TLS（Transport Layer Security）方案。SSL 是在客户和商家通信之前，在因特网上建立的一个秘密传输信息的信道，提供加密、认证服务和报文的完整性验证。安全传输层（TLS）协议用于在两个通信应用程序之间提供保密性和数据完整性。用于在两个通信应用程序之间提供保密性和数据完整性 SSL，位于可靠的面向连接的网络层协议和应用层协议之间的一种协议层。

6.4.3 应用层安全服务

应用层安全服务，通常都是对每个应用（包括应用协议）分别进行修改和扩充，集成到应用协议上的，常用的应用层安全协议有：安全超文本传输协议（S-HTTP）、安全电子交易协议（SET）、Kerberos 协议、S/Mime 和 PGP 安全电子邮件协议等。

6.4.4 提供计算机信息安全服务的组织

自从在 1988 年莫里斯蠕虫横扫互联网之后，出现了一些组织，彼此分享计算机系统威胁的信息。这些组织认为共享攻击及防卫信息可以帮助大家提高计算机安全性。这些组织有些由大学组建，有些由政府机构组建。第一个计算机安全应急响应组（Computer

Emergency Response Team，CERT）是在美国联邦政府的资助下，在卡内基梅隆大学成立的。目前一些国家的CERT组织有：卡内基梅隆大学CERT（Coordination Center）、美国国土安全部（US-CERT）、中国国家计算机网络应急技术处理协调中心（国家互联网应急中心，CNCERT/CC）等。中国在2013年11月12日正式成立了国家信息安全委员会，并随后在2014年2月27日成立中共中央网络安全和信息化领导小组办公室，由习近平主席亲自挂帅，将信息安全提升到国家战略高度。2014年8月28日，工信部发布《工业和信息化部关于加强电信和互联网行业网络安全工作指导意见》，提出以完善网络安全保障体系为目标，着力提高网络基础设施和业务系统安全防护水平，增强网络安全技术能力，强化网络数据和用户信息保护，推进安全可控关键软硬件应用，为维护国家安全、促进经济发展、保护人民群众利益和建设网络强国发挥积极作用。2015年1月23日，中共中央政治局召开会议，审议通过了《国家安全战略纲要》。为推动信息安全产业的发展，国家有关部门出台了一系列鼓励行业发展的产业政策，为信息安全行业的发展提供了良好的契机。成立的机构有国家信息技术安全研究中心、中国信息安全测评中心，还有一些专门机构能够对网站安全进行评估，包括网站漏洞测试、Web安全检测等，也能通过专门的技术手段对网站进行漏洞扫描，检测网页是否存在漏洞、网页是否挂马、网页有没有被篡改、是否有欺诈网站等，提醒网站管理员及时修复和加固网站，保障Web网站的安全运行等。

专业术语

保密性	完整性	认证性
不可否认性	不可拒绝性	访问控制性
客户机	服务器	PKI
HTTP协议	SSL协议	SET协议

思考题

1. 什么是电子商务安全？电子商务安全有何特点？
2. 电子商务面临哪些安全威胁？
3. 简述电子商务的安全要素。
4. 与电子商务相关的安全技术有哪些？
5. 试述电子商务安全体系结构。
6. 简述与电子商务安全相关的协议。

第 7 章

电子商务与现代物流

本章导读

随着电子商务的出现和应用，现代物流进入了一个新的发展阶段。现代物流是电子商务的基础，同时为电子商务提供了交易实现的保证；而电子商务为现代物流的运作提供了物质技术条件，为其发展提出了更高的要求。因此，在电子商务环境下，如何理解电子商务与现代物流的关系，建立并选择合适的电子商务物流模式，成为现代物流急需研究和解决的问题。

本章主要介绍现代物流的发展阶段、现代物流的概念及特点、电子商务对物流的影响、电子商务下的物流模式以及相关的物流技术。

 引导案例

沃尔玛的物流配送

沃尔玛百货有限公司（以下简称"沃尔玛"）由美国零售业的传奇人物山姆·沃尔顿先生于 1962 年在阿肯色州成立。在 20 世纪 90 年代一跃成为美国第一大零售商。在短短几十年的时间里，沃尔玛的连锁店几乎遍布全世界，并以其优质快捷的服务、惊人的销售利润、先进的管理系统而闻名全球。沃尔玛的巨大成功，与其卓越的物流管理思想及实践密切相关。

1. 快速高效的物流配送中心

物流配送中心是设立在沃尔玛 100 多家零售卖场中央位置的物流基地。通常以 320 千米为一个商圈建立一个配送中心，同时可以满足 100 多个附近周边城市的销售网点的需求。配送中心的一端为装货月台，另一端为卸货月台，800 名员工 24 小时倒班装卸搬运配送。沃尔玛的工人工资并不高，因为这些工人基本上是初中生和高中生，只是经过了沃尔玛的特别培训。同时，沃尔玛首创交叉配送的独特作业方式，没有入库存储与分拣作业，进货时直接装车出货。在竞争对手每 5 天配送一次商品的情况下，沃尔玛每天送 1 次

货，至少一天送货一次意味着可以减少商店或者零售店里的库存，使得零售场地和人力管理成本都大大降低。所有这些装卸分开、交叉配送、每天送货的独特细节，恰恰帮助沃尔玛提高了流通速度，降低了作业成本。

围绕着高效的配送中心，沃尔玛逐步建立起一个"无缝点对点"的物流系统。企业物流成本占整个销售额的比例一般都达10%左右，有些食品行业甚至达到20%或者30%，而沃尔玛的配送成本仅占其销售额的2%，是其竞争对手同比成本的50%，沃尔玛始终如一的思想就是要把最好的东西用最低的价格卖给消费者，这也是它成功的关键所在。

2. 信息技术成核心竞争力

20世纪70年代，沃尔玛建立了物流管理信息系统，负责处理系统报表，加快了运作速度。1983年，沃尔玛采用了POS机，销售数据系统的建立实现了各部门物流信息的同步共享。1985年，沃尔玛建立了EDI系统，即电子数据交换系统，进行无纸化作业，所有信息全部在计算机上运作。1986年，它又建立了QR快速反应机制，快速拉动市场需求。凭借包括物流条形码、射频技术和便携式数据终端设备在内的信息技术，沃尔玛如虎添翼，得到了长足的发展。

沃尔玛在全球第一个实现集团内部24小时计算机物流网络化监控，建立全球第一个物流数据处理中心，使采购、库存、订货、配送和销售一体化，例如，顾客到沃尔玛店里购物，然后通过POS机打印发票，与此同时负责生产计划、采购计划的人以及供应商的计算机上就会同时显示信息，各个环节就会通过信息及时完成本职工作，从而减少了很多不必要的时间浪费，加快了物流的循环。在物流信息实时反应的网络条件下，物流各环节成员能够相互支持，互相配合，以适应激烈竞争的市场环境，成为现代物流企业核心竞争力的典范。

资料来源：http://www.360doc.com/content/10/1110/12/665004_68172233.shtml

知识加油站

电子商务已经成为推动中国经济快速良好发展的重要因素。电子商务的发展推动了物流的发展。物流配送成为了电子商务企业非常重视的一大问题，物流业对电子商务的影响更是不可忽视。现代物流从其运行模式来看，分为自营物流、物流联盟、第三方物流、第四方物流、绿色物流、逆向物流等。

7.1 现代物流概述

7.1.1 现代物流的产生与发展

从20世纪初到现在近一个世纪的时间内，物流概念的产生和发展经历了三个阶段。

1. 物流概念的孕育与提出阶段

从 20 世纪初到 20 世纪 50 年代，这个阶段的特点有：第一个是局部范围，主要是在美国；第二个是由少数几个人提出的；第三个是意见不统一，主要有两种意见、两个提法，即一种提法是美国市场营销学者阿奇·萧 1915 年提出的叫做 Physical Distribution 的物流概念。他是从市场分销的角度提出的；另一种提法是美国少校琼西·贝克于 1905 年，从军事后勤的角度提出了 Logistics 的物流概念。

2. 分销物流（Physical Distribution）阶段

从 20 世纪 50 年代中开始到 80 年代中期。这个阶段的基本特征是分销物流学（Physical Distribution）的概念进一步发展且占据了统治地位，并且从美国走向了全世界，成为世界各国一致公认的一个比较统一的物流概念。这一时期促进了物流管理学的形成和发展，进而形成了物流学派、物流产业和物流领域。

3. 现代物流（Logistics）阶段

从 20 世纪 80 年代中期开始一直到现在，通过第二阶段分销物流的发展，使全世界都意识到，物流已经不仅限于分销领域，而且已经涉及包括企业物资供应、企业生产、企业分销以及企业废弃物再生等全范围和全领域。原来的分销物流 Physical Distribution 概念，已经不适应这种形势，应该扩大概念的内涵，因此决定放弃使用 Physical Distribution，而采用 Logistics 作为物流的概念。

7.1.2 现代物流的定义、基本功能和分类

1. 物流的定义

在中国，通常认为"物流"即是相关的物资从供应者向需求者的移动，涉及运输、仓储等各层次的活动。

2001 年，美国物流管理协会对物流的定义进行了修订："物流是供应链的一部分，是为了满足客户需求而对商品、服务及相关信息从原产地到消费地的高效率、高效益的正向和反向流动及存储进行的计划、实施与控制过程"。

2001 年 4 月 17 日，由中国物资流通协会组织，中国物资流通技术开发协会、北京工商大学、北京物资学院、北方交通大学、华中科技大学、原国内贸易局物流技术研究所等单位专家学者编写的中华人民共和国国家标准《物流术语》（GB/T 18354—2006）（以下简称《物流术语》标准）正式颁布。在充分吸收国内外物流研究成果的基础上，《物流术语》标准中将物流定义为：物品从供应地向接收地的实体流动过程。根据实际需要，将运输、存储、装卸、搬运、包装、流通加工、配送、信息处理等基本功能实施有机结合。

物流的定义方面，有以下几点需要注意：

（1）物品不只是指生产的商品，还包含伴随着生产和销售出现的包装容器、包装材料等废弃物。

（2）消费者不是指一般意义上的消费者，它包括制造业者、批发商、零售业者等需求者。

（3）流通加工，由于它可以产生物品的形质（形体和性质）功效，也可以把它归入生产领域。但由于它既可归于生产又可归于物流，介于两个活动领域之间，属于中间领域，尽管流通加工创造了一部分形质功效，但其目的是提高物流系统的效率，因而应把流通加工看做是物流功能的扩大，因此把它归为物流是适宜的。

2. 物流的基本功能

（1）运输功能。运输是指利用设备和工具，把物品从一地点向另一地点运送的物流活动。它是物流活动的核心环节。运输是物流的核心业务之一，在物流活动中处于中心地位，也是物流系统的一个重要功能。它解决了物质实体从供应地点到需求地点之间的空间差异，创造了物品的空间效用，实现了物质资料的使用价值。

（2）仓储功能。仓储是对物资进行保管及对其数量、质量进行管理控制的活动。它与运输构成了物流的两大支柱，其他物流活动都是围绕着运输和存储而进行的。仓储是物流中的又一极为重要的职能。在物流活动中许多重要的决策都与仓储有关，如仓库数目、仓库选址、仓库大小、存货量等，物流决策者需要对存储和运输、存储规划中的优化配置等进行权衡，以期达到最佳效果。

（3）装卸搬运功能。装卸搬运是在同一地域范围内进行的，以改变物料的存放状态和空间位置为主要内容和目的的活动。其中，搬运是指在同一场所对货物进行水平移动为主的物流作业；装卸是指货物在指定地点以人力或机械把货物装入运输设备或卸下。装卸搬运是介于物流各环节之间起衔接作用的活动，它把物品运动的各个阶段连接成为连续的"流"，使物流的概念名副其实。

（4）包装功能。包装是指在流通过程中保护产品、方便运输、促进销售，按一定技术方法而采用的容器、材料及辅助物等的总称。无论是产品还是材料，在搬运输送以前都要进行某种程度的包装捆扎或装入适当的容器，以保证产品完好地送到消费者手中，所以将包装称为生产的终点，同时也是社会物流的起点。

（5）流通加工功能。流通加工是指物品在从生产地到使用地过程中，根据需要施加包装、分割、计量、分拣、刷标志、拴标签、组装等简单作业的总称。在物流过程中，流通加工同样不可小视，它使流通向更深层次发展，在提高运输效率、改进产品品质等方面起着不可低估的作用。

（6）配送功能。配送是指在经济合理区域范围内，根据用户要求，对物品进行挑选、加工、包装、分割、组配等作业，并按时送达到指定地点的物流活动。配送是"配"和"送"的有机结合，是一种门到门的服务方式。配送由集货、配货、送货三部分组成。

（7）物流信息处理功能。物流信息是指物流活动的内容、形式、过程及发展变化的反映，是由物流引起并能反映物流活动的各种消息、情报、文书、资料、数据等的总称。它包括信息的收集、存储、加工和分析等，主要是为了提高物流系统的整体效益。

3. 物流分类

按照物流所起的作用分类，可以分为以下几类：

（1）生产物流。生产物流是指原材料、燃料、外购件投入生产后，经过下料、发料、运送到各个加工点和存储点，以在制品的形态从一个生产单位流入另一个生产单位，按规定的生产工艺过程进行加工、存储的全部过程。生产物流的合理化对工厂的生产秩序和生产成本有很大影响。

（2）供应物流。生产企业、流通企业或消费者购入原材料、零部件或商品的物流过程称为供应物流，也就是物资生产者、持有者至使用者之间的物流。

（3）销售物流。生产企业或流通企业售出产品或商品的物流过程称为销售物流。

（4）回收物流。企业在生产、供应、销售的活动中总会产生各种边角余料和废料，也难免会有不合格产品。回收物流就是指不合格物品的返修、退货从需方返回到供方所形成的物品实体流动以及各种可再生资源的回收利用活动。

（5）废弃物流。废弃物流是指对商品的生产和流通系统中所产生的废弃物（在现阶段技术和经济条件下完全不能再全部或部分使用，即基本或完全失去使用价值的废物）进行收集、分类、加工、包装、搬运、存储等，并分送到专门处理场所时形成的物品实体流动。

按照物流活动的空间范围分类，可分为以下几类：

（1）国际物流。国际物流就是在不同国家之间展开的商务活动中，与商品移动相关的运输、配送、存储、保管、装卸、流通加工及信息管理活动，使商品在国家之间进行合理的流动。

（2）国内物流。为国家的整体利益服务并在国家自己的领地范围内开展的物流活动称为国内物流，国内物流作为国民经济的一个重要方面，应该纳入国家总体规划中。

（3）区域物流。区域物流研究的一个重点是城市物流。一个城市的发展规划，不但要直接规划物流设施及物流项目，如建公路、建桥梁、建仓库等，而且需要以物流为约束条件来规划整个市区，如工厂、住宅、车站、机场等。

按照物流系统的性质分类，可分为以下几类：

（1）社会物流。社会物流是指超越一家一户的以一个社会为范畴面向社会为目的的物流。

（2）行业物流。在一个行业内部发生的物流活动称为行业物流。

（3）企业物流。在企业经营范围内由生产或服务活动所形成的物流称为企业物流。

（4）自营物流。自营物流是指企业对物流服务以自我提供的方式实现。

（5）外包物流。外包物流是指企业的物流业务承包给别人去办。这些承包者，可以是生产企业、流通企业、专业物流企业、第三方物流企业或个体经营者。

（6）第三方物流。供方与需方以外的物流企业所提供物流服务的业务模式称为第三方物流。

7.1.3 电子商务对物流的影响

电子商务的应用和推广，对物流所产生的影响也是巨大的，有利于实现物流的高效化、合理化和现代化，而物流体系的完善将会进一步推动电子商务的发展。

1. 电子商务改变了人们传统的物流观念

电子商务作为一种新兴的商务活动，为现代物流创造了一个虚拟空间。在电子商务状态下,物流的各种职能及功能可以通过虚拟化的方式表现出来。在这种虚拟化的过程中,人们可以通过各种组合方式寻求物流的合理化,使商品实体在实际的运动过程中达到效率最高、费用最省、距离最短、时间最少的目的。

2. 电子商务改变了物流的运作方式

(1)电子商务使物流活动实现了网络的实时控制。传统的物流活动在其运作过程中,不管它是以生产为中心,还是以成本或利润为中心,其实质都是以商流为中心,从属于商流活动,因而物流的运动方式是紧紧伴随着商流来运动的。利用电子商务,物流的运作是以信息为中心的,信息不仅决定了物流的运动方向,而且也决定着物流的运作方式。在实际运作过程中,通过网络上的信息传递,可以有效地实现对物流的实施控制,实现物流的合理化。

(2)网络对物流的实时控制以整体物流来进行。在传统的物流活动中,虽然也依据计算机对物流实时控制,但往往以单个运行方式来进行。比如,在实施计算机管理的物流中心或仓储企业中,其管理信息系统大都以企业自身为中心来管理物流。而在电子商务时代,网络全球化的特点可使物流活动在全球范围内实施整体的实时控制。

3. 电子商务改变了物流企业的经营形态

(1)电子商务将改变物流企业对物流的组织和管理。在传统经济条件下,物流往往是从某一企业来进行组织和管理的,而电子商务则要求物流从社会的角度来实行系统的组织和管理,以打破传统物流分散的状态。这就要求企业在组织物流的过程中,不仅要考虑本企业的物流组织和管理,更重要的是要考虑全社会的整体系统。

(2)电子商务将改变物流企业的竞争状态。在传统经济活动中,物流企业之间存在着激烈的竞争,这种竞争往往是依靠本企业提供优质服务、降低物流费用等方式进行的。在电子商务时代,这些竞争依旧存在,但有效性却大大降低,主要因为电子商务需要一个全球性的物流系统来保证商品实体的合理流动。对一个企业而言,即使规模再大,也难以达到这一要求,这就促使物流企业相互联合起来,在竞争中形成一种协同状态,来实现物流高效化、合理化和系统化。

4. 电子商务促进物流基础设施的改善和物流技术与管理水平的提高

(1)电子商务将促进物流基础设施的改善。电子商务的高效率和全球性特点,要求物流也要达到这一目标。而良好的交通运输、网络通信等基础设施是实现这一目标的最基本保证。

(2)电子商务将促进物流技术的进步。物流技术主要包括物流硬技术和软技术。物流硬技术是指在组织物流过程中所需的各种材料、机械和设施等;物流软技术是指组织高效率的物流所需的计划、管理、评价等方面的技术和方法。从物流环节来考察,物流技术包括运输、保管、装卸、包装等技术。物流技术水平的高低是实现物流效率高低的一个重要因素,要建立一个适应电子商务运作的高效率的物流系统,必须提高物流技术水平。

(3)电子商务将促进物流管理水平的提高。物流管理水平的高低直接决定和影响着物流效率的高低,也影响着电子商务高效率优势的实现。只有提高物流的管理水平,建立科学合理的管理制度，将科学的管理手段和方法应用于物流管理之中，才能确保物流的畅通运行，实现物流的合理化和高效化，促进电子商务的健康发展。

5. 电子商务将物流业提升到前所未有的高度

电子商务的发展必将导致产业大重组，产业重组的结果实际上使得社会上的产业只剩下两个行业：一个是实业，包括制造业和物流业；一个是信息业，包括广告、订货、销售、购买、服务、金融、支付和信息处理等。而在制造业和物流业之间，制造企业会逐渐弱化，而物流企业会逐渐增强，即在电子商务环境下，消费者在网上虚拟商店购物，通过网上支付，由物流公司配送。物流公司不仅要将货物送达给用户，还要及时进货，将货物存放在物流仓库中。物流公司既是生产企业的仓库，又是用户的实物供应者。可见电子商务把物流业提升到了前所未有的高度，电子商务为物流企业提供了一个空前发展的机遇。

6. 电子商务拓展了物流服务的空间

在电子商务环境下，需要物流提供增值性的服务，主要包括：

（1）增加便利性的服务。在提供电子商务物流服务时，推行一条龙"门到门"服务、提供完备的操作或作业提示、免培训、免维护、省力化设计或安装、代办业务、自动订货与转账，以及物流全过程追踪等服务，这些都是对电子商务销售有用的增值性服务。

（2）加快反应速度的服务。快速反应已经成为物流发展的动力之一，现代物流的观点认为，加快物流速度的途径主要有两条：一是提高运输基础设施和设备的效率。比如修建高速公路，通过高铁、飞机以及制订新的交通管理办法等，来提高货物的运输速度；二是具有重大推广价值的增值性物流服务方案，即优化电子商务系统的配送中心、物流中心网络，优化设计适合电子商务的流通渠道，减少物流环节和物流过程，提高物流系统的快速反应能力。

（3）降低成本的服务。发展电子商务，就应该寻找能够降低物流成本的物流方案，可以考虑采用与第三方物流服务商、电子商务经营者联合，采取物流共同化计划等。推行现代物流管理技术，提高物流的效率和效益，降低物流成本。

（4）延伸服务，即提供与供应链集成在一起的服务。现代物流除了传统的存储、运输、包装、流通加工等服务，向上可以延伸到市场调查与预测、采购及订单处理，向下可以延伸到配送、物流咨询、物流方案的选择与规划、库存控制决策建议、物流系统设计与规划方案的制订等。

7. 电子商务对物流人才提出了更高的要求

电子商务要求物流管理人员不仅要具有较高的物流管理水平，而且要具备较高的电子商务知识，并且在实际的运作过程中，能有效地将二者有机地结合在一起。

7.1.4 物流在电子商务中的地位与作用

电子商务由信息流、商流、物流、资金流"四流"组成，商流是动机和目的，资金流是条件，信息流是手段，物流是过程。"四流"各自在不同的系统中运行，各有自身的运动规律，是一个相互联系、相互伴随、共同支撑流通活动的有机整体。其中，信息流、商流、资金流的活动均可以通过计算机在网上快速完成。而物流则比较特殊，除少数商品或服务（如软件、电子出版物等）可以直接通过网络传输的方式进行配送，对于大多数商品和服务而言，仍需经由传统的物流方式进行传输。因此，作为电子商务的组成部分，物流便成为决定电子商务效益的关键因素。物流在电子商务中的地位与作用主要表现在以下5个方面。

1. 物流现代化是电子商务的基础

电子商务是各参与方之间以电子方式完成的业务交易。通常，每笔成功的电子商务交易都会存在物流、信息流和资金流，其中，物流是基础，信息流是桥梁，资金流是目的。每天在全球范围内发生着数不胜数的商业交易，每一笔商业交易的背后都伴随着物流和信息流，贸易伙伴需要这些信息以便于对产品进行发送、跟踪、分拣、接收、存储、配送以及包装等。

在信息化快速发展的电子时代，物流与信息流的相互配合变得越来越重要。现今由于电子商务的发展还处于成长期，虽然人们对电子商务中物流的作用还有待进一步认识，但基本已明确物流对电子商务可以起到以下两方面的作用：集成电子商务中的商流、信息流和资金流，可以提高电子商务的效率和效益；扩大电子商务的市场范围，协调企业电子商务发展目标，可以优化资源组合，实现电子商务的供应链集成。

2. 物流配送体系是电子商务的支持系统

现代物流配送可以为电子商务用户提供多方面的服务。根据电子商务的特点，对整体物流配送体系实行统一的信息化管理，按照用户网上输入的订货要求，配送服务商家物流中心进行理货、配货作业，并根据计算机选择的最优化送货路线将配好的货物送达收货人。先进的配送方式有利于物流企业提高服务质量、降低物流成本、优化社会库存配置，从而提高企业的经济效益和社会效益。

回顾配送制的发展历程，可以说经历了"两次革命"。第一次物流革命是送货上门，为改善经营效率和巩固市场地位，许多商家采用把货物送到买主手中，这是物流业务的第一次革命。第二次物流革命是伴随着电子商务的出现而产生的，这次脱胎换骨的变革不仅影响到物流配送本身，也影响到上下游系统，包括供应商、消费者，物流配送的信息化及网络技术的广泛应用所带来的影响，使物流配送效率大为提高，我们称其为物流配送的"第二次革命"。

3. 物流是电子商务的重要组成部分

由于信息技术以及企业业务范围的限制，信息技术往往把电子商务定位于"无纸贸易"。在这类电子商务的定义中，电子化工具主要是指计算机和网络通信技术。电子化对象主要针对信息流、商流和资金流，而并没有提到物流。

但我们必须注意的是，电子商务的概念是由美国首先提出的，而美国的物流管理与技术自1915年发展至今已有90多年的历史，通过利用各种机械化、自动化工具及计算机和网络通信设备，早已日臻完善。同时，美国作为一个发达国家，其技术创新的本源是需求,即所谓的需求拉动技术创新。作为电子商务前身的电子数据交换的产生是为了简化烦琐、耗时的订单等的处理过程,以加快物流的速度,提高物资的利用率。可见,美国在定义电子商务概念之初,就有强大的现代化物流作为支持,只需将电子商务与其进行对接即可,而并非电子商务过程不需要物流的电子化。从根本上来说,物流电子化应是电子商务概念的组成部分,缺少了现代化的物流过程,电子商务过程便不完整。

4. 物流是实现电子商务的保证

其主要体现在以下三个方面。

(1) 物流是保障生产的重要基础。无论是传统的贸易方式还是在如今的电子商务环境下,生产都是商品流通之本,而生产的顺利进行需要各类物流活动的支持。生产的全过程从原材料的采购开始,便要求有相应供应物流活动,将所采购的材料配送到位,否则,生产便难以正常进行;在生产的各工艺流程之间,也需要原材料、半成品的物流过程,即所谓的生产物流,以实现生产的流动性;部分余料、可重复利用的物资的回收,就需要所谓的回收物流;废弃物的处理则需要废弃物物流。显然,整个生产过程实际上就是系列化的物流活动。

合理化、现代化的物流,通过降低费用从而降低成本、优化库存结构、减少资金占压、缩短生产周期,保障了现代化生产的高效进行。相反,缺少现代化的物流,生产将难以顺利进行,无论电子商务有多么便捷,仍将是纸上谈兵。

(2) 物流服务于商流。在商流活动中,商品所有权在购销合同签订时起,便由供方转移到需方,但商品实体并没有因此而移动。在传统的交易过程中,除了非实物交割的期货交易,一般的商流都必须伴随相应的物流活动,即按照需方(购方)的需求将商品实体由供方(卖方)以适当的方式、途径向需方(购方)转移。在电子商务下,消费者通过上网点击购物,完成了商品所有权的交割过程,即商流过程,但电子商务的活动并未结束,只有商品和服务真正转移到消费者手中,商务活动才算终结。

在整个电子商务的交易过程中,物流实际上是以商流的后续者和服务者的姿态出现的。没有现代化的物流,若想要实现顺畅的商流活动,则都将被视为纸上谈兵。

(3) 物流是实现"以顾客为中心"理念的根本保证。电子商务的出现在很大程度上方便了最终消费者。他们不用再跑到拥挤的商业街,一家一家地挑选自己所需的商品。物流是电子商务中实现以"以顾客为中心"理念的最终保证,缺少了现代化的物流技术,电子商务给消费者带来的购物便捷度即等于零。

可以预见,随着电子商务发展的日趋成熟,跨国、跨区域的物流将日益重要,没有物流网络、物流设施和物流技术的支持,电子商务将受到极大阻碍。没有完善的物流系统,电子商务虽能够降低交易费用,却无法降低物流成本,电子商务所产生的效益也将大打折扣。

5. 物流是电子商务最重要的环节

电子商务给传统商务模式带来了巨大冲击,使传统的仓储业、批发业面临挑战。当生产企业可以按照网上收到的订单组织生产,由第三方物流企业提供从生产线末端的包装开始,直至送到消费者家中的售后服务,物流成为电子商务活动的最后一个关键环节,也是电子商务中最重要的环节之一。

7.1.5 电子商务物流的特点

1．专业化

社会分工导致了专业化。物流专业化本身至少包括两个方面的内容：一方面，在企业中，物流管理作为企业一个专业部门独立地存在着并承担专门的职能，随着企业的发展和企业内部物流需求的增加，企业内部的物流部门可能从企业中游离出去成为社会化和专业化的物流企业；另一方面，在社会经济领域中，出现了专业化的物流企业，提供着各种不同的物流服务，并进一步演变成为服务专业化的物流企业。专业化的物流实现了货物运输的社会化分工，缩短了供应链，可以为企业降低物流成本，减少资金占用和库存，提高物流效率，在宏观上可以更加优化地配置社会资源，充分地发挥社会资源的作用。

2．系统化

（1）从商品流通过程来看，现代物流涉及生产领域、流通领域、消费及后消费领域，涵盖了几乎全部社会产品在社会与企业中的运动过程，是一个非常庞大而且复杂的动态系统。

（2）就现代物流系统所借助的基础设施而言，商品流通涉及多个管理部门，有交通、铁道、航空、仓储、外贸、内贸等多个领域，还涉及这些领域的更多行业。

（3）从商品的存在状态来看，商品流通过程就是商品在地理位置上的移动过程，商品借助运输工具发生位移的起点和终点，也就是现代物流体系的节点。例如，中国目前已基本形成了以沿海大城市群为中心的四大区域性物流圈，即环渤海物流圈、长江三角洲物流圈、环台湾海峡物流圈和珠江三角洲物流圈。与此同时，在内陆腹地，也有许多城市在规划和建设物流园区以及区域性的物流圈。从全国的角度看，形成了庞大且多层次的物流网络，各个地区的物流园区是这个网络的节点，这些节点之间、节点与区域性物流圈之间、物流圈与物流圈之间都不应该是相互割裂的。

（4）现代物流是个多层次多环节的系统。从宏观的层次说，包括国家级物流规划、省市级物流规划、经济运行部门的物流规划和企业物流规划，不同层次的物流规划应该扮演不同的角色，实现不同的功能。从具体的物流作业流程角度看，物流系统指的是装卸、加工、仓储、保管、备货、分拣、运输等具体物流环节的组织方式，没有完好的作业流程也不可能实现物流的高效率和低成本。

3．信息化

从现今发达国家物流业的情况来看，在物流过程中全面应用信息技术已经非常普遍。物流信息化主要包括两个方面，即设施自动化和经营网络化。设施自动化是指货物的接收、分拣、装卸、运送、监控等环节以自动化的过程来完成。设施自动化涉及的技术非常多，如条码技术、数据管理技术、数据挖掘技术、多媒体技术、射频识别技术、全球卫星定位系统技术、地理信息系统技术等。通过这些自动化的技术和设施，可以实现货物的自动识别、自动分拣、自动装卸、自动存取，从而提高物流作业效率。经营网络化是指将网络技术运用到物流企业运行的各个方面，其中包括企业内部管理上的网络化和对外联系上的网络化。发达国家的物流企业都有完善的企业内部网和外部网，货物运行的各种信息都会及时反馈到内部网的数据库上,网络上的管理信息系统可以对数据进行自动分析和安排调度,自动排定货物的分拣、装卸以及运送车辆、线路的选择等;企业的外部网一般都与因特网对接,用户在因特网上就可以下单、进行网上支付,并且可以对自己的货物随时进行查找跟踪。没有物流系统的信息化,物流系统在实现一体化和协调运作上就会有很大的困难。

4. 标准化

物流标准化是以物流作为一个大系统,制定系统内部设施、机械设备、专用工具等各个分系统的技术标准;制定系统内各个分领域如包装、装卸、运输等方面的工作标准;以系统为出发点,研究各分系统与分领域中技术标准与工作标准的配合性,统一整个物流系统的标准;研究物流系统与其他相关系统的配合性,进一步谋求物流大系统的标准统一。如果没有相适应的物流接口标准,很难想象其链接的难度和成本。对物流企业来说,标准化是提高内部管理、降低成本、提高服务质量的有效措施;对消费者而言,享受标准化的物流服务是消费者权益的体现。

5. 国际化

自然资源的分布和国际分工导致了国际贸易、国际投资、国际经济合作,在上述国际化过程中使物流业向全球化方向发展,物流企业需花费大量时间和精力从事国际物流服务,如配送中心对进口商品从代理报关业务、暂时存储、搬运和配送、必要的流通加工到送交消费者手中实现一条龙服务,甚至还接受订货、代收取资金等业务。现代物流国际化要求物流的发展必须突破一个国家(或地区)地域的限制,以国际统一标准的技术、设施和服务流程来完成货物在不同国家之间的流动。

6. 环保化

物流环保化是建立在维护地球环境和可持续发展的基础上,改变原来经济发展与物流、消费生活与物流的单向作用关系,在抑制传统直线形的物流对环境造成危害的同时,采取与环境和谐相处的态度和全新理念,去设计和建立一个环形的循环的物流系统,使传统物流末端的废旧物质能回流到正常的物流过程中来,同时又要形成一种能促进经济和消费生活健康发展的现代物流系统。现代物流环保化强调全局和长远的利益,强调全方位对环境的关注。

7.2 电子商务下的物流模式

7.2.1 自营物流

企业自身经营物流,称为自营物流。自营物流是在电子商务刚刚萌芽的时期,从事电子商务的企业多选用自营物流的方式。企业自营物流模式意味着电子商务企业自行组建物流配送系统，经营管理企业的整个物流运作过程。在这种方式下，企业也会向仓储企业购买仓储服务，向运输企业购买运输服务，但是这些服务都只限于一次或一系列分散的物流功能，而且是临时性的纯市场交易的服务，物流公司并不按照企业独特的业务流程提供独特的服务，即物流服务与企业价值链的松散的联系。如果企业有很高的顾客服务需求标准，物流成本占总成本的比重较大，而企业自身的物流管理能力较强时，企业一般不应采用外购物流，而应采用自营物流。由于我国物流公司大多是由传统的储运公司转变而来的，还不能满足电子商务的物流需求，因此，很多企业借助于它们开展电子商务的经验也开展物流业务，即电子商务企业自身经营物流。

目前，在中国，采取自营模式的电子商务企业主要有两类：第一类是资金实力雄厚且业务规模较大的电子商务公司。第二类是传统的大型制造企业或批发企业经营的电子商务网站，由于其自身在长期的传统商务中已经建立起初具规模的营销网络和物流配送体系，在开展电子商务时只需将其加以改进、完善，可满足电子商务条件下对物流配送的要求。选用自营物流，可以使企业对物流环节有较强的控制能力，易于与其他环节密切配合，全力服务于本企业的运营管理，使企业的供应链更好地保持协调、简洁与稳定。此外，自营物流能够保证供货的准确和及时，保证顾客服务的质量，维护了企业和顾客间的长期关系。但自营物流所需的投入非常大，建成后对规模的要求很高，规模大才能降低成本，否则将会长期处于不盈利的境地。而且投资成本较大、时间较长，对于企业柔性有不利影响。另外，自建庞大的物流体系，需要占用大量的流动资金。更重要的是，自营物流需要较强的物流管理能力，建成之后需要工作人员具有专业化的物流管理能力。

 典型案例

海尔的自营物流系统

海尔从1999年开始大力发展自己的物流能力，成立了专门的物流推进本部，在短短几年时间取得了显著的成绩，也打响了海尔物流这一金字招牌。闯出了名声，在中国的物流领域树立起了海尔物流这面旗帜，对企业的发展起到了积极的作用。

海尔物流特色可总结为，借助物流专业公司力量，在自营基础上小外包，总体实现采购JIT、原材料配送JIT和成品配送JIT的同步流程。1999年海尔开始实施以"市场链"为纽带的业务流程再造，以订单信息流为中心，带动物流、商流、资金流的运作，其物流运作模式日益引起人们的关注。对海尔来讲，物流首先是使其实现三个"零"的目标，即零库存、零距离和零营运资本；其次，是使其能够获得在市场竞争中取胜的核心竞争力。

资料来源：https://wenku.baidu.com/view/2009eec24028915f804dc231.html

7.2.2 物流联盟

物流联盟是制造业、销售企业、物流企业基于正式的协议而建立的一种物流合作关系的物流联盟，参加联盟的企业汇集、交换或统一物流资源以谋取共同利益；同时，合作企业仍保持各自的独立性。物流联盟为了达到比单独从事物流活动取得更好的效果,在企业间形成了相互信任、共担风险、共享收益的物流伙伴关系,通过契约形成优势互补、要素双向或多向流动的中间组织。

选择物流联盟伙伴时,要注意物流服务提供商的种类及其经营策略。一般可以根据物流企业服务的范围大小和物流功能的整合程度这两个标准,确定物流企业的类型。物流服务的范围主要是指业务服务区域的广度、运送方式的多样性、保管和流通加工等附加服务的广度。物流功能的整合程度是指企业自身所拥有的提供物流服务所必要的物流功能的多少,必要的物流功能是指包括基本的运输功能在内的经营管理、集配、配送、流通加工、信息、企划、战术、战略等各种功能。

一般来说,组成物流联盟的企业之间具有很强的依赖性,物流联盟的各个组成企业明确自身在整个物流联盟中的优势及担当的角色,内部的对抗和冲突减少,分工明晰,使供应商把注意力集中在提供客户指定的服务上,最终提高企业的竞争能力和竞争效率,满足企业跨地区、全方位物流服务的要求。

典型案例

东芝物流——独立的物流子公司

日本的企业大多数都有自己的物流公司。东芝公司为了开拓新的业务,在1974年出资建立了东芝物流(株)的独立物流子公司,主要管理东芝集团的家电产品和信息产品。随后,日本其他电子行业也陆续建立起自己的物流子公司。东芝公司的内部物流业务大概占70%左右,外部业务占30%左右,基本上实现了与社会物流公司的资源共享。日本的家电行业基本采用这种模式,内部物流为主,外部物流为辅,比如松下、索尼等公司。

资料来源:https://wenku.baidu.com/view/02f52c7ea26925c52cc5bf4b.html

7.2.3 第三方物流

第三方物流(Third-Party Logistics,3PL 或 TPL)是指独立于买卖之外的专业化物流公司,长期以合同或契约的形式承接供应链上相邻组织委托的部分或全部物流功能,因地制宜地为特定企业提供个性化的全方位物流解决方案,实现特定企业的产品或劳务快捷地向市场移动,在信息共享的基础上,实现优势互补,从而降低物流成本,提高经济效益。它是由相对"第一方"发货人和"第二方"收货人而言的第三方专业企业来承担企业物流活动的一种物流形态。

第三方物流公司通过与第一方或第二方的合作来提供其专业化的物流服务,它不拥有商品,不参与商品买卖,而是为顾客提供以合同约束为基础的;系列化、个性化、信息化的物流代理服务。服务内容包括设计物流系统、EDI 能力、报表管理、货物集运、选择承运人和货代人、海关代理、信息管理、仓储、咨询、运费支付和谈判等。第三方物流企业一般都是具有一定规模的物流设施设备(库房、站台、车辆等)及专业经验、技能的批发、储运或其他物流业务经营企业。第三方物流是物流专业化的重要形式，它的发展程度体现了一个国家物流产业发展的整体水平。

第三方物流的竞争优势主要有以下几点：

（1）第三方物流使电子商务企业从运输、仓储等相关业务中解脱出来，集中精力于核心业务，这便是专业化分工的好处。如果每个电子商务企业都要建立自己的物流系统，那么它们的精力便不仅仅是生产、销售，这样会对企业的核心业务产生影响，企业精力会分散，而这不利于企业保持其竞争优势。第三方物流的出现很好地解决了这一矛盾，使企业能够集中精力发展核心业务，同时其产品的供应等环节又不会出现问题。

（2）第三方物流为电子商务的发展提供良好的商务活动后期环境和巨大的市场需求。许多第三方物流企业在国内外都有良好的运输和分销网络，电子商务企业可以通过与第三方物流商供应链集成，借助这些网络扩展国际市场或其他地区市场。这其实是一个双赢的过程。物流企业通过承担电子商务企业的部分业务，使其自身得以生存发展，与此同时，电子商务企业通过第三方物流很好地解决了运输、仓储等问题，并且无形地借助第三方物流扩大了自己的影响，拓展了自己的业务。

（3）第三方物流降低了物流成本。就电子商务企业来说，若是自己建立物流系统，会造成很大的资源浪费，同时管理上也存在很多问题，毕竟企业的核心优势并不在此。从第三方物流企业来说，它综合地利用了专业化物流管理人员和技术人员以及物流设备、设施，发挥出专业物流运作的管理经验，使商品流通较传统物流和配送方式更容易实现信息化、社会化。

（4）第三方物流企业确保了物流服务质量的改进。在动态物流联盟中，电子商务企业、第三方物流及IT服务提供商和管理咨询公司都以各自的核心能力参与进来，并充分利用了信息共享平台。在此之间，第三方物流企业更像是充当了中介与桥梁。

 典型案例

伊莱克斯的全面外包物流业务模式

伊莱克斯将物流完全外包给第三方物流企业，第三方物流商为它们提供整个或部分供应链的物流服务，以获取一定的利润。1995年，伊莱克斯合资组建伊莱克斯中意电冰箱有限公司时，就明确了责任分工，伊莱克斯只负责产品生产，而中意冰箱有限公司全权负责产品的销售与售后服务工作。随后，伊莱克斯又将物流外包给了专业的物流公司。目前伊莱克斯将物流交由包括宝供物流企业集团在内的三家物流公司负责。

资料来源：https://wenku.baidu.com/view/02f52c7ea26925c52cc5bf4b.html

7.2.4 第四方物流

第四方物流主要是指由咨询公司提供的物流咨询服务，但咨询公司并不等于第四方物流公司。第四方物流公司应物流公司的要求为其提供物流系统的分析和诊断，或提供物流系统优化和设计方案等。所以第四方物流公司以其知识、智力、信息和经验为资本，为物流客户提供一整套的物流系统咨询服务。它从事物流咨询服务就必须具备良好的物流行业背景和相关经验，但并不需要从事具体的物流活动，更不用建设物流基础设施，只是对于整个供应链提供整合方案。

第四方物流的关键在于为顾客提供最佳的增值服务，即迅速、高效、低成本和个性化服务等。第四方物流的优势主要有以下 4 个方面。

1．具有对整个供应链及物流系统进行整合规划的优势

第三方物流的优势在于：运输、存储、包装、装卸、配送、流通加工等实际的物流业务操作能力，在综合技能、集成技术、战略规划、区域及全球拓展能力等方面存在明显的局限性，特别是缺乏对整个供应链及物流系统进行整合规划的能力。而第四方物流的核心竞争力就在于具有对整个供应链及物流系统进行整合规划的能力，这也是降低客户企业物流成本的根本所在。

2．具有对供应链服务商进行资源整合的能力

第四方物流作为有领导能力的物流服务提供商，可以通过其影响整个供应链的能力，整合最优秀的第三方物流服务商、管理咨询服务商、信息技术服务商和电子商务服务商等，为客户企业提供个性化、多样化的供应链解决方案，为其创造超额价值。

3．具有信息及服务网络优势

第四方物流公司的运作主要依靠信息与网络，其强大的信息技术支持能力和广泛的服务网络覆盖支持能力是客户企业开拓国内外市场、降低物流成本所极为看重的，也是取得客户的信赖，获得大额长期订单的优势所在。

4．具有成本优势和服务质量优势

由于第四方物流不是物流的"利益方"，它不会成为客户企业的竞争对手，而构成了利益共享的合作伙伴。因而，第四方物流可以利用其专业化的供应链物流管理运作能力和高素质的物流人才制定出以顾客为导向、快捷、高质量、低成本的物流服务方案，从而大幅度降低企业物流成本，改善物流服务质量。

 典型案例

万讯物流——第四方物流供应商

万讯科技公司是中国领先的第四方物流（Fourth Party Logistics）供应商，主要从事现代物流技术在物流企业经营活动中的应用，通过物流运作的流程再造，使整个物流系统的流程更合理、效率更高，从而将产生的利益在供应链的各个环节之间进行平衡，降低物流成本。

资料来源：https://wenku.baidu.com/view/02f52c7ea26925c52cc5bf4b.html

7.2.5 绿色物流

绿色物流是以降低对环境的污染、减少资源消耗为目标，利用先进物流技术规划和实

施运输、存储、包装、装卸、流通加工等物流活动,在物流过程中抑制物流对环境造成危害的同时,实现对物流环境的净化,使物流资源得到最充分的利用。它包括物流作业环节和物流管理全过程的绿色化。从物流作业环节来看,包括绿色运输、绿色包装、绿色流通加工等。从物流管理过程来看,主要是从环境保护和节约资源的目标出发,改进物流体系,既要考虑正向物流环节的绿色化,又要考虑供应链上的逆向物流体系的绿色化。绿色物流的最终目标是可持续性发展,实现该目标的准则是经济利益、社会利益和环境利益的统一。

绿色物流的内涵包括以下 5 个方面。

1. 集约资源

集约资源是绿色物流的本质内容,也是物流业发展的主要指导思想之一。通过整合现有资源,优化资源配置,企业可以提高资源利用率,减少资源浪费。

2. 绿色运输

运输过程中的燃油消耗和尾气排放,是物流活动造成环境污染的主要原因之一。因此,要想打造绿色物流,首先要对运输线路进行合理布局与规划,通过缩短运输路线,提高车辆装载率等措施,实现节能减排的目标。另外,还要注重对运输车辆的养护,使用清洁燃料,减少能耗及尾气排放。

3. 绿色仓储

绿色仓储一方面要求仓库选址要合理,有利于节约运输成本;另一方面,仓储布局要科学,使仓库得以充分利用,实现仓储面积利用的最大化,减少仓储成本。

4. 绿色包装

包装是物流活动的一个重要环节,绿色包装可以提高包装材料的回收利用率,有效控制资源消耗,避免环境污染。

5. 废弃物物流

废弃物物流是指在经济活动中失去原有价值的物品,根据实际需要对其进行搜集、分类、加工、包装、搬运、存储等,然后分送到专门处理场所后形成的物品流动活动。

 典型案例

FedEx——全球减排增速的践行者

世界快递巨头联邦快递(FedEx)在发展自身业务的同时,致力于节能和环保事业,在多个国家和地区获得了诸多环保奖项。FedEx 在节能和环保领域的探索,在为 FedEx 节约大量成本的同时,也树立了 FedEx 为公众利益负责的良好形象。

当前,FedEx 每天向世界 220 多个国家和地区发送 850 多万个包裹,飞行里程约 50 万千米,行驶近 120 万英里(1 英里≈1.609 千米)。假设在这一过程中忽略了节能和环保,那么这一系列的高强度物流活动将会对气候和环境造成严重的污染和破坏。

FedEx 在节能和环保领域进行的积极探索,取得了一系列令人瞩目的成果,如大规模采用高效飞机，提倡建立轻型车辆运输系统，增加对电力的使用，减少对石油的依赖；开发新技术，使系统、交通工具和线路效率更好等，这些贡献既体现了 FedEx 在保护环境、提高人类生存质量方面的社会责任，也在行业内树立了标杆，为其他企业在此方面做出了榜样。

资料来源：中国电子商务研究中心

7.2.6 逆向物流

逆向物流也称为反向物流，是对由最终消费端到最初的供应源之间的在制品、库存、制成品以及相应的信息流、资金流所进行的一系列计划、执行和控制等活动及过程，目标是对产品进行适当的处理或者恢复一部分价值。

逆向物流更多的是针对"返回"供应链渠道中的产品或者材料，所以逆向物流主要是指处理由损坏、不符合顾客要求的退回商品，季节性库存，残值处理，产品召回等，另外还包括废物回收、危险材料的处理、过期设备的处理和资产的回收。逆向物流主要包括以下几个环节。

1. 回收

回收是将顾客所持有的产品通过有偿或无偿的方式返回销售方。这里的销售方可能是供应链上任何一个节点，如来自顾客的产品可能返回到上游的供应商、制造商，也可能是下游的分销商、零售商。

2. 检验与处理决策

对回收品的功能进行测试分析，并根据产品结构特点以及产品和各零部件的性能确定可行的处理方案，包括直接再销售、再加工后销售、分拆后零部件再利用和产品或零部件报废处理等。然后，对各方案进行成本效益分析，确定最优处理方案。

3. 分拆与再加工

按产品结构的特点将产品分拆成零部件，对回收产品或分拆后的零部件进行加工，恢复其价值。

4. 报废处理

对那些没有经济价值或严重危害环境的回收品或零部件，通过机械处理、地下掩埋或焚烧等方式进行销毁。

 典型案例

逆向物流——沃尔玛的退货管理

沃尔玛是一家美国的世界性连锁企业，以营业额计算为全球最大的公司，其控股人为沃尔顿家族。总部位于美国阿肯色州的本顿维尔。沃尔玛主要涉足零售业，是世界上雇员

最多的企业,连续4年在美国《财富》杂志世界500强企业中居首位。沃尔玛有8500家门店,分布于全球15个国家。沃尔玛在美国50个州和波多黎各运营。沃尔玛主要有沃尔玛购物广场、山姆会员店、沃尔玛商店、沃尔玛社区店4种营业方式。

沃尔玛逆向物流管理的特点如下:

(1)逆向物流的退货。沃尔玛十分重视其物流运输和配送中心,在物流方面投入了大量的资金。在物流运营过程中,沃尔玛逐步建立起一个"无缝点对点"的物流系统。所谓"无缝"即整个供应链链接非常顺畅,沃尔玛的供应链是指产品从工厂到商店货架的整个物流系统,这种产品的物流应当尽可能平滑。从1990年开始,美国的一些大型连锁零售商为了提高退货处理效率,按照专门化和集约化的原则,仿照正向物流管理中的商品调配中心的形式,采用逆向思维,累计在全美分区域设立了近百个规模不等的"集中退货中心"以集中处理退货业务。这成为逆向物流管理的开始。

(2)逆向物流中的配送。沃尔玛施行统一的物流业务指导原则,不管物流的项目是大还是小,必须把所有的物流过程集中到一个伞形结构之下,并保证供应链上每个环节均顺畅。这样,沃尔玛的运输、配送以及对于订单与购买的处理等所有的过程,都是一个完整的网络当中的一部分。完善合理的供应链大大降低了物流成本,加快了物流速度。

(3)逆向物流中的循环。沃尔玛物流的循环与配送中心是联系在一起的,配送中心是供应商和市场的桥梁,供货商直接将货物送到配送中心,从而降低了供应方的成本。沃尔玛的物流过程,始终注重和确保商店所得到的产品与发货单上完全一致,精确的物流过程使每家连锁店接受配送中心的送货时只需卸货,不用再检查商品,有效降低了成本。

(4)海格物流试水沃尔玛逆向物流。在零售退货上,与零售采购有着惊人的相似,同样是不按规律变化的货物和提/退货地点,同样是零散货物的拼车与集装,并且利用Milkrun信息系统,能迅速而精确地测算出最优化的装车方案和运输路线,能以除法的方式最大限度地节约物流成本——这也是逆向物流成本重中之重。海格物流惊喜于这种发现,将利用原本使用的零售采购中的Milkrun技术运用到逆向物流的方案,称之为"逆Milkrun"。在充分测试其可行性后,海格将向所面临的1700余家沃尔玛供应商推荐这一方案。一旦实施,利用物流方案创造价值、追求最大利润化的神话将再次出现。

(5)逆向物流的零售链接。供应商与沃尔玛的计算机系统互相连接,供应商可以了解其商品的销售情况,并对未来生产进行预测,并决定生产策略,从而丰富了供应方的市场信息,减少不必要的博弈成本。

资料来源:https://www.zhihu.com/collection/206771437

7.2.7 物流一体化

物流一体化是指以物流系统为核心,由生产企业、物流企业、销售企业直至消费者的供应链整体化和系统化。它是在第三方物流的基础上发展起来的新的物流模式。20世纪90年代,西方发达国家如美、法、德等国提出物流一体化理论,并应用和指导其物流发展,取得了明显效果。在这种模式下物流企业通过与生产企业建立广泛的代理或买断关系，使产品在有效的供应链内迅速移动，使参与各方的企业都能获益，使整个社会获得明显的经济效益。这种模式还表现为用户之间的广泛交流供应信息，从而起到调剂余缺、合理利用、共享资源的作用。

在电子商务时代，这是一种比较完整意义上的物流配送模式，它是物流业发展的高级和成熟的阶段。物流一体化的发展可进一步分为三个层次：物流自身一体化、微观物流一体化和宏观物流一体化。物流自身一体化是指物流系统的观念逐渐确立，运输、仓储和其他物流要素趋向完备，子系统协调运作，系统化发展。微观物流一体化是指市场主体企业将物流提高到企业战略的地位，并且出现了以物流战略为纽带的企业联盟。宏观物流一体化是指物流业发展到这样的水平：物流业占到国家国民总产值的一定比例，处于社会经济生活的主导地位，它使跨国公司从内部职能专业化和国际分工程度的提高中获得规模经济效益。物流一体化是物流产业化的发展形式，它必须以第三方物流充分发育和完善为基础。物流一体化的实质是一个物流管理的问题，即专业化物流管理人员和技术人员充分利用专业化物流设备、设施，发挥专业化物流运作的管理经验，以求取得整体最优的效果。同时，物流一体化的趋势为第三方物流的发展提供了良好的发展环境和巨大的市场需求。

7.3 物流信息技术

物流信息技术就是运用于物流各环节中的信息技术。根据物流的功能以及特点，物流信息技术包括计算机技术、网络技术、信息分类编码技术、条码技术、RFID 射频识别技术、电子数据交换技术、GPS 技术、GIS 技术等。

物流信息技术是物流现代化的重要标志，也是物流技术中发展最快的领域，从数据采集的条码系统，到办公自动化系统中的微机、互联网，各种终端设备等硬件以及计算机软件都在日新月异地发展。同时，随着物流信息技术的不断发展，产生了一系列新的物流理念和新的物流经营方式，推进了物流的变革。在供应链管理方面，物流信息技术的发展也改变了企业应用供应链管理获得竞争优势的方式，成功的企业通过应用信息技术来支持它的经营战略并选择它的经营业务。通过利用信息技术来提高供应链活动的效率性，增强整个供应链的经营决策能力。

7.3.1 条码技术

1．条码的概念

条码是由一组按一定编码规则排列的条、空符号，用以表示一定的字符、数字及符号组成的信息。条码系统是由条码符号设计、制作及扫描阅读组成的自动识别系统。

条码是一种数据载体，它在信息传输过程中起着重要作用，如果条码出问题，物品信息的通信将被中断。因此必须对条码质量进行有效控制，确保条码符号在供应链上能够被正确识读，而条码检测是实现此目标的一个有效工具。条码检测就是要核查条码符号是否能起到应有的作用。

2．条码的构成

一个完整的条码组成顺序依次为：静区（左侧空白区）、起始符、数据符、中间分隔符（主要用于EAN码）、校验符、终止符、静区（右侧空白区）、供人识读字符，如图7.1所示。

图 7.1　条码的构成

（1）静区（Clear Area），指条码左右两端外侧与空的反射率相同的限定区域，前面部分称为左侧空白区，后面部分则称为右侧空白区，它能使阅读器进入准备阅读的状态。当两个条码的距离较近时，静区则有助于对它们加以区分。静区的宽度通常应不小于6mm（或10倍模块宽度）。

（2）起始/终止符（Start/Stop Character），指位于条码开始和结束处的若干条与空，标志着条码的开始和结束，同时提供了码制识别信息和阅读方向的信息。

（3）中间分隔符（Central Separating Character），位于条码中间位置的若干条与空。

（4）数据符（Bar Code Data Character），位于条码中间的条、空结构，它包含条码所表达的特定信息，分为左侧数据符和右侧数据符，分别位于中间分隔符的左右两侧。

（5）校验符（Check Character），位于右侧数据符的右侧，表示校验码的条码字符，由7个模块组成。

（6）供人识读字符（For People to Read Character），位于条码下方，主要方便人对条码的识读，尤其是当对条码的扫描失误时，可以用人工输入的方式输入供人识读字符，从而保障条码的输入。

3．条码技术的特点

条码作为一种图形识别技术与其他识别技术相比，有如下几个特点。

（1）简单、易于制作、可印刷。条码标签易于制作，对印刷技术设备和材料没有特殊要求，被称为"可印刷的计算机语言"。

（2）信息采集速度快。对于普通计算机的键盘录入速度最快的是每分钟200个字符，而利用条码扫描录入信息的速度则是键盘录入的20倍。

（3）采集信息量大。利用条码扫描一次可以采集十几位字符的信息，而且可以通过选择不同码制的条码增加字符密度，使录入的信息量成倍增长。

（4）可靠性高。键盘录入数据，误码率为三百分之一，利用光学字符识别技术，误码率约为万分之一，而采用条码扫描录入方式，误码率仅为百万分之一，首读率可达98%以上。

（5）设备结构简单、成本低。与其他自动化识别技术相比较，条码符号识别设备的结构简单，操作容易，无须专门训练，所需费用较低。

（6）灵活、实用。条码符号作为一种识别手段可以单独使用，也可以和有关设备组成识别系统实现自动化识别，还可和其他控制设备联合起来实现整个系统的自动化管理。同时，在没有自动化识别设备时，也可实现手工键盘输入。

（7）自由度大。识别装置与条码标签相对位置的自由度要比OCR（光学符号识别）大得多。条码通常只在一维方向上表达信息，而同一条码上所表示的信息完全相同并且连续，这样即使是标签有部分缺欠，仍可以从正常部分得到正确的信息。

4. 物流条码及其应用

物流条码是指专门应用于物流领域的条码。在商品从生产厂家到运输、交换，整个物流过程中都可以通过物流条码来实现数据共享，使信息的传递更加方便、快捷、准确，提高整个物流系统的经济效益。

物流条码在各个领域的广泛使用，大大提高了系统的运作效率，降低了出错率，为物流运作的现代化和自动化奠定了良好的基础。以下是物流条码的具体应用。

1）分拣运输

铁路运输、航空运输、邮政通信等许多行业都存在货物的分拣搬运问题，大批量的货物需要在很短的时间内准确无误地装到指定的车厢或航班中；一个生产厂家如果生产上百个品种的产品，并需要将其分门别类，以送到不同的目的地，那么就必须扩大场地，增加人员，还常常会出现人工错误。解决这些问题的办法就是应用物流标识技术，使包裹或产品自动分拣到不同的运输机上。只需将预先打印好的条码标签贴在发送的物品上，并在每个分拣点上装一台条码扫描器。

为了实现物流现代化，物流领域出现了很多配送中心。这些配送中心要提高吞吐能力，采用自动分拣技术更是十分必要的。

典型的配送中心的作业从收货开始。送货卡车到达后，叉车司机在卸车的时候用手持式扫描器识别所卸的货物，条码信息通过无线数据通信技术传给计算机，计算机向叉车司机发出作业指令，显示在叉车的移动式终端上，或者把货物送到某个库位存放，或者直接把货物送到拣货区或出库站台。在收货站台和仓库之间一般都有运输机系统，叉车把货物放到输送机上后，输送机上的固定式扫描器识别货物上的条码，计算机确定该货物的存放位置。输送机沿线的转载装置根据计算机的指令把货物转载到指定的巷道内，随即巷道堆垛机把货物送到指定的库位。出库时，巷道堆垛机取出指定的托盘，由运输机系统送到出库台，由叉车到出库台取货。首先用手持式扫描器识别货物上的条码，计算机随即向叉车司机提出作业指令，或者把货物直接送到出库站台，或者为拣货区补充货源。拣货区有多种布置形式，如普通重力式货架、水平循环式货架、垂直循环货架等。拣货员在手持式终端上输入订单号，计算机通过货架上的指示灯指出需要拣货的位置。拣货员用手持式扫描器识别货品上的条码，计算机确认无误后，在货架上显示出拣选的数量。拣出的货品放入货盘内，连同订单一起运到包装区。包装工人进行检验和包装后，将实时打印的包含发运信息的条码贴在包装箱上。包装箱在通过分拣机时，根据扫描器识别的条码信息被自动拨到相应的发运线上。

2）仓储配送

仓储配送是产品流通的重要环节。以美国最大的百货公司沃尔玛为例，该公司在全美有25个规模很大的配送中心，一个配送中心要为100多家零售店服务，日处理量为20多万个纸箱。每个配送中心分三个区域：收货区、拣货区、发货区。在收货区，一般用叉车先把货堆放到暂存区，工人用手持式扫描器分别识别运单上和货物上的条码，确认匹配无误才能进一步处理，有的要入库，有的则要直接送到发货区，此称为直通作业，以节省时间和空间。在拣货区，计算机在夜间打印出隔天需要向零售店发运纸箱的条码标签。白天，拣货员拿着一叠标签打开一只只空箱，在空箱上贴上条码标签，然后用手持式扫描器识读。根据标签上的信息，计算机随即发出拣货指令。在货架的每个货位都有指示灯，表示那里需要拣货以及拣货的数量。当拣货员完成该货位的拣货作业后，单击"完成"按钮，计算机就可以更新其数据库。装满货品的纸箱经封箱后运到自动分拣机，在全方位扫描器识别纸箱上的条码后，计算机指令拨叉机构把纸箱拨入相应的装车线，以便集中装车运往指定的零售店。

7.3.2 RFID 射频识别技术

1. RFID 射频识别技术的概念

RFID 射频识别技术是一种非接触式的自动识别技术，它通过射频信号自动识别目标对象来获取相关数据。识别工作无须人工干预，可工作于各种恶劣环境。短距离射频产品不怕油渍、灰尘污染等恶劣的环境，可以替代条码，例如用在工厂的流水线上跟踪物体。长距离射频产品多用于交通上，识别距离可达几十米，如自动收费或识别车辆身份等。

2. RFID 射频识别技术对物流管理的影响

RFID 射频识别技术适用于物料跟踪、运载工具和货架识别等要求非接触数据采集和交换的场合，由于 RFID 射频识别技术标签具有可读写能力，对于需要频繁改变数据内容的场合尤为适用。通过 RFID 射频识别技术的应用，可以对物流管理工作带来一系列影响。

（1）降低企业的库存水平，提高企业的资金效率。一个成功的企业离不开成功的物流运作，而物流运作是货物流、信息流和资金流的有机结合和高度统一。可以认为，货物流是外在流动，信息流是技术手段，而资金流是最终目标。库存的降低可以直接减少企业的预付资本总量，而资本周转速度的提高是通过提高企业的物流配送速度以及在流通过程中完成的。因此，高效的配送体系是提高企业资本周转速度的重要条件。

通过 RFID 射频识别技术的应用可以实现运输中的资产可视化，从而使商品的运输过程透明化，以往难以掌握的商品到达时间、动态库存变得一目了然。企业对动态库存可以实行有效的管理。库存所占用的资金可降低到最低程度，资本周转速度可大大加快，企业的经济效益也可显著提高。尤其在供应链管理中其作用更为明显，资产可视化将使企业间库存信息的交换更为准确、及时，"牛鞭效应"将大大减少，企业间的动态库存能大幅降低。

（2）提高服务水平，满足顾客的要求。物流管理的最终目标是降低成本，提高服务水平。射频技术的应用能够向顾客提供更为准确的物流信息，能够有效地降低运营成本，为顾客创造价值，增加利润。具体表现为能够以合适的质量、合适的数量、合适的地点、良好的印象、合适的价格、合适的商品，向顾客提供个性化的物流服务，与顾客建立长期的战略伙伴关系。

（3）提高企业的信息管理水平。RFID 射频识别技术的应用能够大大加快企业内部信息化的步伐，促进企业物流部门与生产部门、销售部门、财务部门的信息沟通，整合企业内部的作业流程，提高企业的快速反应能力。尤其在提供第三方物流服务时，其效果更为显著。迈克尔·波特在《竞争优势》一书中写道："当一个公司能够向其客户提供一些独特的、对客户来说其价值不仅仅是一种廉价物品时，这个公司就把自己与竞争厂家区分开了。"RFID 射频识别技术能够有效地将企业同竞争对手区别开来，为顾客提供独特的增值服务，实现企业同顾客的双赢，使企业在日趋激烈的市场竞争中站稳脚跟。

（4）提高企业构筑供应链能力，增强市场竞争力。对于一个企业来说，实施全方位的物流管理与经营是一项复杂的系统工程，需要一定的基础条件和开拓创新的精神，为了达到降低客户成本的目标，需要具备以下 4 个条件：

- 高效率的综合运输、配送体系；
- 全程的信息跟踪与服务能力；
- 具有综合服务能力的物流中心建设；
- 贴近客户的供应链分析与管理。

企业供应链的构筑能力最为重要，其关系到上下游企业的整体协调能力，决定了供应链竞争的关键。

RFID 射频识别技术与其他信息技术能够提高企业构筑供应链的能力，加强供应商、制造商、批发商、零售商之间的信息共享，增强对市场需求的变化做出快速反应的能力，从而能够有效降低库存，提高商品周转率，减少需求预测误差，增强企业市场竞争能力。

总之，RFID 射频识别技术在中国处于一个刚刚起步的阶段，但是它的发展潜力是巨大的，前景是诱人的。在信息社会，对于各种信息的获取及处理要求快速、准确，在不久的将来，RFID 射频识别技术就将同其他识别技术一样深入改善我们的生活。

RFID 射频识别技术与条码技术相比，有以下几个方面的优势：

（1）快速扫描。条码扫描一次只能扫描一个条码；RFID 辨识器可同时辨识读取数个 RFID 标签。

（2）体积小型化、形状多样化。RFID 在读取上并不受尺寸大小与形状限制，不需为了读取精确度而配合纸张的固定尺寸和印刷品质。此外，RFID 标签还可往小型化与多样形态发展，以应用于不同产品。

（3）抗污染能力和耐久性。传统条码的载体是纸张，因此容易受到污染，但 RFID

对水、油和化学药品等物质具有很强的抵抗性。此外,由于条码附于塑料袋或外包装纸箱上,所以特别容易受到折损;RFID 卷标是将数据存在芯片中,因此可以免受污损。

(4)可重复使用。现今的条码印刷上去之后就无法更改;RFID 标签则可以重复地新增、修改、删除 RFID 卷标内存储的数据,方便信息的更新。

(5)穿透性和无屏障阅读。在被覆盖的情况下,RFID 能够穿透纸张、木材和塑料等非金属或非透明的材质,并能够进行穿透性通信。而条码扫描机必须在近距离而且没有物体阻挡的情况下,才可以辨读条码。

(6)数据的记忆容量大。一维条码的容量是 50B,二维条码最大的容量可存储 2~3000 字符,RFID 最大的容量则有数个 MB。随着记忆载体的发展,数据容量也有不断扩大的趋势。未来物品所需携带的资料量会越来越大,对卷标所能扩充容量的需求也会相应增加。

(7)安全性。由于 RFID 承载的是电子式信息,其数据内容可经由密码保护,使其内容不易被伪造及变造。

 典型案例

中远 RFID 视频识别技术在北京欧尚仓库的应用

随着 RFID 视频识别技术的不断成熟、应用成本(单品价格、实施费用等)逐步降低以及在国内物流企业应用案例的增多,RFID 视频识别技术对物流企业业务处理效率的提升价值将日益凸显,利用 RFID 视频识别技术实现货物供应链实时监控,保证库存高可见性,使得企业不需要在业务起步时就拥有强大的条码系统。凭借 RFID 视频识别技术的无光电应用特性,支持更多的自动读取,在缩减制造及分拨方面人员成本的同时保证高准确性。RFID 视频识别技术提供对供应链资产的实时监控并通过电子标签操作人员了解产品的详细信息。

中远物流给北京欧尚提供仓储服务的业务,中远 RFID 的实验仓库就选在欧尚仓库。中远分析了欧尚仓库的操作流程,发现两个大的问题,第一个是差错,第二个是盘点时间太长,这些是不能容忍的,所以中远将标志放在货位和标签上面。使用标准是 ISO180000-6C,读写器部署在门禁、叉车和手持终端上。

中远物流采用的手持终端基本上是一个无线的 PDA,再加上一个 RFID 读写器套上去,本身具有条码扫描器的功能,中远有自己仓库的 WMS 服务器、前段的设备控制服务器,此外又建立了无线网,使用了叉车的车载终端、天线读写器,另外是手持终端,标签放在托盘的货位上面。主要仓库流程基本上全部采用 RFID 视频识别技术,主要流程有 4 个。

(1)验收。现场操作员根据到货单在手持终端上选取验收任务。扫描托盘上的 RFID 标签,扫描货品上的条码,输入货品数量,系统后台对验收结果进行审核。

(2)上架。叉车天线读写器读取托盘上的 RFID 标签,后台系统提示建议货架和货位号。操作人员将托盘货品上架并读取货位 RFID 托盘,这里也允许货位员进行更改。

（3）拣货。传统的拣货是由拣货人员来驱使整个拣货流程的进行，然而中远物流中心的电子标签拣货系统则由输送带来负责驱动。这是凭借拣货物流箱外箱辨识码与输送带间，适时适地地进行信息的沟通与数据的交换，以自动判断哪些拣货副线该进入，哪些拣货副线可直接略过。

（4）盘点。RFID 视频识别技术使盘点货物变得更加容易，不需要由管理人员挨个清点，只需要持终端设备绕仓库走一圈就可以清楚货物的库存情况。

RFID 视频识别技术改变了仓库管理的一贯流程，较好地解决了差错大和盘点时间长的问题。

资料来源：文浩．中国电子商情［J］．RFID 技术与应用，2009（6）

7.3.3 GIS 技术

1. GIS 的定义

GIS 是以地理空间数据为基础，采用地理模型分析方法，适时地提供多种空间和动态的地理信息，对各种地理空间信息进行收集、存储、分析并进行可视化表达，是一种为地理研究和地理决策服务的计算机技术系统。

GIS 技术包括数据库管理、图形图像处理、地理信息处理多方面的基础技术，在计算机软件和硬件的支持下，运用系统工程和信息科学的理论，科学管理和综合分析具有空间内涵的地理数据，为各行业提供规划、管理、研究、决策等方面的解决方案。

2. GIS 的发展历史

约翰·斯诺在 1854 年，用点来代表个例，描绘了伦敦的霍乱疫情，这可能是最早使用地理方法的位置。

20 世纪初期将图片分成层的"照片石印术"得以发展。它允许地图被分成各图层，例如一个层表示植被，另一层表示水。这技术特别用于印刷轮廓——绘制，这是一个劳力集中的任务，但是拥有一个单独的图层意味着可以不被其他图层上的工作混淆。这项工作最初是在玻璃板上绘制的，后来，塑料薄膜具有更轻、使用较少的存储空间、柔韧等优势被引入到这项工作中。当所有的图层完成后，再由一个巨型处理摄像机结合成一个图像。彩色印刷引进后，层的概念也被用于创建每种颜色的单独印版。

20 世纪 60 年代早期，在核武器研究的推动下，计算机硬件的发展导致通用计算机"绘图"的应用。1967 年，世界上第一个真正投入应用的地理信息系统由加拿大联邦林业和农村发展部在加拿大安大略省的渥太华研发。罗杰·汤姆林森博士开发的这个系统被称为加拿大地理信息系统（CGIS），该系统用于存储、分析和利用加拿大土地统计局收集的数据，并增设了等级分类因素来进行分析。CGIS 一直持续到 20 世纪 70 年代才完成，由于耗时太长，因此在其发展初期，不能与如 Intergraph 这样的销售各种商业地图应用软件的供应商竞争。CGIS 一直使用到 20 世纪 90 年代，才在加拿大建立了一个庞大的数字化的土地资源数据库。

微型计算机硬件的发展使得像 ESRI 和 CARIS 这样的供应商成功地具备了大多数

CGIS 的特征。20 世纪 80 年代和 90 年代应用 CGIS 的 UNIX 工作站和个人计算机获得飞速增长。

3. 地理信息系统的应用

地理信息系统（GIS）是一种具有信息系统空间专业形式的数据管理系统。严格地讲，这是一个具有集中、存储、操作和显示地理参考信息的计算机系统。地理信息系统（GIS）技术能够应用于科学调查、资源管理、财产管理、发展规划、绘图和路线规划。例如，一个地理信息系统（GIS）能使应急计划者在发生自然灾害时较容易地计算出应急反应时间，或利用 GIS 系统来发现那些需要保护的湿地。

7.3.4 GPS 技术

1. GPS 的定义

全球定位系统（Global Positioning System，GPS），是利用空间星座（通信卫星）、地面控制部分和信号接收机对对象进行动态定位的系统，能为用户提供连续、实时的三维位置、三维速度和精密时间，不受天气的影响。

2. GPS 的发展历程

GPS 的前身是美国军方研制的一种子午仪卫星定位系统（Transit），于 1958 年研制，1964 年正式投入使用。该系统用 5～6 颗卫星组成的星网工作，每天最多绕过地球 13 次，并且无法给出高度信息，在定位精度方面也不尽如人意。然而，子午仪卫星定位系统使得研发部门对卫星定位取得了初步的经验，并验证了由卫星系统进行定位的可行性，为 GPS 系统的研制奠定了基础。由于卫星定位显示出在导航方面的巨大优越性及子午仪卫星定位系统存在对潜艇和舰船导航方面的巨大缺陷，美国海陆空三军及民用部门都感到迫切需要一种新的卫星导航系统。

为此，美国海军研究实验室（NRL）提出了名为 Tinmation 的用 12～18 颗卫星在距地 10 000km 的高空组成全球定位网的计划，并于 1967 年、1969 年和 1974 年各发射了一颗试验卫星，在这些卫星上初步试验了原子钟计时系统，这是 GPS 精确定位的基础。美国空军则提出了 621-B 的以每星群 4～5 颗卫星组成 3～4 个星群的计划，这些卫星中除 1 颗采用同步轨道外其余的都使用周期为 24h 的倾斜轨道，该计划以伪随机码（PRN）为基础传播卫星测距信号，甚至当信号密度低于环境噪声的 1% 时也能将其检测出来。伪随机码的成功运用是 GPS 系统得以取得成功的一个重要基础。海军的计划主要用于为舰船提供低动态的二维定位，空军的计划要求能够提供高动态服务，然而系统过于复杂。由于同时研制两个系统会造成巨大的费用而且这两个计划都是为了提供全球定位而设计的，1973 年美国国防部批准陆海空三军联合研制第二代卫星导航定位系统——授时与测距导航系统/全球定位系统（Navigation System Timing and Ranging/Global Position System-NAVSTAR/GPS），简称全球定位系统（GPS）。

3. GPS 的应用

GPS 以其全球性、全能性、全天候性的导航定位、定时、测速优势在诸多领域中得到越来越广泛的应用。GPS 在物流领域的应用越来越成熟，GPS 对车辆的状态信息（包括位置、速度、车厢内温度等）以及客户的位置信息能快速、准确地反映给物流系统，由特定区域的配送中心统一合理地对该区域内所有车辆做出快速的调度。这样便大幅度提高了物流车辆的利用率，减少了空载车辆的数量和空载的时间，从而减少物流公司的运营成本，提高物流公司的效率和市场竞争能力，同时增强物流配送的适应能力和应变能力。

通过 GPS 和电子地图系统，可以实时了解车辆位置和货物状况（车厢内温度、空载或重载），真正实现在线监控，避免以往在货物发出后难以知情的被动局面，提高货物的安全性。货主可以主动、随时了解到货物的运动状态信息以及货物运达目的地的整个过程，增强物流企业和货主之间的相互信任。

典型案例

沃尔玛配送中心的技术应用

沃尔玛配送中心技术的使用是配送作业顺利进行并发挥作用的保证。沃尔玛在配送中心作业过程中应用的信息技术包括以下几种。

1. 应用电子数据交换技术

在 20 世纪 80 年代初，沃尔玛开始先于其他连锁企业在配送中心通过使用电子数据交换技术与供应商共享物流信息，并建起自动订货系统；配送中心应用 EDI 网络系统，向供应商提供商业文件、发出采购指令、获取收据和装运清单等，并为供应商提供及时准确的产品销售信息。

2. 使用人造卫星控制物流活动

作为世界上第一个发射物流通信卫星的企业，沃尔玛利用这一系统传送信息给全球店铺，并且用其联络和定位运输车辆，从而实现声音和数据在沃尔玛的总部、配送中心和供应商及各商店间的双向传输，全球所有沃尔玛连锁店都能够通过自己的终端与总部、配送中心和供应商进行实时联系。

3. 建设高水准数据中心

沃尔玛建立的数据中心有庞大规模和强大的业务处理能力，使得其在全球的配送中心每天发生的一切与经营有关的详细信息，都能通过主干网和通信卫星传送到数据中心。

4. RFID 技术取代条码技术

早在 2003 年，沃尔玛在配送中心就开始大力推行 RFID 技术的使用。无线射频技术是一种自动识别技术，能避免因为条码技术无法对商品的有效日期以及单件商品属性等信息进行记录与管理，而导致过期食品因为未被发现而照常进行配送进而继续销售等现象。

沃尔玛的自动补货系统是连续补货系统（Continuous Replenishment，CR）的延伸，即供应商预测未来商品需求，负起零售商补货的责任。在供应链中，各成员互享信息，维持长久稳定的战略合作伙伴关系。自动补货系统能使供应商对其所供应的所有分门别类的货物及在其销售点的库存情况了如指掌，从而自动跟踪补充各个销售点的货源，使供应商提高了供货的灵活性和预见性，即由供应商管理零售库存，并承担零售店里的全部产品的定位责任，使零售商大大降低零售成本。

自动补货系统的特色如下：

（1）有UPC统一的货品代码，可以对它进行扫描，进行阅读，不需要用纸张来处理订单。随时了解货品卖出量，剩余量，运输途中的数量，并可以进行销量预测。

（2）供货商通过零售链接进入沃尔玛的系统，了解销售情况，进行补货。

（3）总部通过电子方式了解各分部的销售情况。

为了确保数据能够通过EDI在供应链中畅通无阻地流动，所有参与方（供应链上的所有节点企业）都必须使用同一个通用的编码系统来识别产品、服务及位置，这些编码是确保自动补货系统实施的唯一解决方案。而之前的条码技术正是这套解决方案的中心基础。

要使连续补货有效率，货物的数量还需要大到有运输规模经济效益才行，而沃尔玛的销售规模足以支撑连续补货系统的使用。

资料来源：https://max.book118.com/html/2015/0520/17321920.shtm

7.3.5 无人仓技术

1. 无人仓的定义

在市场需求拉动、人力成本刺激、技术发展支撑、国家政策倡导等多重因素影响下，物流自动化、智能化发展趋势凸显，越来越多的企业在仓库作业中以机器替代人完成各项操作。

所谓无人仓，是指利用各种仓储自动化设备实现整个仓储作业全流程的无人化操作，严格意义上应该称为无人操作的仓库，而不是简单地理解为没有人的仓库。

2. 无人仓的主要技术

无人仓的主要技术包括：

（1）自动化立体库(AS/RS系统)。自动化立体仓库包括自动存储以及分拣的功能，在无人仓里面扮演着一个不可替代的角色。自动化立体仓库系统是基于大数据、控制技术及计算机通信技术等发展起来的综合应用系统，是现代物流观念与现代计算机及自动控制技术相结合的产物，一般的自动化立体库主要由货物、货架、穿梭车、输送系统和控制系统等部分所组成，立体仓库可以实现高效智能地快速存取。

目前，在自动化立体库里面大多数以各种自动化机器为主，如自动分拣的小黄人、多层穿梭车技术为代表。如京东在全国各地的"亚洲一号"库，里面使用了多层穿梭车机器人、AGV搬运机器人，机器人可多通道同时作业、自动导引载货物等，解决了传统人工带来的作用节奏不均衡等问题。

（2）机器人。机器人作业是无人仓最大的特征，物流仓储工作是靠各种各样的机器人来支撑的,如 AGV 搬运机器人、shuttle 货架穿梭车、DELTA 分拣机器人、六轴机器人等。没有机器人的无人仓根本不是无人仓,在京东物流亮相的无人仓当中,整个仓储作业流程的每一个环节,如入库、码垛、分拣等,都根据机器人的功能和特性进行了分工作业。机器人不分日夜地作业,高效率、高准确率地完成物流仓储中相关工作。

Kiva 机器人是典型的机器人代表,Kiva 机器人具有高度的自动化、最短的作业周期、最强的灵活性等特点,是建设和完善自动化立体仓库的必备选择。而与人工相比效率大幅度提升的码垛机器人,同样也得到了行业的认可。京东在"双 11"和"6.18"期间,将机器人投入到全国各地的"亚洲一号"仓库,所得到的效果和反响是惊人的,社会、行业、顾客给予很高的评价和肯定。公司内部也避免了以前"6.18""双 11"期间,京东物流仓库临时增加十几万的物流员工仍无法完成物流相关作业。无人仓机器人的使用提高了作业效率、准确率和用户体验。

(3)输送系统。无人仓是由输送系统连接而成的,输送系统是一个把所有的机器人以及自动化立体仓库等环节连接起来的物流系统,从而实现货物在无人仓里高速运转。相对于自动化立体仓库和机器人系统等一些新兴技术来说,输送系统应用的历史更加悠久、更加广泛,技术也更加完善。如今在无人仓里可以对原有的输送系统加以装饰,在以前的基础上安装了自动检测、自动识别以及感知技术等,使输送系统更加有效地与各种机器人进行配合,另外在京东无人仓的输送系统中,在输送线的末端安装了视觉检测工作站,同时也在拣选机器人的前端也安装了,从而保证高效率以及高准确率的作业。

(4)人工智能算法与自动感知识别技术。整个无人仓的设计运作需要采用人工智能算法、自动感应识别技术等新兴技术。技术创新使京东走在物流行业的最前端,实现了真正的无人仓、无人化。机器人在智能算法与自动感知识别技术的支持下,获取所有商品以及设备的信息,从而进行采集和识别。同时系统会根据传送回来的信息生成决策和指令,机器人再根据这些决策和指令分别对货物的入库、上架、拣选、补货、出库等各个环节进行自动作业。京东 AGV 机器人搬运包裹如图 7.2 所示,京东无人仓内六轴机器人码放货物,如图 7.3 所示。

图 7.2　京东 AGV 机器人搬运包裹

图 7.3　京东无人仓内六轴机器人码放货物

专业术语

电子商务	现代物流	自营物流	物流联盟
第三方物流	第四方物流	绿色物流	逆向物流
物流信息技术	条码技术	射频技术	GPS
GIS	无人仓		

思考题

1. 电子商务物流的分类有哪些?
2. 现代物流的特点有哪些?
3. 电子商务的物流模式主要有哪些?
4. 物流信息技术主要包括什么?
5. 简述企业选择自营物流模式的依据。

第8章

电子商务系统开发

> **本章导读**
>
> 电子商务系统是买卖双方进行信息沟通传递的渠道。企业通过电子商务系统体现其企业形象、实施经营战略，是开展商务活动的基础，而买方通过电子商务平台可了解企业和商品信息，进而购买有关商品，节省了财力物力，提高了购物效率。
>
> 许多企业管理者和信息系统技术负责人在被电子商务系统的广阔前景所吸引的同时，也为如何开展电子商务系统的建设而困扰。因此，学习电子商务系统开发的相关知识，对于电子商务项目的成功实施是非常有意义的。
>
> 本章内容包括电子商务系统的开发流程、设计与开发方法以及网站的发布。

 引导案例

国家电网电子商务平台部署与实施

电子商务平台是国家电网为建立全业务覆盖、全流程管控、全闭环管理、全方位监督的物资集约化管理体系而打造的重要信息支撑平台，对于促进物资管理规范化、决策科学化、效率最优化、效益最大化具有重要意义。

新开发的电子商务平台从原本单一的招标采购业务已发展形成覆盖计划管理、采购管理、合同管理、供应商管理、质量管理及仓储配送管理较初级的闭环供应链管理。并且通过总部 ERP 系统及物资集约化信息化功能应用，初步实现对国家电网整个物资管理业务的横向集成与纵向贯通。

国家电网管理业务主要功能包括：需求计划管理、采购和寻源管理、采购执行管理、合同管理、供应商管理与协同、标准化管理、质量管理、库存管理、配送管理、销售管理、主数据管理以及统计分析。

（1）需求计划管理：通过定期从物资使用部门收集物资需求计划，整合并制订物资采购计划以及对应急物资的管理，来确保供货及时性和准确性。

（2）采购和寻源管理：在数据分析的基础上完成采购分析和采购策略，并通过规范招投标、谈判采购、询价式招标以及专家库管理，保证采购的及时、合法和合规。

（3）采购执行管理：在日常需求提报和管理、采购执行以及采购付款的过程中，对物资活动的各个环节进行严密跟踪、监控，保证物资保质、保量、按时供应，并实现四级联动、信息互通。

（4）合同管理：通过制订标准合同版本以及对合同签订、变更和终止全过程进行监控和管理，实现规范签约、快速准确。

（5）供应商管理与协同：建立清晰、规范的供应商准入、认证、资格审查和绩效考评流程，对供应商管理实现严格准入、量化评价、过失退出和动态管理。

（6）标准化管理：建立标准化的物资技术规范，逐步统一物资规格，实现对标准化物资使用的监控管理。

（7）质量管理：规范并完善设备材料质量抽检、质量验收和监造管理，完善质量评价标准，加强物资质量管理，对物资全生命周期进行监控管理。

（8）库存管理：通过规范仓储库存管理制度，优化收、领、调、退、盘点及废旧物资、闲置物资管理等关键业务流程，实现统一的仓储库存管理。

（9）配送管理：通过统一物资配送管理制度，优化物资配送模式、方式与路径，满足物资配送对时效性和经济性两方面的考虑与平衡。

（10）销售管理：建立规范的闲置物资处置销售管理制度，优化闲置物资销售流程与方法，实现闲置物资处置的价值最大化。

（11）主数据管理：建立标准的物料数据库、供应商数据库和采购目录，并通过规范的流程对物资数据库进行常态化管理，以保证准确、及时、完整地采集和管理相关数据，实现数据共享并综合利用。

（12）统计分析：基于所采取的业务及管理数据，满足不同角度与层面用户的报表统计、决策分析的要求。

国家电网电子商务平台采用Ariba系统进行配置和二次开发。Ariba是全球应用最广泛、最专业从事企业支出管理开发的软件公司，运营着世界上最大的B2B在线网络，众多的电子商务技术标准是由Ariba制定或参与、发布和维护的，如ebXML，EDI等。

国家电网电子商务平台主页见图8.1。

图 8.1 国家电网电子商务平台主页

资料来源：国家电网 http://ecp.sgcc.com.cn

知识提示

一般的网上商店，就是一个电子商务系统，通常包括商店标志、商品栏目、商品查询、注册登录、商品展示、商品广告、商品推荐、销售排行榜、帮助中心、联系方式等功能。虽然呈现形式为网站，但它们绝不只是若干个网页的简单堆积，而是一个个基于Web的复杂程度不一的信息管理系统。

8.1 电子商务系统开发概述

电子商务系统是在因特网和其他网络的基础上，以实现企业电子商务活动为目标，满足企业生产、销售、服务等生产和管理的需要，支持企业对外业务协作，从运作、管理和决策等层次全面提高企业信息化水平，为企业提供商业智能的计算机系统。

电子商务系统是一个为企业或个人提供网上交易洽谈的平台。企业电子商务系统是进行商务活动的虚拟网络空间和保障商务顺利运营的基础；是协调、整合信息流、物流、资金流有序、关联、高效流动的重要场所。企业、商家可充分利用电子商务平台提供的网络基础设施、支付平台、安全平台、管理平台等共享资源有效地、低成本地开展自己的商业活动。

电子商务系统包括网站系统和移动应用程序（Mobile App，App）。其中网站系统（Website）是指在因特网上根据一定的规则，使用 HTML 等工具制作的用于展示特定内容相关网页的集合。简单地说，网站是一种沟通工具，人们可以通过网站来发布自己想要公开的资讯，或者利用网站来提供相关的网络服务。人们可以通过网页浏览器来访问网站，获取自己需要的资讯或者享受网络服务。移动应用程序是一种设计在手机、平板电脑等移动设备上运行的计算机程序。

8.1.1 电子商务系统的开发流程

电子商务系统是企业开展电子商务活动的物质基础，系统建设得好坏在一定程度上决定着企业实施电子商务的成败，因此电子商务系统建设是企业实施电子商务过程中最基础、最重要的环节，需要有计划、有步骤地进行。

电子商务系统开发流程可分为 4 个阶段，即系统的规划与分析、系统的设计与实现、系统的评估与测试、系统的维护与推广。

系统的规划与分析包括系统的目标定位、功能规划、需求分析、市场竞争分析、可行性分析、总体解决方案的设计。

系统的设计与实现包括电子商务系统内容设计、信息结构设计、电子商务系统可视化设计、前端实现、后端实现，分为概要设计和详细设计两个阶段。

系统的评估与测试包括系统整体评估（受关注程度、市场前景、网民特征等）、系统的测试与系统运行调整、系统设计方案的修订与确定。

系统的维护与推广包括电子商务系统安全维护、电子商务系统内容更新、电子商务系统主页的宣传推广。

8.1.2 电子商务网站的功能类型

如今随着网络技术的迅猛发展和企业电子商务意识的逐步提高，电子商务网站林林总总，不过，按照网站功能分类，可以将其归类为以下三种类型。

1. 信息发布型

信息发布型网站的设计目的在于提供各种产品信息或信息获得方式，可以被认为是一种初级的电子商务网站，一般只提供企业或产品信息服务，不提供商品交易功能。如肯德基、麦当劳、可口可乐公司的网站等。此类网站使用技术相对简单，开发实现比较方便，所需资金相对最少。

2. 销售交易型

销售交易型网站是主要的电子商务网站，其基本功能是提供网上交易服务、接受订单、支持网络支付，功能较为齐全，如各种网上商店、交易平台网站等。这类网站使用技术比较复杂，开发实现工程量大，需要资金依据规模大小而变化较大。

3. 综合型

综合型电子商务网站是把上述类型网站的功能综合集成，是电子商务网站的高级形式。它不仅提供企业文化、企业动态、企业产品和服务等信息，还能接受在线订单、实现网络支付等。综合型电子商务网站一般集成了供应链管理等企业流程的信息处理系统，企业、公司等机构将传统业务如办公系统等迁移到网络上，并可能涉及企业流程再造。这类网站要求技术含量高，开发实现工程量最大，需求资金大，一般是有实力的大企业所采取的形式。如海尔、TCL、康佳等。

8.2 电子商务网站系统规划

8.2.1 电子商务网站规划的概念

电子商务网站规划是指在网站建设前对市场进行分析、确定网站的目的和功能，并根据需要对网站建设中的技术、内容、费用、测试、维护等做出规划。网站规划对网站建设起到计划和指导的作用，对网站的内容和维护起到定位作用。

8.2.2 电子商务网站系统规划遵循的基本原则

1. 规划应目标明确

第一，电子商务网站的规划方向和目标应该是非常明确的，并要清楚地知道网站的定位和未来目标。第二，电子商务网站规划目标的确定应该从企业的实际情况出发。第三，电子商务网站本身就是一个较为复杂的系统，网站也将随着企业的发展而发生变化。因此，在规划过程中，应该留有一个变化的空间，使网站便于维护和扩展。

2. 规划应有对环境的约束

要找到环境和机会与自己组织资源之间的平衡。第一，在充分调查的基础上，对网站开发环境和限制做充分的分析。第二，在规划中要充分考虑资源的整合，尽可能最快地达到企业的目标。第三，规划本身也体现了机遇的发展和把握，这一点对企业赢得发展机会是至关重要的。

3. 规划应设计恰当的指标

电子商务网站规划强调的是"做什么"，而非"怎样做"，即为整个系统确定发展战略和总体策划，并不是解决系统开发中的具体问题。首先，需要制订开发时间进度表和具体的技术指标，用以监测和控制系统开发的进程。其次，制订的计划和指标必须是符合实际的，具有可操作性。最后，制订的计划和指标也要具有一定的灵活性。

8.2.3 电子商务网站系统规划的主要内容

电子商务网站系统规划的内容有：网站建设目的、网站目标定位、网站功能规划、网站风格设计、网站营销规划等，另外，规划还应有相应的规划报告。

1. 网站建设目的

一般来讲，企业建设网站目的有以下几种：提升企业形象、网络沟通、全面详细介绍公司及公司产品、实现电子商务功能、密切客户联系、与潜在客户建立商业联系、降低通信费用、利用网站及时得到客户的反馈信息。

不同的网站建设目的直接决定了网站功能和界面风格的设置，所以建设网站之初，必须首先确定网站建设目的。

2. 网站目标定位

网站目标定位就是确定网站的特征、特定的使用场合及其特殊的使用群体和其特征带来的利益，即网站在网络上的特殊位置、核心概念、目标用户群、核心作用等。其实质就是对用户、市场、产品、价格以及广告诉求的重新细分与定位，预设网站在用户心中的形象和地位。

（1）目标及客户分析。明确为什么要建立网站，是为了宣传产品，进行电子交易，还是建立行业性网站？是企业自身的需要还是市场开拓的延伸？客户是企业员工还是网民，或者兼而有之？

（2）主要产品和服务的项目。电子商务网站建设的目的之一就是宣传产品和服务。正确规划出企业的主要产品和服务，对于企业及其网站的生存与发展都是至关重要的。

（3）市场分析。包括对国内外网络市场的分析，了解本行业网络市场状况、市场潜力、市场未来发展趋势等。

（4）竞争对手分析。在进行电子商务网站规划时，对竞争对手的调查与分析是其中不可缺少的重要环节。对竞争对手的分析将帮助企业了解自己与竞争对手的异同，分析各自的优势和劣势，使企业找出自己的市场切入点。

3. 网站功能规划

网站功能规划是指整合企业资源，确定网站的功能。电子商务网站可分为信息发布型、销售交易型和综合型。根据不同的类型，网站提供的功能也有所不同。

电子商务网站的功能可归为企业信息管理、产品信息管理、服务信息管理和其他信息管理四大类，而在具体功能设计上，不同类型的网站建设有着更详细而不同的划分。

（1）产品销售为主的网站建设。该类网站功能有产品管理、订购管理、订单管理、产品推荐、支付管理、收费管理、送发货管理、会员管理等基本系统功能。复杂一些的销售交易型网站还需要建立积分管理系统、VIP管理系统、客户服务交流管理系统、商品销售分析系统以及与内部进销存（MIS，ERP）数据导入导出系统等。

（2）企业门户综合型网站建设。它是所有企业类型网站的综合，是企业面向新老客户、业界人士及全社会的窗口。其功能包括营销、技术支持、售后服务、物料采购、社会公共关系处理等。

（3）产品（服务）信息发布型网站建设。其核心目的是推广产品（服务），是企业的产品"展示框"。应利用网络的多媒体技术、数据库存储查询技术、三维展示技术，配合有效的图片和文字说明，将企业的产品（服务）充分展现给新老客户，使客户能全方位地了解公司产品。与产品印刷资料相比，网站可以营造更加直观的氛围和产品的感染力，促使商家及消费者对产品产生采购欲望，从而促进企业销售。

（4）企业涉外商务服务型网站建设。此类网站可通过互联网对企业各种涉外工作，提供远程、及时、准确的服务。此类网站功能应实现渠道分销、终端客户销售、合作伙伴管理、网上采购、实时在线服务、物流管理、售后服务管理等，它将更进一步优化企业现有的服务体系，实现公司对分公司、经销商、售后服务商、消费者的有效管理。

4. 网站风格设计

为了符合客户浏览习惯以及文化需求，结合行业网站，选择合适的企业网站风格，让客户能够从网站中迅速找到所需要的东西。不同行业的网站，风格也截然不同。例如，艺术类网站就需要有艺术气息；文化类网站需要有底蕴；电子类网站需要大气、简约、有质感。

1）网站的 CI 设计

所谓 CI（英文 Corporate Identity 的缩写），是借用的广告术语。现实生活中的 CI 策划比比皆是，杰出的例子如可口可乐公司，全球统一的标志、色彩和产品包装，给我们的印象就极为深刻。更多的例子如 SONY、三菱、麦当劳等。

一个杰出的网站和实体公司一样，也需要整体的形象包装和设计。准确的、有创意的 CI 设计，对网站的宣传推广有事半功倍的效果。当网站主题和名称确定下来之后，需要思考的就是网站的 CI 形象。

网站的 CI 设计一般包含如下内容。

（1）设计网站的标志（Logo）。首先需要设计和制作网站的标志。如同商标一样，Logo 是网站特色和内涵的集中体现，看见 Logo 就应该让大家联想到该网站。注意这里的 Logo 不是指 88 像素 ×31 像素的横幅 Banner，而是网站的标志。

标志可以是中文、英文字母，也可以是符号、图案，还可以是动物或者人物等。例如，QQ 用卡通企鹅作为标志；新浪用字母 Sina+ 眼睛作为标志。标志的设计创意来自网站的名称和内容。

（2）网站标准色彩。网站给人的第一印象来自视觉冲击，确定网站的标准色彩是相当重要的一步。不同的色彩搭配会产生不同的效果，并可能影响访问者的情绪。

"标准色彩"是指能体现网站形象和延伸内涵的色彩。一般来说，一个网站的标准色彩不要超过三种，太多则让人眼花缭乱。标准色彩要用于网站的标志、标题、主菜单和主色块，给人以整体统一的感觉。其他色彩也可以使用，但只应作为点缀和衬托，而不能喧宾夺主。

一般来说，适合用于网页标准色彩的颜色有：蓝色、黄/橙色、黑/灰/白色三大系列色。网站常用的色彩搭配参照标准，如表 8.1 所示。

表8.1 网站色彩搭配参照表

颜色名称	心理反应	应用情况
红色	热情、活力、温暖、喜庆	极易吸引人们的眼球，在网页中使用广泛
橙色	时尚、明快、温馨、热烈	常常用于某些时尚、新潮的网站中，如时装网站等

续表

颜色名称	心理反应	应用情况
黄色	快乐、希望、明亮、乐观	营造出愉快的氛围，能够得到大部分浏览者的认可
绿色	宁静、希望、清爽、自然	浅绿、黄绿等颜色既有绿色的特点，又能表现黄色的温暖，用在网站中能够得到年轻人和儿童的喜爱，如环保、奥运网站等多采用此色为主色调
蓝色	凉爽、清新、理智、平静	在商业设计中，强调科技、效率的商品或企业形象大多选用蓝色
灰色	柔和、高雅、可靠、成熟	与红色、橙色等比较有视觉冲击力的颜色相比，灰色比较低调。许多高科技产品都采用灰色传达高科技形象，如大多汽车网站就采用灰色为主色调
白色	洁白、纯真、明快、简洁	通常需要与其他色彩搭配使用，多用于网站背景色
黑色	深沉、高贵、庄严、优雅	适合与许多颜色搭配，一些艺术类的或个人酷站也采用黑色作为主色调
紫色	高贵、神秘	具有强烈的女性化性格，在网页设计中，与粉红色一样，多用于和女性有关的网站

（3）设计网站的标准字体。文字字号的大小会控制页面的形象，大文字能给人以力量、自信的印象，而小文字给人以紧凑的印象。网页中正文文本的字号一般设置为10～12像素；标题文本字号一般设置为12～18像素；版权声明等文本，一般将字号设置为9～10像素。

（4）设计网站的宣传标语。宣传标语也可以说是网站的精神、网站的目标，用一句话甚至一个词来高度概括，类似实际生活中的广告金句。例如，鹊巢的"味道好极了"，麦斯威尔的"好东西和好朋友一起分享"，Intel 的"给你一个奔腾的心"。

2）网页页面内容的编排

网页页面内容的编排要力求做到布局合理化、有序化和整体化，充分利用有限的屏幕空间。在编排页面内容时，主要考虑以下 4 点。

（1）主次分明，中心突出。在编排页面时，要求版面分布具有条理性，页面排版要求符合浏览者的阅读习惯和逻辑认知顺序。例如，将导航或目录安排在页面的上面或左侧，一些重要的文章和图片安排在屏幕的中央，以突出重点，在视觉中心以外的地方安排那些次要的内容。

（2）大小搭配、相互呼应。对于较长的文章、标题或较大的图片，不要编排在一起，要注意设定适当的距离，互相错开。这样可以使页面错落有致，避免重心偏离形成不稳定感。

（3）图文并茂、相得益彰。文本与图像合理搭配，图像应起到突出主题的作用。

（4）适当留空、清晰易读。留空是指空白的、没有信息仅有背景色填充的区域。留空区面积较大时会给人一种高雅、时尚的心理感觉。页面过于繁杂则会产生反作用，削弱整体的可读性，无法让浏览者抓住重点。页面内容的行距、字距、段间段首的留空都是为了易于阅读。

3）网页布局设计

网页布局就是把网页的基本组成部分在页面内进行合理的安排。因特网上的网页多种多样，内容千差万别，形式各异，但网页的布局归纳起来大致可分为以下 5 种。

（1）"匚"字形布局结构。如图 8.2 所示为"匚"字形布局结构。这种布局结构通常顶部是网站的 Logo、Banner 或导航栏，下方的左侧是标题、图片、链接，右侧显示的是网页的主体内容，底端是版权信息。使用该布局结构的网页一般背景颜色较深，形成"匚"字形布局结构。

Logo	Banner 或导航栏
导航栏或 Banner	
标题 图片 链接	主体内容
版权信息	

图 8.2 "匚"字形布局结构

（2）"亘"字形布局结构。这是只有一个页面的布局结构，适合于内容较少，整个站点页面内容十分相似的网站。页面最上方通常是导航栏、Logo、Banner，最下方是版权信息，中间是主体内容，如图 8.3 所示。

Logo	Banner 或导航栏
导航栏或 Banner	
主体内容	
版权信息	

图 8.3 "亘"字形布局结构

（3）"目"字形布局结构。这种布局结构是在"匚"字形布局结构的基础上稍作变动而形成的，即在其右侧增加了一个竖列，缩小了中间主体内容的宽度，如图 8.4 所示。该布局结构充分地利用了版面，包含的信息量更大，通常应用于大型的网站。

Logo		Banner 或导航栏
导航栏或 Banner		
标题 图片 链接	主体内容	标题 图片 链接
版权信息		

图 8.4 "目"字形布局结构

（4）POP 布局结构。POP 引自广告术语，就是指页面布局像一张宣传海报，以一张精美图片作为页面的设计中心。常用于时尚类、广告宣传类的网页，它将页面布置得如同一张宣传海报，没有固定的排版模式，一般以精美的图片作为页面的设计核心。大多数的个人网站或娱乐网站采用该类型的布局结构。

（5）综合布局结构。该布局结构比较复杂，可以认为是上面几种布局的结合。目前这种布局结构也被广泛采用。

5. 网站营销规划

企业建立网站的主要目的之一就是开展网络营销，拓宽产品市场，因此在进行网站系统规划时务必要以实现网络营销功能作为一个基本的出发点。网站营销功能规划主要包括以下几个方面的内容：

（1）明确企业在线营销的具体内容。电子商务网站要能体现出企业在线营销的具体内容，包括制订全面的在线广告计划；通过电子邮件营销，针对固定的客户群体进行市场调研；对企业的竞争对手进行适时有效地监控；通过网络社区或留言板了解客户的反馈信息；展示企业的产品和服务等。

（2）挖掘网站营销的创意。目前开展网络营销的企业有很多，在这么多的企业当中谁能技压群雄，博得广大客户的支持与喜爱，除了网站的一般营销功能，独特的营销创意将起到至关重要的作用。

（3）规划网站营销策略。区别于传统营销，网络营销是通过网站系统体现的。在网站系统设计时，不能简单地将传统营销方式搬到网站上，而要研究并在网站上体现出企业的网络营销策略。

8.3.4 服务器硬件选择原则

市场上服务器产品种类繁多，档次高低不同，性能各有千秋，应用领域和应用范围也有差异。在选购网站服务器时，应选择适合实际需要的高效可靠的服务器。这样服务器，通常可以根据以下几个指标来衡量：

- 综合性能。主要包括运行速度、内存容量、外存容量、存取速度、总线带宽、容错能力、扩展能力。
- 可管理性。可管理性是指服务器的管理是否方便快捷、界面是否友好、应用软件是否丰富等。
- 可用性。可用性是指服务器在一段时间内可供用户正常使用的时间的百分比。
- 安全性。安全性是指无论服务器在什么环境下工作，都必须提供安全可靠的各种服务。
- 可扩展性。可扩展性是指服务器在遇到突发事件时的可扩展的能力，它是选择服务器的重要因素。
- 可维护性。可维护性指服务器的电源、网卡、SCSI 卡、硬盘等部件都为模块化结构，且都具有热插拔功能，可以在线维护，使系统停机的可能性大大减少。

8.3.5 系统软件的选择

1. 网络操作系统

网络操作系统是网站软件系统的核心，在网站建设过程中，选择网络操作系统是最关键的工作之一。网络操作系统将决定网站的整体性能，使用什么样的应用软件，采取什么样的解决方案。目前能够胜任电子商务网站运营需要的操作系统主要有 UNIX、Linux、Windows NT 系列。

1) UNIX 操作系统

UNIX 操作系统产生于 20 世纪 60 年代末 70 年代初，是一个面向多用户、多任务的操作系统。该操作系统具有以下几个方面的特点：

- 安全性强，可靠性高。UNIX 操作系统在预防病毒侵入方面比其他任何操作系统都具有明显的优势。此外，UNIX 操作系统在网络信息的保密性、数据安全备份等方面也有很好的保护措施。
- 结构简练，便于移植。UNIX 操作系统不仅可用于微机上，而且还可以运行于大、中、小型机上。
- 开放性。UNIX 操作系统是开放系统的先驱和代表，从一开始它就为软件开发人员提供了丰富的开发工具，成为工作站的首选和主要的操作系统及开发环境。
- 网络功能强大。Internet 中运行的 TCP/IP 协议是随着 UNIX 的发展而不断发展和完善的。
- 支持网络通信所需要的协议。UNIX 操作系统支持包括 NFS、DCE、IPX/SPX、SLIP 和 PPP 等网络通信协议，这使得 UNIX 操作系统能方便地与现有的各种主机系统以及各种广域网和局域网相连接。

2) Linux 网络操作系统

Linux 操作系统是所有类 UNIX 操作系统中最出色的一个。

Linux 的意义不仅仅在于增加了一种操作系统，更重要的是它创建了自由软件的新天地。目前 Linux 操作系统不但受到全球众多个人用户的认可，还赢得了一些跨国大企业客户的喜爱，如波音公司在一些项目的设计中就使用了 Linux。

3) Windows NT 系列操作系统

Windows NT 操作系统是 Microsoft 公司在 20 世纪 90 年代出品的具有很强联网功能的首款 32 位 Windows 系列操作系统，支持多种硬件平台。其特点主要有：

（1）Windows NT Server 是一种面向分布式图形应用程序的平台系统，其界面继承了 Windows 操作系统友好易用的图形用户界面。

（2）Windows NT Server 具有强大的内置网络功能。以往的网络操作系统都是作为原有机器操作系统上的一个附加层来实现对网络的管理，而 Windows NT 则将网络管理功能作为嵌入操作系统中的一部分，使得网络管理功能与基本的 PC 操作系统功能完美地结合，更便于应用与管理。

（3）Windows NT Server 支持多任务、多线程。它能在不同平台上运行，内部采用多线程进行管理与抢先式多任务的策略，使得应用程序更为有效地运行。

（4）Windows NT Server 具有优良的安全性。Windows NT Server 的安全防护被美国国防部定义为"无条件保护"，这意味着网络管理人员可以为每个用户规定不同的服务器操作权限与用户审计，并可为每个单独的文件设置不同的访问权限，从而防止未经授权的使用者访问数据或软件。

相对于 UNIX 操作系统而言，Windows NT Server 比较简单，易于配置和使用，但其对硬件要求较高，所需内存较大，稳定性、成熟性需要进一步考验。新一代的 Windows NT Server 从 2008 年起提供了更好的性能。

2. Web 服务器软件

Web 服务器（Web Server）软件的选择对于电子商务网站至关重要。选择 Web Server 软件时，不仅要考虑当前的需要还应考虑将来的需要。目前常用的 Web 服务器软件有 Apache、IIS、IBM Web Sphere、Oracle Web Server。在选择 Web 服务器软件时，一般要考虑以下几个方面：

- 对操作系统的支持。大多数 Web 服务器软件主要是为一种操作系统进行优化的，有的只能运行在一种操作系统上。如 Microsoft 的 IIS 只能在 Windows Server 上运行。
- 响应能力，是指 Web Server 软件对多个用户请求信息的响应速度。响应速度越快，单位时间内支持的访问量就越多，用户请求信息的响应速度也就越快。
- 与后端服务器的集成能力。Web Server 软件除直接向用户提供信息，还担负着与后端各种数据资源应用系统集成的任务，这样客户机就只需用一种界面来浏览所有后端服务器的信息。它能将不同来源、不同格式的信息转换成统一格式。
- 管理的难易程度，是指 Web Server 软件是否简单易行。易管理的 Web Server 软件应具有图形用户界面和完善的向导系统或帮助文档，方便用户的使用。相反，复杂的管理界面会引起问题且浪费时间，还可能导致系统参数配置错误和安全漏洞。
- 信息开发难易程度。信息是 Web Server 的核心，信息是否丰富直接影响因特网的效能。信息开发是否简单对 Web 信息是否丰富影响很大，即它所支持的开发语言是否满足要求。
- 稳定可靠性。Web Server 的性能和运行都需要非常得稳定。
- 安全性。要从两方面考虑安全，即一是防止 Web Server 的机密信息泄密；二是要防止黑客的攻击。

3. 数据库管理系统

数据库技术是电子商务的核心技术之一。在电子商务活动中，存在着海量的数据与信息，因而每一个商务站点的后台必须有一个强大的数据库在支撑其运转，并保证数据存取的速度、安全、稳定和可靠。

- 选择数据库管理系统时通常考虑以下几个方面：
- 易用性，是指数据库管理系统的语句应符合通用标准，要便于系统的维护、开发和移植，有面向用户的简易开发工具，支持多媒体数据类型等。
- 并发性，数据库管理系统可能面临多个用户在同一时刻对同一数据进行读或写操作，加重了数据的负担。为了保证数据的一致性，需要由系统的并发控制功能来完成。
- 稳定性，数据的稳定运行，对于网站的使用效率有很大影响。对于电子商务网站而言，用户对其访问的时间和同一时间对网站访问的用户数量均具有不确定性，这就要求网站数据库管理系统具有稳定性，特别是数据库巅峰性能要稳定。例如，在当当网店庆期间，由于网站流量过大，就导致许多用户不能正常访问网页和下订单购物，这不但给用户带来了不便，也会影响商家的经济利益。
- 数据完整性，是指数据的正确性和一致性。
- 可扩展性，电子商务网站的特点是网站信息数据随时在发生变化，如随时可能有顾客购物，随时可能有新登录的商品，因此要求数据库具备良好的扩展功能，能利用原有信息基础开发新信息，能保证用户以前的投资和系统，对数据库进行更新。

- 安全性，指其安全保密程度，如账户管理、用户权限管理、网络安全控制等。网站中，数据库保存着网站内部最重要最核心的信息，不允许丢失、修改或复制。
- 容错性，数据库系统不可能不出错，但应消除或减少出错产生的影响，容错性是对数据库的基本要求。它是指在异常情况下系统对数据的容错处理能力。

以下是电子商务网站常用的几种数据库系统。

1）DB2 通用数据库系统

DB2 是 IBM 开发研制的数据库产品，它在数据库、数据仓库、在线分析处理和数据挖掘等方面都具有很强的优势。DB2 被 IBM 自称为"全球第一个具备全面集成能力的电子商务数据库"。

- DB2 通用数据库对商业智能应用提供了强有力的支持，对数据仓库（Data Warehouse）与在线分析处理（OLAP）具有强大的支持能力，用户不但能够迅速地访问、分析和传输企业数据，还可以方便地部署商业智能解决方案。
- DB2 通用数据库提供了集成化存储器内置关系数据库技术，可将电子交易的速度提高 10 倍以上。这种技术将大量数据存储于内存中，用户查询时直接从内存读取数据，大大加快了查询速度，使每次查询的响应时间不超过 0.5 秒。
- DB2 通用数据库还提供了空间数据的综合支持功能，可以使企业轻松地在客户或经营活动与地点之间建立直观的联系，从而简化了 CRM 等应用软件中的数据分析过程。而为了支持日益发展的客户管理业务应用，DB2 通用数据库向用户提供了最终客户管理，可扩展复制和集成分析功能。

2）Oracle 数据库系统

Oracle 是最著名的大型数据库厂商，Oracle 数据库系统是以高级结构化查询（SQL）语言为基础的大型关系数据库，是目前最流行的客户机/服务器（Client/Server）体系结构的数据库之一。它功能强大，支持多种平台，多种网络协议，是一个可以建立直接用于因特网环境的数据库，并具有良好的安全性、稳定性和容错能力，保证了在线进行商务处理、智能化商务的实现。同时，Oracle 数据库支持大量多媒体数据，如二进制图形、声音、动画以及多维数据结构等，这对于电子商务网站十分重要。

3）Microsoft SQL Server 数据库系统

Microsoft SQL Server 是微软开发研制的数据库产品，性能高效稳定，可以实现自动备份、日志管理、事务管理等多项功能，可以满足不同类型的应用需要，并具有中文界面和帮助系统，使用户易学易用。现在因特网上有相当数量的网站采用它。

4）MySQL 数据库系统

MySQL 是一个真正的多用户、多线程的 SQL 数据库服务器。与前述数据库不同，MySQL 是一个自由软件，编码和各编译版本完全开放，而且能和 Linux、PHP 紧密结合。

MySQL 的主要特点有：支持多线程、多处理器，支持多种平台和多样的数据类型，使用灵活且安全性高，并为 Windows 提供 ODBC 接口。

5）Access 数据库系统

Access 是微软公司推出的基于 Windows 的桌面关系型数据库管理系统，是 Office 系列应用软件之一。它提供了表、查询、窗体、报表、页、宏、模块 7 种用来建立数据库系统的对象；为建立功能完善的数据库管理系统提供了方便，也使得普通用户不必编写大量代码，就可以完成大部分数据管理的任务。Access 同时拥有桌面数据库的便利和关系数据库的强大功能。

Access 得到了广泛使用，例如小型企业、大公司的部门等数据量相对不太大的场合。它尤其适合进行数据处理的桌面应用系统，也常被用来开发业务量小一些的 Web 应用程序，利用微软 ASP 技术在 IIS 上运行。

8.4 电子商务网站的开发

从系统的观点来看，电子商务网站本身就是一个信息管理系统，它是在现代网络环境下，特别是随着因特网技术的成熟与应用而出现的新一代信息系统。因此，电子商务网站的建设实质上是信息系统的开发、设计与实现过程。

8.4.1 软件开发过程

软件开发过程为软件的开发定义了一个框架，将自动化工具、软件开发方法和质量管理紧密结合在了一起。软件开发过程构成了软件项目管理控制的基础，建立了一个环境以便于技术方法的采用、工作产品（模型、文档、报告、表格等）的产生、里程碑（milestones）的建立、质量的保证、正常变更的正确管理。

1. 瀑布模型

瀑布模型（Waterfall Model）是一个项目开发架构，其开发过程是通过设计一系列阶段顺序展开的，从系统需求分析开始直到产品发布和维护，每个阶段都会产生循环反馈，因此，如果有信息未被覆盖或者发现了问题，那么最好"返回"上一个阶段并进行适当的修改，项目开发进程从一个阶段"流动"到下一个阶段，这也是瀑布模型名称的由来。

1）瀑布模型开发方法的步骤

采用瀑布模型开发方法，将整个开发过程划分为以下 5 个阶段。

（1）系统规划阶段。明确建立系统的需求，进行初步调查，通过可行性研究确定下一阶段的实施。

（2）系统分析阶段。对系统需求、结构与功能进行分析，运用一系列的工具，构造出新系统逻辑模型的工作。此阶段的主要目的是解决系统将要"做什么"的问题。

（3）系统设计阶段。在系统分析提出的逻辑模型的基础上，考虑如何用具体的物理设备和通信传输手段来实现系统各项功能的工作，此阶段的主要目的是解决系统将"怎么做"的问题。

（4）系统实施阶段。该阶段按系统设计提出的物理模型以及实施方案进行程序的编写和调试，进行系统运行所需数据的准备及对相关人员进行培训等。该阶段的实质是要将系统设计的物理模型转化成能够实际运行的系统。

（5）系统运行和维护阶段。该阶段是进行系统的日常运行管理，评价系统的运行效率，对运行费用和效果进行监理审计，如出现问题则对系统进行修改、调整。

2）瀑布模型开发方法的特点

瀑布模型开发方法是目前普遍为人们所接受的一种主流方法。它的突出优点如下：

（1）强调开发过程的整体性和全局性。

（2）强调开发过程各个阶段的顺利性，强调应严格地区分开发阶段，一步一步地进行系统分析与设计等。

（3）强调工作文档标准化、规范化。

但是，随着时间的推移这种开发方法也逐渐地暴露出了很多缺点和不足。

（1）由于瀑布模型开发方法是以实现功能的过程为中心的，而用户的需求变化主要是针对功能的，且功能变化往往会引起较大的结构变化，由此带来的后果是系统稳定性相对较差。

（2）由于系统有明确的边界定义，且系统结构依赖于系统边界的定义，从而造成系统不易扩充和修改，且可重用性差。

2. 快速原型法

快速原型法是20世纪70年代中期提出的，它是根据用户提出的需求，由用户与开发者共同确定系统的基本需求和主要功能，并在较短时间内建立一个实验性的、简单的信息系统原型。在用户使用原型的过程中，不断地依据用户提出的评价意见对简易原型进行修改、补充和完善，如此反复，使原型越来越能够满足用户的要求，最后形成系统的工作原型。

快速原型法的关键是用户与开发人员密切合作，不断改造，反复迭代，逐步逼近用户的需求。

尽管快速原型法具有系统开发效益高、系统适应性强、系统易维护及系统可扩展性好等优点，但它也存在不足，主要体现在以下两个方面：

（1）系统的开发缺乏统一的规划和开发的标准，难以对系统的开发过程进行控制。

（2）快速原型法对系统开发的环境要求较高。例如，开发人员和用户的素质、系统开发工具的运用、软件环境、硬件环境等，都对快速原型法的开发效果产生重要的影响。

3. 敏捷软件开发

敏捷软件开发（Agile Software Development），又称敏捷开发，是一种从20世纪90年代开始逐渐引起广泛关注的新型软件开发方法，是一种应对需求快速变化的软件开发过程。它们的具体名称、理念、过程、术语都不尽相同，相对于"非敏捷"，更强调程序员团队与业务专家之间的紧密协作、面对面的沟通（认为比书面的文档更有效）、频繁交付新的软件版本、紧凑而自我组织型的团队、能够很好地适应需求变化的代码编写和团队组织方法。

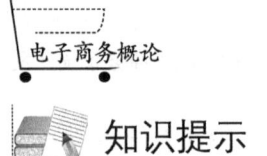

知识提示

敏捷开发的背景

硬件领域有摩尔定律,即每隔18～24个月,每1美元能买到的计算机性能将提高一倍以上。而软件行业却没有相应的规律。那么软件公司如何提高生产率、质量呢?实际上很多传统的企业仍然靠加班、流程和工具、合同和文档的约束,而且沟通困难是导致出现Bug、延期的重要原因,这里的沟通包括开发团队和甲方的沟通、团队之间的沟通、团队和管理者的沟通等;在瀑布模型中,我们会做大量的前期需求分析和详细设计,我们自认为我们这些努力会保证交付的软件会是客户期望的,但是事实并非如此。另外,所有的软件开发者都是知识工作者,那么知识工作者的主观能动性和创造力是管理人员管控出来的吗?

上述这些软件行业中的痛点,并不是新生的,早在1987年Fred Brooks就在《没有银弹》中提到没有任何一项技术或方法可以让软件开发工程的生产率在10年内提高10倍。软件开发本身具有复杂性、不可见性、可变性以及一致性,使得软件开发难以管理。

而敏捷开发正是解决软件开发中存在的问题的。

敏捷开发的流程是:

(1)敏捷软件开发核心是迭代式开发,增量交付。

(2)每一次迭代都建立在稳定的质量基础上,并作为下一轮迭代的基线,整个系统的功能随着迭代稳定地增长和不断完善。每次迭代要邀请用户代表(外部或内部)验收,提供需求是否满足的反馈。

(3)迭代型的方法就是将整个软件生命周期分成多个小的迭代,每一次迭代都由需求分析、设计、实现和测试在内的多个活动组成,每一次迭代都可以生成一个稳定和被验证过的软件版本。

(4)迭代建议采用固定的周期(1～4周),可以每个迭代周期不一定要相同,但迭代内工作不能完成时,应该缩减交付范围而不是延长周期。

4. 敏捷软件开发与瀑布模型、快速原型法的区别

瀑布模型是最典型的预见性的方法,严格遵循预先计划的需求、分析、设计、编码、测试的步骤顺序进行。步骤成果作为衡量进度的方法,例如需求规格、设计文档、测试计划和代码审阅等。

瀑布模型的主要问题是它的严格分级导致自由度降低,项目早期即做出承诺导致对后期需求的变化难以调整,代价高昂。瀑布模型在需求不明并且在项目进行过程中可能变化的情况下基本是不可行的。

相对来讲,敏捷开发方法则在几周或者几个月的时间内完成相对较小的功能,强调的是能尽早将尽量小的可用的功能交付使用,并在整个项目周期中持续改善和增强。

有人可能在这样小规模的范围内的每次迭代中使用瀑布模型,另外的人可能将选择各种工作并行进行,例如极限编程。

敏捷软件开发和快速原型法,两者都强调在较短的开发周期提交软件,敏捷开发方法

的周期可能更短，并且更加强调队伍中的高度协作。

8.4.2 软件开发方法

1. 结构化方法

结构化编程思想由艾慈格·迪杰斯特拉 1976 年在《GOTO 陈述有害论》中提出，1975 年赖瑞·康斯坦丁和爱德华·尤登提出结构化设计，1978 年汤姆·迪马克和爱德华·尤登等在 1975 年提出结构化分析，后来逐渐被完善，形成现在软件开发方法中主要采用的结构化方法。结构化方法从功能上对系统进行划分，将系统按功能划分成各个模块，将子模块编写成子程序，通过子程序之间的结构和层次之间的耦合来解决复杂的问题。结构化方法按软件周期可划分为结构化分析、结构化设计和结构化实现。

1）结构化分析（Structured Analysis）

结构化分析是通过数据来对需求进行分析，功能模块之间通过数据进行联系，采用的建模技术有：数据流图 DFD（Data Flow Diagram）、ERD（Entity Relation Diagram）和数据字典 DD（Data Dictionary）等。主要分析步骤如下：

（1）分析当前的情况，做出反映当前物理模型的数据流图 DFD。

（2）推导出等价的逻辑模型的数据流图 DFD。

（3）设计新的逻辑系统，生成数据字典和基元描述。

（4）建立人机接口，提出可供选择的目标系统物理模型的数据流图 DFD。

2）结构化设计（Structured Design）

结构化设计阶段将结构化分析阶段得到的目标系统物理模型的数据流图 DFD 表示的具体信息转化成程序结构的设计描述，并形成软件结构。在这个过程中采用的建模技术有：系统结构图 SSD（System Struct Diagram）。这个过程分两步完成，第一步是从结构化分析得到的结果出发，构造一个设计方案，决定系统功能模块的结构。第二步进行详细设计，确定每个功能模块的内部控制结构和算法，最终产生每个功能模块的程序流程图。具体步骤如下：

（1）评审和细化数据流图。

（2）确定数据流图的类型。

（3）把数据流图映射到软件模块结构。

（4）基于数据流图逐层分解高层模块，设计中下层模块。

（5）对模块的控制结构和算法进行优化。

（6）描述模块接口。

3）结构化实现

结构化实现对需求变化的适应能力比较弱，功能的改变甚至会牵一发而动全身，但由于结构化分析和设计对系统进行完整的架构和具体功能的分析以及实现的各个阶段严谨的测试，所以结构化程序可靠性高。基于结构化分析、设计和实现中的这些主要优点和缺点，结构化比较适合于像操作系统、实时处理系统等这样以功能为主的系统。比如绝大多数操作系统都是以结构化语言（如 C 语言）写的。

2. 面向对象方法

面向对象方法（Object-Oriented Method）是一种把面向对象的思想应用于软件开发过程中，指导开发活动的系统方法，简称 OO（Object-Oriented）方法，是建立在"对象"概念基础上的方法学。对象是由数据和容许的操作组成的封装体，与客观实体有直接对应关系，一个对象类定义了具有相似性质的一组对象。该方法的实质就是主张从客观世界固有的事物出发来构造系统，提倡用人类在现实生活中常用的思维方法来认识、理解和描述客观事物，强调最终建立的系统能够映射问题域。

当遵照面向对象方法学的思想进行软件系统开发时，首先要进行面向对象的分析（Object Oriented Analysis，OOA），其任务是了解问题域所涉及的对象、对象间的关系和作用（即操作），然后构造问题的对象模型，力争该模型能真实地反映出所要解决的"实质问题"。在这一过程中，抽象是最本质、最重要的方法。针对不同的问题性质选择不同的抽象层次，过简或过繁都会影响到对问题的本质属性的了解和解决。

其次就是进行面向对象的设计（Object Oriented Analysis，OOD），即设计软件的对象模型。根据所应用的面向对象软件开发环境的功能强弱不等，在对问题的对象模型的分析基础上，可能要对它进行一定的改造，但应以最少改变原问题域的对象模型为原则。然后就在软件系统内设计各个对象、对象间的关系（如层次关系、继承关系等）、对象间的通信方式（如消息模式）等。

最后阶段是面向对象的实现（Object Oriented Implementation，OOI），即指软件功能的编码实现，它包括：每个对象的内部功能的实现；确立对象哪一些处理能力应在哪些类中进行描述；确定并实现系统的界面、输出的形式及其他控制机理等，总之是实现在 OOD 阶段所规定的各个对象所应完成的任务。

8.4.3 电子商务网站的设计与开发

1. 电子商务网站的组成

电子商务网站包括前台与后台、前端与后端。这些概念表面相似，但本质含义却具有根本区别。前台、后台是根据页面类型划分的，前端、后端是根据开发技术划分的。

电子商务门户网站通常由前台和后台应用系统所构成。前台指的是客户浏览的页面所涉及的功能。后台指的是内部人员对前台页面的内容进行管理所使用的功能，包括管理后台用户（内部人员）以及为其分配权限。

前端就是客户端，前端工程师主要负责开发用户界面；后端就是服务器端，后端工程师主要负责对数据的处理。前端分为移动端和 Web 端。Web 前端就是开发网站界面，使用 HTML+CSS+JS 技术；移动前端又可以分为原生 App、Web App 和 Hybrid App。

原生 App 又称 Native App，该开发针对 iOS、Android 等不同的手机操作系统要采用不同的语言和框架进行开发，该模式通常由"云服务器数据 +App 应用客户端"两部分构成，App 应用所有的 UI 元素、数据内容、逻辑框架均安装在手机终端上。

Web App 是一种框架型 App 开发模式（HTML5 App 框架开发模式），该开发具有跨平台的优势，通常由"HTML5 云网站 +App 应用客户端"两部分构成，App 应用客户端只需安装应用的框架部分，而应用的数据则是每次打开 App 的时候，去云端取数据再呈现给手机用户。

混合开发（Hybrid App）既利用了原生 App 的开发技术，还应用了 HTML5 开发技术，是原生和 HTML5 技术的混合应用，混合比例不限。

在各种开发模式之间选择时，可以考虑核心需求采用原生 App，比如淘宝里的产品详情页、订单页、支付页等。

非核心需求可以考虑用 HTML5，遇到功能调整，可以快速发布。比如淘宝首页的特色好货、热门市场等栏目需要经常变动，用 HTML5 来做比较灵活。

2. 电子商务网站的信息结构设计

网站信息结构是指从方便用户的角度来设计和组织网站的信息。其内容主要包括：确定网站的物理结构（目录结构）、设计网站的逻辑链接结构和定义导航等。

网站的物理结构是指网站文件的物理存储结构，是网站文件在服务器上存储的方式。

网站的逻辑链接结构实际上是组成网站的 Web 网页之间的链接方式。它含有层次结构、序列结构、网状结构和复合结构。网页链接无论采用何种结构，目的都是要让用户迅速找到感兴趣的信息内容。

电子商务网站的信息结构设计，一定程度上反映了网站资源的管理水平。

3. 网站开发

1）网页的分类

网页是构成网站的基本元素，是承载网站各种应用的平台。网页是一种可以在 WWW 上传输、能被浏览器认识和翻译成页面并显示出来的文件。文字与图片是构成网页的两个最基本的元素，除此之外，网页的元素还包括动画、音乐、程序等。

按照网页的实现技术，可将网页分为静态网页和动态网页。

静态网页是网站建设初期经常采用的一种形式，这种页面尤其适用于展示固定不变的信息，如条例条规。把内容设计成静态网页，访问者只能被动地浏览网站建设者提供的网页内容。

动态网页是建立在 B/S 架构上的服务器端脚本程序。在浏览器端显示的内容是服务器端程序运行的结果。

静态网页与动态网页的区别在于 Web 服务器对它们的处理方式不同。当 Web 服务器接收到对静态网页的请求时，服务器直接将该页发送给客户浏览器，不进行任何处理。如果接收到对动态网页的请求，则从 Web 服务器中找到该文件，并将它传递给一个被称为应用程序服务器的特殊软件扩展，由它负责解释和执行网页，将执行后的结果传递给客户浏览器。

2）前端开发工具

设计网页时首先要选择网页制作软件。目前可视化的网页设计工具越来越多，使用也越来越方便。如 Flash、Dreamweaver、Fireworks 被称为"网页设计制作三剑客"，再加上 Photoshop，这 4 个软件相辅相成，是设计网页的首选工具。

Dreamweaver 是 Macromedia 公司所开发的著名网站开发工具，用来排版布局网页。

Flash 是一款多媒体动画制作软件，它是一种交互式动画设计工具，用它可以将音乐、动画以及富有新意的界面融合在一起，以制作出高品质的动态视听效果。

Photoshop 是 Adobe 公司推出的图像处理软件。目前已被广泛应用于平面设计、网页设计和照片处理等领域。

Fireworks 原来由 Macromedia 开发，2005 年被 Adobe 收购。Fireworks 专门针对网页设计者而开发，包含了一系列制作网页相关的功能。

3）后端开发语言

动态网页大多是由网页编程语言写成的网页程序，访问者浏览的只是其生成的客户端代码，而且动态网页要实现其功能大多还必须与数据库相连。

目前比较流行的动态网页开发技术有：ASP、PHP、JSP、ASP.net。其中 ASP 已经逐渐被淘汰，以新一代技术 ASP.net 取代。

8.5 网站发布流程

8.5.1 申请域名

1. 域名的定义

域名类似于互联网上的门牌号码，是用于识别和定位互联网上计算机的层次结构式字符的标志，与该计算机的互联网协议（IP）地址相对应。但相对于 IP 地址而言，其更便于使用者理解和记忆。域名属于互联网上的基础服务，基于域名可以提供 WWW、E-mail、FTP 等应用服务。

域名像品牌、商标一样具有重要的识别作用，是访问者通达企业网站的"钥匙"，是企业在网络上存在的标志，担负着标示站点和导向企业站点的双重作用。除了识别功能，在虚拟环境下，域名还可以起到引导、宣传、代表等作用。

域名由下面三组字符组成：26 个英文字母；"0，1，2，3，4，5，6，7，8，9"十个数字；-（英文中的连词号）。

域名中字符的组合规则有以下两方面：

（1）在域名中，不区分英文字母的大小写。

（2）对于一个域名的长度是有一定限制的。

例如，www.hao123.com 和 www.hao-123.com 都是合法的域名，但是 www.hao@123.com 就不是合法的域名。

2. 域名策略

1）分散域名策略

在产品多样化或者产品个性强的时候，公司必须为某些品牌独立注册域名，以培养、尊重和强化消费者的消费忠诚度。分散域名策略的弊端就是网站建设强度增大，管理力度分散，从而造成网站成本增加。

2）单一域名策略

单一域名策略最大的好处是使公司有很强的整体感，容易以公司整体的信誉去推动产品的市场占有率，可以节省站点建设开支，既便于管理，也便于统一推广和宣传。

3）三级域名策略

企业域名的一般形式为"产品名.企业名.com"，即所谓的"三级域名"。"三级域名"最适合于公司推出新产品时使用，既可以借助公司信誉推动新产品的市场推广，又可以表示产品的个别性，以试探市场反应，然后再确定是否应该把品牌独立出去。

4）相关域名策略

由于域名的价格不高，为防止竞争对手注册与自己相类似的域名，以达到混淆品牌的目的，一般建议用户把常用的后缀全部注册下来，如 www.bcdl23.com、www.bcdl23.net、www.bcdl23.cn、www.bcdl23.com.cn 等同时注册。

3. 域名选择

域名在全世界具有唯一性，在选择域名的时候，要遵循域名应该简明易记和赋予内涵意义两个基本原则，具体应遵循以下原则。

（1）用企业名称的汉语拼音作为域名。用企业名称的汉语拼音作为域名适合国内企业。例如，红塔集团的域名为 hongta.com，海尔集团的域名为 haier.com，四川长虹集团的域名为 changhong.com，这样的域名有助于提高企业在线品牌的知名度。

（2）用企业名称相应的英文名作为域名。用企业名称相应的英文名作为域名特别适合与计算机、网络和通信相关的一些行业。例如，长城计算机公司的域名为 greatwall.com.cn，中国电信的域名为 chinatelecom.com.cn。

（3）企业名称的缩写作为域名。企业名称的缩写可以是企业名称的汉语拼音缩写或英文缩写。例如，广东步步高电子工业有限公司的域名为 gdbbk.com，中国电子商务网的域名为 chinaeb.com.cn，计算机世界的域名为 ccw.com.cn。

（4）用汉语拼音的谐音形式给企业注册域名。例如，美的集团的域名为 midea.com.cn，格力集团的域名为 gree.com，新浪用 sina.com.cn 作为它的域名。

（5）以中英文结合的形式给企业注册域名。例如，荣事达集团的域名为 www.rsdgroup.com.cn，其中"荣事达"三字用汉语拼音首字母，"集团"用英文名。

（6）在企业名称前后加上与网络相关的前缀和后缀。常用的前缀有 e、i、net 等；后缀有 net、web、line 等。例如，中国营销传播网的域名为 emkt.com.cn，联合商情域名为 itl68.com，中华营销网的域名为 chinam-net.com。

（7）用与企业名不同但有相关性的词或词组作域名。例如 BestDiamond 公司，这是一家在线销售宝石的零售商，它选择了 jewelry.com 作为域名，这样做的好处显而易见：即使公司不做任何宣传，许多顾客也会访问其网站。

（8）不要注册其他公司拥有的独特商标名和国际知名企业的商标名。

8.5.2 服务器运行方式

1. 租用服务器

租用服务器是指由服务器租用公司提供硬件，负责基本软件的安装、环境配置，并负责服务器上基本服务功能的正常运行，让用户独享服务器的资源，并服务其自行开发运行的程序。

IDC 是对入驻（Hosting）企业、商户或网站服务器群托管的场所；是各种模式电子商务赖以安全运作的基础设施，也是支持企业及其商业联盟（其分销商、供应商、客户等）实施价值链管理的平台。

租用服务器的优点在于：一是省去接入费用和前期建设费用；二是减少机房建设环节和维护成本。缺点在于：一是租用的服务器的配置有时无法保证；二是自己人员维护不便且服务器容易受到网络攻击。

2. 自建服务器

自建服务器前期投入大，具体表现在以下三点：一是要有机房；二是需要采购硬件如机柜、服务器、防火墙等设备；三是要宽带接入，需要联通、电信双线接入。自建服务器的优点在于：便于自己维护，只有前期一次性投入；缺点在于：前期投入较大，后期机房维护等需要一定的成本。

3. 虚拟主机

虚拟主机是使用特殊的软硬件技术，把一台运行在因特网上的服务器主机分成一台台"虚拟"的主机，每一台虚拟主机都具有独立的域名，具有完整的因特网服务器（WWW、FTP、E-mail 等）功能，虚拟主机之间完全独立，并可由用户自行管理，在外界看来，每一台虚拟主机和一台独立的主机完全一样。虚机主机之所以使用率较高，是因为相对于购买服务器和租用专线的费用，虚机主机价格便宜，操作简单。但虚机主机没有独立的操作系统，只能通过提供的控制面板操作，而且是共享服务器资源，在稳定性和访问速度方面肯定是受限的。

4. 云服务器

云服务器是云计算服务体系中的一项主机产品，又叫云主机。它与服务器虚拟化技术类似，但不同的是它是在一组集群服务器上划分出来的多个类似独立主机的部分，具有独立的宽带和 IP，用户可以根据需求自主安装各种操作系统和配置相应的运行环境，而且集群中的每台服务器上面会有云主机的一个镜像，当其中一台机器出故障时，可以自动跳转到其他机器上面去访问，从理论上来讲，只要不是所有的机器都出故障，就不会影响到云服务器的访问。所以，云服务器在稳定性和安全性上要比虚拟主机更强大。

8.5.3 网站备案

自 2005 年 3 月开始，工信部开展互联网站备案登记，有独立域名的网站都要进行备案登记，未备案的网站将根据主管部门的有关规定予以关闭。网站备案是免费的，由用户登录信息产业部备案网站"http：//www.miibeian.gov.cn/"自行备案。

8.5.4　网站发布

简单地说，网站发布就是将构成网页和网站的所有文件复制到 Web 服务器的过程。网站发布有以下 4 种形式。

1. 通过 HTTP 方式发布网页

这是很多免费空间经常采用的服务方式。用户只要登录到网站指定的管理页面，填写用户名和密码，就可以将网页一页一页地上传到服务器。这种方法虽然简单，但不能批量上传，必须首先在服务器上建立相应的文件夹之后才能上传，对于有较大文件和结构复杂的网站来说费时费力。

2. 通过 FTP 方式发布网站

这是最常见的做法，需要提供 Web 服务器的 IP 地址、FTP 登录服务器的用户名和密码、登录后的主目录等信息。发布时可以使用专门的 FTP 工具软件，也可以使用网页制作软件的 FTP 功能，专门的 FTP 软件有 FlashFXP、CuteFTP 等。

3. 通过本地/局域网发布网站

这种方式通常是将服务器上 Web 发布的实际目录设为根据用户名和密码访问的完全共享模式，并通过成功登录，将该目录映射成本地的一个盘符。这样，发布网站时只需要将本地文件复制到这个盘符下的相应位置即可。

4. 通过网页表单发布网站

这是一些个人主页提供商采用的方式，允许用户通过 Web 页进行个人网页管理，其网页上传机制和过程与网页电子邮件夹带附件文件的情形相似。

8.5.5　网站测试

新网站制作完成就要上线了，在上线之前还有哪些工作要做呢？网站测试是非常重要的一环。

1. 内容检查

首先是网站内容需要检查，如公司介绍、联系方式、产品内容等，文字图片是否有错误、是否有错位等，内容书写格式是否正确。

2. 兼容性测试

现如今，随着互联网的发展，网络上存在的浏览器种类有很多，如：360、谷歌等，因此上线前网站一定要用各个主流的搜索引擎打开看看网站是否兼容于各个浏览器，是否有乱码情况出现，若出现异常，需要做进一步的调试。

3. UI 测试

UI（User Interface）用户界面测试主要是将待测网页和设计稿进行对比，需做到如下的几点：

（1）极端情况下显示情况。要注意长度可变的元件、模块或字段在极端情况下的显示是否正常。

（2）注重细节。这点其实是最基本的，网页上元素和设计稿差一个像素也是需要注意的问题。

（3）整体性。由于 PC 网页页面空间大，模板多，在测试时容易只注意到模块内设计元素是否正确，而忽略了模块间的间距或整个页面的布局是否正确，所以最好按照由局部到整体的顺序测试。

（4）页面间相互对比。需要注意相同系列页面、页签布局的一致性。通俗地说，也就是说同一系列页面中同类元素和模块的样式、间距一般要相同；同一个标签下，不同选项对应的页签中同类元素和模块的样式、间距也要相同。

4. 优化网站速度

网站速度是很重要的一项指标，对于用户体验和优化排名有很大影响，其实网站速度是在开发网站的过程中就需要优化的。前端页面优化可以考虑以下几个方面：

- 插件的优化，删除不必要、不使用的插件。
- 在不影响美观的情况下，尽量把图片压缩。不要将网页的背景色用纯色图片，而改用 RGB 颜色会提高访问速度。
- JS 和 CSS，开发过程中无论 JS 还是 CSS 为了更便于编写和维护。
- 用 DIV 页面布局，用 Table 来布局将导致页面加载时不会局部加载，而是在网站都加载成功以后才可以显示出来。
- 为了让网站更炫，可以使用加载速度更快的 HTML5。

8.5.6　构思网站栏目，充实网站内容

网站栏目是网站要体现的主要内容，其功能是将网站的主题明确地显示出来。在制作栏目的时候要仔细考虑，合理安排。首先，要紧扣主题，将主题按一定的方法分类，并将它们作为网站的主栏目。其次，设计网站指南栏目，这样做是为了照顾老顾客，同时也可以帮助初来网站的顾客可以很快地找到他们想要的内容，让主页更人性化和有吸引力。再次，设计可以双向交流的栏目，如论坛、留言本、邮件列表等，可以让浏览者留下他们的意见、建议和信息。最后，设计常见问题回答栏目，就某方面的、常见的、有代表性的问题做答复，方便浏览者。

在划分栏目时要注意以下 4 点：

（1）尽可能删除与主题无关的栏目。

（2）尽可能将网站最有价值的内容列在栏目上。

（3）尽可能方便访问者的浏览和查询。

（4）突出电子商务主题。

栏目设置好，只是搭建了网站的框架，要想吸引读者还是要靠内容。内容新颖和实用，是保持客户黏度的最主要手段。客户黏度就是客户初次浏览网站后，反复浏览网站的

频度。频度越大，客户黏度就越大，也可以说客户的忠诚度就越高。

新建网站的每个栏目至少要发布 50 篇以上的文章，以后要定期增加文章（如每天或每周等），要长期坚持，不能半途而废。很多网站在一天之内发布了上百篇文章，而后几个月没有新增文章，这种做法非常不可取。

8.5.7 网站推广

网站在上传到服务器之后，就正式开放了。为了让内容有新鲜感和吸引浏览者，要经常对网站中的信息进行更新，对站内的链接进行检查。网站建好后，如果要提高网站的知名度和访问量，就要对网站进行宣传推广。

推广网站的途径有多种，一种是交换友情链接或交换广告等进行宣传和推广（所谓交换广告就是在用户的主页上显示广告商提供的广告条幅，每显示一次，用户自己的广告条幅就可以在别人的主页上显示 0.5 到 1 次不等）；另一种有效的方式是搜索引擎。注册搜索引擎是目前最为成熟的网络营销方法，网站建成后用户到搜索引擎上注册中英文加注和有效的关键字搜索。除上面介绍的以外，还有邮件推广、论坛推广、网络活动宣传、网络广告等。

网络推广的方法有很多，不同的方法各有自己的优缺点，经常需要多种方法综合使用，不能单纯地只用一种方法，而网络是个虚拟的世界，到底哪些方法的组合最适合自己、最有效需要进行长期的测试，找到以后再加大这个组合的投资，把效果放大，这样才能达到事半功倍的效果。

8.6　网站评估

8.6.1　网站评估指标

1．网站流量指标

网站流量的基本数据是网站分析的基础，通常说的网站流量（Traffic）是指网站的访问量，是用来描述访问一个网站的用户数量以及用户所浏览的网页数量等指标，常用的统计指标包括网站的独立访问者数量（Unique Visitors）、总用户数量（含重复访问者 Repeat Visitors）、页面浏览数（Page Views）、每个访问者的页面浏览数（Page Views Per User）、用户在网站的平均停留时间等。

2．网站内容指标

（1）流量注册比（Register Share），其计算公式为流量注册比 = 注册用户 / 独立访问者数，用来衡量网站的注册率。

（2）提袋率（Handbag Share），其计算公式为提袋率 = 商品放入购物车或加入收藏夹的访客 / 独立访问者数，用来衡量访客对商品的兴趣度。

（3）回访者比率（Repeat Visitor Share），其计算公式为回访者比率 = 回访者数/独立访问者数，用来衡量网站内容对访问者的吸引程度和网站的实用性。

（4）积极访问者比率（Heavy User Share），其计算公式为积极访问者比率 = 访问超过 11 页的用户/总的访问数，用来衡量有多少访问者对网站的内容有较大的兴趣。

（5）忠实访问者比率（Committed Visitor Share），其计算公式为忠实访问者比率 = 访问时间在 19 分钟以上的用户数/总用户数。

（6）忠实访问者指数（Committed Visitor Index），其计算公式为忠实访问者指数 = 大于 19 分钟的访问页数/大于 19 分钟的访问者数。如果这个指数较低，那么意味着有较长的访问时间但是较低的访问页面。

（7）忠实访问者量（Committed Vsitor Volume），其计算公式为忠实访问者量 = 大于 19 分钟的访问页数/总的访问页数，用来衡量长时间的访问者所访问的页面占所有访问页面数的量。

（8）访问者参与指数（Visitor Engagement Index），其计算公式为访问者参与指数 = 总访问数/独立访问者数。这个指标代表着部分访问者的多次访问的趋势。

（9）首页回弹率（Index Reject Rate/Index Bounce Rate），其计算公式为首页回弹率 = 仅仅访问首页的访问数/所有从首页开始的访问数。这个指标代表所有从首页开始的访问者中仅仅看了首页的访问者比率。

（10）浏览用户比率（Scanning Visitor Share），其计算公式为浏览用户比率 = 少于 1 分钟的访问者数/总访问数。这个指标在一定程度上衡量网页的吸引程度。

（11）浏览用户指数（Scanning Visitor Index），其计算公式为浏览用户指数 = 少于 1 分钟的访问页面数/少于 1 分钟的访问者数，这个指标代表 1 分钟内的访问者平均访问页数，指数越接近于 1，说明访问者对网站越没兴趣，仅仅瞥一眼就离开了。

（12）浏览用户量（Scanning Visitor Volume），其计算公式为浏览用户量 = 少于 1 分钟的浏览页数/所有浏览页数，这个指标代表在 1 分钟内完成的访问页面数的比率。

3. 网站商业指标

（1）平均订货额（Average Order Amount，AOA），其计算公式为平均订货额 = 总销售额/总订货数，用来衡量网站销售状况的好坏。

（2）转化率（Conversion Rate），其计算公式为转化率 = 总订货数/总访问量。

（3）每位访问者销售额（Sales Per Visit，SPV），其计算公式为每位访问者销售额 = 总销售额/总访问数，用来衡量网站的市场效率。

（4）单笔订单成本（Cost per Order），其计算公式为单笔订单成本 = 总的市场营销开支/总订货数，用来衡量平均的订货成本。

（5）再订货率（Repeat Order Rate，ROR），其计算公式为再订货率 = 现有客户订单数/总订单数，用来衡量网站对客户的吸引力。

（6）单个访问者成本（Cost Per Visit），其计算公式为单个访问者成本 = 市场营销费用/总访问数，用来衡量网站的流量成本。

网站流量指标是网站分析的基础，用来描述访问一个网站的用户数量以及用户所浏览的网页数量等指标；网站内容指标用于衡量访问者的活跃程度；网站商业指标用于衡量网站将访问者活动转化为商业利润的能力。

8.6.2 网站评估工具

1. CNZZ 站长统计

统计网站访问流量,以前都用计数器单一统计访问量,现在逐步使用专门的评估工具。目前较有知名度的网站是数据专家(http://www.cnzz.com/)。该公司是由国际著名风险投资商 IDG 投资的网络技术服务公司,是较有影响力的免费流量统计技术服务提供商,专注于为互联网各类站点提供专业、权威、独立的第三方数据统计分析。

通过 CNZZ 站长统计,站长可以随时知道自己网站的被访问情况,每天多少人看了哪些网页,新访客的来源是哪里,网站的用户分布在什么地区等非常有价值的信息数据。站长们根据 CNZZ 站长统计,可以一目了然地及时知道网站的访问情况,及时调整页面内容、推广方式,以及对网站的调整做出客观、公正的评测。

CNZZ 站长统计工具使用步骤如下。

(1)注册成为 CNZZ 会员。填写账户信息,完成注册。

(2)添加站点。填写站点名称、域名、网站类型、地区、简介等信息。

(3)获取代码。可选择多种展现形式的统计代码。

(4)加载代码。将选好的统计代码粘贴到页面源码中,该页面即可参与统计。该项操作需要略懂 HTML 语言的读者才会操作。

2. Alexa 网站排名

www.alexa.com 是全球公认的对网站访问量排名的权威网站,它对收录的几千万个网站的访问量做统计,并按照三个月的平均数来确定排名。Alexa 的网站排名是按照每个特定网站的被访问量进行排名的。访问量越大,网站越靠前。这里要指出的是,Alexa 给出的是全球排名。

网站在 Alexa 排名的名次,决定着该网站的价值。对于 Alexa 的排名,业界流传着这么一个形象比喻:

(1)排名在 100 万名以外,是散兵游勇,属于业余级。

(2)排名在 10 万~100 万名之间,是游击队,属于业余级。

(3)排名在 1 万~10 万名之间,是正规军,属于专业级,运用了专业的网络营销手段。

(4)排名在 1 千~1 万名之间,是皇牌军,是一个非常优秀的网站。

(5)排名在 1 千名以内,是虎狼之师,网站极具商业价值。

当然,少数人为了追求在 Alexa 获得较高的排名,采用了软件自动单击网站等作弊手段。Alexa 一旦发现作弊行为,立即将该网站驱逐出排名榜。

刚建好的网站在查询中没有数据,三个月以后,其排名会从几千万名左右逐步上升。若长时间排名得不到进步或者根本没有数据,就应该分析一下原因。

3. PageRank 网页评价系统

Google 搜索引擎采用的核心软件称为 PageRank(简称为 PR),这是由 Google 创始人开发出的一套用于网页评级的系统，是 Google 搜索排名算法中的一个组成部分，级别从 1 到 10 级，10 级为满分。PR 值越高说明该网页在搜索排名中的地位越重要，也就是说，在其他条件相同的情况下，PR 值高的网站在 Google 搜索结果的排名中有优先权。网页级别由此成为 Google 所有网络搜索工具的基础。

 专业术语

电子商务系统	需求分析	电子商务网站规划
网站目标定位	功能规划	网站风格
CI 设计	网站标志	标准色彩
标准字体	布局设计	网络操作系统
Web 服务器	软件开发过程	瀑布模型
快速原型法	敏捷软件开发	面向对象方法
网站的信息结构	静态网页	动态网页
域名策略	域名选择	域名解析
服务器运行方式	云服务器	网站发布
网站测试	UI 测试	PageRank
Alexa		

 思考题

1. 电子商务系统主要包括哪两种类型？移动应用程序又具有哪些类型？
2. 电子商务系统开发流程包括哪些内容？
3. 电子商务系统商业策划的内容是什么？
4. 为什么要进行网站目标定位？目标定位包括哪些内容？
5. 网站的 CI 设计包括哪些内容？分别举例说明。
6. 网站布局设计有哪几种类型？列出三个实际网站的布局设计类型。
7. 服务器软件包括哪几种？分别举例并查询其官方网站说明其最新版本。
8. 敏捷软件开发与瀑布模型、快速原型法的区别是什么？
9. 面向对象方法中的对象是什么？该方法各个步骤包括哪些具体内容？
10. 网站评估指标分为几类？请采用一种评估工具对一个实际网站进行评估。

第9章

跨境电子商务基础

近年来,国内劳动力成本优势逐渐减弱,加上欧洲、日本的需求持续疲弱,中国出口贸易增速出现了下台阶式的减缓。而跨境电商作为一种全新的国际商业活动模式,却在快速发展,交易额和市场规模逐年增长,已经成为一个新的经济增长点,有利于推动开放型经济升级和推进全球普惠贸易。中国近年来密集出台各种优惠政策、配套措施,为跨境电商发展提供基础设施支持,跨境电商迎来了政策红利期。跨境电商企业在实践中进行创新,形成了多样化的跨境电商模式。跨境电商的发展推动了与之相关联的跨境物流、跨境支付等的发展,海外仓等模式创新层出不穷。配套企业围绕跨境电商核心企业集聚,跨境电商生态系统逐渐形成。

本章主要介绍跨境电商的基础知识,包括跨境电商的基本概念与分类、跨境电商的模式、跨境电商生态系统及跨境物流、跨境支付,以及中国跨境支付的发展现状等相关内容。

引导案例

京东物流签约哈铁 挖掘中亚跨境电商市场

在中哈企业家委员会第五次会议上,京东物流与哈萨克斯坦国家铁路公司(以下简称"哈铁")签署战略合作协议。

据悉,双方将重点在跨境物流、供应链网络构建等领域展开全方位深度合作,同时也将在电商、互联网金融等维度探索合作机会。

根据协议,哈铁将提供包括铁运、空运、陆运、多式联运等运输方式,并结合资源提供仓库和堆场服务。双方将共同研究从"霍尔果斯-东方之门"经济特区向哈萨克斯坦及中亚其他国家乃至欧洲各国组织集装箱等运输方案,并共同努力构建跨境电商企业,建立供应链管理平台。哈铁将在"霍尔果斯-东方之门"经济特区,为京东物流提供基础设施和相关配套服务，包括设立保税仓库、组建编组站和整合海关资源等。

京东物流表示，哈萨克斯坦是连接欧洲、亚洲贸易往来的重要纽带，是"一带一路"沿线的重要国家，是中欧班列、中亚班列的重要节点，其跨境运输通道影响力不断提升。

资料显示，哈萨克斯坦互联网普及率达53%，网络用户达1350万，今年第一季度电商市场同比增长42%。目前，京东跨境供应链网络已经包含十余个跨境口岸、110多个海外仓、近千条全球运输链路以及中国全境的配送网络，覆盖全球224个国家和地区。

资料来源：亿邦动力网．http：//www.ebrun.com/20180608/281303.shtml

 知识加油站

中国跨境电子商务综合试验区是中国设立的跨境电子商务综合性质的先行先试的城市区域，旨在从跨境电子商务交易、支付、物流、通关、退税、结汇等环节的技术标准、业务流程、监管模式和信息化建设等方面先行先试，通过制度创新、管理创新、服务创新和协同发展，破解跨境电子商务发展中的深层次矛盾和体制性难题，打造跨境电子商务完整的产业链和生态链，逐步形成一套适应和引领全球跨境电子商务发展的管理制度和规则，为推动中国跨境电子商务健康发展提供可复制、可推广的经验。

9.1 跨境电子商务的概念与特点

9.1.1 跨境电子商务的概念

跨境电子商务（Cross-boarder E-commerce）简称跨境电商。与电子商务相比，跨境电商的主要特点在于跨越关境，且因涉及国际贸易而显得更为复杂。国际邮政组织在2010年《跨境电子商务报告》中分析了2009年跨境电商的发展状况，但并没有对跨境电商进行定义，而是用了互联网购物（因特网 Shopping）、在线购物（Online Shopping）、在线跨境购物（Online Cross-border Shopping）等不同词汇来形容跨境电商。尼尔森、eBay等著名公司及学者也用了不同词汇，比如国际电子商务、外贸电子、跨境在线贸易等。尽管说法不同，但是都体现了跨境电子商务的特点，即跨越边境、信息化、贸易本质。

 知识提示

关境

关境是"海关境界"的简称，亦称"关税国境"，是执行统一海关法令的领土范围。在通常情况下，关境与国境是一致的。而有些国家和地区关境同国境并不完全一致。如一国境内有自由港或自由区，即不属于该国关境范围之内。在此情况下，关境小于国境。在缔结关税同盟的国家，它们的领土成为统一的关境。在此情况下，关境则大于国境。

目前国内对于跨境电子商务的概念有狭义与广义两种理解。广义的跨境电子商务是指分属不同关境的交易主体，通过电子商务手段从事各种商业活动的行为。狭义的跨境电子商务，又称在线国际贸易（Online International Trade），是指分属不同关境的交易主体，通过电子商务手段达成交易并完成支付、办理运输等一系列过程的商品交换活动。其具有如下特点：

（1）交易双方分属不同的经济体（国家或地区）。
（2）通过电子商务手段达成交易。
（3）完成网上支付、办理运输等一系列流程。
（4）从事商品交换活动。

狭义与广义的跨境电子商务概念可以借助第（2）条与第（3）条特点进行区分。若企业只通过互联网进行网络营销，在线达成协议，并没有进行在线支付，则属于广义跨境电子商务的范畴。目前，能够实现网上达成、网上支付并完成一系列国际贸易流程形式的只有跨境网络零售。本章涉及的跨境电子商务均取广义概念。

综上可以认为，跨境电子商务是指分属不同关境的交易主体，通过电子商务平台达成信息或是商品交易的国际商业活动。

9.1.2　跨境电子商务企业类型

企业在跨境电子商务交易中扮演着重要角色。随着跨境电子商务的蓬勃发展，越来越多的企业涉足该市场，这些企业来自越来越多的行业，不仅包括传统电商企业，也包括传统互联网企业、零售企业、物流企业等。根据行业背景划分，涉足跨境电子商务业务的企业主要包括以下几类：

一是全球性电商企业将业务辐射到跨境电商业务。其代表性企业有亚马逊、eBay等。

二是国内电商企业拓展跨境电商业务。国内电商企业成立之初，主要经营本国市场，后来一些企业便顺应跨境电子商务发展趋势，将其经营范围由本国市场扩展到国外，从而发展为跨境电子商务企业。其代表性企业有京东商城、天猫商城等。

三是传统互联网企业涉足跨境电商业务。其代表性企业有网易考拉海购等。

四是传统行业企业进入跨境电商市场。传统企业在电商发展的推动下，不再满足于原有实体渠道，纷纷将触角延伸到电商领域，并逐渐步入跨境电商市场。该类企业主要以传统零售业为主，其代表性企业有沃尔玛、家乐福、麦德龙等。

五是专营跨境电子商务业务的企业。该类企业即为经营跨境电子商务业务而成立的专业跨境电商企业，其成立之初就定位于跨境电商市场。代表性企业有全球速卖通（Aliexpress）、洋码头、兰亭集势、敦煌网等。

六是物流企业拓展跨境电商业务。一些物流企业凭借自身在跨境商务生态系统中的物流资源优势，实现多元化发展，立足于物流网络，进入跨境电商市场。其代表性企业有顺丰海淘、科努瓦（Cnova Brasil）等。

七是社交网络企业尝试进入跨境电商市场。社交网络在跨境电商市场中的价值和地位不断提高，特别是年轻消费群体热衷于使用社交网络，为一些社交网络企业提供了发展机会，其代表性企业有脸书（Facebook）、微信等。

9.1.3　跨境电商的优势

跨境电商成为全新的国际商业活动模式，与传统的国际贸易相比，它缩短了跨境贸易的交易链，交易成本大幅降低，交易效率显著提升。

在跨境电商模式下，生产商可以与消费者直接联系，从而省去了传统模式下批发商、进口商等花费的成本，实现企业和消费者的共赢。图 9.1 与图 9.2 显示了传统国际贸易与跨境电商的流程，二者的差异正是这种优势产生的根本所在。

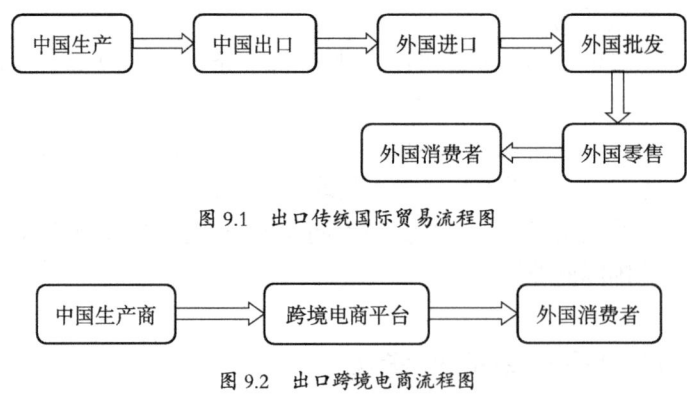

图 9.1　出口传统国际贸易流程图

图 9.2　出口跨境电商流程图

9.1.4　跨境电子商务的特征

跨境电子商务是基于网络发展起来的，网络空间相对于物理空间来说是一个新空间，是一个由网址和密码组成的虚拟但客观存在的世界。网络空间独特的价值标准和行为模式深刻地影响着跨境电子商务，使其不同于传统的交易方式而呈现出独特性。跨国电子商务具有如下特征。

1．全球性（Global Forum）

网络是一个没有边界的媒介体，具有全球性和非中心化的特征。依附于网络发生的跨境电子商务也因此具有了全球性和非中心化的特性。电子商务与传统的交易方式相比，其一个重要特点在于电子商务是一种无边界交易，丧失了传统交易所具有的地理因素。互联网用户不需要考虑跨越国界就可以把产品尤其是高附加值产品和服务提供到市场。网络的全球性特征带来的积极影响是信息的最大程度的共享，消极影响是用户必须面临因文化、政治和法律的不同而产生的风险。任何人只要具备了一定的技术手段，在任何时候、任何地方都可以让信息进入网络，相互联系进行交易。

2．无形性（Intangible）

网络的发展使数字化产品和服务的传输盛行。而数字化传输是通过不同类型的媒介，

（如数据、声音和图像）在全球化网络环境中集中进行的，这些媒介在网络中是以计算机数据代码的形式出现的，因而是无形的。

3．匿名性（Anonymous）

由于跨境电子商务的非中心化和全球性的特性，因此很难识别电子商务用户的身份和其所处的地理位置。在线交易的消费者往往不显示自己的真实身份和自己的地理位置，重要的是这丝毫不影响交易的进行，网络的匿名性也允许消费者这样做。

4．即时性（Instantaneously）

对于网络而言，传输的速度和地理距离无关。传统交易模式，信息交流方式如信函、电报、传真等，在信息的发送与接收间，存在着长短不同的时间差。而电子商务中的信息交流，无论实际时空距离远近，一方发送信息与另一方接收信息几乎是同时的，就如同生活中面对面交谈。某些数字化产品（如音像制品、软件等）的交易，还可以即时清结，订货、付款、交货都可以在瞬间完成。

5．无纸化（Paperless）

跨境电子商务主要采用无纸化操作的方式，这是以电子商务形式进行交易的主要特征。电子计算机通信记录取代了一系列的纸面交易文件。用户发送或接收电子信息，由于电子信息以比特的形式存在和传送，整个信息发送和接收过程实现了无纸化。

6．快速演进（Rapidly Evolving）

互联网是一个新生事物，网络设施和相应的软件协议的未来发展具有很大的不确定性。基于互联网的跨境电子商务活动也处在瞬息万变的过程中，短短的几十年中电子交易经历了从 EDI 到电子商务零售业的兴起的过程，以前所未有的速度和无法预知的方式不断演进。

9.2 跨境电子商务的分类

基于不同的分类标准，跨境电子商务有多种分类结果。

9.2.1 按商品流向分类

按商品的流向分类，跨境电子商务可以分为出口跨境电商和进口跨境电商。

1．出口跨境电商

出口跨境电商，又称出境电子商务，是指将本国生产或加工的商品通过电子商务平台达成交易、收取货款，并通过跨境物流运送商品、输往国外市场的一种国际商业活动。更通俗地说，出口跨境电商是指中国的卖家通过电子商务平台将国内的商品销售到海外市场，如国内企业或个人在 eBay、速卖通等平台的 B2B、B2C 和 C2C 出口。

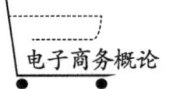

2. 进口跨境电商

进口跨境电商，又称入境电子商务，是指将外国商品通过电子商务平台达成交易、支付货款，并通过跨境物流运送商品、输入本国市场的一种国际商业活动。也可以理解为，进口跨境电商是指中国的卖家从国外采购商品后通过电子商务方式销往国内市场，如国内企业或个人在天猫国际、亚马逊直邮、京东全球购平台从事的海外购业务。

9.2.2 按交易主体属性分类

按交易主体属性分类，跨境电商主要有 B2B、B2C 和 C2C 三种模式。目前，中国的跨境电商出口以 B2B 和 B2C 为主，进口以 B2C 为主。

1. B2B 跨境电商

B2B 跨境电商，即 Business to Business，又称在线批发，是分属不同关境的企业之间通过电商平台达成交易、进行支付结算，并通过跨境物流送达商品、完成交易的一种国际商业活动。B2B 跨境电商企业面对的最终客户是企业或企业集团。目前，在中国跨境电商市场交易规模中，B2B 跨境电商市场交易规模占总交易规模的 90% 以上，代表企业主要有敦煌网、中国制造、阿里巴巴国际站和环球资源网等。

2. B2C 跨境电商

B2C 跨境电商和 C2C 跨境电商统称在线零售。B2C，即 Business to Consumer，是分属不同关境的企业（跨境电商企业）直接面对个人消费者开展在线销售产品和服务，通过电商平台达成交易、进行支付结算，并通过跨境物流送达商品、完成交易的一种国际网络零售商业活动。目前，B2C 类跨境电商在中国整体跨境电商市场交易规模中的占比不断升高，代表企业主要有速卖通、兰亭集势、米兰网、大龙网等。

3. C2C 跨境电商

C2C 跨境电商，即 Consumer to Consumer，是分属不同关境的个人卖方对个人消费者开展在线销售产品和服务，由个人卖家通过第三方电商平台发布产品和服务交易信息，个人进行筛选，最终通过电商平台达成交易、进行支付结算，并通过跨境物流送达商品、完成交易的一种国际网络零售商业活动。

 知识提示

跨境电商的新模式：F2C

除 B2B、B2C 和 C2C 跨境电商，F2C 跨境电商也日渐兴起。它指的是 Factory to Consumer，即从工厂到消费者。F2C 模式直接把出自加工厂的产品送到消费者手中，可以理解为工厂借助于网络平台进行的产品直销。F2C 使消费者在线向工厂下订单成为可能，是 B2C 模式的升级版。F2C 最大的优势就是强有力的线下产业支撑、有效的全程品控、快速的市场反应，这些是 B2C 跨境电商无法抗衡的。

9.2.3 按服务类型分类

1. 信息服务平台

信息服务平台主要是为境内外会员商户提供网络营销平台，传递供应商或采购商等商家的商品或服务信息，促成双方完成交易。阿里巴巴国际站、环球资源网、中国制造网是这类平台的代表。

2. 在线交易平台

在线交易平台不仅提供企业、产品、服务等多方面信息展示，并且可以通过平台线上完成搜索、咨询、对比、下单、支付、物流、评价等全购物链环节。在线交易平台模式正在逐渐成为跨境电商中的主流模式。敦煌网、速卖通、DX、米兰网、大龙网都属于此类平台。

9.2.4 按运营方式分类

按运营方式分类，现阶段跨境电子商务主要有两种类型：平台运营跨境电商和自建网站运营跨境电商，即平台型跨境电商和自营型跨境电商。

1. 平台型跨境电商

平台型跨境电商通过线上搭建商城，并整合物流、支付、运营等服务资源，吸引商家入驻，为其提供跨境电商交易服务。同时，平台以收取商家佣金以及增值服务佣金作为主要盈利模式。例如，从事跨境电商的交易主体在亚马逊、eBay 等诸多电商平台上开设网店从事外贸业务活动，它们依托的平台就属于平台型跨境电商。

2. 自营型跨境电商

自营型跨境电商通过线上搭建商城，平台方整合供应商资源，通过较低的进价采购商品，然后以较高的售价出售商品，自营型平台主要以商品差价作为盈利模式。如兰亭集势、环球易购等，都是企业在自建网站上从事相关外贸业务活动，其中兰亭集势属综合类跨境电商企业，环球易购和 DX 属垂直类电商企业。

3. 两类平台的融合

从长期发展趋势看，平台型跨境电商和自营型跨境电商两种模式的融合度日益增强。在跨境电商平台开设网店的企业做到一定规模后，由于无法从平台获取客户数据，往往选择自建网站；一些做独立网站的跨境电商企业同样也会选择在类似亚马逊和 eBay 这样的大流量平台上开设店铺，如环球易购。

9.2.5 按盈利模式分类

1. 传统跨境大宗交易平台模式（大宗 B2B）

这类平台为境内外会员商户提供网络营销平台，传递供应商或采购商等合作伙伴的商品或服务信息，并最终帮助双方完成交易；收取会员费和营销推广费。

2．综合门户类跨境小额批发零售平台模式（小宗 B2B 或 C2C）

这类平台为独立第三方销售平台，不参与物流、支付等交易环节；收取交易佣金及会员费、广告费等增值服务费。

3．垂直类跨境小额批发零售平台模式（独立 B2C）

垂直类跨境电商平台是专注于某一行业或产品的平台，如贝贝网。垂直类跨境小额批发零售平台自建 B2C 平台（含物流、支付、客服体系），将产品销往海外；销售收入是其主要收入来源。

4．专业第三方服务平台模式（代运营）

这类平台不直接或间接参与任何电子商务的买卖过程，而是为行业不同、模式各异的从事小额跨境电子商务的公司提供通用的解决方案，帮助客户提供后台的支付、物流以及客户服务、涉外法律顾问等模块服务。

5．外贸综合服务平台

外贸综合服务平台是指以整合各类环节服务为基础，然后统一投放给中小外贸企业，主要的服务包括国务院六条措施所指的融资、通关、退税以及物流、保险等外贸必需环节，盈利也来自服务的批发和零售。外贸综合服务企业的出现，是中国外贸业务模式的创新。通过为中小企业提供进出口环节相关服务，降低了中小外贸企业的成本，壮大了外贸企业主体，对促进中国外贸转型升级具有积极意义，如"一达通"。

 知识提示

一达通介绍

深圳市一达通企业服务有限公司（下简称"一达通"）是阿里巴巴旗下外贸综合服务平台，也是中国专业服务于中小微企业的外贸综合服务行业的开拓者和领军者。

在过去的十余年中，通过线上操作及建立有效的信用数据系统，一达通一直致力于持续地推动传统外贸模式的革新。通过整合各项外贸服务资源和银行资源，一达通目前已成为中国国内进出口额排名第一的外贸综合服务平台，为中小企业提供专业、低成本的通关、外汇、退税及配套的物流和金融服务。

由于一达通参与了全程的贸易，掌握了真实有效的贸易数据，在 2014 年，阿里巴巴集团全资收购了一达通，并将一达通列为阿里巴巴打造外贸生态圈中的重要组成部分。基于这些贸易大数据的应用，阿里巴巴集团开始打造信用保障体系，为海外买家的生意保驾护航。

除此之外，加入阿里巴巴后，一达通也得到更茁壮的发展。在其原有产品线外，一达通还与中国 7 家主要商业银行合作，根据中国供应商的出口数据提供纯信用贷款的金融服务。在物流方面，通过整合船公司和货代资源，一达通为客户提供安全，及价格 100% 透明的整柜拼箱服务。

阿里巴巴一达通秉承"客户第一、拥抱变化、团队合作、诚信、激情、敬业"等企业文化价值观，立足中国，放眼世界，致力成为全球卓越的外贸综合服务平台。

资料来源：一达通外贸综合服务平台官网.https://onetouch.alibaba.com/

9.3 跨境电子商务的模式

跨境电子商务的多种分类方式可以交叉结合，在实际中生成更多具体的跨境电商模式。本节基于运营方式的视角对跨境电商模式进行阐述。

9.3.1 自营型跨境电商

1. 自营型跨境电商平台的定义与特征

1）自营型跨境电商平台的概念

自营型跨境电商平台就是在互联网上搭建一个商场，平台的电商企业以较低的进价购买商品，然后以较高的售价出售商品，以其差价作为盈利模式。自营型跨境电商更注重传统商业的本质，以消费者体验为经营核心，类似于传统的零售企业，只是将商品交易场所从线下转移到了线上。自营型跨境电商平台需要全面参与商品的整个供应链，包括销售商品的选择、供应商开发与谈判、电商平台运营等，并深度介入物流、客服、售后等服务环节。

2）自营型跨境电商平台的特征

自营型跨境电商平台呈现出两条主要特征：一是开发和运营跨境电子商务平台，并作为商品购买主体从海外采购商品与备货；二是涉及从商品供应、销售到售后的整条供应链。

3）自营型跨境电商的优劣势

自营型跨境电商非常明显的优势：一是电商平台与商品都是自营的，掌控能力较强；二是商品质量保障水平高、商家信誉度好、消费者信任度高；三是货源较为稳定；四是跨境物流、海关与商检等环节资源稳定；五是跨境支付便捷。

自营型跨境电商的劣势也很突出：一是整体运营成本高；二是资源需求多；三是运营风险高；四是资金压力大；五是商品滞销、退换货等问题显著。

4）自营型跨境电商平台的分类

自营型跨境电商平台在交易主体属性分类上归属于B2C模式，目前国内的自营型跨境电商平台按其经营的商品，可分为综合型自营跨境平台和垂直型自营跨境平台两类。

2. 综合型自营跨境平台

1）综合型自营跨境平台概述

综合型自营跨境平台类似大超市，经营的商品种类繁多，这类电商企业拥有传统商业的规范与雄厚的商业链支持，具有自身先天的优势。跨境供应链管理能力强，通常都有比较稳定的货品供应商，跨境物流解决方案比较完善，后备资金充裕。综合型自营跨境平台的商品来源大多与品牌商较为接近，对商品加工能力较强，加之省去了中间环节的诸多成本，其商品在价格上优势显著，而且其商品数量要远远少于第三方跨境电商平台。但在进行商品品类扩展时难度较大，成本增加比较显著。此外，业务发展会受到行业政策变动的显著影响。

2）典型综合型自营跨境平台

自营跨境平台在国内的代表企业有亚马逊、1号店及京东跨境平台。

亚马逊和1号店先后在2014年宣布落户上海自贸区开展进口电商业务。它们所出售的商品以保税进口或者海外直邮的方式入境。京东商城的跨境业务则始于2015年。

亚马逊通过和上海自贸区的合作，在各地保税物流中心建立了各自的跨境物流仓，这种方式规避了基本法律风险，同时获得了法律保障，压缩了消费者从订单到接货的时间，提高了海外直发服务的便捷性，使得跨境业务在"灰色地带"打开了"光明之门"。这也是目前最受青睐的模式。

1号店也通过上海自贸区的保税进口模式或海外直邮模式入境，可以提前将海外商品进口至上海自贸区备货。消费者下单后，进口优品便可直接从上海自贸区仓库报关报检后发货，从而大幅降低物流成本，缩小国内外商品之间的价格差距。除此之外，1号店的战略投资方沃尔玛在国际市场的零售和采购资源整合优势将利好"1号海购"业务。

2015年，京东全球购业务正式上线。2017年，"京东售全球"业务正式上线，从此全球200多个国家和地区的用户都可在京东商城主站购买商品，并享受到京东的优质服务和快捷配送，此举标志着"6·18全民年中购物节"已经不只是中国消费者的年中狂欢，也让以海外华人为主的全球消费者都可以同享这个上半年最盛大的购物狂欢盛会，成为"6·18"的一大亮点。

3．垂直型自营跨境平台

1）垂直型自营跨境平台概述

垂直型自营跨境平台是指专注于某些特定的领域或某种特定的需求，提供该领域或该需求全部的深度信息与服务的专业跨境电子商务网站。

垂直型自营跨境电商最大的优势在于对利基市场的定位与深挖、对目标群体的了解以及服务的深入、在商品选取能力与销售转化率方面均表现优秀。由于其市场定位是利基市场，导致其商品品类单一，且受政策因素影响较大。此外，由于垂直型自营跨境电商企业在规模、实力、流量、管理水平等方面表现较弱，与商品供应商特别是一些大型品牌商合作时存在一定难度，导致商品在价格上的优势要弱于综合型自营跨境电商企业。

2）典型垂直型自营跨境平台介绍

垂直型自营跨境平台的代表商家有：中粮我买网、蜜芽宝贝、寺库网、莎莎网、草莓网等。

中粮我买网是由世界500强企业中粮集团有限公司于2009年投资创办的食品类B2C电子商务网站。中粮我买网致力于打造中国最大、最安全的食品购物网站。中粮我买网商品包括：休闲食品、粮油、冲调品、饼干蛋糕、婴幼食品、果汁饮料、酒类、茶叶、调味品、方便食品和早餐食品等百种品类。

蜜芽宝贝是中国一家进口母婴品牌限时特卖商城，于2011年创立，希望创造简单、放心、有趣的母婴用品购物体验。"母婴品牌限时特卖"是指每天在网站推荐热门的进口母婴品牌，以低于市场价的折扣力度，在72小时内限量出售。销售渠道包括官方网站、WAP页和手机客户端。蜜芽宝贝主仓库位于北京大兴，面积超过6000平方米，并拥有德国、荷兰、澳洲三大海外仓，以及宁波、广州两个保税仓，在母婴电商中率先步入"跨境购"领域。

寺库（SECOO）成立于2008年，致力打造值得信赖的全球奢侈品服务平台，涉及奢侈品网上销售、线下实体会所、奢侈品鉴定、养护等业务。商品品类包括国际一线包袋、腕表、首饰、生活家居、汽车，具有专业奢侈品鉴定团队。SECOO全球新品海外直邮业务，通过在米兰、纽约、东京、香港设有的分公司，实现在货源地直接采购，百余品牌直供，全球当季最新货品直邮国内，打造最具实力的全球领先奢侈品一站式服务平台，追求高品质生活人士的交流平台。

莎莎网，是莎莎国际控股有限公司旗下的电子商贸网站，于2000年成立，是全球数一数二的在线美容及健康产品专门店。主要在世界范围内销售护肤品、化妆品、香水、头发护理、健康食品、婴儿产品、男士护肤品等，尤其是中国、美国、澳洲、加拿大等。

草莓网于1997年在香港成立，是一家以折扣销售护肤品、化妆品和香水的专业网店。草莓网为全球顾客服务，以免运费的方式配送至100多个国家。得益于香港为国际自由贸易港，草莓网可以以免税的价格购买正品商品，并付运至全球。

 知识拓展

环球易购、兰亭集势、DX是三家有B2C出口跨境电商自营平台，它们的模式如表9.1所示。

表9.1 三家B2C出口跨境电商自营平台的模式

跨境电商自营平台	环球易购	兰亭集势	DX
盈利模式	赚取进销差价	赚取进销差价	赚取进销差价
物流体系	第三方物流	第三方物流	第三方物流
运营模式	自营为主	自营为主	自营为主
销售市场	200多个国家和地区	西欧和北美地区	俄罗斯、巴西等新兴市场
销售品类	服装、3C	综合类	综合类
供应链	超过1000个供应商	超过2000个供应商	主要为珠三角地区的供应商
采购模式	买断式	买断式	买断式
网络营销	搜索引擎、展示广告、联盟广告、邮件营销及社会化营销推广	单一，主要通过搜索引擎推广	搜索引擎、社会化媒体、论坛营销等
优势	精准定位优势、流量优势、多维立体营销优势、移动端先发布局优势	品类丰富、供应链管理效率高、网站推广力度大	外贸电商先行者优势、新兴市场优势、社会化营销能力

资料来源：www.100ec.cn

9.3.2 平台型跨境电商

1. 平台型跨境电商的定义与特征

1）平台型跨境电商的概念与特征

平台型跨境电商也被称为第三方跨境电商平台，负责开发和运营第三方电子商务网站，吸引商品卖家入驻平台，由卖家负责商品的物流与客服，并对买家负责。平台型电商并不亲自参与商品的购买与销售，只负责提供商品交易的媒介或场所，如淘宝网、天猫商城等。

按照交易主体类型，平台型跨境电商可以细分为 B2B、B2C、C2C 三种类型。

平台型跨境电商有三个主要特征：一是交易主体提供商品交易的跨境电子商务平台，并不参与商品购买、销售等相应的交易环节；二是国外品牌商、制造商、经销商、网店店主等入驻该跨境电商平台，从事商品展示、销售等活动；三是商家云集，商品种类丰富。

2）平台型跨境电商的优劣势

第三方跨境电商平台的优势表现在 4 个方面：一是商品货源广泛而充足；二是商品种类繁多；三是支付方式便捷；四是平台规模较大，网站流量较大。

劣势主要体现在两个方面：一是跨境物流、海关、商检等环节缺乏自有稳定渠道，服务质量不高；二是商品质量保障水平较低，容易出现各种类型的商品质量问题，导致消费者信任度偏低。

2. B2B 跨境电子商务第三方平台

1）信息服务平台

此模式通过第三方跨境电商平台进行信息发布或信息搜索完成交易撮合的服务，其主要盈利模式包括会员服务和增值服务。代表平台有阿里巴巴国际站、生意宝、环球资源、中国制造网。

 知识拓展

阿里巴巴、环球资源、中国制造网是三家有代表性的 B2B 出口跨境电商信息服务平台，它们的模式如表 9.2 所示。

表9.2 三家B2B出口跨境电商信息服务平台的模式

信息服务平台	阿里巴巴	环球资源	中国制造网
盈利模式	会员费、广告费	会员费、线下服务收取的增值服务费	会员费、增值服务费、认证费
主营业务	主要提供一站式的店铺装饰、产品展示、营销推广、生意洽谈及店铺管理等线上服务和工具	提供网站、专业杂志、展览会等出口市场推广，以及广告创作、教育项目和网上管理等支持服务	提供信息发布与搜索等服务。帮助中小企业应用互联网络开展国际营销

续表

信息服务平台	阿里巴巴	环球资源	中国制造网
客户对比	帮助中小企业拓展国际贸易的出口营销推广服务，向海外买家展示、推广供应商的企业和产品	面向大中华地区，多渠道B2B媒体公司，致力于促进大中华地区的对外贸易	汇集中国企业产品，面向全球采购商，中小企业
优势	访问量最大的B2B网站，推广力度较强，功能较完善	电子产品有优势，大中华区、韩国、欧美市场有优势	收费较公道，其知名度很大一部分依靠口碑相传
劣势	价格较高，实际效用与宣传有一定差距，采购商良莠不齐，客户的含金量不高	只有供应商目录查询功能，价格太高，而低价服务效果差，采购商信息采集和分类是其弱项	规模较小，在海外影响力不大，在国内自身推广力度仍不足

资料来源：www.100ec.cn

会员服务即卖方每年缴纳一定的会员费用后享受平台提供的各种服务，会员费是平台的主要收入来源，目前该种盈利模式市场趋向饱和。

增值服务即买卖双方免费成为平台会员后，平台为买卖双方提供增值服务，主要包括竞价排名、点击付费及展位推广服务，竞价排名是信息服务平台进行增值服务最为成熟的盈利模式。

2）交易服务平台

该模式能够实现买卖供需双方之间的网上交易和在线电子支付，其主要盈利模式包括收取佣金费以及展示费用。

佣金制是指在成交以后按比例收取一定的佣金，根据不同行业不同量度，通过真实交易数据可以帮助买家准确地了解卖家状况。

展示费是上传产品时收取的费用，在不区分展位大小的同时，只要展示产品信息便收取费用，直接线上支付展示费用。

交易服务平台代表平台有敦煌网和大龙网。敦煌网是全球领先的在线外贸交易平台。其CEO王树彤是中国最早的电子商务行动者之一。1999年参与创立卓越网并出任第一任CEO，2004年创立敦煌网。敦煌网致力于帮助中国中小企业通过跨境电子商务平台走向全球市场，开辟一条全新的国际贸易通道，让在线交易变得更加简单，更加安全、更加高效。

知识拓展

敦煌网、大龙网、易唐网是三家有代表性的B2B出口跨境电商交易型平台，它们的模式如表9.3所示。

表9.3　三家B2B出口跨境电商交易型平台的模式

交易型平台	敦煌网	大龙网	易唐网
盈利模式	"梯度式"佣金费	进销差价、服务费	广告费、佣金、会员费
物流方式	EMS、UPS、DHL、TNT 等	多与当地物流商合作	UPS、DHL、EMS、TNT、FedEx 等
营销方式	海外采购商访问，线上线下资源整合	社交网络营销，电子邮件产品推送	多元化的媒体互动广告策划以及专业的广告推广
支付方式	近30种在线支付服务	大龙钱包，信用卡、VISA、MasterCard、JCB 等	PayPal、西联汇款、易唐虚拟账户、TT 汇款等
产品服务	敦煌e保通，提供帮助推、数据智囊、视觉精灵、流量快车等	跨境 B2B 品牌采集，龙品牌，龙拍档	轻纺、电子、家居、体育、通讯、车载等行为 20 多类，300 余万种商品
销售市场	主要为北美和西欧	俄罗斯、阿联酋、越南、加拿大、波兰等	覆盖全球 200 多个国家的零售商、批发商，以及普通消费群体
优势	具有快速，稳定的供应链和快速的搜货能力，注重品质，售后服务好	商品价格较低，跨境物流、网上支付服务好	技术领先优势，为交易双方提供了公正、透明的品质和诚信监督体系

资料来源：www.100ec.cn

3．B2C 跨境电子商务第三方平台

1）开放平台

B2C 跨境电子商务第三方平台主要是开放平台。平台开放买家和卖家数据外，还包括开放商品、店铺、交易、物流、评价、仓储、营销推广等各环节和流程的业务，实现应用和平台系统化对接，并围绕平台建立自身开发者生态系统。开放平台更多的是作为管理运营平台商存在，通过整合平台服务资源同时共享数据，为买卖双方服务。如 eBay、亚马逊、全球速卖通、Wish 都属于此类。

2）典型开放平台介绍

eBay 是一个全球民众上网买卖物品的线上拍卖及购物网站。1995年9月成立于美国加州圣荷西，是全球商务与支付行业的领先者，为不同规模的商家提供公平竞争与发展的机会。

eBay 在线交易平台在全球范围内拥有 1.2 亿活跃用户，以及 4 亿多件由个人或商家刊登的商品，其中以全新的"一口价"商品为主。eBay 提供个性化购物体验，并通过移动应用程序实现消费者与全球商品的无缝链接。PayPal 在全球范围内拥有超过 1.32 亿活跃用户，服务遍及全球 193 个国家及地区，共支持 26 种货币付款交易。通过 PayPal 提供的跨地区、跨币种和跨语言的支付服务，用户可以在全球范围内开展电子商务，日处理交易

量达到 760 万笔。

全球速卖通（AliExpress）是阿里巴巴帮助中小企业接触终端批发零售商，小批量多批次快速销售，拓展利润空间而全力打造的融合订单、支付、物流于一体的外贸在线交易平台。速卖通目前主要以俄罗斯市场为主，开店条件简单易操作，适合新人，个体经营。

亚马逊公司总部位于美国华盛顿州的西雅图，它创立于 1995 年，目前已成为全球商品品种最多的网上零售商和全球第三大互联网公司。在该公司名下，也包括了 Alexa 因特网、a9、lab126 和互联网电影数据库（因特网 Movie Database，IMDB）等子公司。亚马逊及其他销售商为客户提供数百万种独特的全新、翻新及二手商品，如图书、影视、音乐和游戏、数码下载、电子和计算机、家居园艺用品、玩具、婴幼儿用品、食品、服饰、鞋类和珠宝、健康和个人护理用品、体育及户外用品、玩具、汽车及工业产品等。

Wish 商户平台是移动端交易平台，平台主要的市场是欧美地区客户，在 Wish 平台上买家主要以女性为主，大约占了 80%，年龄处于 18～30 岁之间，因此卖家可以根据平台客户群体适当选择一些这个年龄段女性所需的产品。

 知识拓展

全球速卖通、亚马逊、eBay、Wish 是 4 家有代表性的 B2C 跨境电商平台开放式平台，它们的模式如表 9.4 所示。

表9.4 三家B2C跨境电商开放式平台的模式

平放式平台	全球速卖通	亚马逊	eBay	Wish
盈利模式	会员费和交易佣金	交易佣金为主	交易佣金为主	交易佣金为主
物流体系	第三方物流	亚马逊物流＋第三方物流	第三方物流	Wish 邮
支付方式	国际支付宝 PayPal	支付宝、网上银行支付、国际标准信用卡	PayPal	PayPal、PingPong、Payoneer
畅销品类	以服装及配饰、手机通信、美容护理、珠宝手表、计算机等为主	全新、翻新及二手商品，全品类综合型	只要物品不违反法律或是在 eBay 的禁止贩售清单之内	全品类综合型，服装、母婴、3C、主要为女性用品
销售市场	巴西、俄罗斯、乌克兰、智利为主	北美、欧洲、南美、大洋洲、亚洲（中国、日本、印度）	美国、英国、澳洲、中国、中国香港、阿根廷等	北美移动端
优势	产品品类较多，用户流量大，价格相对其他平台较低	对入驻卖家要求高，品牌认同度和产品质量高且相对优于其他平台	买家资源广、品牌认同度较高、支付系统强大	首个移动端购物 App，能对用户进行精准的产品推送

续表

平放式平台	全球速卖通	亚马逊	eBay	Wish
劣势	产品质量难以得到保证，物流服务体验一般，目标地区多为新兴国家	产品质量仍不能100%保证，此外商家不选用亚马逊物流，服务体验也不能得到保证	对产品掌控能力弱，售后服务质量一般	物流时效慢，规则尚不完善，假货泛滥，覆盖面小

资料来源：www.100ec.cn

目前，跨境电商平台多数定位于第三方交易平台，对于上下游的供应链整和不够深入，导致和国外跨境平台比如亚马逊美国相比，价格不具备优势，从而流失了一部分客户。同时，由于产业链角色单一，导致售后服务较难跟进。用户在购买大件进口产品（如电器）时，除了考虑价格，还会考虑售后服务，比如安装、维修等问题。建议提升在供应链中的功能定位，提高和品牌商的深入合作；创新服务理念，加大同线下实体企业的合作，提高售后服务质量。

4．C2C跨境电商第三方平台

C2C平台型跨境电商最大的优势在于商品种类丰富，但由于入驻商家为个人，且数量庞大，导致C2C平台型跨境电商对卖家与商品控制能力偏弱，容易引发商品质量等方面的风险，这也是目前消费者对C2C类电商平台信任度偏低的主要原因。

5．平台型跨境电商商业模式案例

1）阿里巴巴国际站

（1）平台简介。阿里巴巴国际站于1999年正式上线，是阿里巴巴集团最早创立的业务，主要针对全球进出口贸易，是目前全球领先的B2B跨境电子商务平台，服务全世界数以千万计的采购商和供应商。阿里巴巴国际站专注服务于全球中小微企业，在这个平台上，买卖双方可以在线更高效地找到适合的彼此，并更快更安心地达成交易，此外，阿里巴巴外贸综合服务平台提供的一站式通关、退税、物流等服务，让外贸企业在出口流通环节也变得更加便利和顺畅。

（2）商业模式。阿里巴巴国际商业模式的核心就是平台的收入模型，这个商业模式赚取的就是中小企业的广告费，平台通过会员费完成商业模式的构建，不同等级的会员费提供不同级别的服务，平台提供了两种差异化打包增值服务，其实就是广告打包销售。平台的商品保罗万象，从标准的快消品到化工原料产品都有涉及。

- 核心渠道：交易平台、广告平台、电子期刊、行业资讯网站、电商网站、外部搜索引擎、电视台、户外广告、手机客户端。
- 成本结构：IT基础设施、软件研发成本、人力资本、运营投入、广告投入。
- 收入来源：会员费收入、增值服务（店铺升级、认证、搜索优先等）、广告收入（纸媒、互联网广告）、研究报告收入、金融服务。

（3）战略布局。作为传统的B2B服务厂商，阿里巴巴国际站主要提供信息匹配服务；收入来源主要是以会员费为主的增值服务。但从长远考虑，阿里巴巴国际站需要更加多元化的战略布局。

- 未来大数据的基础生产中心。阿里巴巴国际站未来计划全面打通海关数据，预计将以往的一达通服务升级为除了解决基础的关税服务，还能提供支付、物流和金融等服务。通过优化"监管侧"内部空间，希望国家、企业和平台方都可以在同一个网络空间里协同合作，打破过去的断层式交流，行业与商品的分析数据，将预测与指导行业的发展；金融交易分析数据，将为阿里巴巴的金融战略做指导。

- 探索金融。目前 B2B 主要服务商虽相继推出贷款融资、信用保障等措施以促进在线交易及增值服务的发展，但总体还处于探索期，并未给企业带来营收上的突破。另外，全面打通海关数据还可以解决国际贸易一个很大的难点，即信用问题。如果所有清关过程可以在线上查看，可以很好解决国际贸易信息不对称的问题。当所有数据实现可视化，可以一定程度增加企业的信用度，更有助于企业融资。

- 规范中小企业入驻，以"买家视角"满足需求。对于未来有意愿入驻阿里巴巴国际站的中小企业，接下来平台会对卖家进一步明确和规范经营，站在"买家视角"尽可能满足需求。第一，海外买家需要什么服务，是需要定制化产品还是人性化制造，进而寻找相应的供应商对接。第二，快品生产需求，从中国到美国全境 7 天之内把货给送达，可以满足客户在特殊节日到来的补货和销售。

2）Wish

Wish 是 2011 年成立的一家高科技独角兽公司，有 90% 的卖家来自中国，也是北美和欧洲最大的移动电商平台。它使用一种优化算法大规模获取数据，并快速了解如何为每个客户提供最相关的商品。Wish 旗下共拥有 6 个垂直的 App：Wish、Geek、Mama、Cute、Home、Wish for Merchants。2017 年 9 月，Wish 进行新一轮 2.5 亿美元融资，估值超过 80 亿美元。截至 2017 年 8 月，Wish 平台有 33.8 万的独立注册账号（商户）。平台有 4.2 亿的注册用户，日活跃用户超过 1000 万，月活跃用户为 7000 万，活跃 SKU 达 1.5 亿个。

（1）Wish 的商业模式。

- 选品策略：严格把控商品发货的时效性，商户应该拥有稳定货源的商品；参考热门收藏品；明确公司或店铺的定位，选择相应的商品；了解目标客户群的需求，有的放矢。

- 产品与服务：利用 baynote、barrillance、bunting、richelevance、monetate、ibm product recommendations、adobe target 等有效的产品推荐工具创造自己的个性化服务。

- 盈利模式：主要收入来源于每次交易的佣金，目前收费是交易额的 15%（即产品和运费的总和的 15%），商家入驻 Wish 不收取平台费，也不需要缴纳保证金、押金，更不用交推广费用，商家上传产品后，Wish App 会根据你的产品进行定向推送。

- 技术模式：Wish 淡化了品类浏览和搜索，去掉促销，专注于关联推荐。优势在于 Wish 能通过智能化推荐技术，与用户保持一种无形的互动，从而极大地增强用户的黏性。此外，Wish 跟 Wanelo 等社交导购网站一样，能够为用户推荐商品，也跟 Pinterest 的社交网站一样，以一种瀑布流的方式为用户展示精美图片。

- 经营模式：Wish 优势在于技术，智能推送算法技术完全运用到电商中，采用本土化的网站建设方式，针对不同国家采用当地的语言，简易可读。网站门槛低，以免费的方式吸引卖家注册用户，汇聚商流，活跃市场，创造了商机。

（2）业务推广。
- Wish 鼓励用户通过社交媒体注册：鼓励新用户使用 Facebook 和 Google+ 等社交媒体账户与站点互动，这样 Wish 就能根据用户兴趣向其展示产品，专注于社交媒体也使得 Wish 保持顾客和客户的透明度。
- Wish 专注于核心产品：由于 Wish 采用的是移动技术，因此公司在用户界面及移动应用程序方面花费了大量心思，将资源集中投入于核心平台的改进工作，而不是分散关注多个不同的收入流。
- Wish 将社交媒体与购物相结合：Wish 应用程序本身就像是一个社交媒体站点，用户可以相互关注，查看彼此喜欢的产品和交换 Wish 清单。
- Wish 乐于帮助消费者省钱：与其他电子商务应用程序和网站不同的是，Wish 平台上的大部分商品直接打 3～5 折，顾客不需要花费时间找优惠券，也不需要等到店内促销，就能以优惠的价格买到他们喜欢的产品。

9.4 跨境电子商务生态系统

9.4.1 跨境电商生态系统的定义

跨境电子商务的发展推动了与之相关联的跨境物流、跨境支付等的发展，这些关系紧密的企业或组织渐渐形成了一个有机的系统。学术界为此提出了跨境电商生态系统的概念。

跨境电商生态系统是指一系列密切相关的从事跨境商务的企业、为跨境商务提供支持的企业或组织以及消费者，在该企业搭建的跨境电商平台上集聚，通过相互协作进行资源互补和物质信息交换，并不断与环境进行交互作用，形成一个复杂的商业生态系统。跨境电商生态系统与电商生态系统最大的区别就在于它是涉及跨境业务的电商生态系统，因而它的构建会比一般的电商生态系统更为复杂。

9.4.2 跨境电商生态系统的构成与结构

跨境电商生态系统的概念来源于坦斯利在 1935 年提出的生态系统的概念，从生态系统的理论出发，可以更深入地理解跨境电子商务生态系统的构成。从这个角度，跨境电商生态系统可以理解为，以与跨境电子商务活动相关个体、组织、企业为物种，在跨境电子商务平台上实现竞争、合作与沟通，进而实现优势互补与资源互享，物种与物种之间以及物种与环境之间进行着物流、信息和能量的动态运动，包括流动、共享与循环，从而形成一个多要素、多层面、多视角、多层级的电子商务生态系统。

按照物种的定位划分，可将跨境电子商务生态系统的构成要素分为核心物种、关键物种、支持物种、寄生物种以及环境，构建出跨境电商生态系统结构图，如图 9.3 所示。

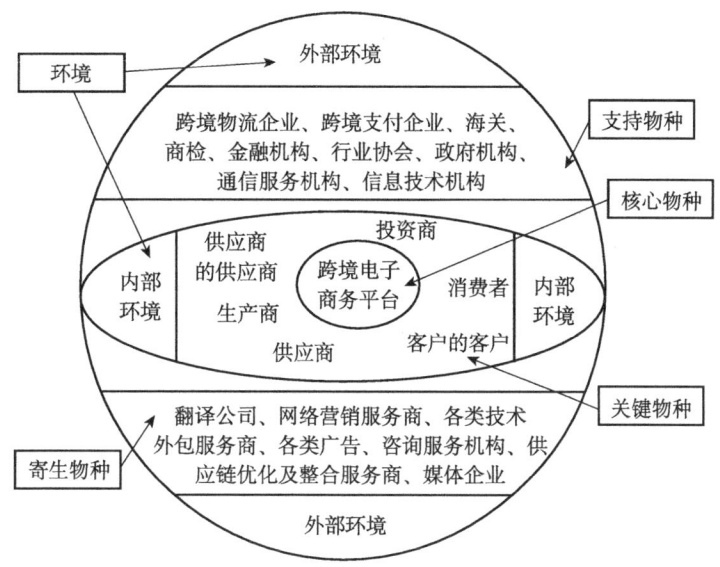

图 9.3 跨境电商生态系统结构图

资料来源：张夏恒．跨境电商物流协同模型构建与实现路径研究

核心物种指的是跨境电子商务平台，它在整个跨境电子商务系统中处于各类资源的领导者地位，既为商品交易提供平台，也为交易主体进行商品交易提供场所，同时起到提供信息与监管的功能，承担着资源整合、信息沟通与协调的作用。

关键物种指的是跨境电子商务交易的主体，如商品交易所涉及的要素，包括卖方与买方，还有供应商、生产商、投资商，乃至供应商的供应商、客户的客户等，这些构成体是其他物种的服务对象。

支持物种是指跨境电子商务交易必须依附的企业、组织或机构，包括跨境支付企业、跨境物流企业、海关、商检、金融机构、行业协会、政府机构、通信服务机构、信息技术机构等，这些物种的活动都要围绕着核心物种、关键物种展开，并支撑着跨境电商生态系统的正常运行。

寄生物种主要是指为跨境电子商务交易提供增值服务项目的主体，如网络营销服务商、供应链优化及整合服务商、各类技术外包服务商、翻译公司、咨询服务机构等。

环境指的是跨境电商生态系统所涉及的各类环境，既包括各企业、组织或机构的内部环境，也包括它们所面对的外部环境以及跨境电商生态系统所面对的外部环境等。

这其中，跨境物流与跨境电子支付对跨境电商的发展起着重要支撑作用，下面将对这二者进行介绍。

9.4.3 跨境物流

1. 跨境物流的概念

跨境物流指在两个或两个以上国家之间进行的物流服务，是物流服务发展到高级阶段的一种表现形式。由于跨境电子商务的交易双方分属不同国家，商品需要从供应方国家通过跨境物流方式实现空间位置转移,在需求方所在国家内实现最后的物流与配送。根据商品的空间位移轨迹,跨境物流分为输出国物流、国际物流、输入国物流。与国内物流相比,跨境物流涉及输出国海关和输入国海关,需要进行清关与商检,工作内容较为复杂,很少有企业可以依靠自身能力单独办理并完成这部分业务。

2. 跨境物流企业类型

跨境电子商务的发展推动着跨境物流的发展,跨境物流企业包括以下几种:
(1)交通运输业、邮政业发展起来的跨境物流企业,如 UPS、FedEx 等。
(2)传统零售业发展起来的跨境物流企业,如美国的沃尔玛、法国的 Cdiscount 等。
(3)大型制造企业或零售企业组建的跨境物流企业,如海尔物流、苏宁物流等。
(4)电商企业自建物流体系,如京东物流、兰亭集势的兰亭智通等。
(5)传统快递企业发展跨境物流业务,如顺丰、申通等。
(6)新兴的跨境物流企业,如递四方、出口易等。

3. 跨境电商物流的特征

跨境电商物流是为跨境电商服务的,是跨境电商的一部分。因此,跨境电商物流自然地具有了与跨境电商相对应的某些特征。

(1)国际性。跨境电商物流国际性的表现,首先是每一笔跨境电商物流流程均需经过两次通关,即一次出口通关和一次进口通关,因此,各国不同通关政策也成为跨境电商物流企业面对的核心业务环节之一。其次,跨境电商物流的运营通常是由不同的业务主体在不同的国境之内开展业务的;即便是这些不同的业务主体属于同一家跨国公司,也有可能会因为处于不同国家而产生业务流程操作规范的差异。

(2)分散化。零售模式下的跨境电商使得跨境电商订单呈现扁平化、碎片化的特征,即来自不同地区、不同国家的买家直接向跨境电商商家下订单,越过了传统的批发渠道,而且订单也更具有不同的个性特征。扁平化、碎片化的订单使得跨境电商物流呈现分散化的特征。由于订单量小而且需要运输至不同的买家手中,跨境电商物流中大部分是用快递形式实现的,这与传统国际贸易的集装箱运输模式产生了明显差异。即便是作为跨境电商物流新形式的海外仓,其前程运输可以采用大批量运输方式,但后程运输通常还要采用快递形式来完成。

(3)信息化。跨境电商本身就是信息技术革命产生的结果,跨境电商物流自然充斥着信息化的特征。在跨境电商物流的仓储环节,实现了自动化分拣;出运环节,ERP 使得网络订单地址与快递运单实现自动匹配;在运输环节,跨境电商物流供应商正在努力实现物流信息透明化。

4. 跨境物流的模式

跨境电商的发展反向推动了跨境物流的发展与创新。跨境电商的物流模式不再局限于国际邮政包裹、国际快递、专人托带等模式,海外仓物流模式快速发展,所占比重不断加大,专线物流、仓储集货及集中发货模式也随之出现。此外,还有一些新兴的跨境物流模式,如边境仓、保税区物流、第四方物流等模式。跨境电商平台应考虑运输成本高低、当地物流设施水平、时间长短与货物特点等因素来选择最佳的物流方案。

当前跨境物流的模式主要有 5 种。

1）国际小包

重量在两千克以内，外包装长、宽、高之和小于 90 厘米，且最长边小于 60 厘米，通过邮政空邮服务寄往国外的小邮包，可以称为国际小包。国际小包分为普通空邮（Normal Air Mail，非挂号）和挂号（Registered Air Mail）两种。前者费率较低，邮政不提供跟踪查询服务，后者费率稍高，可提供网上跟踪查询服务。一般 eBay 卖家所销售的电子产品、饰品、配件、服装、工艺品都可以采用此种方式来发货。常见国际小包服务渠道有：中国邮政小包、新加坡邮政小包、中国香港邮政小包。其中以中国香港邮政小包最受欢迎，时效最为稳定，售后查询规范，但价格偏高。中国邮政小包价格较低，但大部分国家时效不稳定，售后查询周期偏长，丢件一般赔偿三倍运费。据不完全统计，中国出口跨境电商物流 70% 的包裹都是通过邮政系统投递的。其中中国邮政占据 50% 左右的市场份额。

 知识提示

各国国际小包简介

国际小包是使用较多的一种国际快递形式，依托万国邮政联盟网点覆盖全球。邮政小包是由邮政公司推出的一项面向小货物的国际快递，每一个邮政公司的邮政小包或多或少都存在一些区别，在不同优势区域会有不同的价格时效。

瑞士邮政小包：瑞士邮政挂号空邮小包的所有包裹先到达瑞士，再由瑞士邮政中转到其他欧洲国家，所有包裹可以通过瑞士邮政网站（www.swisspost.com）全程跟踪签收状态，到达大部分欧洲国家只需要约 10 个工作日，最快的约 5～7 天时间。瑞士邮政是欧洲最发达的邮政机构，在欧洲拥有三大中转处理中心，几乎在每一个国家都设有分支机构，拥有强大的邮件处理能力。相对于中国香港邮政小包而言，瑞士邮政小包价格更便宜，寄往欧洲速度更快，包裹跟踪更有保证。

中国香港邮政小包：中国香港邮政小包是香港邮政针对小件物品而设计的空邮产品，又称"易网邮"，其前身为"大量投寄挂号空邮服务"，旨在为电子商务卖家提供更全面的邮递方案，并配合美国和欧盟成员国即将实施的新电子报关规定。特别适合网上卖家邮寄重量轻，体积较小的物品，中国香港邮政小包到达欧美国家的时间一般为 5～12 天，最快 4 天可以到达。

德国邮政小包：德国邮政小包是互联易最近推出的业务，是由德国邮政提供的服务。所有包裹通过中国香港国际机场直接空运至德国，并由德国邮政直接分拣、处理，中转无须二次清关；德国邮政小包当天晚上就能到德国邮政网站上查询跟踪到信息，当天或第二个工作日就能安排离港。一般 6～8 个工作日可妥投。

新加坡邮政小包：新加坡万国邮政联盟起源于各国邮政在新加坡保税区开设的世界邮政联盟物流园中，这里汇聚了来自全球各地的邮政机构。互联易收到的货物都将在该物流园中转，所有货物按照目的地和航班的安排被随机分派给不同的邮政负责派送，其中包括了中国香港邮政、新加坡邮政、美国邮政、瑞士邮政、德国邮政等世界大型邮政机构。

中国邮政小包：是中国邮政推出的一项国际快递业务，由中国邮政经营，针对中国大陆内需要发国际快递的客户。通过代理发货将会获得更低的价格。中国邮政小包到达欧美国家的时间一般为 10~25 天。

2）国际快递

DHL、TNT、FedEx、UPS 是目前四大商业快递，其特点是自建的网络可覆盖全世界，并且拥有强大的 IT 系统和遍及全球的本地化服务，给消费者带来了很好的物流体验，但价格昂贵，需要考虑体积重量，偏远地区需付额外费用。商业快递的时效基本在 3~5 个工作日，最快可在 48 个小时内送达。良好的物流服务往往与高昂的成本密切相关，商业快递收费标准以 500 克为一个收费单位。例如，UPS 寄至美国的快递最快 48 小时到达；DHL 总部在德国，较轻的包裹物品比较具有优势，尤其是发往英国、美国的小件包裹，较重的货物会有相应的大货价格比较便宜；TNT 总部在荷兰，发送至欧洲一般为 3 个工作日；FedEx 的运输价格整体较贵；FedEx 对于那些目的地为东南亚的包裹价格较低；UPS 发往美洲、英国有价格优势，到美国的速度非常快。四大国际快递巨头相对邮政包裹要贵得多。一般中国商户只有在客户时效性要求很强的情况下，才会使用国际商业快递来配送商品。

3）国内快递

中国国内快递公司也在布局跨境物流，拓展业务范围。国内快递主要指 EMS、顺丰和"四通一达"。在跨境物流方面，"四通一达"中申通和圆通布局较早，但也是近期才发力拓展。比如美国申通在 2014 年 3 月才上线，圆通也是 2014 年 4 月才与 CJ 大韩通运合作。而中通、汇通、韵达则是刚刚开始启动跨境物流业务。顺丰的国际化业务则要成熟些，目前已经开通到美国、澳大利亚、韩国、日本、新加坡、马来西亚、泰国、越南等国家的快递服务，发往亚洲国家的快件一般 2~3 天可以送达。在国内快递中，EMS 的国际化业务是最完善的。依托邮政渠道，EMS 可以直达全球 60 多个国家，费用相对四大快递巨头要低。此外，中国境内的出关能力很强，到达亚洲国家的时间是 2~3 天，到欧美则要 5~7 天左右。

4）专线物流

专线物流一般是通过航空包舱方式运输到国外，再通过合作公司进行目的国的配送。专线物流的优势在于其能够集中大批量到某一特定国家或地区的货物，通过规模效应降低成本。因此，其价格一般比商业快递低。

在时效上，专线物流稍慢于商业快递，但比邮政包裹快很多。市面上最普遍的专线物流产品是美国专线、欧美专线、澳洲专线、俄罗斯专线等。也有不少物流公司推出了中东专线、南美专线、南非专线等。

5）海外仓

海外仓是指建立在海外的仓储设施。在跨境电子商务中，海外仓是指国内企业将商品通过大宗运输的形式运往目标市场国家，在当地建立仓库存储商品，然后再根据当地的销售订单，第一时间做出响应，及时从当地仓库直接进行分拣、包装和配送。它包括头程运输、仓储管理和本地配送三个部分。亚马逊的 FBA 服务是典型的海外仓的运作模式。

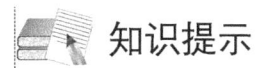

知识提示

亚马逊的 FBA 服务

FBA 是 Fulfillment by Amazon 的缩写，简单理解就是亚马逊代发货服务。对于中国卖家来说，FBA 头程是指通过空运、快递、海运等运输方式将卖家的货物从中国转运到德国、美国、法国、英国、日本等国家指定的亚马逊仓库，并提供相应的增值服务，帮助使用亚马逊 FBA 服务的卖家，将货物从中国转运到美国、英国各亚马逊仓库的服务。

但是，自 2018 年 8 月 30 日起，亚马逊中国不再为中国第三方国内卖家提供亚马逊 FBA 服务。

海外仓的优势来自发货的速度以及客户体验。使用海外仓，可以降低物流成本，缩短订单周期，提高客户体验。另外，由于发货速度加快，卖家可以提高产品的售价从而增加毛利。此外，使用海外仓，卖家的产品品类可以无限扩张。从商品角度来看，库存周转快的热销单品适合此类模式。有些产品使用期很长，不属于快消品，但是市场需求量大，已经形成规模，也适合放在海外仓销售。对于大件物品，若按照快递发货运费很昂贵，甚至大大高于货物本身价值。商家也会选择大批量海运这种成本低的运送方式提前运至海外仓。

海外仓主要包括自用海外仓和公共海外仓。自用海外仓一般适合资金实力比较强大的大企业，中小企业适合选择租用公共海外仓，具体应结合企业资金实力、产品特性及目标客户的消费习惯等综合考虑。出口跨境电商企业用海外仓模式较多，这跟保税仓库有点类似，仓库离消费者近，可提高消费者体验度和满意度。进口跨境电商目前也在布局海外仓，租用或自建海外仓库，提离企业对物流的管控能力。海外仓模式由于从海外发货，商品种类不像保税模式受限制，可以满足消费者对产品种类多样性的需求，但成本和时间优势较保税仓库弱一点，大型跨境电商企业会自建海外仓储，前期投入资金较多。京东在国内电商业务中提前布局仓储，订单配送速度，消费者体验较好，这一模式复制到跨境进口业务中，不仅在国内跨境电商试点城市进行保税仓库布局，还在海外投资，建设海外仓基地，不仅服务进口，对京东的出口也有帮助。兰亭集势等一些成规模的跨境电商出口企业所投资的海外仓都已逐渐投入运营。而对资金实力不足的中小型企业，大多采用第三方物流的海外仓。这种方式对卖家在供应链管理、库存管控、动销管理等方面提出了更高的要求。

6）保税模式

保税模式，是一种物流新模式，它是随着跨境电商的发展而出现的，即指互联网为平台向国内用户销售进口产品，先将商品批量运至保税仓库，消费者在电商平台下单后，在保税仓库对货物进行打包并推送相关的订单信息及收件人身份证信息到海关进行清关，直接从保税仓发给消费者。

保税模式是基于大数据分析预测，批量采购、运输至国内保税仓库内。主要针对国内需求较大，销量可以预期，适合可提前大规模采购且正面清单上的商品。各大跨境电商对于热销产品大都采用保税备货模式。阿里巴巴采用了保税仓库并应用于"双 11"全球化实践中，与广州中远公司合作，与广州海关进行电子清关，提供保税备货及分拣打包及国际段的部分空运，国内配送由菜鸟及其快递合作公司负责。据统计，由保税区进行备货和发货占了60%的份额。

这种模式极大地提高了客户体验，运输速度快，最快一天可到达，具有规模优势，成本较低。另外中国还给予了优惠政策，跨境电商企业在自贸区或保税区均可享受较好的政策。但其商品一般是标品，品类有限。对于一些小众化非标品，有些不在正面清单里，无法实现，另外就是容易造成库存积压。另外，保税模式虽有诸多优势，却也有很多限制，并不是所有跨境电商企业和所有城市都可以使用的。

 知识提示

中国的综合保税区

综合保税区是设立在内陆地区的具有保税港区功能的海关特殊监管区域，由海关参照有关规定对综合保税区进行管理，执行保税港区的税收和外汇政策，集保税区、出口加工区、保税物流区、港口的功能于一身，可以发展国际中转、配送、采购、转口贸易和出口加工等业务。

综合保税区和保税港区一样，是中国开放层次最高、优惠政策最多、功能最齐全、手续最简化的特殊开放区域。与保税区一词之差，其功能却更为齐全，它整合原保税区、保税物流园区、出口加工区等多种外向型功能区后，成为更为开放的一种形态，也更符合国际惯例。

根据现行有关政策，海关对保税区实行封闭管理，境外货物进入保税区，实行保税管理；境内其他地区货物进入保税区，视同出境；同时，外经贸、外汇管理部门也对保税区实行相对优惠的政策。企业在综合保税区开展口岸作业业务，海关、商检等部门在园区内查验货物后，可在任何口岸（海港或空港）转关出口，无须再开箱查验。

截至2018年7月，经国务院批准设立的综合保税区有52家，分别是：满洲里综合保税区、南宁综合保税区、苏州太仓港综合保税区、合肥综合保税区、唐山曹妃甸综合保税区、赣州综合保税区、淮安综合保税区、衡阳综合保税区、南通综合保税区、湘潭综合保税区、盐城综合保税区、芜湖综合保税区、无锡高新区综合保税区、济南综合保税区、沈阳综合保税区、南京综合保税区、长春兴隆综合保税区、潍坊综合保税区、成都综合保税区、苏州工业园综合保税区、泰州综合保税区、天津滨海新区综合保税区、北京天竺综合保税区、海南海口综合保税区、广西凭祥综合保税区、黑龙江绥芬河综合保税区、上海浦东机场综合保税区、江苏昆山综合保税区、重庆西永综合保税区、广州白云机场综合保税区、西安综合保税区、西安高新综合保税区、银川综合保税区、新疆阿拉山口综合保税区、新疆喀什综合保税区、武汉东湖综合保税区、太原武宿综合保税区、舟山港综合保税区、贵阳综合保税区、贵州贵安新区综合保税区、兰州新区综合保税区、临沂综合保税区、南阳卧龙综合保税区、郑州新郑综合保税区、石家庄综合保税区、乌鲁木齐综合保税区、蚌埠综合保税区、金华金义综合保税区、江阴综合保税区、湖南湘潭综合保税区、安徽马鞍山综合保税区、营口综合保税区、徐州综合保税区、连云港综合保税区。

7）集运物流

这是现在跨境物流较常见的物流模式，它是一种制造商或第三方物流用同一货运工具，按设计好的路线，从多个供应商处装上货物，然后统一发运的操作模式。

集运物流使得跨境电商国际物流的配送成本更低、效率更高。目前主要通过两种操作方式共同构建国际物流中心，分别是建立仓储物流中心和建立跨境电商战略联盟。

此外，还有一些新兴的跨境物流模式，如边境仓、第四方物流等模式。

9.4.4 跨境支付

1. 跨境支付与跨境电子支付的概念

跨境支付（Cross-border Payment）是指两个或两个以上国家或地区之间因国际贸易、国际投资及其他方面所发生的国际债权债务，借助一定的结算工具和支付系统实现的资金跨国和跨地区转移的行为。

跨境电子支付也称为跨境互联网支付，是指为不同国别的交易双方提供基于互联网的在线支付服务。

2. 跨境支付的发展背景

跨境支付在跨境商业交易中不可或缺，是跨境交易实现的重要环节。

（1）传统跨境支付无法满足跨境商业发展的要求。在传统贸易时代，一般贸易多为大宗进出口业务，资金往来次数较少，且计划性非常强，因此交易双方采用银行间的国际结算业务，就能合理安排资金。同时国际间往来的多为专业人士，人数和次数都比较少，小额汇款业务依靠着国际化的网络体系，可为他们提供较便利的服务。因此，传统的跨境支付主要有两种形式：一种是银行间的国际结算业务，即通过电汇、信汇、票汇等传统国际结算工具进行汇款；另一种是以西联汇款为代表的小额汇款业务。前者主要针对公司之间的一般贸易业务，后者多以个人客户为主。

但是，近年来跨境商业快速发展，呈现出与传统贸易显著不同的特点。

首先，跨境电商快速发展，进出口跨境电商增长迅速。

服务类交易的比重提升。这主要得益于人员往来的密切，旅游、留学、会议、展览等国际交流活动日益增多，推动着酒店住宿、航空机票、留学教育、国际展览、旅游服务等行业的繁荣发展。在国内交易中习惯于移动支付的个人，希望能有比小额汇款更加便捷的支付方式。

其次，参与跨境商业往来经营的中小企业日益增多。它们在产品、服务或用户营销等核心竞争力方面享有一定优势，但在如报关、物流等其他方面依赖于社会化分工，跨境支付环节同样如此。

不难看出，跨境商业已经吸引了更多中小企业和个人消费者的参与，交易趋向于高频次、小额化、移动性，这就要求跨境支付产品必须要满足新的要求，即安全便捷，简单易用，结算速度快，交易成本低。

显然，银行国际结算和小额汇款等传统支付方式周期长、频率低等弊端被放大，成为制约跨境电商发展的一大瓶颈，而跨境电子支付正是在这样的背景下发展起来的。

（2）跨境电子商务与跨境支付需协同发展。跨境电子商务与跨境支付相互依存、彼此影响，跨境电子支付是跨境电子商务的重要环节。就目前国际市场的发展来看，跨境电子商务发展较快，而跨境电子支付的发展却无法匹配与适应跨境电子商务的需求。

就发展现状看，跨境电商平台占据主导优势，而跨境电子支付方式作为跨境电商平台的支持角色，也受到跨境电商平台发展的影响。跨境电商平台发展迅速，但跨境电子支付发展仍落后于跨境电商平台，并反向制约着跨境电商平台发展。在运作或开发跨境电商市场时，跨境电子支付机构应依托跨境电商平台，开展跨境电子支付业务，并追求跨境电子支付与跨境电商平台的协同效应。

3. 跨境支付方式

（1）由第三方支付工具统一购汇支付。一类是以支付宝公司的境外收单业务为典型的代理购汇支付，一类是以好易联为代表的线下统一购汇支付。支付宝的境外收单业务是针对境内个人零星购买国外商家的产品而开通的，它的具体购汇支付方法为：支付宝将这些外币标价的产品根据实时外汇价格转换为人民币价格，境内个人支付给支付宝人民币，支付宝再代理购汇支付。支付宝作为代理购汇手续的中间人，实际购汇主体仍是个人卖家。而好易联（广银联）的统一购汇则是以广银联的公司名义，在线下通过外汇指定银行统一购汇，购汇的主体是好易联。

（2）境外的电子支付平台接受人民币支付。境外的一些电子支付公司希望拓展中国巨大的网上支付市场，会支持用中国大陆银行卡实现境外网上支付。

 案例追踪

微信支付境外本地化与跨境支付双驱动

腾讯在境外支付业务布局上有两条发展路径，一方面是通过跨境支付满足中国游客境外旅行的便捷支付需求，目前已支持超过40个国家和地区的合规接入，支持超过13个币种（包括人民币）直接交易。另一方面，在微信用户量比较高的地区，例如中国香港和马来西亚，腾讯申请了当地的支付牌照，以本地钱包向中国香港、马来西亚当地用户提供便利的移动支付服务，为当地居民提供吃穿住行一站式的生活服务。

满足中国游客境外支付需求　腾讯移动支付积极拓展境外市场

据了解，目前境内移动支付行业正在不断深入，在场景、地域等方面进行拓展和创新。同时，伴随着国人出境旅游热潮，腾讯正在积极加快境外移动支付布局。从法国巴黎的大商场、日本北海道的机场，到泰国曼谷的便利店、韩国首尔的美妆店，都有腾讯移动支付的身影。

此外，针对国人出境旅游的刚性需求——"退税"，腾讯移动支付也给出了相应解决方案，推出了基于微信小程序的境外实时退税服务——"腾讯退税通"。

据悉，截至2018年上半年，腾讯退税通已覆盖韩国、德国、意大利、希腊、芬兰等26个国家和地区，并支持在全球77个机场实时退税。中国出境游客只需用腾讯退税通小程序在相关柜台扫一扫，退税就以人民币的形式进入微信零钱包。而在韩国49家合作酒店，也能通过这一服务完成退税。

面向微信境外用户　腾讯移动支付以本地钱包推出便民服务

面对微信境外用户，腾讯移动支付也以本地钱包的形式推出了多项便民服务。在东南亚，腾讯去年就在马来西亚获得了第三方支付牌照，腾讯董事会主席兼首席执行官马化腾曾表示："这其实是很难申请的。拿到牌照之后，我们也发现当地很多基础设施还有待建设，有些银行无法提供接口。如果实现不了互联互通，很多进展无法进一步推动。我们已经意识到这方面的重要性，也在推动各个银行间的技术改造。"就在上个月，腾讯上线了马来西亚版的微信钱包，为当地用户提供移动支付服务。

4. 跨境支付的经营模式

按经营模式划分，跨境支付有两种模式，分别对应两类支付机构。

第一类为线上模式，支付机构为第三方支付平台（涉足跨境网购、外贸 B2B 等），例如，支付宝、快钱和财付通等。

第二类为线下模式，支付机构多为传统金融机构（涉足跨境购物、外贸 B2B、境外 ATM 取现、刷卡消费、国际卡等），例如，银行、消费金融公司。

在结算领域，B2B 跨境电子商务业务主要是通过"线下模式"完成的，其方式主要有信用证、银行转账、西联汇款，B2C 跨境电子商务业务主要是通过"线上模式"完成的。在"线上模式"当中，第三方支付平台的跨境电子支付工具得到了广泛的应用。

5. 跨境支付的发展现状

（1）常用跨境支付方式多样且差异化明显。就全球市场看，除了货到付款，常用的跨境支付方式还有信用卡支付、预付卡支付、电子支付、网络银行、电子钱包、各类移动支付工具等。

就第三方支付方式而言，如电子钱包，全球不同国家或地区的消费者使用偏好差异较大，欧美国家偏好使用 PayPal，中国偏好使用支付宝、微信支付等，俄罗斯偏好使用本土运营商提供的电子钱包支付工具，如 YandexDengi、QiwiWallet、Web Money 等。

在欧美电商平台中，主流的支付渠道还有信用卡支付，信用卡支付主要支持国际上知名的五大信用卡品牌：VISA、MasterCard、AmericaExpress、JCB 和 Diners Club，其中 VISA 和 MasterCard 的使用较为广泛。

（2）各区域跨境支付水平参差不齐。就全球市场看，各区域跨境支付水平参差不齐，表现差异显著。在跨境电子商务成熟区域，如欧美等国家或地区，信用卡普及率较高，电子支付发展较快，在跨境支付应用中接受度与普及度较高。在跨境电子商务尚不成熟的国家或地区，其信用卡与电子支付普及率较低，货到付款等跨境支付方式较为普遍。

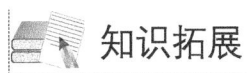
知识拓展

欧洲跨境支付发展现状

在欧洲，根据数据服务商 Dataprovider 对超过 90 万欧洲电商平台提供的支付方式的研究，PayPal 和 VISA 已经主导了欧洲的电商平台的支付方式，除了荷兰，其他欧洲国家最受欢迎的支付方式不是 PayPal 就是 VISA。下面从优缺点和接入方式入手，对比欧洲主流的两种支付渠道。

1. PayPal

优点：类似于国内的支付宝，在国际上（尤其是欧美国家）有较高知名度，是跨境用户常用的收付款方式；交易全在线上完成，有完整账户体系，能形成有效交易闭环，操作简单快捷；0 开户费 0 月费，支持多平台集成，起步成本小。

缺点：对买家的利益保障高于商家（支持买家 180 天内提交补偿申请等），易导致商家利益受损。

接入方式：可在 PayPal 官网填写信息后直接注册为商家账户，也可使用已有个人账户升级为商家账户。

2. 信用卡

优点：欧美最受欢迎的支付方式，用户群体极其庞大，覆盖范围广，使用率高。

缺点：需要开户费和年费，并预存保证金，接入门槛相对较高；由于黑卡蔓延，存在一定拒付风险，商家利益难以保障。

接入方式：由于信用卡品牌相对多样，单独接入 VISA 和 MasterCard 难以满足所有平台用户的使用需求，故一般通过第三方信用卡集成平台进行接入，国内主要接入平台有钱海、聚宝等。

9.5 中国跨境电子商务的发展

中国跨境电子商务最近几年走在了世界前列，非常引人瞩目。根据《中国电子商务报告》，跨境电子商务每年以不低于 30% 的增长速度发展。特别是自从阿里巴巴于 2014 年年底在美国上市，电子商务的发展更是突飞猛进。2015 年，国务院和相关部委密集出台若干政策鼓励跨境电子商务发展，不仅批准了跨境电子商务试点城市，还推出了新的海关监管代码，批准杭州市成为跨境电子商务综合试验区，并于 2016 年逐步扩大到十几个城市。据电子商务研究中心监测数据显示，2017 年上半年中国跨境电商交易规模 3.6 万亿元，同比增长 30.7%。其中，出口跨境电商交易规模达 2.75 万亿元，进口跨境电商交易规模达 8624 亿元（包括：进口 B2B、B2C、C2C）。

9.5.1 中国跨境电商相关政策

跨境电商行业的高速发展离不开政策的支持，从 2012 年 8 月商务部颁布《关于利用电子商务平台开展对外贸易的若干意见》以来直到 2017 年，国家多个重要部门相继颁布相应政策支持跨境出口电商的发展。这些政策深入跨境电商的方方面面，大到总体制度、环境建设，例如开展跨境电子商务综合试验区试点，小到跨境电商的具体环节，例如税收、支付、通关、海外仓等方面,为跨境出口电商的发展扫除障碍,创造各种有利条件推动其快速发展。

国务院是跨境电商相关政策指导性意见的制定方,自2013年起,国务院已相继颁布政策文件批准跨境电商综合试验区,要求各部门落实跨境电商基础设施建设、监管设施,以及要求优化完善支付、税收、收结汇、检验、通关等过程。海关总署是跨境电商流程层面,特别是通关流程相关政策的重要制定方;具体措施包括提高通关效率、规范通关流程、打击非法进出口。同时,商务部、发改委、商务部、质检总局、外汇管理局等职能部委根据指导意见分别制定相应政策。

从2013年至2017年,国务院发布的关于或涉及跨境电商行业的主要政策包括:《关于实施支持跨境电子商务零售出口有关政策意见的通知》《关于支持外贸稳定增长的若干意见》《关于大力发展电子商务加快培育经济新动力的意见》《关于促进跨境电子商务健康快速发展的指导意见》《国务院关于同意在天津等12个城市设立跨境电子商务综合试验区的批复》《国务院关于促进外贸回稳向好的若干意见》《国务院关税税则委员会关于调整部分消费品进口关税的通知》等。

海关总署发布的相关跨境电商政策包括:《关于跨境贸易电子商务进出境货物、物品有关监管事宜公告》《海关总署关于增列海关监管方式代码的公告》《关于加强跨境电子商务网购保税进口监管工作的函》《海关总署关于天津市开展跨境贸易电商服务试点工作的报告》《关于跨境电子商务零售进出口商品有关监管事宜的公告》《关于跨境电子商务进口统一版信息化系统企业接入事宜公告》《关于增列海关监管方式代码的公告》等。

商务部、质检总局、外汇管理局等相关跨境电商政策包括:《外汇管理局关于支付机构跨境电子商务外汇支付业务试点指导意见》《质检总局关于进一步发挥检验检疫职能作用促进跨境电子商务发展的意见》《质检总局关于加强跨境电子商务进出口消费品检验监管工作的指导意见》《税务总局等五部门关于口岸进境免税店政策的公告》《财政部等关于跨境电子商务零售进口税收政策的通知》《发改委等11部门关于公布跨境电子商务零售进口商品清单的公告》《质检总局关于跨境电商零售进口通关单政策的说明》《质检总局关于跨境电商零售进出口检验检疫信息化管理系统数据接入规范的公告》《商务部等14部门关于复制推广跨境电子商务综合试验区探索形成的成熟经验做法的函》。

从近年来跨境电商出台的政策来看,分为规范性与提效性政策两种,跨境电商规范与推动并行,近些年规范性政策与提效性政策不断落地。规范性政策保障行业健康发展,提效性政策促使行政效率提高。由此可见,中国跨境电商正在迎来前所未有的政策红利期。

9.5.2 中国跨境电商的发展阶段

1999年,阿里巴巴首次经由互联网连接了海内外的卖家与买家,从此互联网就进入了中国对外出口领域,跨境电商平台首次出现在中国人的视野中,跨境电商的雏形也开始形成。如今,中国跨境电商已经历了如下三个阶段。

1. 第一阶段: 跨境电商1.0阶段(1999—2003年)

跨境电商1.0阶段只是作为第三方平台,为企业产品及服务提供网络展示平台,不涉及交易的环节，消费者通过这个平台只能了解产品的信息。

阿里巴巴国际站（Alibaba）、中国制造网（MIC）、环球资源网（Globalsources）三巨头，一直专注于做大宗出口 B2B 贸易。跨境贸易网站更像是信息发布的平台，买卖双方通过平台发布的销售和采购信息找到合作伙伴，后续的合同谈判、签订、履约便回到传统国际贸易的操作模式。直到现在，在传统外贸 B2B 跨境电商领域，该三足鼎立的格局并没有被打破。

1）业务
- 网上展示，线下交易。
- 收取会员费盈利。
- 衍生出信息增值服务。

2）重大事件
- 1999 年，阿里巴巴成立，跨境电商平台首次出现在中国。
- 出现了中国制造网等供给外贸信息的跨境电商平台。

3）阶段特征
- 向用户提供了外贸信息服务，是提供信息的一个渠道。
- 无法提供在线交易。

2. 第二阶段：跨境电商 2.0 阶段（2004—2012 年）

中国进入跨境电商 2.0 阶段是以敦煌网的上线为标志的，此时，跨境电商平台不仅仅提供信息服务，更成为了一个对外贸易的交易平台，支持消费者在这个平台上同时进行信息咨询查询和在线交易。

以小额批发为代表的敦煌网的上线，开启了中小卖家通过跨境平台出口的新时代。平台不仅提供信息发布功能，同时提供支付结算和物流服务，且创新性地取消了平台使用年费，改收交易佣金，提高了广大中小卖家从事跨境出口的积极性。随后兰亭集势、速卖通等平台纷纷涌入该市场。阿里巴巴速卖通由于出身不同，借助阿里巴巴集团公司的丰富资源和资金投入优势，聚集了大量业内优秀人才，并在海外进行了有针对性的强势营销推广，到目前为止，其发展势头早已超过敦煌网。

1）业务
- 实现在线交易功能。
- B2B 和 B2C 模式形成。
- B2B 模式受到用户的青睐，实现与商家的直接对接，缩短了产业链，提高了商品在价格上的竞争力。

2）重大事件
- 2004 年，敦煌网成立。
- 2010 年，敦煌动力营启动，20 万网商被孵化。
- 2011 年，敦煌网成为环球电商网站第 6 名，交易额突破 100 亿元。

3）阶段特征
- 跨境电商平台不仅仅是一种信息渠道，已经完全参与到交易之中。
- 通过提供支付服务、物流服务等增值服务获得额外收益。

3. 第三阶段：跨境电商 3.0 阶段（2013 年至今）

在这个阶段，随着跨境电商的不断完善和发展，其主要用户群体从个体创业者逐渐变成工厂和外贸公司，跨境电子商务正逐步成为对外贸易的新模式。

这个阶段跨境电商产业迎来了新变化，主要体现在，随着国内消费者消费能力和追求健康理念的提升，跨境进口电商发展迅猛。以天猫国际、京东全球购为代表的跨境进口电商迅速布局，具备实体门店优势的苏宁易购也开始进入跨境进口领域。精耕于垂直母婴市场的蜜芽宝贝在细分市场也毫不示弱。另外，洋码头、跨境通、顺丰海淘等跨境平台也纷纷加入竞争行列。2014 年被称为跨境电商元年，这与跨境进口的迅猛发展息息相关。

1）业务
- 移动端客户增加，跨境电商趋于移动化。
- 大额订单增多、服务逐渐完善，整个产业链服务都加入了跨境电商平台。

2）重大事件
- 2012 年，国家确定建立跨境电商试点城市，包括杭州、郑州、宁波、上海和重庆。
- 2016 年，第一届中国跨境电子商务峰会在深圳召开。

3）阶段特征
- 跨境电子商务移动端客户暴增，趋向移动化。
- 用户新的购物思维的变化促进跨境电商产业格局的转变。

9.5.3 中国跨境电商的发展现状

1. 中国跨境电商交易规模稳定增长

中国跨境电商市场近年来快速发展，且交易规模稳步增长，2016 年中国跨境电商交易额已达 6.7 万亿元，2017 年跨境电商整体交易规模（含零售及 B2B）达 7.6 万亿元人民币，增速可观。2018 年跨境电商交易规模有望增至 9.0 万亿元。

2. 中国跨境电商用户规模高速增长

2015 年跨境电商用户只有 2300 万人，2016 年已经增长到 4200 万人，2017 年中国海淘用户规模升至 0.65 亿人，未来预计仍能维持较高增速。艾媒咨询分析师认为，人们消费能力正在日渐提升，而市场消费主力群体逐渐过渡到 80 后、90 后群体，该部分群体消费观念较为超前，对跨境商品消费需求明显，未来中国海淘用户规模有望继续扩大。

3. 中国跨境电商平台快速发展

跨境电商平台在国内如雨后春笋般快速生长起来。据不完全统计，中国有超 5000 家企业研发经营电商平台，且超过 20 万家企业利用这些平台进行跨境电子商务业务。一方面平台数量显著提升，另一方面平台知名度也在不断扩大。据艾媒咨询发布的 2017 中国跨境电商平台知名度排名数据，天猫国际、网易考拉海购、京东全球购、小红书、洋码头、唯品国际、蜜芽宝贝、达令排名前 8。天猫国际依靠其先天优势排名第一，知名度达到了 58.2%。网易考拉海购作为注重打造"高质"电商平台的独立电商平台，商品质量保障程度较高，建立了良好口碑，知名度紧随其后。可以看出，中国的跨境电商平台已呈现出模式明确、优势独特的发展方向。

从运营模式来看，平台型格局基本稳定，自营型百花齐发。以出口零售型跨境电商为例，平台型跨境电商市场格局基本稳定，目前亚马逊、eBay、速卖通、Wish 等大平台凭借着规模与先发优势，占据着较大市场规模，其中亚马逊 2017 年收入规模已达千亿级别。而自营型跨境电商依托于差异化产品，行业呈百花齐放趋势，细分领域龙头得到快速发展，主要代表为环球易购、兰亭集势、有棵树等。

4. 中国网民"新消费"观念引领跨境电商发展方向

据艾媒咨询数据显示，超六成受访网民认同自己比以前更追求个性化、高质量、多样化的商品和服务。人们消费水平不断提高，对商品消费从单纯物质满足向追求高品质的商品发展，注重品牌的消费观念逐渐凸显。人们消费观念的转变对商品质量更有保障的跨境电商平台是良好的发展契机，提供优质个性化商品已成为跨境电商平台未来主要竞争点。在"新消费"观念和消费升级潮流的冲击下，商品质量更有保障的跨境电商市场交易规模保持快速增长。随着平台物流水平和供应链逐渐完善，未来市场有望得到进一步扩大。

5. "保税+直邮"是中国跨境电商的主要方式

跨境电商常采用保税、直邮和拼邮三种方式。

保税模式主要针对纸尿裤、奶粉、保健品乃至威化饼等标品，这类标品用户经常购买，平台方直接从品牌方手里将其运到保税仓，用户下单后便可直接从保税仓发货，从而保证物流速度。直邮模式也就是人们常说的代购模式，它主要适用于长尾的服饰和饰品等品类。拼邮主要适用于联动销售场合，比如说唇膏、眼影等产品处于预售阶段，先将它们合在一起，放在一个相对大的包裹里从海外运进来，然后在国内再分成若干小包裹发送给消费者。

"保税+直邮"模式做的是标品和小规模长尾，大型企业电商、综合性电商和垂直电商主要采用该模式。"直邮/拼邮"模式主要是一些规范化的海淘在使用，主要用于填补跨境电商市场空白。

6. 跨境电商生态系统逐渐形成

目前，中国的跨境电商整个完整生态系统已经逐渐形成，涵盖了物流、信息流、资金流多个方面。随着跨境电商的不断发展，软件公司、代运营公司、在线支付、物流公司等配套企业都开始围绕跨境电商企业进行集聚，服务内容涵盖网店装修、图片翻译描述、网站运营、营销、物流、退换货、金融服务、质检、保险等。整个行业生态体系逐渐呈现出生态化特征。埃森哲在《2017 技术展望》中预测："未来的竞争边界将是生态圈与生态圈之间实力的较量。"跨境电商企业尤其是 B2B 企业应时时关注生态圈动态，同时也应以开放合作的心态为生态圈主动共享资源。

7. 跨境电商试点城市建设推广

2014 年中国海关总署连续发布文件，首次在政策层面承认跨境电商进口业务；同年批准设立跨境电商试点城市，允许通过试点城市保税仓开展保税进口行邮模式的跨境电商进口，并进行监管等方面的创新探索；2015 年跨境试点城市扩容至 10 个。跨境电商试点城市的开展，有力带动了当地经济的发展。试点城市的开展，有益于探索出符合当前跨境电商发展的道路。

8. 跨境电商综合试验区分批设立

中国跨境电子商务综合试验区的设立旨在打造跨境电子商务完整的产业链和生态链，逐步形成一套适应和引领全球跨境电子商务发展的管理制度和规则，为推动中国跨境电子商务健康发展提供可复制、可推广的经验。

2015年3月，国务院批复同意设立中国（杭州）跨境电子商务综合试验区。2016年1月，国务院批复同意在天津、上海、重庆、合肥、郑州、广州、成都、大连、宁波、青岛、深圳、苏州12个城市新设一批跨境电子商务综合试验区。2018年7月，国务院批复同意在北京、呼和浩特、沈阳、长春、哈尔滨、南京、南昌、武汉、长沙、南宁、海口、贵阳、昆明、西安、兰州、厦门、唐山、无锡、威海、珠海、东莞、义乌22个城市新设一批跨境电商综合试验区。

9. 跨境电商海外仓加速建设

随着中国跨境电商的发展，小包物流成本高、配送时间长的问题亟待解决。加速建设海外仓是目前中国跨境电商的应对之道。海外仓建设迎来政策红利期，国家鼓励跨境电子商务零售出口企业通过海外仓、体验店等拓展营销渠道。2015年商务部发布的《"互联网+流通"行动计划》提出，运用市场化机制，推动建立100个电子商务海外仓。2015年6月，国务院出台的《关于促进跨境电子商务健康快速发展的指导意见》指出，支持跨境电子商务零售出口企业加强与境外企业合作，通过规范的"海外仓"、体验店和配送网点内等模式，融入境外零售体系。

目前，中国已经有许多大型出口跨境电商企业在国外建立了海外仓，并且每个海外仓的面积均为3~5万平方米，而进口跨境电商通常建立2000~3000平方米的海外仓。

9.5.4 中国跨境电商发展趋势

1. 跨境电商仍有较大的上升空间，创新转型至关重要

当前跨境电商行业蒸蒸日上，而平台关于商品品质的保障仍然需要改善，跨境物流的天然障碍等也是跨境电商当前面临的巨大挑战，跨境电商未来仍需不断创新变革，积极适应迅速变迁的时代需求，谋求长远发展，所以往品质化、专业化平台转型对跨境电商的发展至关重要。

2. 跨境电商市场竞争激烈，综合自营平台各有优势

京东全球购、天猫国际等综合平台凭借其强大的电商品牌优势，能在相对较短的时间内占领到一定的市场份额，综合竞争力较强；自营平台借助其精耕细作的运营模式更好地实现对平台商品质量的把控，同时具有较好的品类适应能力，加强爆品品类销售，直切消费者需求，在市场竞争中表现突出。两类平台均有较强发展潜力，未来跨境电商行业发展更趋繁荣。

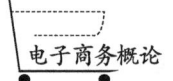

3. "一带一路"助力跨境电商，行业将迎精细化时代

随着"一带一路"倡议的推进，跨境电商将收获更为丰厚的政策红利；未来跨境电商的经营品类将更细分化，区域特色也会越发明显，个性化、定制类的商品与服务也会越加成熟，跨境电商平台的升级将是新突破点。

 知识提示

全球 58 家主流跨境电商平台

1. 北美洲

Amazon 是世界上最大的电商公司，其业务覆盖了 14 个国家的市场：美国、澳大利亚、巴西、加拿大、中国、法国、德国、印度、意大利、日本、墨西哥、荷兰、西班牙和英国。同时亚马逊还经营着自己的 B2B 电商平台——Amazon Business。

Bonanza 是一个卖家友好型的电商平台，有超过 1000 万个在售类目。卖家无须缴纳入驻费用，也没有每月的商店管理费用。平台市场面向加拿大、英国、法国、印度、德国、墨西哥和西班牙。

Cratejoy 是一个专门销售订阅盒的电商平台。这些订阅盒迎合了消费者的不同需求，如医疗保健用品或区域特色产品等。该网站成立于 2014 年，并获得了 A 轮 400 万美元的融资。目前。该网站每月交易量约为 30000 笔，月浏览量超过 300 万次。

eBay 是一个面向全球消费者的线上购物以及拍卖网站。拥有美国、加拿大、奥地利、比利时、法国、中国、德国、爱尔兰、意大利、荷兰等 24 个国家的独立站点。

Etsy 是一个以手工艺成品买卖为主要特色的全球电商平台。Etsy 专注于通过简化产品销售和降低产品成本来帮助卖家实现成功的社区化交易。该网站每年约服务 3000 万名客户。

Jet 是沃尔玛旗下独立运作的电商网站。它的运作模式是通过鼓励买家一次性购买多件商品、采用借记卡支付、提供成本价商品等方式，来帮助用户省钱。它为卖家提供了一个规则引擎来优化他们的盈利能力。该网站每天浏览量超过 100 万。

Newegg 是一家销售计算机电子设备、通信产品、面向美国市场的电商平台，该平台聚集了 4000 个卖家和 2500 万客户群，同时还在加拿大、澳大利亚、中国建立了分站和运营团队，并在 2014 年宣布进入印度、爱尔兰、新西兰、波兰、新加坡、荷兰，以加快全球化布局和跨境业务的发展。

Reverb 是一家二手乐器交易的全球电商平台。它通过音乐、乐器和灵感将数以百万的人连接起来。每年大约有 8000 万的全球用户访问该网站。

Walmart 是沃尔玛旗下的同名电商平台，于 2016 年开始接受第三方在线卖家。从那时起，数千卖家与平台签约。该网站在售商品超过 100 万种，并且卖家无须支付产品上架费用。

Wayfair 是一家主营家居装饰的电商平台，在线销售来自 1 万个供应商的千万种产品。

Wish 是一个主营低价商品的 B2C 全球电商平台，每年约有 1 亿人次的访问量。据报道，Wish是全球下载量最大的购物软件。

Zibbet是原创手工艺品、艺术品、古董和工艺品的交易平台，深受艺术家、手工艺者和收藏家的喜爱。大约有50000名卖家在网站上售卖手工产品。

2. 欧洲

Allergro是波兰最大的电商平台，拥有超过1500万名客户和7000万在售商品。该平台只支持波兰语。

Asos是一个面向年轻消费群体的英国时装电商网站。其在售商品超过80000种，面向澳大利亚、美国、法国、德国、西班牙、俄罗斯和意大利等市场销售。

Cdiscount是一个日常访问量超过100万人次的法国电商平台。它所销售的产品种类繁多，年销售额超过20亿欧元。

Cel是罗马尼亚的电商平台，在售商品超过50000件，拥有近一百万的客户。零售商可以在平台上免费注册。

DaWanda是一个英国手工艺品的电商平台。超过320000名设计师在网站上销售他们的作品，并且产品支持定做。

Emag是罗马尼亚最大的电商网站，每天有数以万计的客户。零售商可以免费注册。

Flubit是一家以有竞争力的价格著称的英国电商。它有超过6000万种的在售产品，并允许卖家整合自己的产品目录。

Fnac是一家在售产品种类齐全的法国电商平台，拥有百万用户。Fnac在法国和其他国家都有实体店，并整合了全渠道零售（Omni-Channelretailing）的经验。

Fruugo是一家面向全球32个国家销售的英国电商平台。卖家仅需注册一次就可以在这些国家销售。该网站支持21种货币和17种语言。

Game是一家总部在英国，主要销售游戏、玩具和媒体产品的电商平台。在过去的几年里，该网站的用户数量急剧增长，每月订单数高达上万。

Mobile.de是一家面向企业和消费者销售汽车的德国电商。该网站拥有来自欧洲各地的客户。

Okazii是一家运营时间超过18年的罗马尼亚电商平台。网站日常销售品类超过3000种，月访问量超过300万。

OnBuy是一家面向英国国内市场的电商平台。它通过提供低价商品来吸引购物者并向卖方收取低廉费用。

Otto是一个十分受欢迎的德国电商平台。Otto于1995推出，近一半的德国居民在该网站购物。商家可以通过该平台进入德国市场，但切记本地化产品信息。

PriceMinister是由日本乐天控股的法国电商平台。据报道，它在法国最受欢迎的电商网站中排名第5。其卖家后台软件可以轻松安装，并且无须签订长期合同。

Real.de是一家德国电商平台，其销售产品包括电子产品、玩具、家居用品、园艺用品、时装和家具等数万种。卖家可以在平台上直接销售或是直接将购物者导向自己的网站。

Tesco是英国零售巨头Tesco的在线平台。该公司几年前推出的电商平台试点十分成功。Tesco对平台卖家的入驻要求非常严格。

Zalando 是一家德国电商平台，其业务已经扩展到欧洲的多个国家。它最初试图复制 Zappos（美国鞋类网站）的模式，但后来发展成欧洲最大的电商门户网站之一。它拥有超过 2200 万名客户在售品牌超过 2000 个，商品超过 250000 种。

3. 南美洲

Americanas 是一个巴西电商网站，拥有近 500000 件在售产品和 1000 万名客户。该网站拥有超过 20000 个 B2C 和 B2B 的卖家，其母公司旗下还有 Submarino（巴西本土的一家在线零售网站）等网站。

CasasBahia 是一家巴西电商平台，网站每月访问量超过 2000 万人次。该平台以销售家具和家用电器为主。同时该公司还在巴西经营 750 家实体店。

Dafiti 是巴西领先的在线时装零售商，提供超过 12.5 万种产品以及 2000 个国内外品牌，涉及种类包括：服装、鞋类、配饰、美容产品、家居、体育用品等。其网站每月访问量达 3500 万人次。

Extra 是巴西最大的家居采购和电子产品的网上商城，销售家具、电器、手机、笔记本电脑等，网站每月访问量近 3000 万。Extra 还与其他平台有合作。该网站属于 Cnova（法国电商巨头）公司，其通过经营实体商店为客户提供全渠道零售体验。

Linio 是一个主要服务于拉丁美洲西班牙语区域消费人群的拉美电商，其拥有 8 个独立站点，其中 6 个国家已经开通了国际业务，主要是墨西哥、哥伦比亚、智利、秘鲁等，约有 3 亿潜在客户。Linio 有 300 万件在售产品和 10000 个卖家，每月访问量约为 5000 万。

MercadoLibre 是拉美最大的电商平台。该网站每月浏览数超过 1.5 亿，市场覆盖阿根廷、玻利维亚、巴西、智利等 16 个国家。MercadoLibre 扩展了移动销售点终端（POS）交易业务，它的 MercadoPago 线上支付工具，可以让用户在其账号中存储现金。

Submarino 是巴西本土的一家在线零售网站，销售图书、文具、音像、电子游戏等。商家可以从两个站点进行销售盈利。

4. 亚洲

阿里巴巴是中国最大的 B2B 电商企业，业务覆盖 200 个国家，在售产品包含 40 个领域上亿种品类。业务和关联公司的业务包括：淘宝网、天猫、聚划算、全球速卖通、阿里巴巴国际交易市场、1688、阿里云、蚂蚁金服、菜鸟网络等。

AliExpress 是阿里巴巴旗下唯一面向全球市场打造的在线交易平台，该平台面向海外买家，支持 15 种语言，通过支付宝国际账户进行担保交易，并使用国际快递发货，是全球第三大英文在线购物网站之一。

Flipkart 是印度最大电商零售商，拥有 1000 万客户和 10 万家供应商。除了销售图书和电子产品，还运营着一个在线平台，允许第三方厂商入驻，销售其产品。Flipkart 的物流网络可以帮助卖家更快地交付产品，同时它还为卖方提供资金。沃尔玛在近期收购了 Flipkart。

GittiGidiyor 是 eBay 旗下的土耳其电商平台，网站的月访问量达到 6000 万次，注册用户近 1900 万人。在售产品类别超过 50 种，数量超过 1500 万。大量订单来自移动用户。

HipVan 是一家总部位于新加坡、主营家居用品的电商平台。大约有 90000 的消费者从该网站购买。

京东是中国最大的自营式电商企业,拥有超过3亿的用户,也是中国收入规模最大的互联网企业。它还在西班牙、俄罗斯和印度尼西亚设有业务,是世界上最大的电商平台之一,拥有成千上万的供应商和它自己的物流基础设施。截至2015年12月31日,京东集团拥有近11万名正式员工,业务涉及电商、金融和技术三大领域。

网易考拉是网易旗下以跨境业务为主的综合型电商。网易考拉主打自营直采的理念,在美国、德国、意大利、日本、韩国、澳大利亚、中国香港、中国台湾设有分公司或办事处,深入产品原产地直采高品质、适合中国市场的的商品向消费者进行售卖。

Lazada是阿里巴巴旗下面向印度尼西亚、马来西亚、菲律、新加坡以及泰国用户打造的东南亚电商品牌。该平台已有上万卖家入驻,年销售额约为15亿美元。

Qoo10是一个总部位于新加坡的电商平台,同时也面向中国、印度尼西亚、马来西亚和香港市场。买家和卖家都只需要在该平台上进行一次身份注册,同时买家可以在交易结束后再进行付款。

乐天(Rakuten)是日本最大的电子商务平台,在售产品超过1800万种,用户数量超过2000万,同时还有美国的独立站点。

Shopee是一家面向新加坡、马来西亚、泰国、中国台湾、印度尼西亚、越南和菲律宾市场的东南亚电商平台。其在售商品超过1.8亿。商家可以方便地在线注册或通过手机应用注册。

Snapdeal是一家印度电商平台,超过30万的在线卖家销售近3500万的产品。但平台要求卖家必须在印度注册企业。

Souq是亚马逊旗下面对中东市场运营的电商网站。每个月有数百万顾客在网站上购物。

淘宝是由阿里巴巴创办的网购零售平台,拥有世界上最大的活跃用户群体——近6亿的注册用户数,每天有超过6000万的固定访客,同时每天的在线商品数已经超过了10亿件,

天猫是阿里巴巴旗下的综合性购物网站,向中国和周边国家的客户销售品牌商品,其市场定位是提供一个消费风格更加清晰的消费平台。截至2012年10月30日,已有87家独立B2C网站入驻天猫。其用户数也超过5亿。

唯品会是中国领先的名牌折扣网,在售品牌超过20000种,以比零售价大幅优惠的价格,向消费者提供优质、受欢迎的品牌正品,商品囊括时装、护肤品、箱包、皮具、配饰、香水等。

5. 非洲

Jumia是一家目前拥有23个国家的独立站点的电商平台,其中5个国家已经开通了国际业务,包括尼日利亚、肯尼亚、埃及以及摩洛哥等。在这些国家里,Jumia覆盖了8.2亿的网购群体,成为非洲非常知名的一个品牌,同时也是唯一一家得到埃及国家许可的电商平台。

Kilimal是一家面向肯尼亚、尼日利亚和乌干达市场的电商平台。平台入驻的卖家过万,潜在消费者多达2亿。该平台仅支持英文产品销售,以方便卖家在三个地区统一售卖。

Konga 是尼日利亚最大的电商平台,拥有上万个卖家和 5000 万用户。卖家可以将产品存储在 Konga 的仓库中,以便更快地交付给客户,其运营体系和亚马逊类似。

6. 澳洲

Iconic 是一家面向年轻消费群体的时尚电商网站,每日上新商品近 200 件,拥有数量庞大的 50 万 Facebook 粉丝,社交媒体 Instagram 上有超过 8 万追随者。2013 年,Iconic 营业达到 3100 万美元。

MyDeal 是一家澳大利亚电商平台,在售商品超过 2000 个类别,总数超过 200000 件。卖方必须通过平台产品质量检查才能入驻售卖。

资料来源:雨果网文/郭汇雯　编选:电子商务研究中心

专业术语

跨境电子商务	自营型跨境电商	平台型跨境电商
跨境电商生态系统	跨境物流	国际小包
专线物流	海外仓	保税模式
集运物流	跨境支付	跨境电子支付

思考题

1. 如何理解跨境电子商务?其狭义和广义概念如何区分?
2. 自营型跨境电商与平台型跨境电商各有何优劣势?
3. 如何理解跨境电子商务生态系统的结构?
4. 跨境物流有哪些模式?各自的适用性如何?
5. 为什么说跨境电子商务与跨境支付需协同发展?
6. 中国跨境电商有何新发展?

参考文献

［1］詹姆斯·库罗斯.计算机网络：自顶向下方法［M］.北京：机械工业出版社，2018.

［2］郭文书，刘小洋，王立娟.物联网技术导论［M］.武汉：华中科技大学出版社，2017.

［3］董耀华.物联网技术与应用［M］.上海：上海科学技术出版社，2011.

［4］杨保华.区块链原理、设计与应用［M］.北京：机械工业出版社，2017.

［5］朱建明，高胜，段美姣.区块链技术与应用［M］.北京：机械工业出版社，2018.

［6］朱少林.电子商务概论［M］.2版.北京：清华大学出版社，2016.

［7］［美］里奇.推荐系统技术、评估及高效算法［M］.北京：机械工业出版社，2015.

［8］方美琪，潘勇.网络营销［M］.2版.北京：清华大学出版社，2013.

［9］惠亚爱，乔晓娟.网络营销：推广与策划［M］.北京：人民邮电出版社，2016.

［10］冯英健.网络营销基础与实践［M］.北京：清华大学出版社，2015.

［11］戴建中.电子商务概论［M］.3版.北京：清华大学出版社，2016.

［12］邵兵家.电子商务概论［M］.3版.北京：高等教育出版社，2011.

［13］马尚才，等.电子商务安全技术［M］.北京：国防工业出版社，2013.

［14］程龙，杨海兰.电子商务安全［M］.北京：经济科学出版社，2012.

［15］［美］William Stallings.密码编码学宇网络安全.原理与实践［M］.王张宜，杨敏，杜瑞颖，等译.北京：电子工业出版社，2012.

［16］张同光.信息安全技术实用教程［M］.2版.北京：电子工业出版社，2012.

［17］宋梦华.电子商务与网络安全［M］.北京：对外经济贸易大学出版社，2015.

［18］卫剑钒，陈钟.安全协议分析与设计［M］.北京：人民邮电出版社，2016.

［19］卫剑钒，陈钟.安全协议分析与设计［M］.北京：人民邮电出版社，2010.

反侵权盗版声明

电子工业出版社依法对本作品享有专有出版权。任何未经权利人书面许可，复制、销售或通过信息网络传播本作品的行为，歪曲、篡改、剽窃本作品的行为，均违反《中华人民共和国著作权法》，其行为人应承担相应的民事责任和行政责任，构成犯罪的，将被依法追究刑事责任。

为了维护市场秩序，保护权利人的合法权益，我社将依法查处和打击侵权盗版的单位和个人。欢迎社会各界人士积极举报侵权盗版行为，本社将奖励举报有功人员，并保证举报人的信息不被泄露。

举报电话：（010）88254396；（010）88258888
传　　真：（010）88254397
E-mail： dbqq@phei.com.cn
通信地址：北京市海淀区万寿路 173 信箱
　　　　　电子工业出版社总编办公室
邮　　编：100036